PPP 模式项目操作之道

杨俊杰　周　蕾　主　编
高　峰　副主编

机械工业出版社

本书在总结国内外相关经验和案例的基础上，对PPP模式进行了理论与实践的分析以及宏观与微观的评价。对PPP模式的一些核心问题包括PSC（公共部门比较值）、VFM（物有所值）理论、PPP操作流程、PPP风险及其识别与合情合理合法分担、PPP产品定价、运作评估以及期权设计等关键内容进行了总结与梳理，对各章节相关案例进行了比较深入的剖析，从理论与实践两个层面对PPP模式进行了概括与解析，具有存在的现实性、未来的前瞻性与实践的指导性。

图书在版编目（CIP）数据

PPP模式项目操作之道/杨俊杰，周蕾主编. —北京：机械工业出版社，2017.11（2023.8重印）

ISBN 978-7-111-58326-4

Ⅰ. ①P… Ⅱ. ①杨… ②周… Ⅲ. ①政府投资–合作–社会资本–研究–中国 Ⅳ. ①F832.48 ②F124.7

中国版本图书馆CIP数据核字（2017）第253804号

机械工业出版社（北京市百万庄大街22号 邮政编码100037）
策划编辑：刘志刚 责任编辑：刘志刚 刘 静
封面设计：张 静 责任印制：孙 炜
责任校对：刘时光
保定市中画美凯印刷有限公司印刷
2023年8月第1版第4次印刷
184mm×260mm·24印张·594千字
标准书号：ISBN 978-7-111-58326-4
定价：89.00元

凡购本书，如有缺页、倒页、脱页，由本社发行部调换

电话服务 网络服务
服务咨询热线：（010）88361066 机工官网：www.cmpbook.com
读者购书热线：（010）68326294 机工官博：weibo.com/cmp1952
　　　　　　　（010）88379203 教育服务网：www.cmpedu.com
封面无防伪标均为盗版 金书网：www.golden-book.com

《PPP 模式项目操作之道》编委会

编委会主任：李尔龙

编委会副主任：李清立

主　　　编：杨俊杰　周　蕾

副　主　编：高　峰

编　　　委：王　东　杨　挺　戴宏坤　黄　莹　高也立　熊　兵
　　　　　　商淑秀　李春敏　韩周强　杨　劲（加拿大）
　　　　　　张　渝　姚亚亚　裘荃荃　白忠文　陈　博　王升玉
　　　　　　李剑群　田凤真　李祥义　刘　端　孟德奇　祁政敏
　　　　　　孙长彬　王占良　闫铭玉　赵承君　霍朝阳　李　颖
　　　　　　陈俊川　崔超云　李　慧

前　言

英国政府于 1992 年最早提出 PPP 模式，即政府和社会资本合作模式，是政府进行交通、供电、供水、医院等公共基础设施建设时采用的一种模式，主要通过特许经营等方式，引入社会资本参与公共产品供给。通常情况下，PPP 泛指公共部门与社会资本方为提供公共产品或服务而建立的各种合作关系。国内对 PPP 尚无统一的定义，本书认为 PPP 是在基础设施及公共服务领域，政府通过特许经营、购买服务、股权合作等方式，与社会资本建立的利益共享、风险分担及长期合作关系。从国内外实施经验看，良好的 PPP 模式项目多具有法律体系健全、管理体系有效、项目评估体系完善、风险分担机制合理、利益分配机制动态等必备要件，而项目的成功取决于利益分配、风险分担、监督管理、项目融资等数个核心要素环节。PPP 模式在世界范围内包括国内得到了广泛的推广与应用，这是有目共睹的。

大量 PPP 项目在国内的应用，不论从理论层面还是从实践层面，都为人们提供了将 PPP 项目模式与我国国情相结合的现实素材，积淀了正反两方面的经验。PPP 模式不仅是一种项目融资方式，它更是一种提高政府对整个社会资源管理效率的方式，其核心是 PPP 合同管理，是基于完备合同下的契约精神，这就要求政府与企业应作为平等的合同双方，分配风险、分担责任与分享资源、分享利益。

在 PPP 汹涌澎湃的潮流和新的时代背景下，PPP 模式在我国的发展将是大势所趋，是我国解决地方政府债务、吸纳民间资本、推进体制改革的重大举措和经济发展的大政方针。PPP 模式经过在我国具体环境下的大力推广，必然会如雨后春笋般地涌现出更多与我国国情相结合的实践案例，并得到更中国化的 PPP 理论发展。

本书坚持标准化（公司级）、实操化（重在操作）、模板化（一册在手、遁形模拟）、范式化（迈向范本）、大中小案例相得益彰的五项原则，力求全面、系统、准确地阐释 PPP 模式。PPP 模式的研究得到了世界银行的大力支持，其专业性的指导和丰富的资料使我们有机会学习到专业化、国际化、高标准的 PPP 项目运作模式，受益匪浅。本着个性化定制、柔性化运作、精益求精的工匠精神，我们对本书进一步精雕细琢，使之趋于完美，为 PPP 模式项目服务。

本书参考了大量研究成果，业界同人、学者的专业水准、灵感智慧和孜孜不倦的追求，深化、提升了 PPP 模式理论方法和数学分析技术，总结、积累了丰富的国内外实践案例，在此对参考文献的作者表示由衷的敬意和感谢！

本书得到神州长城国际工程有限公司李尔龙董事长及其公司各部门的鼎力支持和帮助，在此特致诚挚的谢意！参加本书编写并提供帮助的有：周蕾（第 1、2、3、7 章）；李清立及其研究生（第 8、9、10、11、12、16 章）；王东（第 4、5、6、13、14、15 章，其中，姜丽萍参与第 4 章，李琛参与第 5、6 章，钱亚明参与第 13、15 章，张荆参与第 14 章）；戴宏坤（第 17 章并提供资料）、杨挺（第 18 章，并协助杨俊杰编写案例）、高峰（协助处理各章图及表,并协助杨俊杰全程)。杨俊杰负责本书的策划、审定、修改及总纂。参与本书编写的还有张渝、姚亚亚、裘荃荃、白忠文、陈博、王升玉、李剑群、田凤真、李祥义、刘端、孟德奇、祁政敏、孙长彬、王占良、闫铭玉、赵承君、霍朝阳、李颖、陈俊川、崔超云、李慧。该项目专家团队成员,夜以继日,克服重重困难,精心切磋,所有章节几乎都经过每月全体成员例会的集体汇报、过滤、研讨、再修改。虽如此况,还觉本书挂一漏万之处在所难免,恳请读者及PPP模式先行者不吝赐教,不胜感激!

杨俊杰

目 录

前言

第1章 PPP模式的概念与结构 ... 1
1.1 PPP模式的概念 ... 1
1.2 PPP模式的本质及特征 ... 3
1.3 PPP的应用目标与作用 ... 4
1.4 PPP的应用原则和注意事项 ... 5
1.5 PPP模式的应用优势 ... 6
1.6 PPP的几种模式 ... 7
1.7 PPP模式的选择 ... 8
1.8 PPP基础设施典型示例及解析 ... 8
1.8.1 示例1：某运动中心项目 ... 9
1.8.2 示例2：英国新港市南环公路项目 ... 10
1.8.3 示例3：某市A区医院 ... 12
1.9 小结 ... 12

第2章 PPP模式在世界范围内的应用 ... 15
2.1 概述 ... 15
2.2 PPP模式在全球基础设施建设领域的总体发展简况 ... 15
2.3 我国PPP模式应用概况 ... 18
2.4 中外基础设施发展趋势 ... 20
2.5 我国PPP模式应用前景展望和问题 ... 21
2.6 "一带一路"PPP市场前瞻 ... 22
2.6.1 "一带一路"市场背景 ... 22
2.6.2 基础设施建设需求 ... 23
2.6.3 沿线国家示例分析 ... 23
2.7 共建"一带一路"：理念、实践与中国的贡献 ... 25
2.7.1 前言 ... 26
2.7.2 时代呼唤：从理念到蓝图 ... 26
2.7.3 合作框架：从方案到实践 ... 27
2.7.4 合作领域：从经济到人文 ... 30
2.7.5 合作机制：从官方到民间 ... 36
2.7.6 愿景展望：从现实到未来 ... 38
2.7.7 结束语 ... 38

- 2.8 国内外施工企业 PPP 模式项目操作案例与步骤 ·················· 39
  - 2.8.1 民营施工企业的 PPP 操作模式：龙元建设（基金管理制度） ·············· 39
  - 2.8.2 央企 PPP 项目操作范式 ·················· 41
  - 2.8.3 国际承包商的 PPP 策略 ·················· 47
- 2.9 小结 ·················· 49

第3章 PPP 模式运作流程 ·················· 51

- 3.1 流程简论 ·················· 51
- 3.2 行业分析 ·················· 51
- 3.3 项目识别 ·················· 53
  - 3.3.1 项目发起 ·················· 53
  - 3.3.2 项目筛选 ·················· 53
  - 3.3.3 物有所值评价 ·················· 53
  - 3.3.4 财政承受能力论证 ·················· 54
- 3.4 项目准备 ·················· 55
  - 3.4.1 组织实施机构 ·················· 55
  - 3.4.2 尽职调查 ·················· 55
  - 3.4.3 实施方案编制 ·················· 55
- 3.5 项目采购 ·················· 57
  - 3.5.1 资格预审 ·················· 57
  - 3.5.2 采购文件编制 ·················· 57
  - 3.5.3 响应文件评审 ·················· 57
  - 3.5.4 谈判与合同签署 ·················· 58
- 3.6 项目执行 ·················· 58
  - 3.6.1 项目公司设立 ·················· 58
  - 3.6.2 融资管理 ·················· 58
  - 3.6.3 绩效监测与支付 ·················· 59
  - 3.6.4 中期评估 ·················· 59
- 3.7 项目移交 ·················· 59
  - 3.7.1 移交准备 ·················· 59
  - 3.7.2 项目测试 ·················· 60
  - 3.7.3 资产交割 ·················· 61
- 3.8 项目绩效评价 ·················· 61
  - 3.8.1 PPP 项目绩效评价的内涵 ·················· 61
  - 3.8.2 PPP 项目绩效评价时点 ·················· 62
  - 3.8.3 PPP 项目绩效评价体系设计 ·················· 62
- 3.9 项目评估示例 ·················· 64
  - 3.9.1 示例1：X 市地铁甲号线 PPP 项目经济性评价 ·················· 64
  - 3.9.2 示例2：某医药特色小镇 PPP 项目 ·················· 67

第4章 公共部门比较值的建立与应用 77
4.1 应用观 77
4.2 公共部门比较值的概念及体系 78
4.2.1 公共部门比较值的定义及相关假设 78
4.2.2 公共部门比较值的组成 79
4.2.3 公共部门比较值体系的构建 80
4.3 初始PSC 85
4.3.1 初始PSC的组成 85
4.3.2 一般假设 86
4.3.3 初始PSC的计算步骤 86
4.4 竞争性中立调整 86
4.4.1 竞争性中立调整项目 86
4.4.2 竞争性中立调整值的计算步骤 88
4.5 风险调整 88
4.5.1 风险分类 88
4.5.2 风险量化 89
4.6 我国公共部门比较值的建立与应用 93
4.6.1 应用环境 93
4.6.2 建立时点 93
4.6.3 专家参与 93
4.6.4 PSC的公布与公众参与 94
4.6.5 基于我国国情的PSC构成要素 94
4.6.6 我国PSC计算中应注意的几点 94
4.7 PSC要点汇总 95
4.7.1 定义及特点 95
4.7.2 定性评估法 95
4.7.3 定量评估法 97

第5章 物有所值（VFM）评价 98
5.1 物有所值基础知识 98
5.1.1 概念 98
5.1.2 含义 98
5.1.3 特征 99
5.2 基于VFM的PPP项目绩效评价 99
5.2.1 VFM和绩效评价 99
5.2.2 VFM的内涵 100
5.3 VFM在PPP项目中的应用 101
5.3.1 常用的VFM评价方法 101
5.3.2 VFM评价方法在国外PPP实践中的应用 102

  5.3.3 适合我国的 VFM 评价方法 ································· 105
 5.4 物有所值方法的局限性 ··· 107
  5.4.1 VFM 分析时仅考虑成本 ··· 107
  5.4.2 难以准确计量风险价值 ··· 108
  5.4.3 VFM 的决策维度和视角过于单一 ······················· 108

第6章 产出说明 ··· 109
 6.1 PPP 项目中政府部门比较关心的问题分析 ············ 109
  6.1.1 PPP 项目提供产品或服务的质量和数量 ············ 109
  6.1.2 PPP 项目提供产品或服务的价格 ······················· 109
  6.1.3 PPP 项目特许经营期限的设计 ··························· 110
  6.1.4 PPP 项目的可持续性 ··· 110
  6.1.5 政府方的收益 ·· 110
 6.2 PPP 项目基于政府产出说明的一般性指标体系制定 ············ 110
  6.2.1 PPP 项目产出标准指标体系构建原则 ·············· 111
  6.2.2 指标体系制定的方法 ··· 112
 6.3 各个指标的来源和含义 ··· 113
  6.3.1 PPP 项目提供产品或服务的质量 ····················· 113
  6.3.2 产品或服务的数量 ··· 114
  6.3.3 产品或服务的价格 ··· 114
  6.3.4 特许经营期限设计 ··· 115
  6.3.5 可持续性 ·· 115
  6.3.6 政府方的收益 ·· 116
 6.4 指标体系的应用领域和定量方法推荐 ·················· 117
  6.4.1 指标体系的应用领域 ··· 117
  6.4.2 指标体系定量评价方法推荐 ······························ 118
 6.5 示例 ··· 118
  6.5.1 项目产出说明 ·· 118
  6.5.2 绩效考核指标 ·· 119
 6.6 小结 ··· 121

第7章 项目融资评估 ·· 122
 7.1 概述 ··· 122
 7.2 一般程序 ··· 122
 7.3 项目融资借款人评价 ··· 123
 7.4 项目概况评估 ··· 124
 7.5 未来收益分析 ··· 125
  7.5.1 项目产品供求现状 ··· 125
  7.5.2 产品供需预测和价格走势 ································ 126

7.6 投资估算与融资方案评估 ... 126
7.6.1 项目投资估算 ... 126
7.6.2 项目融资方案评估 ... 127
7.6.3 评估项目资金成本 ... 128
7.7 财务效益评估 ... 129
7.7.1 基础数据与参数 ... 129
7.7.2 成本与费用 ... 129
7.7.3 运营收入 ... 129
7.7.4 增值税、销售税金及附加 ... 130
7.7.5 利润及利润分配 ... 130
7.7.6 财务效益评估报表 ... 130
7.8 不确定性分析 ... 132
7.8.1 盈亏平衡分析 ... 132
7.8.2 敏感性分析 ... 133
7.9 投资方相关效益与风险评估 ... 133
7.9.1 投资方相关效益 ... 133
7.9.2 风险评估 ... 134
7.10 总评价 ... 134
7.11 国内外融资渠道 ... 135
7.11.1 项目贷款 ... 135
7.11.2 银团融资 ... 135
7.11.3 并购贷款 ... 135
7.11.4 股权基金 ... 136
7.11.5 债券融资 ... 137
7.11.6 信托融资模式 ... 138
7.11.7 保险资金PPP模式 ... 138
7.11.8 资产证券化 ... 139
7.11.9 小结 ... 139

第8章 项目风险识别 ... 141
8.1 风险观 ... 141
8.1.1 风险的概念及基本内容 ... 141
8.1.2 风险管理的意义 ... 141
8.1.3 PPP项目的特点及运作方式 ... 141
8.2 PPP项目风险识别和风险分析 ... 142
8.3 PPP项目风险识别的内容 ... 142
8.4 PPP项目风险识别的过程 ... 142
8.5 企业在PPP投融资模式中的现金流风险 ... 143
8.6 PPP项目风险中的"庞氏骗局" ... 143

8.7 识别风险常用的方法 …………………………………………………………… 144
   8.7.1 风险识别的方法 …………………………………………………………… 144
   8.7.2 目前主要采取的风险识别方法比较 ……………………………………… 144
   8.7.3 核对表法 …………………………………………………………………… 145
   8.7.4 失败案例原因分析 ………………………………………………………… 145
8.8 成功案例因素分析 …………………………………………………………………… 148
   8.8.1 马来西亚南北高速公路案例 ……………………………………………… 148
   8.8.2 济青高铁案例 ……………………………………………………………… 149
8.9 风险清单确定 ………………………………………………………………………… 150
   8.9.1 PPP项目风险层级的划分 ………………………………………………… 150
   8.9.2 国家层级、市场层级、项目层级风险 …………………………………… 150
8.10 PPP项目风险清单一览表 …………………………………………………………… 150
8.11 实例——流程与实操方法 …………………………………………………………… 153

第9章 项目风险评估 ……………………………………………………………………… 159
9.1 项目风险评估流程 …………………………………………………………………… 159
   9.1.1 项目风险评估的时间 ……………………………………………………… 159
   9.1.2 项目风险评估的步骤 ……………………………………………………… 159
9.2 关键风险的重要性评估 ……………………………………………………………… 159
   9.2.1 德尔菲调研过程 …………………………………………………………… 159
   9.2.2 PPP项目风险评估的方法 ………………………………………………… 161
   9.2.3 风险发生概率评估 ………………………………………………………… 162
   9.2.4 风险危害程度评估——危害程度较大的风险 …………………………… 163
   9.2.5 风险重要性评估 …………………………………………………………… 164
9.3 不同层级风险的重要性评估 ………………………………………………………… 165
   9.3.1 国家级风险的重要性 ……………………………………………………… 165
   9.3.2 市场级风险的重要性 ……………………………………………………… 166
   9.3.3 项目级风险的重要性 ……………………………………………………… 166
9.4 基于Vague值的PPP模式风险评价模型 …………………………………………… 166
   9.4.1 基于Vague值的PPP项目投资风险评价方法 …………………………… 166
   9.4.2 基于Vague集的AHP评估方法 …………………………………………… 167
   9.4.3 基于Vague集的PPP模式风险评价模型构建 …………………………… 170

第10章 项目风险分担 …………………………………………………………………… 171
10.1 风险分担的概念 ……………………………………………………………………… 171
10.2 项目风险分担原则 …………………………………………………………………… 171
10.3 风险公平分担机制的构造思路 ……………………………………………………… 172
10.4 实际PPP项目的风险分担 …………………………………………………………… 174
   10.4.1 实际风险分担数据来源及分析方法 ……………………………………… 174

  10.4.2　分担差异度与项目成功度的关系分析 176
  10.4.3　所有行业的实际分担与分担偏好的差异 177
  10.4.4　单一行业的实际分担与分担偏好的差异 178
 10.5　风险公平分担机制的构造 178
  10.5.1　项目各阶段的风险分担 179
  10.5.2　风险分担调整机制 181
 10.6　风险公平分担机制的效率分析 182
  10.6.1　风险分担参考模型的选择 182
  10.6.2　不同风险分担模型的优劣比较 183
 10.7　示例——赛文河第二大桥项目 186
  10.7.1　项目背景 186
  10.7.2　项目结构 186
  10.7.3　项目分析 186
  10.7.4　财务信息 187
  10.7.5　项目成果 187
  10.7.6　项目存在的风险及分担措施 187
  10.7.7　结论 188

第11章　基于实物期权的 PPP 项目风险管理 190
 11.1　风险管理控制流程 190
  11.1.1　PPP 项目风险管理的过程 190
  11.1.2　PPP 项目风险管理的关键 190
  11.1.3　新型风险管理流程 190
 11.2　实物期权投资与 PPP 项目 191
  11.2.1　实物期权 191
  11.2.2　实物期权的基本特征 192
  11.2.3　实物期权方法的优点 193
  11.2.4　实物期权投资决策观 194
  11.2.5　实物期权引入 PPP 项目领域的可行性 195
  11.2.6　PPP 项目决策中实物期权的应用程序 197
 11.3　PPP 项目关键风险的实物期权识别 197
  11.3.1　政府信用风险 197
  11.3.2　政府决策风险 198
  11.3.3　第三方风险 199
  11.3.4　市场需求风险 199
  11.3.5　市场竞争风险 200
 11.4　PPP 项目其他风险的实物期权识别 201
  11.4.1　完工风险 201
  11.4.2　费用支付风险 201

11.4.3 公众反对风险 ··· 202
11.4.4 不可抗力风险 ··· 202
11.5 风险应对措施 ·· 203
11.5.1 风险回避 ·· 203
11.5.2 风险利用 ·· 203
11.5.3 风险自留 ·· 203
11.5.4 风险转移 ·· 204
11.5.5 风险控制 ·· 204
11.6 示例——A市污水处理厂项目 ·· 205

第12章 PPP项目产品价格影响因素分析 ·· 209
12.1 简论 ··· 209
12.2 PPP项目特许价格 ··· 209
12.2.1 特许价格构成要素 ··· 209
12.2.2 特许价格影响因素 ··· 212
12.3 PPP项目价格的影响因素 ·· 213
12.3.1 经济条件 ·· 213
12.3.2 政治/法律条件 ··· 213
12.3.3 技术条件 ·· 213
12.3.4 政府 ··· 214
12.3.5 私营部门 ·· 214
12.3.6 公众 ··· 215
12.3.7 项目自身因素 ·· 215
12.4 示例——香港迪士尼乐园 ·· 215

第13章 项目产品定价 ··· 219
13.1 项目产品定价简论 ··· 219
13.2 政府规制定价区间 ··· 219
13.3 项目的成本 ·· 220
13.4 不同市场需求状态下公共产品定价及定价权配置 ···················· 220
13.5 博弈定价模型 ·· 223
13.6 基于合同设计及风险收益对等的PPP项目定价模型 ················ 225
13.7 不同类型的城市交通基础设施PPP项目定价模型的选择 ········ 228
13.8 示例 ··· 229
13.8.1 基于博弈定价模型的示例 ·· 229
13.8.2 基于合同设计与风险收益对等定价模型的示例 ············· 229
13.8.3 PPP项目资产证券化定价因素影响和策略分析示例 ······ 230
13.9 价格机制示例 ·· 234

第14章 项目政府补贴和收益分配 ··· 238
14.1 PPP项目政府补贴和收益分配释义 ··· 238
14.1.1 PPP项目收益分配 ··· 238
14.1.2 PPP项目政府补贴 ··· 238
14.1.3 常见的动态型补贴模式 ··· 239
14.2 PPP项目收益分配和风险分配原则 ··· 239
14.2.1 收益分配原则 ··· 239
14.2.2 风险分配原则 ··· 240
14.3 城市基础设施PPP项目收益分配影响因素分析 ··· 241
14.4 基于Shapely值的PPP项目收益分配模型 ··· 242
14.4.1 Shapely值的确定 ··· 242
14.4.2 修正Shapely值 ··· 243
14.4.3 各个参数的确定 ··· 243
14.4.4 实例分析 ··· 245
14.5 Nash模型 ··· 246
14.6 政府补贴模型 ··· 249
14.7 模型总结 ··· 253
14.8 政府补贴模型示例 ··· 253

第15章 基于实物期权的PPP项目产品定价 ··· 256
15.1 PPP项目产品定价意义 ··· 256
15.2 PPP项目特许价格影响因素的实物期权识别 ··· 256
15.3 特许价格影响因素的期权评价模型构建 ··· 257
15.4 PPP项目定价原则和模式 ··· 259
15.5 定价示例 ··· 261

第16章 项目绩效全面评价 ··· 264
16.1 绩效、绩效管理、绩效评价释义 ··· 264
16.1.1 绩效释义 ··· 264
16.1.2 绩效管理释义 ··· 264
16.1.3 绩效评价释义 ··· 265
16.2 项目全生命周期的价值管理 ··· 270
16.2.1 价值管理 ··· 270
16.2.2 PPP项目全生命周期价值管理的主体及利益相关者 ··· 272
16.2.3 PPP项目各阶段的价值管理 ··· 274
16.3 PPP项目的绩效评价模型 ··· 275
16.3.1 绩效评价理论 ··· 275
16.3.2 关键绩效指标及其识别方法 ··· 281
16.3.3 PPP项目绩效考核的流程 ··· 286

16.3.4　PPP 项目绩效考核的模板 ……………………………………… 287
　16.4　PPP 项目绩效全面评价示例 ………………………………………… 289

第17章　PPP 模式相关法律及其应用 …………………………………… 302
　17.1　PPP 法律关系的构成要素 …………………………………………… 302
　17.2　国内的 PPP 法律法规举例 …………………………………………… 304
　17.3　PPP 项目操作全流程及法律文件 …………………………………… 310
　17.4　PPP 项目的基本合同体系 …………………………………………… 312
　　17.4.1　概述 ……………………………………………………………… 312
　　17.4.2　PPP 项目合同 …………………………………………………… 315
　17.5　国外有关国家的 PPP 法律示例 ……………………………………… 316
　　17.5.1　英国 PFI/PPP 法律 ……………………………………………… 316
　　17.5.2　美国 PPP 法律 …………………………………………………… 318
　　17.5.3　韩国 PPP 法律 …………………………………………………… 319
　17.6　案例：工业污水集中处理工程 PPP 项目特许经营协议 …………… 321

附录 ………………………………………………………………………… 323
　附录 A　政府和社会资本合作模式操作指南（试行） ………………… 323
　附录 B　S 市水业公司部分股权转让项目分析 ………………………… 332
　附录 C　PPP 模式项目社会资本同政府协议指导文本示例（S 市 PPP 通行协议
　　　　　指导文本） ……………………………………………………… 337
　附录 D　国务院办公厅关于县域创新驱动发展的若干意见 …………… 354
　附录 E　PPP 模式项目动态集成化风险管理 …………………………… 358

参考文献 …………………………………………………………………… 364

第 1 章 PPP 模式的概念与结构

PPP 即政府和社会资本合作,作为一种创新的政府采购模式,在全世界已经被广泛应用到各种公共产品和服务当中。PPP 弥补了各国财政在基础设施建设上投入的不足,提高了项目的品质和服务,同时也提升了政府对公共项目的管理效果。自 2014 年以来中国自上而下大力推广 PPP 模式,通过 PPP,进一步推动城镇化建设和国家经济的持续增长。"一带一路"作为中国最重要的全球化战略,为沿线国家发展基础设施提供资金、技术和经验的支持。而 PPP 作为一个载体,更是一种战略手段,可以使中国企业与 60 多个沿线国家政府部门保持长期和紧密地合作,刺激经济增长,实现合作共谋发展的新模式。当前强调 PPP 模式项目信息公开,包括以下三个方面:①涉及主体的基本资料需公开,如社会主体、社会资本主体、中介机构。②过程公开,PPP 具有长周期特性,包括立项、评估、落地、实施、运营环节,每个环节的信息都应该公开。③社会经济相关信息要公开,这是做评估、做绩效的需要。

1.1 PPP 模式的概念

"PPP"一词由英国经济学界于 1997 年在联合国可持续发展的项目管理(Sustainable Project Management,SPM)会议上提出的,是对业已兴起的 BOT(建设—运营—移交)、TOT(转让—运营—移交)等政府特许经营、与各类社会资本合作模式的总括。从公共管理的角度看,PPP 是一种创新型的政府采购模式,能解决公共项目长期存在的问题:项目超支、工期延长、效率低下、后期管理混乱等。相对于政府传统的直接出资建造模式,PPP 具备各种优势,同时将很多商业风险转移给社会资本方。私营机构通过对项目的集成化管理,保证项目的可持续性和高回报率。自 20 世纪 90 年代以来,全球各国政府都大力推广 PPP 模式。PPP 能够将政府的战略规划、市场需求、公共服务与社会资本的激励,以及金融体制创新有效地结合在一起,是支持宏观经济改革、提升政府行政效率和公共服务职能的有效手段。从定义的角度来说,PPP 是一个相对宽泛的表述性词语,更多是大众认同的一种概念,形式上具有明显的特征,但不具有一个确切的定义,国际大型机构和各国政府对 PPP 都有自己的看法,以下总结了几种使用较为广泛的释义,如图 1-1 所示。

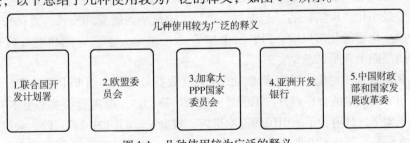

图 1-1 几种使用较为广泛的释义

（1）联合国开发计划署。1998年，联合国开发计划署给PPP的概念是：PPP是指政府、营利性企业和非营利性组织基于某个项目而形成的相互合作关系的形式。通过这种合作形式，合作各方可以达到比预期单独行动更有利的结果。合作各方参与某个项目时，政府并不是把项目的责任全部转移给私营部门，而是由参与合作的各方共同承担责任和融资风险。

（2）欧盟委员会。PPP是指公共部门和私营部门之间的一种合作关系，其目的是提供传统上由公共部门提供的公共项目或服务。

（3）加拿大PPP国家委员会。PPP是公共部门和私营部门之间的一种合作经营关系，它建立在双方各自经验的基础上，通过适当的资源分配、风险分担和利益共享机制，最好地满足事先清晰界定的公共需求。

（4）亚洲开发银行。PPP是公共部门和私营部门在基础设施和其他服务方面的一系列合作关系，其特征有：政府授权、规制和监管，私营部门出资、运营提供服务，长期合作、共担风险，提高效率和服务水平。

（5）中国财政部和国家发展改革委在《财政部关于推广运用政府和社会资本合作模式有关问题的通知》（财金〔2014〕76号）中将"政府和社会资本合作"（PPP模式）界定为："政府部门和社会资本在基础设施及公共服务领域建立的一种长期合作关系，通常模式是由社会资本承担设计、建设、运营、维护基础设施的大部分工作，并通过"使用者付费"及必要的"政府付费"获得合理投资回报；政府部门负责基础设施及公共服务价格和质量监管，以保证公共利益最大化。"这一描述将私人资本扩展至社会资本范畴，界定了中国PPP模式下政府和社会资本在合作中的职责分工及盈利回报模式。而在《国家发展改革委关于开展政府和社会资本合作的指导意见》（发改投资〔2014〕2724号）中，则将PPP界定为"政府为增强公共产品和服务供给能力、提高供给效率，通过特许经营、购买服务、股权合作等方式，与社会资本建立的利益共享、风险分担及长期合作关系"。

PPP分为广义和狭义两种说法。广义的PPP泛指政府与社会资本为提供公共产品或服务而建立的各种合作关系。狭义的PPP可以理解为BOT、TOT、DBFO（设计—建设—融资—运营）等多种方式的总称。政府与社会资本以长期方式提供公共产品和服务的一种合作模式，旨在利用市场机制合理分配风险，提高公共产品和服务的供给数量、质量和效率。对于政府而言，PPP不仅是一种融资模式，更是其管理相关公共项目的有效手段。PPP与传统融资模式项目的主要区别如下：

（1）融资只是PPP的目的之一，但并不是全部。PPP项目中会涉及融资问题，但不仅限于融资问题，政府和公共部门除了利用民营部门的资本以外，大多还利用了民营部门的生产与管理技术。

（2）融资更多是考虑将自己的风险最低化。而PPP管理模式中，更多是考虑双方风险而将整体风险最小化。事实证明，追求整个项目风险最小化的管理模式，要比公、私双方各自追求风险最小化更能化解风险。PPP所带来的"一加一大于二"的机制效应，需要从管理模式创新的层面上理解和总结。

（3）与风险控制相对应，融资者考虑的是自己收益最大化，而PPP更强调社会综合效益最大化。在PPP模式中的合作双方，不能过分追求局部利益，而需要更关心更多的公众利益。在PPP管理框架下，政府为了吸引民间资本进入，减少民营部门的经营风险，会确保其经营具有一定的收益水平，但又不应收益过高，如果收益过高，政府方面也会做出相应控制。

1.2 PPP 模式的本质及特征

PPP 模式的本质是基础设施和公共产品及其服务的市场化，政府减少对部分公共产品和服务的直接干预，转变政府职能和管理模式，提高公共产品的服务质量和效率。PPP 模式强调合作，政府与私营机构或者社会资本方的合作。这种合作模式主要体现在三个方面：①要有界定明确的公共部门和私营部门；②PPP 项目针对的必须是公共产品和服务；③参与其中的公共部门和私营部门必须要通过合同文本等形式，明确在整个 PPP 项目中的责任和义务，收益共享，风险共担。也就是说，PPP 的主要目的就是政府和社会资本通过契约形成平等的长期合作伙伴关系，为社会提供基础设施，以及公共产品与服务，并在政府和社会资本之间优化风险分配，使提供的公共产品和服务比传统政府采购模式更物有所值（Value for Money），实现利益共享。依据 PPP 模式中政府和私营部门的关系，PPP 可以划分为 12 类形式，其中包括管理合同（MC）、租赁（Leasing）、改建—运营—移交（ROT）、改建—租赁—移交（RLT）、建设—运营—移交（BOT）、建设—修复—运营—移交（BROT）、建设—拥有—运营—移交（BOOT）、建设—租赁—拥有（BLO）、建设—拥有—运营（BOO）等形式。其中最为典型的形式是 BOT，主要是由政府提供特许经营协议，私营部门作为项目的投资者和经营者自行安排融资，开发建设项目，并在特许经营协议的期限内获得利润，在项目结束后，有偿或者无偿转让给政府，一般项目可以长达 20 年以上。图 1-2 是 PPP 的商业合作模式，通过共同建立一个特殊目的公司（SPV）对项目进行投资、设计、建造和运营。社会资本可以通过股权融资和债权融资两种方式进行融资，在项目正式运行后还可以通过发行项目债券等形式进行融资。

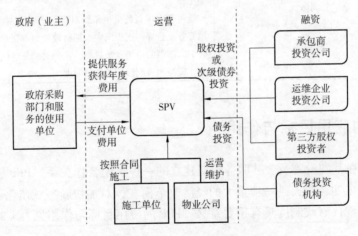

图 1-2 PPP 的商业合作模式

PPP 的经营管理模式有着以下的几大特征，见表 1-1。

表 1-1 PPP 经营管理模式的特征

序　号	特　征	具体说明
1	公私之间长期合作	一般情况下合同年限不超过 30 年，利益共享、权益分担

(续)

序号	特征	具体说明
2	政府的政策扶持	使私人投资者获取合理的收益，通过政策扶持获取合理的收益是吸引民间资本进入的前提。因此在城镇廉租房PPP项目中，政府还应该在土地、税收、信贷等方面出台实施合理的扶持措施，保障民间资本参与的积极性
3	伙伴关系平等合作	PPP中民营部门与政府公共部门的伙伴关系与其他关系相比，独特之处就是平等合作，项目目标一致，即在某个具体项目上，以最少的资源实现最多最好的产品或服务的供给
4	利益共享	共享利益除了指共享PPP的社会成果，还包括使作为参与者的私营部门、民营企业或机构取得长期相对稳定的投资回报
5	风险共担	政府与社会资本将风险合理分配到最佳承受方，部分风险需要双方共同承担
6	监督监管关系	政府作为公共事务的管理者，在履行PPP项目的规划、管理、监督等行政职能时，与社会资本之间构成行政法律关系。PPP项目不是一纸契约就了之，需要政府部门持续的监管，以保证项目的目的和公共服务质量的提升
7	国有资金杠杆化	是指项目实施过程中增加非国有资金的股权比例，使有限的资金可以投入更多的项目建设中，从而提高国有资金效率
8	命运共同体	通过PPP模式，社会资本进入本应由政府直接提供的市政基础设施和公共产品及服务领域，将政府负债转变为企业负债，提升政府的财政承受和偿债能力，有助于政府集中注意力做好政府转型工作 通过PPP项目的全生命周期预算管理，促进政府从单一年度的预算收支管理，逐步向中长期财政规划和资产负债管理转变。同时引入激烈的市场竞争机制，在公共服务的供给主体引入竞争机制，提高地方政府债务的透明度

1.3 PPP的应用目标与作用

PPP模式是在基础设施及公共服务领域建立的一种长期合作关系。PPP模式需立足国内实践，借鉴国际成功经验，是一项重大的经济改革模式，对加快新型城镇化建设、提升国家治理能力、构建现代财政制度具有重要意义。PPP的应用目标与作用见表1-2。

表1-2 PPP的应用目标与作用

序号	应用目标	作用
1	推广运用PPP模式，是促进经济转型升级、支持新型城镇化建设的必然要求	政府通过PPP模式向社会资本开放基础设施和公共服务项目，可以拓宽城镇化建设融资渠道，形成多元化、可持续的资金投入机制，有利于整合社会资源，盘活社会存量资本，激发民间投资活力，拓展企业发展空间，提升经济增长动力，促进经济结构调整和转型升级

(续)

序号	应用目标	作用
2	推广运用PPP模式，是加快转变政府职能、提升国家治理能力的一次体制机制变革	通过PPP模式提供公共服务，政府要从"管理者"变为"监督者、合作者"，更加注重"按合同办事"，更加注重平等协商、公开透明，有助于解决政府职能错位、越位、缺位问题，推动从"国家管理"向"国家治理"转变
3	推广运用PPP模式，是深化财税体制改革、构建现代财政制度的重要内容	推广使用"PPP"模式，有利于吸引社会资本，拓宽城镇化融资渠道，形成多元化、可持续的资金投入机制
4	推广运用PPP模式是改进政府公共服务的重要举措	PPP模式能够将政府的战略规划、市场监管、公共服务与社会资本的管理效率、技术创新有机结合在一起，有助于厘清政府与市场边界，提升政府的法制意识、契约意识和市场意识，更好地履行公共职能，全面提升公共服务水平
5	推广运用PPP模式是供给侧改革的有力推手	通过PPP模式提供公共服务，可以撬动社会资本参与建设，形成多元化、可持续的资金投入机制，有效满足新型城镇化建设的需要
6	推广运用PPP模式是让专业人做专业的事	"PPP模式"对政府来讲，不仅可以减轻政府债务负担，减缓地方融资平台压力，还能有效促进政府职能转变，减少对微观事务的干预，腾出更多的精力放到规划和监管上。对企业来讲，可以降低参与公共领域项目的门槛，拓宽了私营部门发展空间，进一步激发非公有制经济的活力。对社会来讲，通过"让专业的人做专业的事"，高低效益相配置，产生宏观效益，提高公共产品供给效率

1.4 PPP的应用原则和注意事项

财政部制定了《PPP项目合同指南（试行）》，明确了PPP原则的核心要求，见表1-3。

表1-3 PPP原则的核心要求

序号	核心要求	具体内容
1	依法治理	在依法治国、依法行政的框架下，充分发挥市场在资源配置中的决定性作用，允许政府和社会资本依法自由选择合作伙伴，充分尊重双方在合同订立和履行过程中的契约自由，依法保护PPP项目各参与方的合法权益，共同维护法律权威和公平正义
2	平等合作	在PPP模式下，政府与社会资本是基于PPP项目合同的平等法律主体，双方法律地位平等、权利义务对等，应在充分协商、互利互惠的基础上订立合同，并依法平等地主张合同权利、履行合同义务
3	维护公益	建立履约管理、行政监管和社会监督"三位一体"的监管架构，优先保障公共安全和公共利益。PPP项目合同中除应规定社会资本方的绩效监测和质量控制等义务外，还应保证政府方合理的监督权和介入权，以加强对社会资本的履约管理。与此同时，政府还应依法严格履行行政管理职能，建立健全、及时、有效的项目信息公开和公众监督机制

(续)

序号	核心要求	具体内容
4	诚实守信	政府和社会资本应在PPP项目合同中明确界定双方在项目融资、建设、运营、移交等全生命周期内的权利义务，并在合同管理的全过程中真实表达意思表示，认真恪守合同约定，妥善履行合同义务，依法承担违约责任
5	公平效率	在PPP项目合同中要始终贯彻物有所值原则，在风险分担和利益分配方面兼顾公平与效率；既要通过在政府和社会资本之间合理分配项目风险，实现公共服务供给效率和资金使用效益的提升，又要在设置合作期限、方式和投资回报机制时，统筹考虑社会资本方的合理收益预期、政府方的财政承受能力以及使用者的支付能力，防止任何一方因此过分受损或超额获益
6	兼顾灵活	鉴于PPP项目的生命周期通常较长，在合同订立时既要充分考虑项目全生命周期内的实际需求，保证合同内容的完整性和相对稳定性，也要合理设置一些关于期限变更（展期和提前终止）、内容变更（产出标准调整、价格调整等）、主体变更（合同转让）的灵活调整机制，为未来可能长达20~30年的合同执行期预留调整和变更空间

PPP模式的优点在于将市场机制引进了基础设施的投融资。不是所有城市基础设施项目都可以商业化，政府不能认为，通过市场机制运作基础设施项目等于政府全部退出投资领域。在基础设施市场化过程中，政府将不得不继续向基础设施投入一定的资金。对政府来说，在PPP项目中的投入要小于传统方式的投入，两者之间的差值是政府采用PPP方式的收益。另外运用PPP模式需要注意它的几大特性。

（1）PPP的多样性。长期以来，人们一直将PPP与BOT、PFI（第17章将详细介绍）等并列，其实PPP是一个总称，它包括以上的诸多形式。在实际项目中根据项目的种类和需求的不同，会选择一种具体的实施和支付模式。

（2）PPP的复杂性。由于PPP是一个全过程的项目规划实施管理模式，同时项目规模相对较大，操作时间跨度也会较大。这种复杂性不仅仅增加了PPP项目的采购时间，同时也增加了项目的采购成本。一个PPP项目中，包括未来可预测、不可预测、可控制、不可控制等风险交织在一起，很难做到尽善尽美。因此，基于PPP的复杂性，在实施一个PPP项目时，公私双方不可能很快达成一致意见。过去政府上项目往往出现边勘测、边设计、边施工的"三边"工程现象。相比之下，显得PPP项目的实施要慢得多，这是正常现象，不可能将PPP项目做成"三边"工程，如果那样的话，今后会产生许多难以解决的问题。

（3）PPP的长期性。PPP项目合同多数在二三十年以上，特殊项目可能会超过50年。PPP管理模式就是要做好这个全生命周期内整体的管理，保证不出错，不仅项目质量有保证，且提高的服务要做到位，这样才能实现物有所值的效果。

（4）PPP的可持续性。PPP模式不是权宜之计，是社会发展、经济改革、供给侧革新的必然路径，是不可替代的万万不可忽视的重要模式之一，是政策沟通、设施联通、贸易畅通、资金融通和民心相通"五通"方面持续发酵的新模式。

1.5 PPP模式的应用优势

相对于传统模式，PPP有非常明显的优势，见表1-4。

表 1-4　PPP 模式的优势

优　势	具体内容
1. 减少项目费用的超支	私营企业与政府共同参与项目的识别、可行性研究、设施和融资等项目建设过程，保证了项目在技术和经济上的可行性，缩短前期工作周期，使项目费用降低
2. 有利于转换政府职能，减轻财政负担	政府负责政策制定与规划，而由民间组织落实运营服务，这样不仅可以将民众力量引入公共服务的进程当中，强化公民意识与社会认同感，同时提高资源使用效能和建设、运营效率，使政府从过去的基础设施公共服务提供者转化为监管者，从而保证建设及服务质量
3. 促进了投资主体的多元化	利用私营部门来提供资产和服务能为政府部门提供更多的资金和技能，促进了投融资体制改革
4. 取长补短，弥补不足	政府和社会资本方可以利用自身的优势，取长补短，弥补各自的不足。双方可以形成互利的长期目标，可以以最有效的成本为公众提供高质量的服务，促进社会整体进步
5. 提高项目投资效率	与普通项目相比，PPP 项目的债权和股权投资者往往会对项目进行更严格的尽职调查。市场规律会迫使投资者尽可能提高项目质量，以确保项目的商业可行性
6. 减少项目风险	PPP 在项目初期就可以实现风险分配，同时由于政府分担一部分风险，使风险分配更合理，减少了承建商与投资商风险，从而降低了融资难度，提高了项目融资成功的可能性
7. 有利于提高公共部门管理水平	为实施 PPP 项目，政府部门应以全新方式统筹推进，并启动相应改革。利用 PPP 项目提高公共服务领域的竞争程度，完善公共采购服务
8. 应用范围广泛	PPP 模式突破了引入私营企业参与公共基础设施项目组织机构的多种限制，应用范围很广泛，既可以用于基础设施的投资建设（如水厂、电厂），也可以用于很多非营利设施的建设（如监狱、学校等）
9. 促进经济的可持续发展	可以缓解城镇化建设资金压力，或将成为地方融资平台转型的方向，同时还可以降低政府对房地产市场的依赖
10. 促成公共利益最大化	PPP 模式的应用范围一般是落在基础设施领域，在建设过程中和竣工后，设备升级、专业维护等方面的配套服务与其建设密不可分，且基础设施具有长期使用的特征，相关配套服务不是一次、两次能够解决，而是一个长期的合作过程，把相关维护、升级等配套服务交由社会资本方承担，使 PPP 项目较政府采购而言呈现出"工程"加"服务"的升级特点，形成有效激励约束机制，提高社会效益和经济效益，促成公共利益最大化

总之，PPP 模式能有效结合政府和社会资源的优势，提高公共服务的质量和效率，不仅是微观层面的操作模式升级，更是宏观层面的体制机制变革，是国家确定的重大经济改革任务，是加快新型城镇化建设、提升国家治理能力、构建现代财政制度的重要抓手。

1.6　PPP 的几种模式

政府首先选择一个合作伙伴，由合作伙伴设立一个项目公司（SPV），政府可以在这个项目公司中持股，当然也可以不持股，一旦政府决定持股，其比例不能超过50%（我国当前政策规定）。政府公共部门与项目公司签订一个合同，这个合同称为PPP合同。同时，由PPP项目公司负责融资、建设、运营。PPP形式具有多样性，按美国民营化专家萨瓦斯（E. S. Savas）的分类，除了完全国营和完全私营，中间部分全部是PPP。但为了实际推广需要，在此介绍几个常用的形式，见表1-5。

表1-5 PPP的几种主要模式

模　式	具　体　介　绍
PFI	PFI是英国使用的一种PPP形式，主要特点是由政府付费，而不是由使用者付费
BOT	BOT是最常用的一种PPP形式，它主要以使用者付费为主，项目由私营部门建设，并由其运营管理，政府允许其通过向使用者收费的方式获得合理的回报，当收费期过后一般无偿移交给政府
TOT	TOT是我国对已有基础设施采用的PPP形式，首先将已经建设完成的基础设施项目移交给私营部门，由私营部门运营一定的时间后再无偿移交给政府。采用这种形式，更多是为了化解地方政府债务，政府将已经建成的项目资产和债务，并和经营权一起移交给私营部门，私营部门运营一定期限后再无偿移交给政府，这就有效化解了地方政府债务规模
ROT	ROT主要用于已有的、并需要翻修或扩建的基础设施项目，这种基础设施通过私营部门进行扩建并运营管理，一般也是由政府让其通过向使用者收费的方式获得合理的回报
BOO	BOO的运营一般会有一个期限，当运营期过后，政府收回运营权，但资产仍然属于私营投资者，只能改作其他用途。如果是永久性运营，那可能就不再属于PPP，已经属于私有化的范畴，不属于本书讨论的范围

1.7　PPP模式的选择

（1）在中国过去的模式中主要使用的是BOT模式，集中在交通领域和污水治理领域使用，现在中国政府更多是鼓励以政府付费为主要模式的市政工程。

（2）使用与英国PFI模式相类似的DBFO的一体化集成模式。

（3）随着城镇化的进一步实施，大型既有建筑的改造升级以及之后的运营维护即ROT模式会成为一种新型且常用的PPP模式出现，在国内大面积推广。

（4）随着改革开放的深化和供给侧的发展，以及智慧城市的需求，在许多领域的PPP模式项目会出现。

1.8　PPP基础设施典型示例及解析

国家发改委公开发布大理市生活垃圾处置城乡一体化系统工程等13个具有一定代表性、示范性的PPP项目案例，供有关方面参考借鉴。此次发布的PPP项目案例涉及水利设施、市政设施、交通设施、公共服务、资源环境等多个领域，涵盖BOT、ROT、TOT、BOO等多种操作模式。这些项目是各地引入市场机制、推进PPP模式的有益探索，在社会资本选择、交易结构设计、回报机制确定等方面具有一定参考价值。

1.8.1 示例1：某运动中心项目

位于某市甲行政区X大道，距离市中心约15公里，是该市举办某一大型运动会的主场馆区，也是该市实施文化立市战略、发展体育产业、推广全民健身的中心区。该运动中心含"一场两馆"，即体育场、体育馆和游泳馆，总投资约××亿元。该运动中心工程量巨大，南北长约1000米，东西宽约1000米，总用地面积约50万平方米，总建筑面积约29万平方米，场平面积相当于132个标准足球场。其中，体育场总体高度53米，地上建筑五层，地下一层，于2010年年底完工，成为该市地标性建筑。大型运动会成功举办之后，该运动中心的运营维护遇到了难题，每年高达6000万元的维护成本成为该市政府的沉重负担。本项目采用ROT模式，即该市甲行政区政府将政府投资建成的运动中心场馆交给A集团以总运营商的身份进行运营管理，双方签订40年合约。约定期限届满后，再由A集团将全部设施移交给政府部门。该集团接管此运动中心并不涉及房地产开发。为破解赛后场馆持续亏损的难题，该市政府同意把运动中心周边1平方公里的土地资源交给甲行政区开发运营，并与该运动中心联动对接，原则上不得在运动中心"红线"内新建建筑物。A集团依托场馆的平台，把体育与文化乃至会展、商业有机串联起来，把体育产业链植入商业运营模式中，对化解大型体育场馆赛后运营财务可持续性难题进行了有益尝试。运动中心项目结构如下：

（1）A集团与甲行政区政府签订"一场两馆"ROT主协议，获得40年的修建和运营管理权。

（2）A集团成立项目公司，作为运动中心项目的配套商业建设及全部运营管理的平台，财政对项目公司给予五年补贴。

（3）项目公司与专业运营公司签订运营协议，与常驻球队和赛事机构签订场馆租赁协议，与保险公司签订保险协议，与供电企业签订供电协议，与金融机构签订融资协议，与媒体单位签订播报协议。运动中心项目结构如图1-3所示。

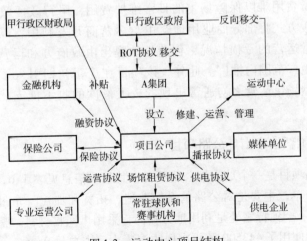

图1-3 运动中心项目结构

具体情况如下：2013年1月，A集团当地所设有限公司与甲行政区文体旅游职能部门签订ROT协议，协议规定A集团拥有项目40年的运营管理期，前5年政府给予每年不超过3000万元的补贴，同时要求A集团在5年内完成不低于6亿元人民币的修建及配套商业修建工程的全部投资。运营期间，项目设立由A集团项目公司与甲行政区政府双方共同管理的调蓄基金，调蓄基金从运营利润中提取，基金主要用于日常维护场馆、增加赛事活动数量、提升赛事活动档次等。

该运动中心项目主要有以下几个特点：

（1）该运动中心项目是PPP模式在文体领域应用的典范，为政府解决大型赛事结束后场馆永续利用和经营难题提供了解决方案。

（2）该运动中心项目采取总运营商与专业团队共同运营的模式，由实力雄厚的总运营商引入具有国内外赛事、演艺资源和场馆运营经验的专业运营团队共同承担运营职责。

（3）构建了商业—场馆—片区的联动商业模式，创立运营调蓄基金，通过商业运作反哺场馆运营，进而由场馆带来的人流带动大运新城开发建设。

（4）引入财政资金支持。通过前5年运营和赛事财政补贴、演艺专项补贴等方式，扶持总运营商引进更多更好的赛事和演艺活动，尽快提升场馆的人气和档次。

（5）建立运营绩效考核机制。每年由管理部门对总运营商进行绩效评估和公众满意度测评，并邀请有国际化场馆运营经验的机构做出第三方评估。将考核评估与奖励挂钩，成立由文体旅游、发改、财政、公安、交通、城管等相关职能部门组成的运营监管协调服务机构，协助总运营商做好运营。

大赛后大型体育场馆运营是个众所周知的世界性难题，在每一次大型赛事后主办城市的场馆运营便会出现困境，该现象被称为"蒙特利尔陷阱"。加拿大蒙特利尔奥运会，致使蒙特利尔财政负担持续20多年；日本长野冬奥会后，场馆设施高额维护费导致长野经济举步维艰；2000年悉尼奥运会后部分场馆一直亏损。

该运动中心项目采取的总运营商与专业团队共同运营的模式，为项目运营质量的保障奠定了基础。项目建立运营调蓄基金，通过商业运作反哺场馆运营的资金管理办法为平衡运动中心场馆日常维护费用提供了资金渠道。从国内其他大型场馆的运营经验来看，仅仅依靠场馆的租赁费用难以保障场馆的日常维护费用，甲行政区政府与A集团吸取国内外经验，通过划拨方式将部分商业用地交由总运营商开发利用，以此产生的利润来弥补运动中心场馆日常运营的亏损情况，创造性地提出由政府方和运营方共同管理的调蓄基金的做法值得在更广范围内推广。此外，该项目在运营初期引入了有力的政府补贴机制，有效缓解了大型场馆运营之初通常出现的较大额度的收不抵支状况，降低了总运营商的资金压力。

1.8.2 示例2：英国新港市南环公路项目

新港市南环公路项目是一个地方性公路项目，其基本信息见表1-6，该项目的特征是成本投入不大，施工简单，主要是对公路的升级改造，拓宽和加盖一个过河公路桥等，如图1-4所示。该项目的一个独特之处是利用地方资源，采用再回收材料。整个项目需要464000吨混凝土，但是其中使用了443500吨再次回收混凝土，占总量95.6%。现场拆迁废料如图1-5所示。

表 1-6　项目基本信息

项 目 类 别	环城高速公路
项目总价值	5700 万英镑
合同期限	40 年
建设期	2002 年 3 月到 2005 年 3 月
联合体	摩根万喜联营体（Morgan Vinci Ltd）

图 1-4　英国新港市南环公路

图 1-5　现场拆迁废料

该项目总结如下：

（1）项目风险低，回收快。

（2）使用了创新技术，合理使用回收材料和 Formbase 泡沫沥青的低温搅拌技术，节约成本 100 万英镑。

（3）合同年限 40 年，使用寿命 50 年，解决了当地交通拥挤问题。

（4）项目利润高达 34%。

（5）通过最佳实践，该标志性项目为施工单位赢得了极大的声誉，同时使其获得了更多的 PFI 道路项目。

1.8.3 示例3：某市A区医院

2010年8月，公立医院某市A区医院作为该市首家引入社会资本的公立医院，采用PPP模式中的ROT模式将公立医院改革纳入社会的集团化运营中。A区医院与B医疗集团合作办医，取消院长行政级别，建立理事会领导下的院长负责制，该理事会实行委任制，举办单位和政府各委任3名，年度计划、预算和人事任免等重大决策全部由理事会完成。此外，医院组建监事会，由政府部门、合作方、医院职工代表共9人组成。B医疗集团组成管理团队，当地政府每年支付其200万元管理费。改革的效果可从数字的变化初见端倪：从医院管理来看，床位从改革前的252张增至502张，副高职称人员由48人增至60人；从百姓就医来看，2012年，医院门诊急诊人数达到48万人次，同比增长28.6%；次均住院费用远低于同级同类医院平均水平9.84%。该医院项目用一个成功样本开辟出一条利益冲突相对较小的全新路径，值得学习和借鉴。

1.9 小结

小结如图1-6所示。

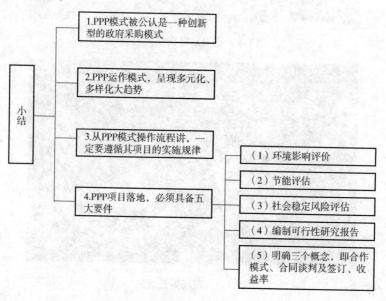

图1-6 小结

1. PPP模式被公认是一种创新型的政府采购模式

PPP得到各个国家政府的青睐，被广泛运用到各种类别的基础设施建设中，不仅帮助政府有效解决了财政支出的困难，同时提高了行政效率和公共服务的质量。PPP在全球范围内，不会有一个统一的定义，但是作为一个模式，还是有一个大家比较认同的概念，即政府与私营机构的长期合作。这样可以更好地调动社会资本的运作，体现公平和效率，加大国有资本的杠杆作用。

2. PPP运作模式，呈现多元化、多样化大趋势

PPP涵盖了BOT、TOT、PFI、BOO、ROT等不同类别，选择操作模式主要基于项目的

实际需求和操作范围等要求，以及项目的付费模式。相对传统的政府直接出资模式，PPP更强调风险共担、利益共享，在社会资本方能够获得一定项目利润的基础上实现项目的社会利益最大化，也就是物有所值原则。PPP项目是复杂和长期的工程，从以往成功和失败的经验来看，需要具有更高专业素质和能力的团队进行操作，并且政府与企业共同认真负责地投入，才能保证项目的有效实施。

3. 从PPP模式操作流程讲，一定要遵循其项目的实施规律

（1）注意选择合适的PPP模式。
（2）选择强有力的咨询公司。
（3）搞好多元的合作协议。
（4）进行项目的可行性研究。
（5）做好投资融资实施方案。
（6）做好项目的物有所值计算。
（7）认真签订PPP项目的特许合同。
（8）按照国内外法律行事，包括项目投标和EPC⊖工程招标等。

4. PPP项目落地，必须具备五大要件

《国务院关于创新重点领域投融资机制鼓励社会投资的指导意见》（国发〔2014〕60号）文件出台后，财政部、发改委就PPP项目出台系列文件，以推动PPP项目的启动和实施。实践中，如何确保PPP项目实现落地，笔者认为须具备五个基本条件，即在PPP项目实施前，完成以下五项工作：

（1）环境影响评价。环境影响评价即对规划和建设项目实施后可能造成的环境影响进行分析、预测和评价，提出预防或者减轻不良环境影响的对策和措施，并进行跟踪监测的方法与制度。眼下，环境影响评价普遍采取结合项目规模和特点，分级审批和备案各类环境影响评价报告书和评价表的方式。做好环境影响评价，既能让老百姓放心，也能让社会投资人及时注意环境影响的投资成本和风险，并将其纳入PPP的运营成本中。在环境治理方面，PPP项目始终要贯彻"预防为主、防治结合"的方针，并设计好"三同时"管理制度，即防治污染的设施必须与PPP主体项目同时设计、同时施工、同时投产使用。

（2）节能评估。我国一直在大力提倡和执行节约能源的举措，但效果并不及预期。国家"十二五"规划纲要提出："经济增长的科技含量提高，单位国内生产总值能源消耗和二氧化碳排放大幅下降，主要污染物排放总量显著减少，生态环境质量明显改善。"而在实施前，针对符合节能评估的项目做好节能评估工作，能推动国家节能减排工作目标的实现，有利于控制经济发达地区向经济欠发达地区转移高污染高能耗的产业，促进PPP项目实施单位自觉采用节能新技术，实现节能减排，提高企业经济效益。

（3）社会稳定风险评估。PPP项目一般都是重大项目，与民生息息相关，提前做好PPP项目社会稳定风险评估因此显得十分重要。社会稳定风险是指因重点建设项目的组织实施而直接或间接影响（或潜在影响）相关者合法权益，产生社会矛盾和不稳定因素，引发群体性事件或个体极端事件，影响社会稳定的风险。社会稳定风险分析的目的是让项目单位和政

⊖ EPC为Engineering Procurement Construction，是指公司受业主委托，按照合同约定对工程建设项目的设计、采购、施工、试运行等实行全过程或若干阶段的承包，直译为设计、采购、施工。

府部门更好地从源头上预防、化解和减少社会稳定风险，有效保障公民、法人和其他组织以及PPP项目的合作双方的合法权益，有效保证PPP项目的顺利实施。实践中，社会稳定风险分析内容一般作为项目可行性研究报告或申请报告的组成篇章，由项目单位在组织编制项目可行性研究报告或申请报告时一并编制，对特别重大的项目须单独编制社会稳定风险分析报告。

（4）编制可行性研究报告。财政部《政府和社会资本合作模式操作指南（试行）》（财金〔2014〕113号）中明确，社会资本应以项目建议书的方式向财政部门推荐潜在政府和社会资本合作项目。笔者认为，其中提到的项目建议书，主要是论证项目投资的必要性和可行性，初步判断项目方案设想是否具有生命力。

实践中，为了对投资人负责，PPP项目在实施前，除了须完成项目建议书之外，还应在此基础上进行更深入的可行性研究，通过对项目的主要内容和配套条件，如市场需求、资源供应、建设规模、工艺路线、设备类型、环境影响、投融资等，从经济、技术、工程等方面进行调查研究和分析比较，对建成后可能取得的财务合法权益及社会环境影响进行预测，从而提出项目是否值得投资和如何进行建设的分析评价意见，为PPP项目的实施提供经济基础，以更好地吸引社会资本参与投资。

（5）明确三个概念。

1）合作模式。根据财政部相关文件，目前PPP项目的合作模式有：委托运营、MC、BOT、BOO、TOT和ROT等。根据特定需求，不同项目可以选择不同的运作模式，但这种模式不能以行政命令的形式出现，而应根据市场需求，通过咨询公司的科学分析和论证后，选择相应的合作模式。同时，还要对项目的合作模式进行严格审批，防止被禁止的带资入场项目包装成PPP项目等行为发生，避免国有资产的流失和权力寻租现象的发生。

2）合同谈判及签订。从目前PPP项目的实际操作经验来说，合同签订及收益率比例的确定是PPP项目合同谈判的难点和重点。建议在PPP项目实施前，对合同条款形成一个具体的方案，并通过科学论证后交同级政府审批，通过后再在招标商务条件中体现出来。

3）收益率。专家认为要体现弹性，即合作周期的长短和收益率的高低不以行政命令的形式出现，而是由社会资本方在投标时自行报出，并将其纳入综合打分的评分因素。评委在评分时给予合作周期和投资回报率比较科学合理的投标人高分，这样才能真正体现市场竞争机制。

第2章　PPP模式在世界范围内的应用

2.1　概述

PPP模式由于其灵活性和长期稳定性，现在已经覆盖全球，包括各种基础设施项目和社会服务类项目。PPP通过私人资本实现公共项目效益的最大化，客观上帮助许多财政不足的政府提前实现社会的现代化进程、增加社会福利和刺激经济的三重好处。借鉴PPP的国际先进经验，创新基础设施建设的投融资方式和管理方式，对于加强我国基础设施的供给侧改革、促进城镇化发展、提升社会资本方的项目管理和创新能力都具有重要的现实意义。随着我国政府的大力推动，PPP俨然成为时下最流行的基础设施投融资模式。本章梳理了PPP在世界基础设施领域的使用情况，以及在我国独特的发展经历，强调了PPP在"十三五"期间将发挥独特的优势，撬动社会资本，助力中国经济的持续发展，同时PPP将进一步成为我国政府对外实施"一带一路"大战略的重要手段与工具，帮助亚欧非美等区域的城市建设。

2.2　PPP模式在全球基础设施建设领域的总体发展简况

从20世纪90年代开始，各国逐步推广PPP，PPP在世界范围内很流行，成为许多国家尤其是发达国家公共管理的重要工具，有效地促进了各国基础设施的发展。在预算限制日益紧张的情况下，创新提供公共基础设施和服务的途径是政府致力于推广PPP的重要原因。同时，世界各大银行包括世界银行、欧洲投资银行和联合国等国际组织都积极鼓励推行PPP。在2014年北京举行的APEC（亚太经济合作组织）财长会上，基础设施投融资合作中的PPP模式更是引发热议，会议提到在2010—2020年十年期间，亚洲地区需要投8万亿美元的基础设施建设费用，主要的融资模式就是PPP，以解决亚太区域基础设施筹资难等问题。大会还通过了《APEC地区基础设施PPP项目实施路线图》，如图2-1所示。

对于社会资本方而言，PPP的吸引力在于：①可以获得一种相对安全的长期稳定的投资机会。社会资本方按PPP合约通过对服务收费或者通过向用户收费，可以保障10~30年甚至50年或者更长时间的现金流。②社会资本方可以通过发挥技术、管理和创新方面的优势，提高项目效率并从中获利，同时社会资本方在PPP项目中展示的能力与积累的经验，可以为他们带来更多的商业机会。

各国实施的PPP模式起始各异而市场的成熟度也不尽相同，如图2-2所示。通过对市场复杂程度和活跃度的比较，可以简单地将PPP国际市场划分为三个阶段，其中大多亚非拉美发展中国家还处于PPP市场的初级阶段，不具备成熟的法律体系和社会保障体系，使用

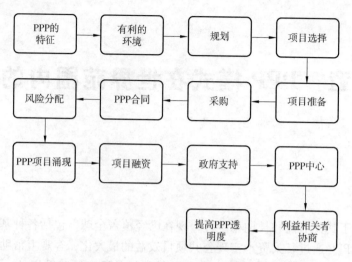

图 2-1　APEC 地区基础设施 PPP 项目实施路线图

范围相对狭小。欧美发达国家 PPP 市场相对成熟，操作规范，公私部门合作具有默契感，同时资本市场也相对活跃，市场风险也较小。PPP 范围涵盖方方面面，不一而足。欧美等发达国家 PPP 项目的规模和管理水平处于领先地位。有的国家还设立专门的 PPP 基金以便支持 PPP 项目的落地和推广。例如，加拿大有一个"P3 加拿大基金"，该基金规模为 12 亿美元，是联邦政府鼓励地方政府采用和推广 PPP 的一种资金激励措施。任何层级的地方政府及其项目都可以申请该基金，该基金对项目的投入加上其他的联邦资金援助不能超过项目建设成本的 25%。第三阶段主要是最早实行 PPP 的英国、澳大利亚以及爱尔兰，其中英国的 PFI 模式是世界 PPP 模式的源头，其 PPP 的运用已经深入各个公共部门，领域涉及一般基础设施和公共服务等。2015 年，英国 PFI 市场总投资量为 577 亿英镑，共计 772 个项目。投资额为政府总投资额的 1/10。项目主要集中在医疗、国防、教育和交通四大部门。从项目价值来看，交通领域的 PPP 所占份额为 36%，医疗领域是 19%，教育领域是 14%，学生宿舍（保障房）占 10%。

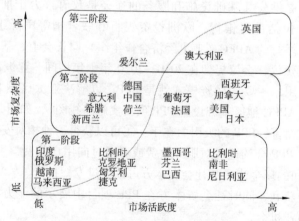

图 2-2　PPP 全球市场成熟度

中国 PPP 起步较早，但是到 2014 年年末才进行了大规模推广，近两年呈现出全行业的爆发式增长，虽然成交量比较低，但是无论是在市场活跃度和复杂度来说都可以上升为第二阶段了。PPP将成为最佳发展模式将"走红"未来20年。

政府发起PPP的初衷一般是减轻某些项目的预算负担，为了便于对PPP模式的规范化管理，以及引导社会资本和金融机构积极参与基础设施建设，世界各国先后建立了促进、发展以及管理PPP的各类独立或半独立的辅助机构，大多以PPP部门（PPP Unit）或者PPP中心（PPP Centre）命名。世界银行、经济合作与发展组织（OECD）的研究均表明，凡是PPP市场较成熟的国家，都建立了国家PPP中心甚至地方PPP中心。作为PPP专门管理机构，PPP中心利用自身专业人员和大量外围专家，可以为政府提供专业技术支持，有效解决政府在PPP管理上的机制性失效问题，在成功推行PPP中发挥着至关重要的作用（中国清洁发展机制基金管理中心，2015）。这些部门主要是通过技术手段帮助政府更好地管理PPP项目，并对项目中所发生的一系列问题进行归类和总结，以便未来更好地建设PPP模式，适应制度和市场所带来的变化。PPP部门的基本职能是为不同级别的公共部门，如部委、省委、地方政府、国有机构以及其他相关公共机构提供技术援助。其主要的服务包括解读政府最新的相关政策，制定PPP操作流程，确定与社会资本合作的模式构成，对项目小组提供技术援助，保证项目操作的规范化，并对项目的实施进行有效的监督和管理等，见表2-1。

表2-1 各国PPP部门的设立和职能

国家	PPP部门名称	设立时间	主要职能
英国	Partnerships UK（PUK）	2000年	推广PPP/PFI理念，对PPP交易提供程序和管理方面的技术援助。2010年，英国政府把PUK与英国财政部的PPP政策小组（the U. K. Treasury's PPP Policy Team）合并，创立了英国基础设施（Infrastructure UK，IUK）
澳大利亚	Infrastructure Australia（IAU）	2008年	该机构面向澳大利亚的整个基础设施领域，负责全国各级政府基础设施建设需求和政策，其核心业务不局限于PPP，推广PPP是该机构的部分职能。2008年，IAU与澳大利亚全国PPP论坛创造了一个全国性的PPP政策框架和PPP的全国标准，按照该政策，各级政府资本成本超过5000万澳元的所有项目必须把PPP作为备选模式
加拿大	PPP Canada	2008年	该机构由加拿大联邦政府所有，但按照商业模式运作，通过财政部向国会报告，具有独立的董事会。负责审核和建议联邦级的PPP项目，为PPP管理制定政策和最优实践，提供技术援助，并与地方级的PPP单位合作，推广PPP
欧盟	European PPP Expertise Centre（EPEC）	2009年	该中心汇集了欧洲PPP领域的高级专家，致力于在PPP领域分享经验、杠杆化能力和应对新挑战，为欧盟公共部门应用PPP提供技术援助。作为国际性的PPP单位，EPEC拥有37个成员，未来EPEC的影响力将不断扩大

表2-2显示的各国政府PPP投资占公共投资的比例就是一个非常好的参考值，一般PPP类项目总投资不超过所有公共投资的15%为宜，这样可以保证地方债务不会过重，避免出现债务危机。

表 2-2 各国 PPP 投资占公共投资的比例

国　　家	PPP 占公共投资的比例	国　　家	PPP 占公共投资的比例
澳大利亚	10%～15%	墨西哥	15%
英国	10%～13%	芬兰	10%～15%
韩国	5%～10%	卢森堡	5%～10%
德国	3%～5%	南非	3%～5%
挪威	3%～5%	西班牙	3%～5%
加拿大	1%～3%	意大利	1%～3%
新西兰	1%～3%	捷克	0～1%

（资料来源：联合资信整理，2015）

2.3　我国 PPP 模式应用概况

PPP 在我国起步很早，20 世纪 80 年代中期即被引入电厂、高速公路等基础设施领域，1995 年广西来宾 B 电厂成为 BOT 领域的成功范例，但是，与 PPP 领域的先进国家相比，我国 PPP 的理论研究和实践应用尚不成熟，具有很大的提升空间。根据我国 PPP 模式发展的主要特征，可以将其分为五个重要阶段，见表 2-3。

表 2-3　PPP 模式在我国发展的阶段

阶　　段	时　间　段	主要动机	代表案例与模式
第一阶段：探索阶段	1984—1993 年	吸引海外投资	改革开放以来，外资大规模进入我国，一部分外资尝试进入公用事业和基础设施领域。地方政府开始与投资者签订协议，合作进行基础设施建设，这本质上就是 PPP。但当时尚未引起国家层面的关注，无相应政策和规章，地方政府与投资者都是在探索中前进。这一阶段代表性的项目有深圳沙角 B 电厂 BOT 项目、广州白天鹅饭店和北京国际饭店等，其中深圳沙角 B 电厂 BOT 项目被认为是我国真正意义上的第一个 BOT 项目
第二阶段：尝试阶段	1994—2001 年	政府尝试新模式	与探索阶段无政府部门牵头状况不同的是，该阶段试点工作由国家计委（现发改委）有组织地推进，也掀起了第一波 PPP 高潮。国家计委选取了 5 个 BOT 试点项目：合肥王小郢污水 TOT 项目、兰州自来水股权转让项目、北京地铁四号线项目、北京亦庄燃气 BOT 项目、北京房山长阳新城项目。来宾 B 电厂项目也被认为是我国第一个 PPP 试点项目
第三阶段：推广试点阶段	2003—2008 年	市场化改革	2003 年十六届三中全会提出让民营资本进入公共领域，2004 年建设部（现住建部）出台《市政公用事业特许经营管理办法》，为 PPP 项目开展确立法律法规依据。在政策东风下，各地推出大批 PPP 试点项目，掀起了 PPP 第二波高潮。该阶段外企、民企、国企等社会资本均积极参与，污水处理项目较多，也有自来水、地铁、燃气、路桥等项目

(续)

阶　　段	时 间 段	主要动机	代表案例与模式
第四阶段： 短暂停滞阶段	2009—2012 年	防范金融危机	为了防范全球化的金融危机在我国发生，政府先后投入 4 万亿元刺激经济发展，保护国内市场。地方政府基础设施建设投资高速增长，城镇化程度大幅提高，但 PPP 模式在此阶段却停滞不前，主要原因在于地方政府融资平台发展壮大，平台贷款、城投债等规模激增为地方政府提供了充足的资金，PPP 发展进入短暂的停滞阶段。
第五阶段： 高速发展阶段	2013—2020 年	金融和政府体制改革，推动国家经济持续发展	十八大提出"让市场在资源配置中发挥决定性作用"，2013 年财政部部长楼继伟就 PPP 做专题报告，肯定 PPP 模式在改善国家治理、转变政府职能、促进城镇化等方面的重要作用。自 2014 年开始 PPP 在我国进入全面大发展阶段；全国自上而下全面采用 PPP 模式；PPP 基金取代政府向金融机构直接融资，成为地方政府进行基础设施建设的主要融资手段，PPP 也成为支持国家"一带一路"海外投资建设战略的主要形式

在未来较长一段时期，城镇化将成为我国经济发展的最主要推动力。据测算，每增加一个城市人口，基础设施投资至少增加 1 万元，我国基础设施建设和改善工作将面临巨大的挑战。国务院印发的《国家新型城镇化规划（2014—2020 年）》表明我国仍处于城镇化率 30%～70% 的快速发展区间，城镇发展需要可持续性发展和转型发展同步进行，坚持"公平共享""集约高效""可持续"三个原则。城镇化建设需要进一步加快绿色城市建设，推进智慧城市建设，与城市经济社会发展深度融合。同时规划也提出"理顺市政公用产品和服务价格形成机制，放宽准入，完善监管，制定非公有制企业进入特许经营领域的办法，鼓励社会资本参与城市公用设施投资运营。"

自 2014 年《国务院关于加强地方政府性债务管理的意见》（国发〔2014〕43 号）颁布起，PPP 就成为关注的焦点。最近几年，PPP 在国内呈现出爆炸式增长的局面，"十三五"规划建议力挺 PPP，PPP 模式被赋予完善宏观调控手段的重要任务，成为财政可持续发展的重要组成要素，并且要求利用 PPP 体制加快金融体制改革和拓展 PPP 领域：加快开放电力、电信、交通、石油、天然气、市政公用等自然垄断行业的竞争性业务。这也是第三阶段（繁荣阶段）的具体表现。城市基础设施对国内外各类投资者开放，让投资者通过独资、合资、合作、联营、参股、特许经营等方式，参与经营性基础设施项目建设和运营。在引进资金的同时，也引进市场化的投融资管理和运营机制。第三阶段的主要特征就是引入社会资金与引入先进技术和先进管理相结合，重视市场经济条件下的竞争原则、公平公开原则、效益原则等在实际中的应用。

借鉴海外发达国家设立 PPP 中心的经验，2014 年 5 月，财政部成立 PPP 领导小组，12 月财政部政府和社会资本合作（PPP）中心正式获批。PPP 中心主要承担 PPP 工作的政策研究、咨询培训、信息统计和国际交流等职责。其中，最重要的工作是于 2015 年建立了全国 PPP 综合信息平台项目库。该系统通过地方财政部门采集所有 PPP 项目的相关信息，同时利用大数据的原理，对项目信息进行综合整理、统计分析，并定期公开发布项目信息。该库于 2016 年 2 月 29 日正式上线，首次披露全国 PPP 项目信息。根据财政部 PPP 中心的数据库季报第三期的数据，截至 2016 年 6 月 30 日，纳入 PPP 综合信息平台项目库的项目共计 9285

个，总投资额10.6万亿元，其中执行阶段项目共619个，总投资额达1万亿元，财政部示范项目2312个，总投资额8025.4亿元，平均落地周期为13.5个月。在105个示范项目中，签约社会资本共119家非国企，参与率超过4成，如图2-3所示，行业方面市政工程落地率最高，如图2-4所示。

图2-3 签约社会资本分类及占比

105个落地示范项目中，市政工程54个，占51%，生态建设和环境保护9个，占9%，交通运输8个，占8%，水利建设8个，占8%，其他26个，占24%。各行业示范项目总数与6月末落地数如图2-4所示。

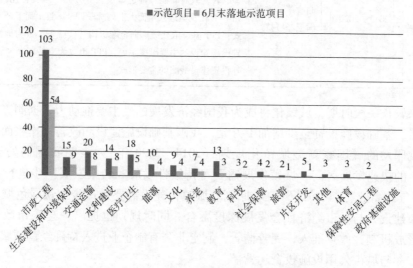

图2-4 各行业示范项目总数与6月末落地数

国家发改委在其门户网站上开辟了PPP项目库专栏，公开发布PPP推介项目。首批公布的PPP项目多达1043个，总投资为1.97万亿元，项目范围涵盖水利设施、市政设施、交通设施、公共服务、资源环境等多个领域。

2.4 中外基础设施发展趋势

从全球来看，各国政府努力吸引私人投资参与基础设施建设。西方国家在基础设施市场化改革的具体实践中采取了一系列的新举措，如合同租赁、公私合营、使用者付费制等。20世纪80年代，英国以电信改革为开端，相继对电力、煤气和自来水供应实施PPP模式。美国自然垄断企业的传统治理方式是以民营经济为主导，政府进行规制。企业的产权制度改革并不是其重点，其重点在于采取组织结构等措施来推动竞争机制的建立，拆分AT&T就是一个典型的例子。近年来，由于大宗商品价格低迷，政府削减财政预算，并开始更多地依赖私人投资。2016年，国际石油和其他产品价格继续走低，且复苏前景黯淡，各国政府也全面推行引资计划，包括推出新的PPP项目，通过政府创新金融工具获得更大规模的资本。总部位于英国伦敦的商业数据分析公司归纳了2016年国际基础设施领域的几大发展趋势，认为市场竞争将持续加剧，技术型企业将更多地参与基础设施建设与运营，机构投资者也将加大在基础设施领域的投资力度。

亚太地区持续成为世界经济发展的引擎。快速的工业化伴随着城市化的进程，创造了对基础设施的大量需求，包括能源、交通、水务和卫生系统。同时，亚洲地区公路、港口和机场的不足成为贸易、旅游业和就业的阻力，阻碍了国家之间的流动，增加了交易成本。电力短缺导致产量减少，生产效率降低。基于以上情况，2010—2020 年，亚太地区基础设施投资总体需求预计为 8 万亿美元。其中 68% 用于新建项目，32% 用于维护或更新现有基础设施。在此期间，年均基础设施投资为 7500 亿美元（《经济学人》杂志，2014）。大部分发展迅速的新兴经济体的基础设施建设计划吸引了众多私人投资商（特别是在东南亚地区），如印度尼西亚的加速和扩大经济发展总体规划、马来西亚的经济转型计划、菲律宾的公私合营（PPP）计划。这些新兴经济体在各种基础设施建设领域上不断增大投入。与此同时，亚洲的发达国家以及发展中国家都在各自为了突破改革的瓶颈或者基础设施的灾后重建而不断加大投资力度（BMI，2014）。据普华永道最新的报告显示，亚洲开发银行也将再次重启 PPP 模式，去获取更多的亚太地区基础设施建设的机会，而世界银行更是将发布 PPP 手册和推出 PPP 认证的课程体系，以帮助更多区域实施 PPP 项目。

由于受石油等产品价格影响最严重，拉丁美洲也在积极探索创新型金融手段。秘鲁发行项目债券筹集 15 亿美元用以开发首都利马地铁线路；墨西哥在能源部门改革基础上采取多项措施吸引国内外资金，同时发行项目债券支持总额为 108 亿美元的墨西哥城新机场的建设。

机构投资者在基础设施投资领域中所占的比例如图 2-5 所示。

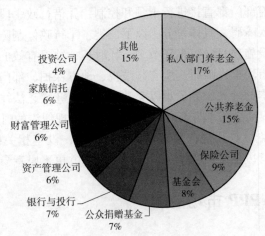

图 2-5　机构投资者在基础设施投资领域中所占的比例
资料来源：(BMI，2016。)

2.5　我国 PPP 模式应用前景展望和问题

我国城市基础设施建设融资经过了二十几年的发展，取得了一定的成绩。随着我国的经济由计划经济转向市场经济，我国的城市基础设施建设的主体也从国家开始向外商和民营企业开放，开放的领域也越来越广，三方共同参与促进了基础设施建设的繁荣发展。在大规模推广PPP之前，我国基础设施建设的投融资渠道单一，结构不合理。我国各地基础设施建设一般采取的是以地方为主、国家适当给予补助的办法，主要依靠政府以自身所掌握的财政性资金投入基础设施的建设，而其他投资渠道尚未完全建立。由于自身资金不够，具体承担基础设施建设的公司主要靠银行贷款来支撑资金缺口。PPP模式是通过把市场规律引入公共服务而改变政府的运作方式，通过创新为基础设施增值，使政府能够以相同费用提供更优质的产品或者用更少的成本提供相同质量的产品。

PPP在我国的发展前景极其广阔，由于PPP在我国具有支撑国民经济发展的关键性和特殊性作用，得到了高度重视，并且在未来10年将成为经济发展的重要手段，预计PPP将突破20万亿元的规模体量。世界银行副行长劳拉·塔克2016年10月7日在"PPP改革在中国"研讨会上表示，中国在基础设施PPP方面已是全球领袖，瞄准国际良好实践，建立了非常好的政策框架，世界银行愿意帮助中国开展能力建设，提高项目准备、交易准备的能力与质量，管控好PPP项目风险。

然而，现行城市基础设施投融资体制虽然经过改革，但是强力推行PPP，仍带有浓厚的传统体制色彩，存在许多问题亟待解决。同时，大量问题并不止是投融资本身的问题，而是我国经济社会发展过程中很多深层次问题的集中体现，改革往往牵一发而动全身。根据最新的数据分析，PPP项目的落地比例依然较低，其中一个重要的原因是社会资本方，尤其是民营企业对政府部门的信任度偏低，成为PPP模式推广的重大障碍。这就需要政府转变职能和角色。如果政府既是社会的管理者，又是市场中的经营者，那么就会存在严重的角色冲突：造成政企不分、政资不分，从市场准入、项目决策，到融资方案制定、产量的规定以及产品和服务的定价，政府部门都直接进行干预和控制，凭借行政手段实行直接管理。还有一个问题是社会资本的进入障碍，具体可分为以下三类：①行政体制障碍。例如，项目审批繁杂，社会资本投资基础设施项目，审批环节多、耗时长；缺乏有效的政府服务、完善的政府规制和管制机构等。②市场准入障碍。所有制歧视、地方保护、部门垄断等在各地都有不同程度的存在，为社会资本的进入设置了难以突破的障碍。③缺乏法律保障。由于我国相关的PPP法律法规还不完善，社会资本方与政府合作过程中出现纠纷的时候无法通过有效的法律手段保护自己的相关权益，尤其是在政府长期付费方面，没有相关机制束缚地方政府的违约，在利润率不高而运营风险过大的情况下，社会资本方更不愿意参与PPP项目。

2.6 "一带一路"PPP市场前瞻

2.6.1 "一带一路"市场背景

2013年，习主席提出了共商共建共赢的"丝绸之路经济带"和"海上丝绸之路"的重大合作倡议，得到了国际社会的积极响应。它包括"和谐世界""新型大国关系""亲、诚、惠、容""构建人类命运共同体"等"和平合作、开放包容、互学互鉴、互利共赢"的丝绸之路精神。"一带一路"贯穿亚欧大陆，一头是活跃的东亚商圈，另一头是发达的欧洲经济圈，主要涉及亚洲和欧洲的60余个国家，涉及人口44亿左右，经济总量约占全球的28%。

"一带一路"是亚欧间的新型区域合作框架，沿线国家和地区人口密集，经济增长迅速，基础设施需求强劲，大批铁路、公路、能源、港口、机场、产业园区等项目需要投资建造，现有水平无论在质还是量上均低于国际标准，拥有广阔的投资和工程承包前景。另外，中国企业需要将高端的技术转移到海外，比如中国高铁、核电、机械设备、可再生能源技术等，而建设这些庞大工程需要建筑材料，如钢铁、水泥、玻璃等，帮助化解国内的富余产能。

"一带一路"沿线国家基础设施建设存在巨大的资金缺口，而2014年中国对外投资首次突破千亿美元，达到1029亿美元，同比增长14.1%。如算上第三地融资的再投资，2014年中国的对外投资总规模在1400亿美元左右，这已经超过当年引入外资规模，中国实际使用外资金额同比增幅则仅为1.7%。中国的对外直接投资已经进入了一个"新常态"。2014年年底，官方预期中国未来10年将会投放1.25万亿美元进行对外直接投资，中国似乎即将进入"全球投资者"的快车道。

2.6.2 基础设施建设需求

国际上，PPP模式是一种成熟的投融资模式，发达国家和发展中国家都使用这种模式为国家基础设施提供新鲜的血液。同时施工企业可以将其在行业内高效的管理经验和实际操作模式直接在基建项目中体现出来，通过早期介入，长期合作，与政府建立互助互信的关系，帮助政府少走弯路，降低项目风险，通过"专业的人做专业的事"，提高公共物品的供应效率，实现项目的价值最大化。虽然PPP在中国刚刚兴起，但是在"一带一路"的不少沿线国家，已经广泛使用，从效应上看，PPP模式一方面可以帮助弥补融资的缺口，另一方面可以通过私营机构的管理能力和创新意识，保证投资的高效性和回报率。而且PPP可以作为资本市场的杠杆，撬动庞大的民间资本，实现金融创新，有效解决市场和资金的长期矛盾。

在"一带一路"中，交通、能源和城镇化可视为PPP投资的三大领域。其中清洁能源的普及和利用将是PPP投资的一大热门，区域性投资或者是连片开发包括园区或经济贸易区建设，作为投资平台会吸引大量的民间资本涌入。PPP模式也可以为未来产能合作创造新机遇。PPP模式可以使得中国许多企业特别是施工企业与各国政府部门建立长期的合作伙伴关系。这种伙伴关系一方面可以通过签署明确双方权利和义务的合同保证项目顺利完成，另一方面可以进一步促成中国与沿线国家在产业、贸易、文化和思想上的互联互通，同时在经济上加强中国与多国的亲密关系。通过"一带一路"的政策衔接，把资源、资金和中国企业的优势有效结合起来，使项目迅速落地。当PPP在"一带一路"项目的盈利模式成熟以后，它将作为一种极具吸引力的金融产品，吸引不仅是中国，而且是沿线60多个国家的民间资本发挥极大效益，对"一带一路"战略构想与实施将起到关键性的作用。2014年12月24日的国务院常务会议已明确指出，"一带一路"战略将吸收社会资本参与，采取金融创新的方式，例如PPP模式等，使资金链更能满足大型基建的需求。

2.6.3 沿线国家示例分析

1. 斯里兰卡

斯里兰卡经济保持中速增长，2010年和2011年经济增长率均达到8%。然而斯里兰卡本身的基础设施建设能力严重滞后，几乎所有大型项目均依靠外援兴建。向其提供援助的国家和国际组织有30多个，主要有中国、印度、日本、美国、亚洲开发银行等。2012年外援总额为18.3亿美元。斯里兰卡在其政府发展政策框架《Mahinda Chintana 远景规划》中规划了国家经济发展的方向。规划的核心是通过对大型基础设施和知识经济的投资实现经济高速增长,并关注农村发展,扶持落后地区。斯里兰卡已实施该战略,开展港口、道路和高速公路、发电、公共设施、艺术和文化领域的基础建设。该政策文件具体阐述了渐进式的改革方法和积极的市场经济政策,包括鼓励支持国内企业发展的外国直接投资(FDI)。在此背景下,政府开始着手创建更合理的基础设施便利条件,为其经济发展战略带来更多收益。2005年,斯里兰卡政府启动基础设施加速发展项目,旨在建设与中等偏上收入经济体相匹配的现代化基础设施网络。中国在斯里兰卡有几十笔援助贷款,这些贷款的资金已经被用于道路、航空、电力和能源、公路、灌溉以及港口等优先战略发展领域。这些贷款的年度资金发放额约为6亿美元。

2006年,斯里兰卡成立了PPP中心,开始推广PPP。斯里兰卡最成功的PPP项目是科伦坡港。该港是世界最大的人工港口之一,也是欧亚、太平洋、印度洋地区的世界航海线的重要中途港口之一。科伦坡港共有两个码头：Jaya Container Terminal(JCT)和Queen Elizabeth Quay(伊丽莎白女王港,简称伊丽莎白港)。该项目投资单位是南亚Gateway Terminals有限公司(SAGT)和斯里兰卡港务局(ALPA)。项目通过BOT模式特许经营30年。项目投资18亿美元,1999年开始动工,2003年完工,整个港口扩大了3.5倍,使得整个科伦坡港的容积率增加到400万TEU(标准集装箱)。该项目不仅扩大了港口的规模,更提升了港口的工作效率,并且开创了PPP在斯里兰卡港口建设的先河。项目的债务和股权比例为60:40。整个项目有八个合作伙伴：斯里兰卡港务局；一个斯里兰卡的投资集团；两个港务管理公司；三家金融机构,包括亚洲开发银行(ADB)、国际金融公司(IFC)、英联邦发展公司(CDC)；一家船务公司。

2. 马来西亚

2015年5月21日,马来西亚总理兼财政部长向国会提呈了《第十一个马来西亚计划》(2016—2020年)。该计划为马来西亚在未来五年的经济社会发展规划,其中又以公共交通和基础设施建设领域的发展为重点。马来西亚将把四个主要城市,即吉隆坡、新山、古晋和亚庇,打造成发展旗舰城市(Growth Catalyst Cities),计划上马的公共交通和基建项目总金额或高达1500亿马来西亚元,其中包括马新高铁(300亿马来西亚元)、槟城交通基建发展计划(270亿马来西亚元)、泛婆罗洲大道(270亿马来西亚元),以及投资280亿马来西亚元兴建新发电厂,增加7626兆瓦电力。由于财政部的资金短缺,预计这些投资都将由私人资本带动,私人投资将每年增长9.4%。

马来西亚开展PPP是从20世纪80年代政府部门私有化开始的,1991年政府出台了《私有化总体规划》,实施全国私有化的政策成果包括南北高速公路、轻轨交通、丹戎帕拉帕斯港以及吉隆坡国际机场等重大基础设施项目建设。马来西亚是英联邦国家,其PPP模式主要来源于英国的PFI。2006年在《第九个马来西亚计划》中就强调使用PFI模式去刺激私人资本市场,鼓励其投资基础设施和公共服务项目。2009年4月,马来西亚政府成立UKAS(Unit Kerjasama Awam Swasta),即PPP中心。该中心隶属于首相部,主管PPP项目的实施和评估,对PPP项目的申报、预审和谈判进行管理,另外也监督PPP项目的财政拨款,显示了马来西亚推动PPP发展的决心。2011年政府还宣布投资63.1亿美元成立公共与私营部门合作辅助基金(简称"辅助基金"),以支持PPP项目实施,鼓励私营部门投资,该基金由马来西亚PPP中心管理。

马来西亚 PPP 项目大多通过本国的金融机构进行贷款，项目的债务比率相对较高，一般 80%~90% 都采用 15 年期的长期贷款。马来西亚实施 PPP 已近 30 年，已经实施了 600 多个 PPP 项目，在 PPP 模式的推广、使用、监督管理上都获得了丰富的经验。马来西亚最经典的 PPP 项目是马来西亚南北高速公路项目。该项目全长 912 公里，最初是由马来西亚政府所属的公路管理局负责建设，但是在公路建成 400 公里之后，由于财政方面的困难，政府无法将项目继续建设下去，之后马来西亚政府与马来西亚联合工程公司（UEM）进行谈判，于 1989 年签订特许经营权的合约。该项目总造价为 57 亿马来西亚元（20.71 亿美元），英国投资银行——摩根格兰福（Morgan Grenfell）作为项目的融资顾问，为项目组织了为期 15 年总金额为 25.35 亿马来西亚元（9.21 亿美元）的有限追索项目贷款，占项目总建设费用的 44.5%；其中 16 亿马来西亚元（5.81 亿美元）来自马来西亚的银行和其他金融机构，是当时马来西亚国内银行提供的最大的一笔项目融资贷款；9.35 亿马来西亚元（3.4 亿美元）来自由十几家外国银行组成的国际银团。该项目采用 BOT 的模式，通过收费站对使用者进行收费，合同期限 48 年，建设期 7 年。从项目投资者和经营者的角度，BOT 模式的收入是十分可观的。马来西亚联合工程公司可以获得两个方面的利益：①根据预测分析，在特许权期间内南北高速公路项目公司可以获得大约 2 亿美元价值的净利润；②作为工程总承包商，在 7 年的建设期内从承包工程中可以获得大约 1.5 亿美元价值的净税前利润。

马来西亚的 PPP 发展也存在一些问题：①缺乏一个有效的机制对 PPP 项目进行评估，特别是其物有所值的测评；②缺乏 PPP 标准格式合同；③缺乏私有银行和其他金融机构对 PPP 融资的参与，特别是海外金融机构的参与，马来西亚的 PPP 项目资金基本来自国内的银行、养老基金或有政府背景的金融机构，没有非常有效地利用国际资金；④缺乏对公务员和专业人员的 PPP 项目监管能力培训，特别是在生命周期成本测算和设施管理方面。

"一带一路"给"走出去"的中国企业创造了难得的机遇，可以预见以 PPP 投资的基础设施建设将成为一种潮流，席卷沿线多数国家，弥补政府投资的不足。然而在热浪面前，依然需要冷静地思考中国企业的问题和市场风险。首先，由于国内 PPP 市场刚刚兴起，大多企业存在经验不足、缺乏有力操作模式等情况。同时，很多 PPP 项目集中获批，甚至盲目上马，企业并没有真正了解物有所值理论和经营模式，不具备全生命周期成本的概念等。而且，施工企业缺乏强有力的 PPP 团队，缺乏整体的构思和操作模式。在国际市场上，PPP 项目的竞争性谈判招标投标已是相对成熟的市场，企业需要一个既熟悉当地法律法规又熟悉国际商务操作惯例的强大专业团队，以确保风险的合理分配和股权构架的独特设计，确保特许经营权的融资安排和法律合同框架的达成。

2.7 共建"一带一路"：理念、实践与中国的贡献

为增进国际社会对共建"一带一路"倡议的进一步了解，展示共建"一带一路"的丰富成果，推进"一带一路"建设工作领导小组办公室 2017 年 5 月 10 日发布《共建"一带一路"：理念、实践与中国的贡献》。简述了"一带一路"倡议的提出、合作框架、合作领域、合作机制及未来展望。该文主体包括五大部分：①时代呼唤：从理念到蓝图；②合作框架：从方案到实践；③合作领域：从经济到人文；④合作机制：从官方到民间；⑤愿景展望：从现实到未来。其全文结构如图 2-6 所示。

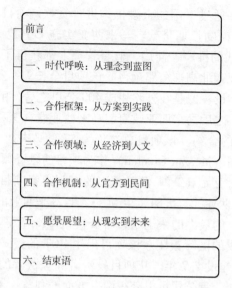

图 2-6 《共建"一带一路":理念、实践与中国的贡献》全文结构

2.7.1 前言

2013年9月和10月,习近平主席先后提出共建"丝绸之路经济带"和"21世纪海上丝绸之路"(以下简称"一带一路")倡议,得到国际社会的高度关注和有关国家的积极响应。共建"一带一路"倡议借用古丝绸之路的历史符号,融入了新的时代内涵,既是维护开放型世界经济体系,实现多元、自主、平衡和可持续发展的中国方案;也是深化区域合作,加强文明交流互鉴,维护世界和平稳定的中国主张;更体现了中国作为最大的发展中国家和全球第二大经济体,对推动国际经济治理体系朝着公平、公正、合理方向发展的责任担当。

值此"一带一路"国际合作高峰论坛召开之际,作为共建"一带一路"倡议的发起者,中国发表《共建"一带一路":理念、实践与中国的贡献》,以期增进国际社会对共建"一带一路"倡议的进一步了解,展示共建"一带一路"的丰富成果,增进各国战略互信和对话合作,为携手打造你中有我、我中有你的人类命运共同体做出新的更大贡献。

2.7.2 时代呼唤:从理念到蓝图

当今世界,经济全球化、区域一体化激发出强大的生产潜力,科技进步极大地提高了生产和生活效率,人类在物质和精神财富的创造方面达到了前所未有的高度。与此同时,随着经济社会的快速发展,各国之间的利益纽带不断密切,共同面临的挑战也日益增多:世界经济增长乏力,传统增长引擎对经济的拉动作用减弱;全球化面临新的艰难险阻,符合全人类利益的开放合作理念面临威胁;全球经济治理体系未能反映客观变化,体制机制革新进展缓慢;发达经济体进入后工业化阶段,一些发展中国家却尚未开启现代化的大门;全球贸易投资体系有待完善,互利共赢的全球价值链尚未成型;相当多的国家基础设施不足,区域、次区域发展面临瓶颈制约。面对困难挑战,唯有加强合作才是根本出路,正基于此,中国提出共建"一带一路"的合作倡议。

共建"一带一路"倡议是促进全球和平合作和共同发展的中国方案。共建"一带一路"合作是所有国家不分大小、贫富、平等相待共同参与的合作；是公开、透明、开放，为世界和平与发展增添正能量的合作；是传承丝绸之路精神，追求互利共赢和优势互补的合作；是各国共商共建共享，共同打造全球经济治理新体系的合作；是推动要素高效流动和市场深度融合，实现多元、自主、平衡和可持续发展的合作；是推动地区发展，促进繁荣稳定，扩大文明对话和互学互鉴的合作。

中国愿意将自身发展形成的经验和基础，与各国的发展意愿和比较优势结合起来，以共建"一带一路"作为重要契机和合作平台，促进各国加强经济政策协调，提高互联互通水平，开展更大范围、更高水平、更深层次的双多边合作，共同打造开放、包容、均衡、普惠的新型合作架构。共建"一带一路"倡议以其平等包容的外在特征和契合实际的内在特点，体现了包括中国在内的"一带一路"沿线各国的共同利益，是面向未来的国际合作新共识，展现了中国梦与世界梦相互联通，各国携手打造人类命运共同体的美好愿景。

为推动理念变为现实，2015年3月，中国政府授权有关部门对外发布了《推动共建丝绸之路经济带和21世纪海上丝绸之路的愿景与行动》，提出了共建"一带一路"的顶层设计框架，为共建"一带一路"的未来描绘了宏伟蓝图。

2.7.3 合作框架：从方案到实践

中国秉持"和平合作、开放包容、互学互鉴、互利共赢"的丝绸之路精神，坚持共商、共建、共享原则，不断扩大与"一带一路"沿线国家的合作共识，推动共建"一带一路"由规划设计方案变为各方参与的合作行动。合作框架如图2-7所示。

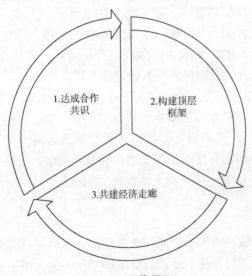

图2-7 合作框架

1. 达成合作共识

中国主动推动共建"一带一路"倡议与"一带一路"沿线国家的国家战略、发展愿景、总体规划等有效对接，寻求共建"一带一路"的合适切入点。截至2016年年底，已有100多个国家表达了对共建"一带一路"倡议的支持和参与意愿，中国与39个国家和国际组织签署了46份共建"一带一路"合作协议，涵盖互联互通、产能、投资、经贸、金融、科技、社会、人文、民生、海洋等合作领域。2015年7月10日，上海合作组织发表了《上海合作组织成员国元首乌法宣言》，支持中国关于建设丝绸之路经济带的倡议。2016年11月17日，联合国193个会员国协商一致通过决议，欢迎共建"一带一路"等经济合作倡议，呼吁国际社会为"一带一路"建设提供安全保障环境。2017年3月17日，联合国安理会一致通过第2344号决议，呼吁国际社会通过"一带一路"建设加强区域经济合作。中国积极履行国际责任，在共建"一带一路"框架下深化同各有关国际组织的合作，与联合国开发计划署、亚太经社会、世界卫生组织签署共建"一带一路"的合作文件。

中国政府对共建"一带一路"高度重视，成立了推进"一带一路"建设工作领导小组，在国家发展和改革委员会设立领导小组办公室。为落实好已签署的共建"一带一路"合作协议，领导小组办公室制定了工作方案，有步骤地推进同相关国家的合作。按照协商一致的原则，与先期签署备忘录的国家共同编制双边合作规划纲要，编制并签署中蒙俄经济走廊建设规划纲要和中哈（萨克斯坦）、中白（俄罗斯）、中捷（克）对接合作文件，开展同老挝、柬埔寨、孟加拉国、塔吉克斯坦、沙特阿拉伯、波兰、匈牙利等国的规划对接。

2. 构建顶层框架

根据中国国家主席习近平的倡议和新形势下推进国际合作的需要，结合古代陆海丝绸之路的走向，共建"一带一路"确定了五大方向：丝绸之路经济带有三大走向：一是从中国西北、东北经中亚、俄罗斯至欧洲、波罗的海；二是从中国西北经中亚、西亚至波斯湾、地中海；三是从中国西南经中南半岛至印度洋。21世纪海上丝绸之路有两大走向：一是从中国沿海港口过南海，经马六甲海峡到印度洋，延伸至欧洲；二是从中国沿海港口过南海，向南太平洋延伸。

根据上述五大方向，按照共建"一带一路"的合作重点和空间布局，中国提出了"六廊六路多国多港"的合作框架。"六廊"是指新亚欧大陆桥、中蒙俄、中国—中亚—西亚、中国—中南半岛、中巴和孟中印缅六大国际经济合作走廊。"六路"是指铁路、公路、航运、航空、管道和空间综合信息网络，是基础设施互联互通的主要内容。"多国"是指一批先期合作国家。"一带一路"沿线有众多国家，中国既要与各国平等互利合作，也要结合实际与一些国家率先合作，争取有示范效应、体现"一带一路"理念的合作成果，吸引更多国家参与共建"一带一路"。"多港"是指若干保障海上运输大通道安全畅通的合作港口，通过与"一带一路"沿线国家共建一批重要港口和节点城市，进一步繁荣海上合作。"六廊六路多国多港"是共建"一带一路"的主体框架，为各国参与"一带一路"合作提供了清晰的导向。

3. 共建经济走廊

新亚欧大陆桥、中蒙俄、中国—中亚—西亚经济走廊经过亚欧大陆中东部地区，不仅将充满经济活力的东亚经济圈与发达的欧洲经济圈联系在一起，更畅通了连接波斯湾、地中海和波罗的海的合作通道，为构建高效畅通的欧亚大市场创造了可能，也为地处"一带一路"沿线、位于亚欧大陆腹地的广大国家提供了发展机遇。中国—中南半岛、中巴和孟中印缅经济走廊经过亚洲东部和南部这一全球人口最稠密地区，连接沿线主要城市和人口、产业集聚区。澜沧江—湄公河国际航道和在建的地区铁路、公路、油气网络，将丝绸之路经济带和21世纪海上丝绸之路联系到一起，经济效应辐射南亚、东南亚、印度洋、南太平洋等地区。

（1）新亚欧大陆桥经济走廊。新亚欧大陆桥经济走廊由中国东部沿海向西延伸，经中国西北地区和中亚、俄罗斯抵达中东欧。新亚欧大陆桥经济走廊建设以中欧班列等现代化国际物流体系为依托，重点发展经贸和产能合作，拓展能源资源合作空间，构建畅通高效的区域大市场。截至2016年年底，中欧班列运行路线达39条，开行近3000列，覆盖欧洲9个国家、14个城市，成为沿途国家促进互联互通、提升经贸合作水平的重要平台。中哈国际物流合作项目进展顺利，已成为哈萨克斯坦开展贸易和跨境运输合作的重要窗口。中哈霍尔果斯国际边境合作中心建设稳步推进。比雷埃夫斯港运营顺利，为中希（腊）互利共赢做出贡献。

（2）中蒙俄经济走廊。2014年9月11日，中国国家主席习近平在出席中国、俄罗斯、蒙古国三国元首会晤时提出，将"丝绸之路经济带"同"欧亚经济联盟"、蒙古国"草原之路"倡议对接，打造中蒙俄经济走廊。2015年7月9日，三国有关部门签署了《关于编制建设中蒙俄经济走廊规划纲要的谅解备忘录》。2016年6月23日，三国元首共同见证签署了《建设中蒙俄经济走廊规划纲要》，这是共建"一带一路"框架下的首个多边合作规划纲要。在三方的共同努力下，规划纲要已进入具体实施阶段。

（3）中国—中亚—西亚经济走廊。中国—中亚—西亚经济走廊由中国西北地区出境，向西经中亚至波斯湾、阿拉伯半岛和地中海沿岸，辐射中亚、西亚和北非有关国家。2014年6月5日，中国国家主席习近平在中国—阿拉伯国家合作论坛第六届部长级会议上提出构建以能源合作为主轴，以基础设施建设、贸易和投资便利化为两翼，以核能、航天卫星、新能源三大高新领域为突破口的中阿"1+2+3"合作格局。2016年G20（20国集团）杭州峰会期间，中哈（萨克斯坦）两国元首见证签署了《中哈丝绸之路经济带建设和"光明之路"新经济政策对接合作规划》。中国与塔吉克斯坦、吉尔吉斯斯坦、乌兹别克斯坦等国签署了共建丝绸之路经济带的合作文件，与土耳其、伊朗、沙特、卡塔尔、科威特等国签署了共建"一带一路"合作备忘录。中土双方就开展土耳其东西高铁项目合作取得重要共识，进入实质性谈判阶段。

（4）中国—中南半岛经济走廊。中国—中南半岛经济走廊以中国西南为起点，连接中国和中南半岛各国，是中国与东盟扩大合作领域、提升合作层次的重要载体。2016年5月26日，第九届泛北部湾经济合作论坛暨中国—中南半岛经济走廊发展论坛发布《中国—中南半岛经济走廊倡议书》。中国与老挝、柬埔寨等国签署共建"一带一路"合作备忘录，启动编制双边合作规划纲要。推进中越陆上基础设施合作，启动澜沧江—湄公河航道二期整治工程前期工作，开工建设中老铁路，启动中泰铁路，促进基础设施互联互通。设立中老磨憨—磨丁经济合作区，探索边境经济融合发展的新模式。

（5）中巴经济走廊。中巴经济走廊是共建"一带一路"的旗舰项目，中巴两国政府高度重视，积极开展远景规划的联合编制工作。2015年4月20日，两国领导人出席中巴经济走廊部分重大项目动工仪式，签订了51项合作协议和备忘录，其中近40项涉及中巴经济走廊建设。"中巴友谊路"——巴基斯坦喀喇昆仑公路升级改造二期、中巴经济走廊规模最大的公路基础设施项目——白沙瓦至卡拉奇高速公路顺利开工建设，瓜达尔港自由区起步区加快建设，走廊沿线地区能源电力项目快速上马。

（6）孟中印缅经济走廊。孟中印缅经济走廊连接东亚、南亚、东南亚三大次区域，沟通太平洋、印度洋两大海域。2013年12月，孟中印缅经济走廊联合工作组第一次会议在中国昆明召开，各方签署了会议纪要和联合研究计划，正式启动孟中印缅经济走廊建设政府间合作。2014年12月召开孟中印缅经济走廊联合工作组第二次会议，广泛讨论并展望了孟中印缅经济走廊建设的前景、优先次序和发展方向。

2.7.4 合作领域：从经济到人文

共建"一带一路"以政策沟通、设施联通、贸易畅通、资金融通、民心相通为主要内容，既开展互联互通、产能合作、贸易投资等重点领域的务实合作，也重视推动沿线国家之间多种形式的人文交流，实现经济和文化的共同繁荣发展，如图2-8所示。

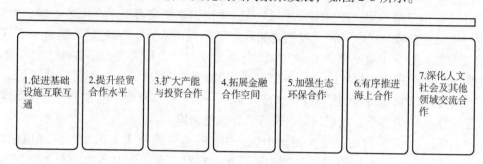

图2-8 合作领域

1. 促进基础设施互联互通

加强基础设施建设，推动跨国、跨区域互联互通是共建"一带一路"的优先合作方向。中国政府鼓励实力强、信誉好的企业走出国门，在"一带一路"沿线国家开展铁路、公路、港口、电力、信息通信等基础设施建设，促进地区互联互通，造福广大民众。

（1）对接建设规划。中国与"一带一路"沿线国家对接基础设施建设规划，建立由主管部门牵头的双多边互联互通政策协商和对话机制，同时重视发展互联互通伙伴关系，将加强基础设施互联互通纳入共建"一带一路"合作协议。中国政府部门与欧盟委员会签署谅解备忘录，启动中欧互联互通平台合作。中国、老挝、缅甸和泰国四国共同编制了《澜沧江—湄公河国际航运发展规划（2015—2025年）》。2016年9月，《二十国集团领导人杭州峰会公报》通过中国提出的建立"全球基础设施互联互通联盟"倡议。

（2）衔接质量技术体系。中国在尊重相关方主权和关切的基础上，推动与"一带一路"相关国家在标准、计量和认证认可体系方面的合作。中国政府部门发布了《标准联通"一带一路"行动计划（2015—2017年）》《共同推动认证认可服务"一带一路"建设的愿景与行动》《"一带一路"计量合作愿景和行动》，推进认证认可和标准体系对接，共同制定国际标准和认证认可规则。中国将与"一带一路"沿线国家共同努力，促进计量标准"一次测试、一张证书、全球互认"，推动认证认可和检验检疫"一个标准、一张证书、区域通行"。

（3）促进运输便利化。中国与"一带一路"沿线15个国家签署了包括《上海合作组织成员国政府间国际道路运输便利化协定》《关于沿亚洲公路网国际道路运输政府间协定》在内的16个双多边运输便利化协定，启动《大湄公河次区域便利货物及人员跨境运输协定》便利化措施，通过73个陆上口岸开通了356条国际道路运输线路。与"一带一路"沿线47个国家签署了38个双边和区域海运协定，与62个国家签订了双边政府间航空运输协定，民航直航已通达43个国家。中国政府有关部门还发布了《关于贯彻落实"一带一路"倡议加快推进国际道路运输便利化的意见》，推动各国互联互通法规和体系对接，增进"软联通"。

（4）推动项目建设。中老铁路、匈塞铁路、中俄高铁、印尼雅万高铁、巴基斯坦白沙瓦至卡拉奇高速公路、中巴喀喇昆仑公路二期升级改造、比雷埃夫斯港、汉班托塔港、瓜达尔港等标志性项目建设取得进展。埃塞俄比亚的斯亚贝巴—吉布提铁路建成通车，这是非洲第一条跨国电气化铁路。哈萨克斯坦南北大通道 TKU 公路、白俄罗斯铁路电气化改造，以及中国企业在乌兹别克斯坦、塔吉克斯坦实施的铁路隧道等项目，将有效提升所在国运输能力。中国愿与有关国家一道，继续打造连接亚洲各次区域以及亚非欧之间的交通基础设施网络，提升互联互通水平和区域、次区域物流运输效率。

（5）联通能源设施。中国积极推动与相关国家的能源互联互通合作，推进油气、电力等能源基础设施建设，与相关国家共同维护跨境油气管网安全运营，促进国家和地区之间的能源资源优化配置。中俄原油管道、中国—中亚天然气管道 A/B/C 线保持稳定运营，中国—中亚天然气管道 D 线和中俄天然气管道东线相继开工，中巴经济走廊确定的 16 项能源领域优先实施项目已有 8 项启动建设。中国与俄罗斯、老挝、缅甸、越南等周边国家开展跨境电力贸易，中巴经济走廊、大湄公河次区域等区域电力合作取得实质性进展，合作机制不断完善。中国企业积极参与"一带一路"沿线国家电力资源开发和电网建设改造，中兴能源巴基斯坦 QA 光伏发电项目建成后将成为全球规模最大的单体光伏发电项目，吉尔吉斯斯坦达特卡—克明输变电、老挝胡埃兰潘格雷河水电站、巴基斯坦卡洛特水电站等项目有助于缓解当地电力不足的矛盾。

（6）打造信息网络。"一带一路"沿线国家共同推进跨境光缆等通信网络建设，提高国际通信互联互通水平。截至 2016 年年底，中国通过国际海缆可连接美洲、东北亚、东南亚、南亚、大洋洲、中东、北非和欧洲地区，通过国际陆缆连接俄罗斯、蒙古国、哈萨克斯坦、吉尔吉斯斯坦、塔吉克斯坦、越南、老挝、缅甸、尼泊尔、印度等国，延伸覆盖中亚、东南亚、北欧地区。中国政府有关部门还与土耳其、波兰、沙特阿拉伯等国机构签署了《关于加强"网上丝绸之路"建设合作促进信息互联互通的谅解备忘录》，推动互联网和信息技术、信息经济等领域合作。

2. 提升经贸合作水平

中国与"一带一路"沿线国家已经建立了紧密的经贸联系，有力地促进了各国经济和产业发展。中国重视进一步发展与"一带一路"沿线国家互利共赢的经贸伙伴关系，致力于建立更加均衡、平等和可持续的贸易体系。

（1）密切经贸联系。中国与"一带一路"沿线国家贸易规模与结构持续优化，货物贸易平稳增长，服务贸易合作出现新亮点。在全球贸易持续低迷的背景下，2016 年中国与"一带一路"沿线国家货物贸易总额达 9478 亿美元，占同期中国货物进出口总额的 25.7%。与"一带一路"沿线国家服务进出口总额为 1222 亿美元，占同期中国服务进出口总额的 15.2%，比 2015 年提高 3.4 个百分点。在产业转型升级、内需持续增长和消费需求升级的多重驱动下，中国巨大的国内市场也为"一带一路"沿线各国提供了广阔的经贸合作机遇。

（2）构建"一带一路"自贸区网络。中国倡导更具包容性的自由贸易，与"一带一路"沿线经济体积极开展贸易协定谈判。中国—东盟自贸区升级、中国—格鲁吉亚自贸谈判已经完成，区域全面经济伙伴关系协定（RCEP）谈判取得积极进展，中国—马尔代夫自贸区等协定谈判取得重要突破。推进中国—海合会、中国—以色列、中国—斯里兰卡以及中国—巴基斯坦自贸区第二阶段谈判，推动中国—尼泊尔、中国—孟加拉国自贸区和中国—摩尔多瓦自贸协定联合可行性研究。

（3）推动贸易便利化。中国与"一带一路"沿线国家共同推进海关大通关体系建设，与沿线海关开展"信息互换、监管互认、执法互助"合作。启动国际贸易"单一窗口"试点，加快检验检疫通关一体化建设，实现"进口直通、出口直放"。在口岸开辟哈萨克斯坦、吉尔吉斯斯坦、塔吉克斯坦农产品快速通关"绿色通道"。发布《"一带一路"检验检疫合作重庆联合声明》《"一带一路"食品安全合作联合声明》《第五届中国—东盟质检部长会议联合声明》。与"一带一路"沿线国家和地区签署了78项合作文件，推动工作制度对接、技术标准协调、检验结果互认、电子证书联网。

3. 扩大产能与投资合作

开展国际产能和装备制造合作，扩大相互投资，是共建"一带一路"的另一优先合作方向。中国是世界制造业大国，一些产业具有较强的国际竞争力。中国政府支持本国优势产业走出去，以严格的技术和环保标准，在"一带一路"沿线国家开展多元化投资，培育双边经济合作新亮点。

（1）扩大合作共识。截至2016年年底，中国已同哈萨克斯坦、埃塞俄比亚等27个国家签订了国际产能合作文件，与东盟10国发表《中国—东盟产能合作联合声明》，与湄公河5国发表《澜沧江—湄公河国家产能合作联合声明》，开展了规划、政策、信息、项目等多种形式的对接合作。与俄罗斯在总理定期会晤机制下成立了中俄投资合作委员会，协调两国非能源产业的投资合作。在形成共识的基础上，中国按照市场主导和互利共赢原则，与有关国家围绕原材料、装备制造、轻工业、清洁能源、绿色环保和高技术产业等领域，实施了一系列合作项目，提升东道国产业发展水平，创造税收和就业岗位。

（2）共建合作平台。截至2016年年底，中国在沿边省区设立了7个重点开发开放试验区、17个边境经济合作区和2个双边边境经济合作区，并与尼泊尔、缅甸、蒙古国、越南等周边国家就双边边境经济合作区建设开展深入磋商，取得积极进展。中国企业在"一带一路"沿线20个国家正在建设的56个经贸合作区，累计投资超过185亿美元，是深化投资合作、移植复制中国发展经验的重要载体。中白工业园、泰中罗勇工业园、埃及苏伊士经贸合作区等境外园区建设成效显著，成为中国企业集群式走出去的平台和友好合作的象征。中国部分地区结合自身特色，积极探索建设"一带一路"经贸合作园区，打造面向欧亚、对接周边的现代国际贸易聚集平台。

（3）促进投资便利化。作为吸引外资和对外投资大国，中国支持跨国跨地区的投资便利化。中国政府大力推进简政放权，放宽外资准入，加快推进自由贸易试验区建设，营造高标准的国际营商环境，吸引各国来华投资。同时，"一带一路"沿线国家也成为中国对外投资的重要目的地。2016年，中国对这一区域投资145亿美元，占同期对外投资总额的8.5%，新签署对外承包工程合同额1260亿美元，增长36%。双边投资保护协定谈判进程加快，截至2016年年底，中国与"一带一路"沿线53个国家签署了双边投资协定，与大部分国家建立了经贸和投资合作促进机制。中国还与"一带一路"沿线54个国家签署了避免双重征税协定，共同为企业享有税收公平待遇、有效解决纠纷创造了良好的税收和法律环境。

4. 拓展金融合作空间

加强金融合作，促进货币流通和资金融通，能够为"一带一路"建设创造稳定的融资环境，也有利于引导各类资本参与实体经济发展和价值链创造，推动世界经济健康发展。中国与"一带一路"沿线国家及有关机构开展了多种形式的金融合作,推动金融机构和金融服务网络化布局,创新融资机制支持"一带一路"建设。

(1)加强金融合作机制对接。中国与东盟金融合作日益密切,与俄罗斯、中亚地区金融合作不断深化,与欧盟的金融合作水平持续提升。发挥东盟与中日韩(10+3)金融合作机制、上合组织财长和央行行长会议、上合组织银联体、东亚及太平洋中央银行行长会议组织、中国—东盟银联体以及中亚、黑海及巴尔干地区央行行长会议组织等机制作用,加强金融政策沟通。推进清迈倡议多边化并建立2400亿美元的区域外汇储备,促进地区金融形势稳定。中国于2016年1月正式加入欧洲复兴开发银行,通过高层交往、联合融资、贸易投资合作和政策沟通等方式,不断加深交流合作。

(2)打造新型合作平台和创新融资机制。2015年12月25日,中国倡议的亚洲基础设施投资银行(以下简称亚投行)正式成立,法定资本1000亿美元,重点支持地区互联互通和产业发展。截至2016年年底,亚投行已为9个项目提供了17亿美元贷款,涉及印度尼西亚、塔吉克斯坦、巴基斯坦、孟加拉国等国的能源、交通和城市发展等急需项目。中国出资400亿美元设立丝路基金,首期注册资本金100亿美元,通过以股权为主的多种方式为共建"一带一路"提供资金支持。截至2016年年底,丝路基金已签约15个项目,承诺投资额累计约60亿美元,项目覆盖俄罗斯、蒙古国以及中亚、南亚、东南亚等地区,涵盖基础设施、资源利用、产能合作、金融合作等领域。丝路基金还出资20亿美元设立了中哈产能合作基金。中国提出中国—中东欧协同投融资框架,包括100亿美元专项贷款、中东欧投资合作基金在内的多种融资机制共同发挥作用,为中东欧地区提供融资支持。中国工商银行牵头成立了中国—中东欧金融控股有限公司并设立中国—中东欧基金。

(3)深化金融机构及金融市场合作。中国政府鼓励开发性、政策性金融机构积极参与"一带一路"金融合作。共建"一带一路"倡议提出以来,中国国家开发银行在"一带一路"沿线国家签约项目100余个,金额超过400亿美元,发放贷款超过300亿美元;中国进出口银行在"一带一路"沿线国家签约项目1100余个,金额超过1000亿美元,发放贷款超过800亿美元;中国出口信用保险公司承保"一带一路"沿线国家出口和投资超过3200亿美元。截至2016年年底,共有9家中资银行在"一带一路"沿线26个国家设立了62家一级分支机构,"一带一路"沿线20个国家的54家银行在华设立了6家子行、20家分行和40家代表处。2017年1月,中国金融期货交易所等与巴方伙伴合作收购巴基斯坦证券交易所30%的股权。上海黄金交易所和迪拜黄金与商品交易所签署协议,在国际金融市场首次应用"上海金"。

(4)扩大本币互换与跨境结算。中国与"一带一路"沿线22个国家和地区签署了本币互换协议,总额达9822亿元人民币。与越南、蒙古国、老挝、吉尔吉斯斯坦签订了边贸本币结算协定,与俄罗斯、哈萨克斯坦、白俄罗斯、尼泊尔签署了一般贸易和投资本币结算协定。人民币业务清算行已有23家,其中6家在"一带一路"沿线。通过中国银行间外汇市场开展人民币对21种非美元货币的直接交易。建立人民币跨境支付系统(CIPS),为境内外金融机构从事人民币业务提供服务。

(5)加强金融监管合作。中国推动签署监管合作谅解备忘录,在区域内建立高效监管协调机制,完善金融危机管理和处置框架,提高共同应对金融风险的能力。截至2016年年底,中国人民银行已与42个境外反洗钱机构签署合作谅解备忘录,中国银监会与29个"一带一路"沿线国家金融监管当局签署了双边监管合作谅解备忘录或合作换文,中国保监会与"一带一路"沿线国家商签监管合作谅解备忘录并成立亚洲保险监督官论坛(AFIR)。

5. 加强生态环保合作

中国致力于建设"绿色丝绸之路",用绿色发展理念指导"一带一路"合作,分享中国在生态文明建设、环境保护、污染防治、生态修复、循环经济等领域的最新理念、技术和实践,积极履行应对气候变化等国际责任。

(1)建设合作平台。中国努力打造以"绿色丝绸之路"为主题的合作平台,举办中国—阿拉伯国家环境合作论坛、中国—东盟环境合作论坛等活动,设立中国—东盟环境保护合作中心。签署《中国环境保护部与联合国环境署关于建设绿色"一带一路"的谅解备忘录》。建立"一带一路"环境技术交流与转移中心等机构,推动环保领域先进技术的国际交流与应用。

(2)推进水利合作。中国政府积极推进与周边国家在跨界河流保护与开发利用方面的政策沟通、技术分享和工程技术合作。开展跨界河流水资源保护与利用联合研究,共同做好跨界河流水资源的保护工作。推动跨界河流汛期水文数据共享,建立中俄防汛防洪合作机制,积极推动中哈霍尔果斯河友谊联合引水枢纽工程建设和流域冰湖泥石流防护合作。中国提供融资的斯里兰卡最大水利枢纽工程——莫拉格哈坎达灌溉项目已完成阶段性建设,除农业灌溉外,还将为几百万人提供清洁饮水。

(3)加强林业和野生物种保护合作。中国与"一带一路"沿线国家签署了35项林业合作协议,建立中国—东盟、中国—中东欧林业合作机制,推动林业产业可持续发展和森林资源保护。举办首届大中亚地区林业部长级会议、中国—东盟林业合作论坛、中俄林业投资政策论坛,发布《"一带一路"防治荒漠化共同行动倡议》。在中蒙俄经济走廊建设中大力推广绿色理念,与俄罗斯开展森林资源保护利用、边境防火、候鸟保护合作,与蒙古国开展野生物种保护、防沙治沙合作。中国还与埃及、以色列、伊朗、斯里兰卡、巴基斯坦、尼泊尔、老挝、缅甸等国共同实施荒漠化防治、森林可持续利用、野生动植物保护、生态系统综合治理、湿地保护、林业应对气候变化等多方面合作。

(4)推动绿色投融资。中国政府部门发布《关于推进绿色"一带一路"建设的指导意见》,推动提高对外合作的"绿色化"水平。建立"一带一路"生态环境保护制度,出台绿色产业引导政策和操作指南,为建设"绿色丝绸之路"提供制度保障。中国还积极探索将绿色金融理念应用到"一带一路"建设实践,发布《关于构建绿色金融体系的指导意见》,引导资金投向绿色环保产业。

(5)应对气候变化。中国为全球气候治理积极贡献中国智慧和方案,与各国一道推动达成《巴黎协定》,为协定提早生效做出重要贡献。积极开展气候变化南南合作,向"一带一路"沿线国家提供节能低碳和可再生能源物资,开展太阳能、风能、沼气、水电、清洁炉灶等项目合作,实施提高能效、节能环保等对话交流和应对气候变化培训。

6. 有序推进海上合作

共建21世纪海上丝绸之路重点依托海上合作,发展海上贸易、互联互通和海洋经济,打造一批海上合作支点港口,维护海上大通道的安全畅通。同时,中国与"一带一路"沿线国家开展了海洋科技、海洋生态环境保护、海洋防灾减灾、海上执法安全等多领域合作。

(1)互联互通合作。中国坚持公开透明和互利共赢的原则,与有关国家合作建设支点港口，发挥中国的经验优势，帮助东道国发展临港产业和腹地经济。中国企业克服困难，修复和完善瓜达尔港港口生产作业能力，积极推进配套设施建设，大力开展社会公益事业，改善了当地民众生活。中方承建的斯里兰卡汉班托塔港项目进展顺利，建成后将有力地促进斯里兰卡南部地区经济发展和民生就业。中国宁波航交所发布"海上丝绸之路航运指数"，服务21世纪海上丝绸之路航运经济。

（2）海洋经济合作。马来西亚马六甲临海工业园建设加快推进，缅甸皎漂港"港口＋园区＋城市"综合一体化开发取得进展。中国与荷兰合作开发海上风力发电，与印度尼西亚、哈萨克斯坦、伊朗等国的海水淡化合作项目正在推动落实。与有关国家开展海洋油气和渔业捕捞合作，同时充分发挥中国—东盟海上合作基金作用，为部分合作项目提供融资支持。

（3）海上执法安全合作。中国与东盟通过《应对海上紧急事态外交高官热线平台指导方针》，提升海上合作互信水平。中国海警局与越南海警司令部、菲律宾海岸警卫队签署合作谅解备忘录，建立海警海上合作联合委员会等安全执法合作机制，与印度、孟加拉国、缅甸等国海警机构加强对话沟通，与巴基斯坦海上安全局开展机制化合作，共同打击违法犯罪行为，为21世纪海上丝绸之路建设提供安全保障。

（4）合作机制建设。中国与泰国、马来西亚、柬埔寨、印度、巴基斯坦等国建立了海洋合作机制，积极推进中泰气候与海洋生态系统联合实验室、中巴联合海洋科学研究中心、中马联合海洋研究中心建设，在海洋与气候变化观测研究、海洋和海岸带环境保护、海洋资源开发利用、典型海洋生态系统保护与恢复、海洋濒危动物保护等多领域开展合作。成立中国—中东欧海运合作秘书处，在华设立国际海事组织海事技术合作中心。建立泛北部湾经济合作机制、中国—东南亚国家海洋合作论坛、东亚海洋合作平台、中国—东盟海事磋商机制、中国—东盟港口发展与合作论坛、中国—东盟海洋科技合作论坛、中国—东盟海洋合作中心、中国—马来西亚港口联盟，筹建澜沧江—湄公河水资源合作中心、执法安全合作中心等次区域合作平台。

7. 深化人文社会及其他领域交流合作

共建"一带一路"离不开各国人民的支持和参与，同时"一带一路"建设也为民众友好交往和商贸、文化、教育、旅游等活动带来了便利和机遇。中国支持开展多层次、多领域的人文交流合作，推动文明互学互鉴和文化融合创新，努力构建不同文明相互理解、各国民众相知相亲的和平发展格局。

（1）教育文化合作。中国每年向"一带一路"沿线国家提供1万个政府奖学金名额，实施《推进共建"一带一路"教育行动》。共建"一带一路"倡议提出以来，中国与"一带一路"沿线国家共同举办"国家文化年"等人文交流活动20次，签署了43项文化交流执行计划等政府间合作协议。截至2016年年底，中国在"一带一路"沿线国家设立了30个中国文化中心，新建了一批孔子学院。举办"丝绸之路（敦煌）国际文化博览会""丝绸之路国际艺术节""海上丝绸之路国际艺术节"等活动。中国与哈萨克斯坦、吉尔吉斯斯坦联合申报世界文化遗产"丝绸之路：长安—天山廊道的路网"获得成功。实施柬埔寨吴哥古迹茶胶寺、乌兹别克斯坦花剌子模州希瓦古城等援外文化修复项目，向尼泊尔、缅甸提供文化遗产震后修复援助。推动海上丝绸之路申报世界文化遗产，弘扬妈祖海洋文化。

（2）科技合作。中国政府与"一带一路"沿线国家签署了46项政府间科技合作协定，涵盖农业、生命科学、信息技术、生态环保、新能源、航天、科技政策与创新管理等领域。设立联合实验室、国际技术转移中心、科技园区等科技创新合作平台。建设中国—东盟海水养殖技术联合研究与推广中心、中国—南亚和中国—阿拉伯国家技术转移中心等一批合作实体，发挥科技对共建"一带一路"的提升和促进作用。强化科技人文交流机制，仅2016年就通过"杰出青年科学家来华工作计划"资助来自印度、巴基斯坦、孟加拉国、缅甸、蒙古、泰国、斯里兰卡、尼泊尔、埃及、叙利亚等国100多名科研人员在华开展科研工作。

（3）旅游合作。中国与"一带一路"沿线国家互办"旅游年"，开展各类旅游推广与交流活动，相互扩大旅游合作规模。举办世界旅游发展大会、丝绸之路旅游部长会议、中国—南亚国家旅游部长会议、中俄蒙旅游部长会议、中国—东盟旅游部门高官会等对话合作，初步形成了覆盖多层次、多区域的"一带一路"旅游合作机制。中国连续三年举办"丝绸之路旅游年"，建立丝绸之路（中国）旅游市场推广联盟、海上丝绸之路旅游推广联盟、中俄蒙"茶叶之路"旅游联盟，促进旅游品牌提升。体育合作也在蓬勃发展。

（4）卫生健康合作。中国重视通过共建"一带一路"推动传染病防控、卫生体制和政策、卫生能力建设与人才合作以及传统医药领域合作。发表《中国—中东欧国家卫生合作与发展布拉格宣言》《第二届中国—中东欧国家卫生部长论坛苏州联合公报》《中国—东盟卫生合作与发展南宁宣言》，实施中非公共卫生合作计划、中国—东盟公共卫生人才培养百人计划等41个项目。推动与"一带一路"沿线国家在传统医药领域扩大交流合作，设立中捷（克）中医中心等16个中医药海外中心，与15个国家签署了中医药合作协议。中国政府与世界卫生组织签署《关于"一带一路"卫生领域合作备忘录》，携手打造"健康丝绸之路"。在新疆设立丝绸之路经济带医疗服务中心，为中亚等周边国家提供医疗服务。

（5）救灾、援助和减贫。中国参与联合国、世界卫生组织等在叙利亚的人道主义行动，长期派遣援外医疗队赴周边国家和非洲开展医疗救助。积极参与国际防灾减灾，派遣国家救援队及医疗队参与尼泊尔地震救援，向马尔代夫、密克罗尼西亚联邦、瓦努阿图、斐济等国提供紧急救灾援助。向受到"厄尔尼诺"影响遭受严重旱灾的非洲国家提供紧急粮食援助。实施湄公河应急补水，帮助沿河国家应对干旱灾害。向泰国、缅甸等国提供防洪技术援助。开展中非减贫惠民合作计划、东亚减贫合作示范等活动，提供减贫脱困、农业、教育、卫生、环保等领域的民生援助。中国社会组织积极参与"一带一路"沿线国家民生改善事业，实施了一系列惠及普通民众的公益项目。

（6）便利人员往来。中国与巴基斯坦、俄罗斯、菲律宾、塞尔维亚等"一带一路"沿线55个国家缔结了涵盖不同护照种类的互免签证协定，与哈萨克斯坦、捷克、尼泊尔等15个国家达成19份简化签证手续的协定或安排，阿联酋、伊朗、泰国等22个国家单方面给予中国公民免签或办理落地签证入境待遇。

2.7.5 合作机制：从官方到民间

政策沟通是共建"一带一路"的重要保障，合作机制是实现政策沟通的有效渠道。中国与"一带一路"沿线国家共同打造多层次合作机制，加强沟通协调，增进政治互信，为深化合作创造了良好条件。合作机制如图2-9所示。

1. 高层推动

高层访问为共建"一带一路"提供了强大的政治助推力。共建"一带一路"倡议提出以来，国家主席习近平、国务院总理李克强等国家领导人的出访足迹遍布中亚、东南亚、南亚、中东欧等"一带一路"沿线地区。推动共建"一带一路"是高访的重要内容之一，也得到了相关国家和国际组织的积极回应，形成了包括凝聚合作共识、签署合作协议、推动重大项目建设、扩大各领域交流合作等一系列丰硕成果。

2. 战略对接

中国努力推动共建"一带一路"倡议与"一带一路"沿线国家的发展战略对接，寻求合作的最大公约数。哈萨克斯坦"光明之路"、沙特阿拉伯"西部规划"、蒙古国"草原之路"、欧盟"欧洲投资计划"、东盟互联互通总体规划2025、波兰"负责任的发展战略"、印度尼西亚"全球海洋支点"构想、土耳其"中间走廊"倡议、塞尔维亚"再工业化"战略、亚太经合组织互联互通蓝图、亚欧互联互通合作、联合国2030年可持续发展议程等与"一带一路"倡议高度契合，中国愿意与有关国家和国际组织共同推动实施。

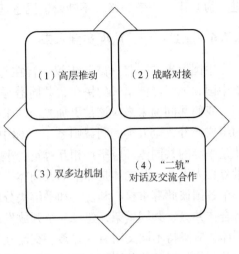

图2-9　合作机制

3. 双多边机制

中国与"一带一路"沿线国家在相互尊重、相互信任的基础上，建立了较为完善的合作机制。双边对话是政策沟通的主要渠道，中国与有关国家不断强化双边机制作用，服务互联互通、贸易投资、产能合作、人文交流等共建"一带一路"重点领域合作。中国政府部门还将建设若干国别合作促进中心，推动已签署的共建"一带一路"合作协议加快落实。中国重视维护和促进多边机制作用，通过上合组织峰会、亚信峰会、中非合作论坛、中国—太平洋岛国经济发展合作论坛、泛北部湾经济合作论坛、中国共产党与世界对话会等多边平台，开展合作对话。举办中国—东盟博览会、中国—亚欧博览会、中国—阿拉伯国家博览会、中国—南亚博览会及中国—中东欧国家投资贸易博览会等大型展会，发挥经贸合作的桥梁纽带作用。以领事磋商等为平台，完善外交协调机制，为共建"一带一路"创造有利的人员往来和安全保障条件。

4. "二轨"对话及交流合作

中国与"一带一路"沿线国家通过政党、议会、地方、民间等交往渠道，开展形式多样的交流合作，增进各国人民的相互理解，广泛凝聚共建"一带一路"的各方共识。加强智库交流合作，建立"一带一路"智库合作联盟等合作机制。中国政府在北京大学设立"南南合作与发展学院"，与发展中国家分享治国理政经验，培养政府管理高端人才。中国国务院发展研究中心与有关国际智库发起成立了"丝路国际智库网络"（SILKS），打造国际智库合作平台与协作网络。促进媒体交流合作，举办媒体论坛、人员互访等活动，开展供版供稿、联合采访、合作拍片、研修培训等合作。推动妇女、青年、创业就业等领域交流，分享促进社会公平进步的理念和经验。这些覆盖广泛的对话交流活动，与政府间合作相互促进,为共建"一带一路"不断营造民意基础。

2.7.6 愿景展望:从现实到未来

中国提出"一带一路"倡议,旨在与世界分享中国发展带来的广阔机遇,欢迎各国搭乘中国和地区经济增长的快车,共同谱写合作共赢新乐章。

我们共同的未来应该是更加光明的未来,各个国家、各个民族的利益是全人类共同利益的组成部分,全人类的利益则系于"你中有我、我中有你"的命运共同体。人类命运共同体是平等的共同体,应坚持相互尊重、平等相待,建设一个各国平等参与地区和国际事务的世界;人类命运共同体是和平的共同体,应坚持共同、综合、合作、可持续的安全观,建设一个各国彼此尊重核心利益、和平解决分歧的世界;人类命运共同体是繁荣的共同体,应坚持合作共赢、共同繁荣,建设一个开放发展、包容增长的世界;人类命运共同体是文明的共同体,应坚持不同文明兼容并蓄、交流互鉴,建设一个海纳百川、多彩多姿的世界;人类命运共同体是绿色的共同体,应坚持生态环境保护和资源节约利用,建设一个绿色低碳、永久美丽的世界。

共建"一带一路"为实现人类命运共同体提供了新的助力。亚欧大陆是世界经济增长的重要引擎之一,也是共建"一带一路"的主要地区。促进亚欧大陆及附近海洋的高水平互联互通,深化各领域务实合作,将进一步发掘这一地区巨大的发展潜力,增进各国的思想交流与文明的互学互鉴,共同实现多元、自主、平衡和可持续的发展。共建"一带一路"也是开放的,中国欢迎感兴趣的国家和国际组织以不同方式参与合作,让成果惠及更广区域、更多人民。

(1)非洲是共建"一带一路"的关键伙伴。中非之间有着深厚的传统友谊,双多边关系密切。非洲部分地区曾经是海上丝绸之路的重要区域,经济繁荣、社会安定、文化发达。长期以来,中国从非洲各国的根本利益出发,为非洲经济社会发展做出了积极贡献。共建"一带一路"倡议为中非互利合作开辟了更为广阔的空间,并进一步将亚欧大陆和非洲紧紧联系在一起,促进亚欧非携手发展。

(2)中国欢迎拉丁美洲和加勒比地区参与"一带一路"建设。拉丁美洲和加勒比地区是重要的新兴市场,也是中国最重要的贸易伙伴之一。中国致力于同拉丁美洲和加勒比有关国家对接发展战略,用共建"一带一路"的理念、原则和合作方式推动各领域务实合作,不断扩大共同利益。

(3)大洋洲是"21世纪海上丝绸之路"的南向延伸地区。中国与新西兰签署了两国政府关于加强"一带一路"倡议合作的安排备忘录。作为发展中国家的重要组成部分,共建21世纪海上丝绸之路为太平洋岛国加快自身发展,深化与中国的南南合作创造了新的机遇,岛国对此态度积极,双方合作潜力巨大。

(4)第三方合作是共建"一带一路"的重要内容。共建"一带一路"是公开透明的合作倡议。中国愿意与有关发达国家一道,发挥技术、资金、产能、市场等互补优势,按照共商共建共享原则,遵循市场规律,在"一带一路"沿线国家开展第三方合作,促进互利共赢。

2.7.7 结束语

中国不仅是共建"一带一路"的倡议者,更是负责任、有担当的实践者。三年多来,

"一带一路"建设从无到有、由点及面,取得积极进展,初步形成了共商、共建、共享的合作局面。当今世界正在发生复杂深刻的变化,世界经济在深度调整中缓慢复苏,各国面临的发展问题依然严峻。历史尤其是 20 世纪两次世界大战的惨痛教训告诉我们,当今世界比任何时候都需要加强互联互通,各国比任何时候都需要结成更加紧密的命运共同体,共同创造面向未来的发展新格局,共同维护开放型世界经济体系,共同探索新的增长动力来源。中国欢迎世界各国和国际、地区组织积极参与共建"一带一路"合作,也愿与各国共同丰富"一带一路"建设的理念和实践,携手打造绿色丝绸之路、健康丝绸之路、智力丝绸之路、和平丝绸之路,建设更具活力、更加开放、更兼稳定、更可持续、更多包容的全球化经济。

《共建"一带一路":理念、实践与中国的贡献》发表于第一届"一带一路"国际合作高峰论坛召开之际,"一带一路"国际合作高峰论坛主要成果如图 2-10 所示。

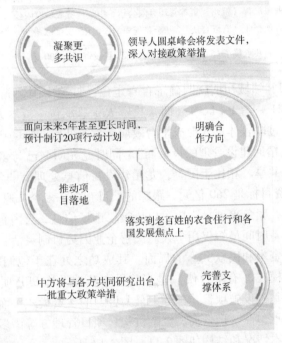

图 2-10 "一带一路"国际合作高峰论坛主要成果

2.8 国内外施工企业 PPP 模式项目操作案例与步骤

2.8.1 民营施工企业的 PPP 操作模式:龙元建设(基金管理制度)

龙元建设成立于 1980 年,公司传统施工年产值超过 200 亿元,连续 17 年荣获全国进沪施工企业综合实力第一。公司未来发展分为:第一阶段,通过自身资本、管理、施工及人才优势积极参与 PPP 项目,并利用产业基金模式破除资本瓶颈;第二阶段,随着手中 PPP 运营项目的逐步沉淀,从施工企业逐步转变为 PPP 资产管理平台型企业,从原本单纯的施工方逐步转变为"投资+施工+运营管理"的基建解决方案提供商,收入来源从单纯的施工收益向"施工利润+投资收益+运营收益"转变。2016 年 10 月 13 日,财政部公布了第三批政府和社会资本合作示范项目名单，龙元建设中标的PPP项目有5个入选国家级示范名单（福建晋江国际会展中心、浙江开化火车站站前片区、陕西临渭新建学校、陕西商洛商州高级中学和商洛环城南路商州实施段）。加上列入省级示范项目的，龙元建设落地的16个PPP项目中，国家、省级示范项目占一半以上。龙元建设PPP业务发展进程见表2-4。

表2-4　龙元建设PPP业务发展进程

2011年	开始试水基础设施投资BT（Build—Transfer，即建设—移交）业务，尝试向建筑综合服务商转型
2014年	成立龙元明城投资管理（上海）有限公司，专门开展PPP项目投资业务
2015年9月	中标全国首个会展类PPP项目——福建晋江国际会展中心
2016年9月29日	公司通过下属全资子公司龙元明城投资管理（上海）有限公司、全资孙公司明甫投资与浙银汇智（杭州）资本管理有限公司、中信证券股份有限公司共同发起设立嘉兴城浦投资合伙企业（有限合伙），基金总规模为人民币30.0002亿元，分期发行
2016年10月	一共承接了16个PPP项目，中标项目投资额约200亿元

龙元明城在进入PPP领域初期就明确了自身定位：打造中国领先的PPP全生命周期投资运营服务平台。通过1+1+1+1>4（即"投资人+总承包+资本方+运营方"）生命周期平台的资源整合，通过联合体形式形成平台效应。它有非常清晰的产业定位：强调平台的资源整合能力，做"最精通建设管理的投资商"。同时龙元明城已与多家机构建立了长期战略合作关系，实现信息共享。相比于国企，龙元建设对信息处理有非常高的效率和灵活性。公司2016年的PPP投资目标是260亿元，跟踪的项目有250多个，遍布全国20多个省市。

该公司决策非常快，紧急事项一天内可以决策，市场信息3天内有反馈意见，重点项目一周内出方案，投标准备时间最短仅用7天。民营企业因为机制灵活，更贴近市场，可以达到让政府不出钱、社会资本和民众共赢的局面。其成功之处在于他们对PPP产业投资基金的设立，产业投资基金模式（有限合伙）是当前投资基础设施PPP项目的最佳模式。龙元建设发现通过基金投资基础设施项目是国际上最为普遍的投资模式，而且有限合伙基金架构可以实现投资方、建筑承包商、运营商、金融机构、项目管理方等诸多利益相关者的利润和风险分配框架。基金基本情况和结构如图2-11、图2-12所示。

基金基本情况	
基金名称	龙元明城基础设施与公共服务PPP产业投资基金（筹）
基金类型	有限合伙
基金管理公司	龙元明城投资管理（上海）有限公司（龙元建设全资子公司）
基金规模	目标规模100亿元人民币，首期不低于10亿元人民币
基金募集与分配	承诺出资、按照项目投资进度募集，取得项目投资收入即分配
投资范围	境内基础设施及公共服务类PPP项目
基金存续期	视投资项目类型而定，一般为8~10年

图2-11　龙元建设PPP产业投资基金基本情况

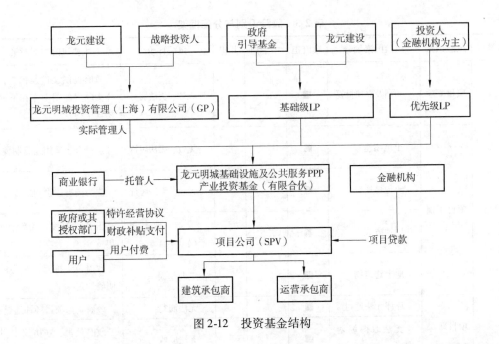

图 2-12 投资基金结构

2.8.2 央企 PPP 项目操作范式

中国冶金科工集团公司（简称中冶），是以 EPC 工程总承包及相关服务、资源开发及相关服务、纸业及相关服务、技术装备制造及相关服务和房地产开发及相关服务为主，集科、工、贸于一体，多专业、跨行业的国际化综合性集团。中冶拥有总资产 830 亿元，拥有各类技术和管理人员 50000 人。PPP 为公司实现业务转型提供了新机遇，有助于加速向基础设施设领域过渡，改变原有的重资金扩张模式。2016 年前三季度，凭借央企背景与资金优势，公司中标 PPP 项目 45 个，涉及总投资 1326.2 亿元，撬动工程规模 944.8 亿元。1~9 月份新签 PPP 项目工程合同额达 581.2 亿元，占新签工程合同额的 19.7%。公司 PPP 项目涉及高速公路、产业园区、新型基建、生态建设等众多领域，PPP 业务的长足发展已经成为公司未来业绩增长的发力点。中冶为了更快更好地抓取 PPP 项目并对其进行管理，专门设计了一套完整的 PPP 项目的内部操作模式，被称为"七步走"模式，如图 2-13 所示。

第一步：找项目

这个阶段的目标是了解项目的准入模式。首先是对项目进行一个基本的搜寻和筛选，了解项目可能介入的时间和方式，并对项目可能出现的风险进行预判，同时了解项目操作过程中的重点要求。

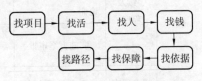

图 2-13 中冶 PPP 项目实施流程图

社会资本介入 PPP 项目的最佳时间点是两个阶段：①项目的识别阶段。按照《基础设施和公用事业特许经营管理办法》第九条的规定，可以通过自提的方式提出特许经营项目建议书，发起项目。②项目采购阶段。参与投标、竞争性谈判、竞争性磋商、单一来源采购而介入 PPP 项目。社会资本介入 PPP 项目的时机不同，所做的工作不同，风险相应有别。对于项目风险，可以简单地划分为四大类型：项目自身的风险、项目对股东的风险、招标联合体的风险和项目外部风险。以项目合法性风险为例，其风险识别与分配框架见表 2-5。

表2-5 风险识别与分配框架

风险类型	风险因素	风险因素细分	政府担	中冶担	共担	风险评价	主要风险控制对策
项目合法性风险	项目立项	可研及立项批复	■			无效、无法履行	政府提供文件及批文,并作为政府前期工作在下面的协议中约定
	项目用地	土地用途	■			无效、无法履行	须符合土地用途管制要求
		土地性质	■			无效、无法履行	应为国有建设用地
		用地方式	■			成本、地上物产权	出让、划拨、无偿使用、租赁
		地上建筑物	■			工期延误	政府负责拆除,在协议中明确约定
	项目环保	环评无法通过	■			无法履行	政府确保项目环评通过
		无法取得规划许可	■			无法验收	政府负责,在协议中明确约定
	基建手续	手续不全			▲	无法验收	政府协助和支持,在协议中明确约定
		无法取得			▲	无效、无法履行、延期、无法验收	政府协助和支持,在协议中明确约定
	实施机构合法性	授权主体	■			协议效力待定	出具授权书
		实施机构法定职权	■			影响履行	政府方声明和确认
	PPP前期手续及程序	VFM评价	■			程序瑕疵	出具VFM评价报告
		财政承受能力论证	■			程序瑕疵	出具财承报告
		实施方案审批	■			程序瑕疵无法履行	出具实施方案及批复文件
	招选程序合法性	无非公开招标方式批复	■			无效	政府承担责任,在协议中明确约定
	合同内容合法性	标的、权利、义务等不合法			▲	无效或部分无效	律师把关

在本步骤中,还要注意对项目的审核,项目审核重点见表2-6。

表 2-6 PPP 项目审核重点

项 目	具 体 内 容
项目公司基本情况	子公司参股项目公司的比例 出资金额 为实施 PPP 项目所设立项目公司的股权结构 业主（采购人）相关情况
资金落实保障情况	资金结构图、资本金来源、成本 投入资金来源（股东借款或者贷款）、成本 股东是否提供担保等增信措施，对优先级或劣后级是否有承诺
项目回款情况	有无列入国家（财政部、发改委）或省级 PPP 项目库 项目贷款是否列入市财政规划 资本金和股东借款如何回款，有无保障 施工利润如何实现
PPP 对营业收入影响情况	投入资本金与带动合同额情况 项目营业收入、利润率
垫资情况	项目是否有垫资情况 项目垫资时间、金额大小
现金流情况	预付款比例、工程进度款、回款是否有保证 经营获得现金流情况
业主还款能力情况	经常性财政收入情况 财政补贴占财政收入比例、是否有还款意愿（担保措施、土地抵押）
集团资金部对 PPP 项目的要求	工程项目不得垫款 政府回款有保证 不得提供增信措施

第二步：开拓项目，找活

第二阶段主要是针对政府采购，中冶做的具体工作是与某公司签订《联合体协议》，自愿组成联合体共同参与某市某区某项目。递交《投标文件》，由中冶与投资人签订《PPP项目基金管理合同》；设立项目公司，股东出资和融资（借款），这里涉及的主要合同有《公司章程》和《股东借款协议》；项目公司与政府方签订 PPP 项目的相关协议，如《投资合作协议》《特许经营协议》和《运营服务协议》。其中需要有比较清晰的财务方案，例如：

资本结构（债务/资本金之比）：5573185 万元/5000 万元

我们承诺在合同草签后 120 日内实现融资交割。项目资本金和债务融资来源和条件如下：

资本金按照《国务院关于调整和完善固定资产投资项目资本金制度的通知》（国发〔2015〕51 号）规定的各行业固定资产投资项目的最低资本金比例执行。应拓宽项目融资渠道，设计有利于多元化融资的项目条件。PPP 项目投资人应综合国家规定、银行融资可得性、项目条件、项目运营前期资金保障等因素，合理确定项目资本金。

第三步：找人（SPV 管理公司模式）

这一部分的工作重心是项目公司的设立。首先是设计公司章程。设计项目公司时需要明确营业期限，例如，项目公司的营业期限应在项目资产移交后合理时间内结束。另外，要设置好明确的治理结构，比如董事会和监事会成员人数，避免项目公司管理成本过大。其次是要委派主要负责人（包括人数、职务、规则、表决方式和主要负责人），明确决议模式，如合伙人决议、投委会决议、执行事业委员会派代表等。例如董事会和监事会的设立模式：

十一、董事会

1. 根据《公司法》相关规定，公司董事为自然人，本项目公司董事会由七（7）名董事组成，设董事长一（1）名，董事长由乙方委派。其中：二（2）名董事由甲方委派，一（1）名公益董事由××市××区国有资产投资经营有限公司委派，四（4）名董事由乙方提名（其中乙方联合体中国十七冶1名，中冶建信基金3名），任期三（3）年，由股东会推选和更换。由董事会成员组成董事会。

董事会会议实行一人一票的表决制度。董事会行使职权时需要董事会表决的，第（7）、（8）项决议事项需经全体董事表决同意通过后生效。其他由董事会拟定或决定的事项经过全体董事五分之四（包括本数）以上董事同意通过即生效。

2. 公益董事的权利主要包括但不限于以下内容：

(1) 有权了解企业的正常生产、经营情况。
(2) 监督企业的重要经营活动和重大决策。
(3) 对影响公共利益或公共安全的事项享有一票否决权。

十二、监事会

监事会是由股东会选举的监事以及由公司职工民主选举的监事组成的，本项目公司设监事七名，其中内部监事五名，监事会主席由丙方委派，两名监事由股东会选举产生，两名监事由职工选举产生；外部监事两名，由甲方委派。

第四步：找钱

筹钱途径包括基金合同、股东借款、流动支持。管理人应将基金项下基金财产与其固有财产和其他基金财产建立单独的会计账户，分开管理，分别记账，确保基金财产的运作记录清晰、全面、准确"。PPP项目融资方案设计示例如图2-14所示。

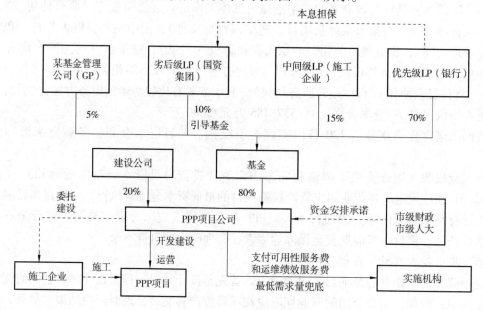

图2-14　PPP项目融资方案设计示例

（1）设定保底条款的风险。PPP 项目的情况差异较大，无论在任何情况下均不能对投资人的收益或损失做出任何保底承诺，因为保底条款是法律所明令禁止的。

（2）基金产品备案风险。各类私募基金募集完毕均应当向中国证券投资基金业协会办理备案手续，报送所管理私募基金的投资运作情况和年度财务报告等。

第五步：找依据

这个阶段的主要目标是与项目参与方签订一系列的合作协议，主要的协议包括投资合同、特许合同和运营合同，见表 2-7。

表 2-7 PPP 项目中主要的协议

类似合同名称	签约甲方	签约乙方	关键内容
合作协议	政府实施机构	中标社会资本	社会资本投资设立项目公司，提供融资、技术、管理等支持
项目投资建设运营维护服务协议	政府实施机构	项目公司	融资、建设、运营、维护、收费、移交
股东协议	中标社会资本各方（及政府出资方，如有）		投资设立项目公司
公司章程	项目公司股东（中标社会资本及政府出资方，如有）		设立项目公司及法人治理结构
融资合同	项目公司	债务资金提供方	融资
设计合同	项目公司	设计单位	设计
施工合同	项目公司	施工单位	施工建设及交付
采购合同	项目公司	供应商	货物和服务提供
保险合同	项目公司	保险公司	相关保险
	施工单位	保险公司	建设过程中的各项保险

在投资合作协议中，要获得充分授权，例如：

甲方：××市××区国有资产投资经营有限公司通过公开招标采购，确定乙方中国十七冶集团有限公司（联合体成员：××××投资基金管理（北京）有限公司）为本项目中标人。甲方授权丙方××××文化发展有限公司与乙方共同成立 PPP 项目公司，注册资金为人民币 5000 万元，丙方参股比例为 10%，乙方参股比例为 90%，乙丙双方按股权比例分享收益。

另外，要明确资金差额的补足形式。

项目公司的注册资本与投资总额之间的差额，由乙方负责融资解决。若贷款不能足额如期到位，则由乙方股东负责补足。如项目实际投资总额超过项目协议约定的投资总额，超额部分的资金应由乙方负责依法筹集。

同时对重大变革也要予以说明：

本合作项目甲方对规划做了调整，并已报请××区发展与改革局进行批复（附《关于××区知识产权服务大厦工程可行性研究报告的重新批复》（××发改投资字〔2016〕29号），投资额由招标文件要求的 6.76 亿元调整为 9.23 亿元。乙方同意调整增加投资额，并按项目合同约定负责自行安排和筹措项目资金。

明确特许经营权的授予：

五、特许经营权的授予

1. 按照本协议的规定，××区国资公司授予项目公司的特许经营权内容为：以及甲方承担风险的承诺：

2. 甲方的承诺

（1）甲方协助乙方或项目公司办理或协调项目建设过程中所需的各项手续或者各种审批。

（2）甲方按照约定时间支付运营补贴，补贴金额应逐年列入浦口区人民政府财政预算，同时报请同级人大常委会审议认可。

（3）在协议期内依法维护乙方投资人的合法权益，维持良好的社会秩序，协调处理与该项目公司相关的重大纠纷和群体性事件，为乙方及项目公司的营运提供保证。

（4）甲方通过完善基础设施，提高本项目的运营质量。

（5）在国家、××省、××市及××区政策允许的前提下，甲方将为项目公司积极争取各项优惠政策。

（6）参与各种奖项或荣誉的评比。

（7）确保本合作项目已纳入××省××市PPP项目库，并录入财政部PPP综合信息平台。

（8）项目进入运营期后，按照文件约定支付差额部分由××区人民政府以财政补贴方式补足。

第六步：找保障

与政府的关系由政府兜底和守信用。国家相关政策法规对贷款的本息担保最低需求量兜底。以政府信用风险为例，如政府不履行合同、不完全履约、审批延误等。对此，社会资本一方面要在介入PPP项目时对项目所在地的经济状况、政府财力、政府过往信用状况、项目的经济可行性等进行充分调研，另一方面要根据情形在协议中对违约责任、终止合同的赔偿等进行可操作的详细约定，增加政府违约成本，促使其诚信履约。政府付费方式示例见表2-8。

表2-8 政府付费方式示例

收费结构		使用者付费、使用者付费＋可行性缺口补助、政府付费
收费方式	一部制收费	服务费（含投资及运营维护服务费）
	两部制收费	（1）可用性绩效指标及可用性服务费 可用性付费的支付前提为项目竣工验收通过或者以其他方式依法确认的验收通过。最终确定的可用性付费金额需根据乙方在投标文件中的报价以及本工程经财政局审定的结算价进行计算。不做调整
		（2）运营维护绩效指标及运维绩效服务费 在运营期内，运营维护费单价根据约定的调价公式进行调整

第七步：找路径：退出机制

其退出机制设计如图2-15所示。

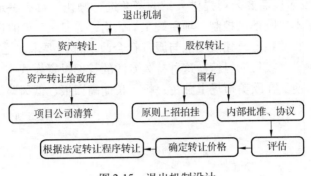

图 2-15　退出机制设计

2.8.3　国际承包商的 PPP 策略

瑞典斯堪斯卡（Skanska）公司是全球最负盛名的国际承包商之一。该公司成立于 1887 年，总部设在瑞典，全球有 47000 名员工。公司的股票在斯德哥尔摩股票交易所上市。该公司组建为 15 个业务单位，业务主要包括四大板块：施工、住宅、商业地产和基础设施建设，每年同时经管的工程项目总和高达 15000 个，是世界上第二大国际承包商，2014 年总收入大约为 1050.73 亿元，其中 81% 的收入来自国际项目。

斯堪斯卡公司之所以能够如此成功，重要的一点是其明确的商业模式（见图 2-16）。通过国际承包项目快速获利，然后返回给自己经营的长期投资项目，以便获得更加高额的长期回报，同时加强股东的认同感，获得股市的青睐，股票升值。其中长期的投资项目重要的一环就是基础设施项目中对 PPP 模式炉火纯青般地运用。这种效果得益于其早期进入英国 PFI 市场。现在在全球拥有 65.7 亿美元产值的 PPP 项目，共有 15 个项目，57% 为高速公路项目，42% 为社会基础设施项目（医院、学校、路灯等），其中 62% 项目在英国。PPP 项目占企业总收入的 28%，2011—2015 年每年的收益率为 10%～15%。公司主席兼总裁 Johan Karlström 提出"利润最大化"战略：不做最大的企业，要做最赚钱的企业！斯堪斯卡公司在整个 PPP 项目运作过程中总结出独特的操作模式，称为 PPP 项目价值创造四部曲（见图

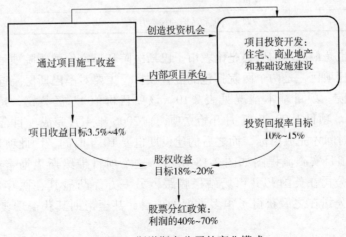

图 2-16　斯堪斯卡公司的商业模式

2-17)。其中项目开发阶段需要公司提供大量的资源进行操作,具有一定的风险,当获得合同之后,施工阶段基本风险都可控制。项目竣工后,有一个3~5年的运营稳固期,以确保项目经营状态良好、收益稳定,建筑功能与服务符合政府部门要求,之后项目进入稳定期,可以打包进行二次融资,或长期经营。这种持久专注的长期投资模式有力地保障了斯堪斯卡的资金流和业务流,使其在欧美市场上独树一帜,长期高回报、低风险。

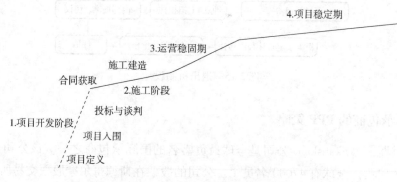

图 2-17　PPP 项目价值创造四部曲

斯堪斯卡在 2005 年进一步重组了基础设施业务部,并设立了 BOT AB 基础设施部(开发投资公司),主要承担基础设施建设的私人融资项目,如道路、桥梁、学校、工厂等。公司选择 PPP 项目的九大标准见表 2-9。

表 2-9　公司选择 PPP 项目的九大标准

标准一	选择自己熟悉的项目类别和规模
标准二	了解项目取费的模式(固定收费、政府支付或者收费站收费)
标准三	项目的可复制性
标准四	项目的效果评估标准
标准五	市场价值与潜力
标准六	风险分担机制
标准七	特许经营期限和退出机制
标准八	法律框架
标准九	行业政策法规和政府的扶持力度

公司最著名也是最成功的项目是伦敦市圣巴斯医院和皇家伦敦医院项目。该项目是英国历史上最大的医疗项目,是两个医院打包的混合项目,主要对圣巴斯医院进行局部改造,并新建伦敦皇家医院。项目基本情况见表 2-10。该项目价值 11 亿英镑,特许经营期 42 年(2006—2048 年)。项目 1999 年 11 月开始立项,到 2006 年 4 月完成项目合同签署,整整经过 6 年 5 个月的时间才完成招标,而之后的建设期也要 10 年时间,因此项目得之非常不易,前期风险巨大。项目实施流程图如图 2-18 所示。这个项目带给斯堪斯卡的益处是非常大的,一方面帮助公司在英国 PPP 市场站稳脚跟,另一方面凸显其在医疗领域的专注度和操作能力,因此公司在之后获得了很多类似的项目,甚至帮助其获得瑞典的最大医疗 PPP 项目。

表 2-10 项目基本情况

项目名称	伦敦市圣巴斯医院和皇家伦敦医院项目
项目特征	英国最大医疗项目，改造和新建混合项目
项目价值	11 亿英镑（人民币 110 亿元）
特许经营期	2006—2048 年
业主	圣巴斯和伦敦国家医疗服务基金会
联合体	斯堪斯卡、Innisfree、荷兰基础设施基金

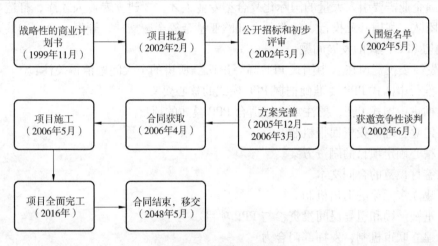

图 2-18 项目实施流程图

医院项目成功的要素如下：①公司进入市场早，是最早进入英国 PPP 市场的外资企业；②企业实力雄厚，组建了专业的 PPP 项目操作团队；③目标明确，专注医院项目，并且具有自己专门的物业管理公司；④敢于投入，进行了大量的前期投入，并且坚持和专注；⑤获得财团的强有力支持，Innisfree 是英国最有名的产业基金公司。

医院项目成功的影响如下：通过该项目完全打开英国医疗市场，拿下多个同类项目，并且将成功经营复制到瑞典，收获最大的医疗 PPP 项目，而且在 2014 年帮助美国分公司获得史上最大的 PPP 项目：I-4 高速公路项目。

2.9 小结

1. PPP 项目成为世界大多数国家进行公共项目采购的主流模式

发达国家，例如英国、美国、加拿大和澳大利亚等国走过了从以国家为主体的基础设施投资到私有化，再到公私合营的发展历程。发展中国家，尤其是那些充满活力的新兴市场，如金砖国家及环孟加拉湾国家、亚洲地区和非洲地区都还处于需要大量资金以支撑其城市化进程，然而由于国家财力薄弱，融资难度加大，因此更看重民间资本的作用。

2. 中国在经历了 PPP 发展的两次浪潮后，终于迎来了它的繁荣时期

从 2014 年起 PPP 自上而下在全中国各个城市区域以及各个行业内大规模推广起来。现在的总投资额以及预计额将超过 10 万亿元，而且未来 10 年将高达 20 万亿元。一方面政府将 PPP 视为金融体制和供给侧改革的利器，另一方面 PPP 也是基础设施创新管理的重要

模式。

3. "一带一路"战略中也将大量使用PPP模式，以实现以基础设施建设为核心的带动地方区域经济大发展和文化大发展的新型国际发展模式

以PPP投资带动的基础设施建设即将成为"一带一路"基础设施建设的主旋律。然而，由于国内PPP概念推动过于频繁，企业缺乏时间进行消化，并转化成生产力，在实际操作层面缺乏成熟的PPP承做企业。要建立"一带一路"的"海外战略智库"，需要有经营的头脑，建立好平台，从全产业链的概念出发，发挥独特的资本优势，避免打价格战。其中最重要的是中国企业需要引入大量的国际化复合型专业人才，要建立专业人才库，打造本土化的国际经营团队。利用好亚投行、丝路基金和欧亚基金等金融支持，开发、合作、共赢！

4. 关切PPP模式的发展问题

国家发改委投资司在"中国式PPP高峰论坛"所讲的十大问题值得关注：

（1）推行中国式PPP要准确把握PPP模式的核心要义。

（2）推进中国式PPP，要注重选好适合PPP模式的项目。

（3）建立合理的投资回报机制。

（4）精心确定项目的融资方案。

（5）签订规范的合同文本。

（6）建立多元化的退出机制。

（7）重视鼓励和引导民间投资参与PPP项目。

（8）建立联审机制，发挥部门合力。

（9）大胆创新，灵活运用各类模式。

（10）推行中国式PPP要脚踏实地，行稳致远。

第3章 PPP模式运作流程

3.1 流程简论

根据财政部《政府和社会资本合作模式操作指南（试行）》的规定，PPP项目操作流程分为五个阶段，分别是：项目识别、项目准备、项目采购、项目执行、项目移交，其操作流程如图3-1所示。其中，与PPP项目前期程序有关的操作流程只有项目识别和项目准备两个阶段。PPP项目的前期操作流程（识别、准备）与投资审批程序（立项、可研）之间存在着何种关系，目前有两种观点：

（1）一种观点认为：PPP项目前期操作流程和投资审批程序在程序上存在着前后的关系。先按照PPP项目前期操作流程，完成识别和准备，待采购确定社会资本方、由社会资本方组成项目公司后，再由项目公司以项目单位（或称为立项人）名义进入投资审批程序申请立项可研。这种观点的优点在于：如果是由发改委主管的项目，发改委主管的投资审批程序放在最后，有助于发改委的审批管理。这种观点的缺点在于：很多事项会发生重复审批，例如可研报告在PPP项目前期流程要审批，到了可研阶段还要审批。因此，该观点下的立项可研必须在采购程序完成后才能办理，若可研报告没有被审批通过，那么PPP协议就会进入提前终止机制。在可研报告由政府方编制的情况下，政府方恐有违约风险。何况项目公司担任项目单位也是传统模式的审批思维，并不适用于PPP项目。

（2）持第二种观点的人认为：PPP项目前期操作流程与投资审批程序在程序上不存在前后关系，是两个并行的程序。因此，实施机构以项目单位的名义同时完成两个程序的审批后，再办理采购程序。这种观点的优点在于：两程序同时推进将有助于缩短审批时间，当存在重复审批事项时，还可以安排各部门办理联合审查，以此避免不必要的程序拖延。这种观点的缺点在于：当项目的审批各自推进时，可能因缺乏一个统筹的主管部门，导致项目前期工作没有一个最终负责管理审批的主管机构。

3.2 行业分析

行业分析是指根据经济学原理，综合应用统计学、计量经济学等分析工具对行业经济的运行状况、产品生产、销售、消费、技术、行业竞争力、市场竞争格局、行业政策等行业要素进行深入的分析，从而发现行业运行的内在经济规律，进而进一步预测未来行业发展的趋势。行业分析包含的主要内容如下：

（1）对本行业目前基本状况的详细分析。包括行业概述、发展历史、现状与格局及行业发展趋势的分析，还有行业的市场容量、行业的毛利率、净资产收益率现状和发展趋势预测等。

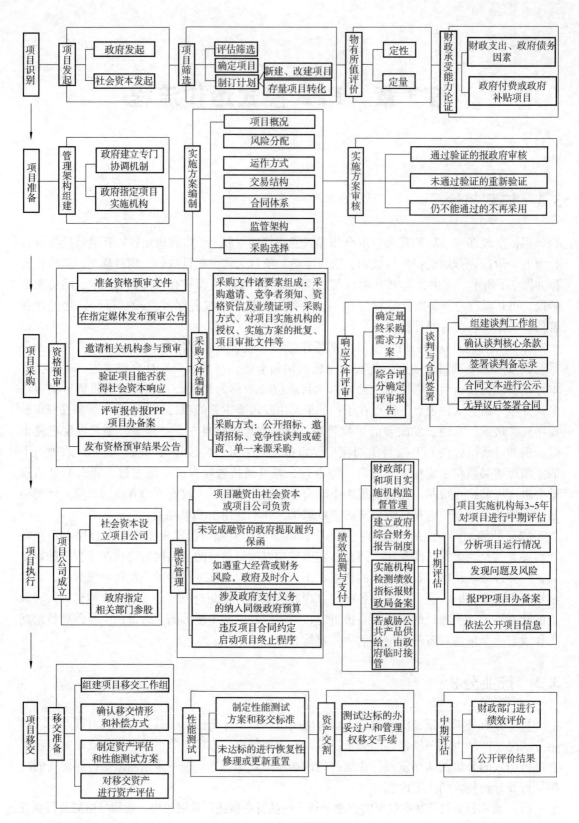

图 3-1　PPP 项目操作流程

（2）行业的一般特征分析。
1）行业的市场类型分析。市场类型包括完全竞争、垄断竞争、寡头垄断、完全垄断。
2）行业的经济周期分析。
（3）行业结构分析。
1）哈佛大学创立的产业组织分析 SCP 理论。该理论构架了系统化的市场结构（Structure）—市场行为（Conduct）—市场绩效（Performance）的分析框架，该理论对于研究产业内部市场结构、主体市场行为及整个产业的市场绩效有现实的指导意义，是产业经济学中分析产业组织的经典理论。在 SCP 框架中着重突出市场结构的作用，认为市场结构是决定市场行为和市场绩效的关键因素，市场结构决定企业在市场中的行为，企业市场行为又决定经济绩效。因此，改善市场绩效的方式就是通过产业政策调整市场结构。
2）波特五力模型分析。该分析是根据美国著名的战略管理学者迈克尔·波特（Michael E. Porter）的观点来分析的，五力模型即在一个行业中，存在着五种基本的竞争力量，即潜在的加入者、替代品、购买者、供应者以及行业中现有竞争者间的抗衡。

3.3 项目识别

3.3.1 项目发起

PPP 项目由政府或社会资本发起，以政府发起为主。
（1）政府发起。PPP 中心应负责向交通、住建、环保、能源、教育、医疗、体育健身和文化设施等行业主管部门征集潜在的 PPP 项目。行业主管部门可从国民经济和社会发展规划及行业专项规划中的新建、改建项目或存量公共资产中遴选潜在项目。目前各地政府均探索建立项目收集与推介机制，形成基本 PPP 项目库。
（2）社会资本发起。社会资本发起，也称民间自提。根据世界银行下属的公私基础设施咨询基金的专题报告，社会资本发起是基础设施 PPP 项目初始发起的一种方式。一般由社会资本发起的项目可能不在政府预算或政策框架范围内，项目需求及目标尚未被有效识别。社会资本应以项目建议书的方式向 PPP 中心推荐潜在的 PPP 项目。

3.3.2 项目筛选

项目筛选是初步对发起的 PPP 项目进行判断和选择，将明显不适合采用 PPP 模式的项目排除。每个 PPP 项目的开展都需要进行前期调研、论证和分析，必须避免不切实际的决定。投资规模较大、需求长期稳定、价格调整机制灵活、市场化程度较高的基础设施及公共服务类项目，适宜采用 PPP 模式。PPP 中心会同行业主管部门，对潜在的 PPP 项目进行评估筛选，确定备选项目。财政部门（PPP 中心）应根据筛选结果制订项目年度和中期开发计划。对于列入年度开发计划的项目，项目发起方应按 PPP 中心的要求提交相关资料。新建、改建项目应提交可研报告、项目产出说明和初步实施方案，存量项目应提交存量公共资产的历史资料、项目产出说明和初步实施方案。

3.3.3 物有所值评价

《PPP 物有所值评价指引（试行）》（财金〔2015〕167 号）中规定中华人民共和国境内

拟采用PPP模式实施的项目，应在项目识别或准备阶段开展物有所值评价。物有所值评价包括定性评价和定量评价。现阶段以定性评价为主，鼓励开展定量评价。物有所值评价资料主要包括：(初步)实施方案、项目产出说明、风险识别和分配情况、存量公共资产的历史资料、新建或改扩建项目的(预)可研报告、设计文件等。

物有所值评价结论分为"通过"和"未通过"。"通过"的项目，可进行财政承受能力论证；"未通过"的项目，可在调整实施方案后重新评价，仍未通过的不宜采用PPP模式。

(1) 物有所值定性评价。政府采购开展物有所值评价时，项目本级财政部门(或PPP中心)应会同行业主管部门，明确定性评价程序、指标及其权重、评分标准等基本要求。定性评价指标包括全生命周期整合程度、风险识别与分配、绩效导向与鼓励创新、潜在竞争程度、政府机构能力、可融资性六项基本评价指标及补充评价指标。补充评价指标主要是六项基本评价指标未涵盖的其他影响因素，包括项目规模大小、预期使用寿命长短、主要固定资产种类、全生命周期成本测算准确性、运营收入增长潜力、行业示范性等。在各项评价指标中，六项基本评价指标权重为80%，其中任一指标权重一般不超过20%；补充评价指标权重为20%，其中任一指标权重一般不超过10%。PPP中心会同行业主管部门组织召开专家组会议，原则上评分结果在60分(含)以上的，通过定性评价；否则，未通过定性评价。

(2) 物有所值定量评价。定量评价是在假定采用PPP模式与政府传统投资方式产出绩效相同的前提下，通过对PPP项目全生命周期内政府方净成本的现值(PPP值)与公共部门比较值(PSC)进行比较，判断PPP模式能否降低了项目全生命周期成本。

PSC是假设项目由政府融资、拥有和运营，并且能够运用最有效率的方式向公众提供产品或服务，再把政府和企业运作项目的区别和风险综合考虑进去的全项目生命周期现金流的净现值。图3-2展示了PSC与PPP值的组成。

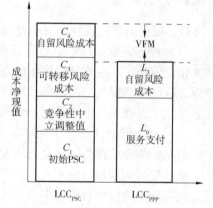

图3-2　PSC与PPP值的组成

3.3.4　财政承受能力论证

《政府和社会资本合作项目财政承受能力论证指引》中规定，为确保财政中长期的可持续性，财政部门应根据项目全生命周期内的财政支出、政府债务等因素，对部分政府付费或政府补贴的项目，开展财政承受能力论证，每年政府付费或政府补贴等财政支出不得超出当年财政收入的一定比例。PPP项目全生命周期过程的财政支出责任，主要包括股权投资、运营补贴、风险承担、配套投入等。PPP中心负责组织开展行政区域内PPP项目财政承受能力论证工作。省级财政部门负责汇总统计行政区域内的全部PPP项目财政支出责任，对财政预算编制、执行情况实施监督管理。财政承受能力论证采用定量和定性分析方法，坚持合理预测、公开透明、从严把关，统筹处理好当期与长远关系，严格控制PPP项目财政支出规模。

财政承受能力评估包括财政支出能力评估以及行业和领域均衡性评估：

(1) 财政支出能力评估。这是指根据PPP项目预算支出责任，评估PPP项目实施对当前及今后年度财政支出的影响。每一年度全部PPP项目需要从预算中安排的支出责任，占一般公共预算支出的比例应当不超过10%。省级财政部门可根据本地实际情况，因地制宜确定具体比例，并报财政部备案，同时对外公布。

（2）行业和领域均衡性评估。这是指根据PPP模式适用的行业和领域范围，以及经济社会发展需要和公众对公共服务的需求，平衡不同行业和领域PPP项目，防止某一行业和领域PPP项目过于集中。

财政承受能力论证的结论分为"通过论证"和"未通过论证"。"通过论证"的项目，各级财政部门应当在编制年度预算和中期财政规划时，将项目财政支出责任纳入预算统筹安排。"未通过论证"的项目，则不宜采用PPP模式。

3.4 项目准备

3.4.1 组织实施机构

按照地方政府的相关要求，明确相应的行业管理部门、事业单位、行业运营公司或其他相关机构，作为政府授权的项目实施机构，在授权范围内负责PPP项目的前期评估论证、实施方案编制、合作伙伴选择、项目合同签订、项目组织实施以及合作期满移交等工作。考虑到PPP运作的专业性，通常情况下需要聘请PPP咨询服务机构。项目组织实施通常会建立项目领导小组和工作小组，领导小组负责重大问题的决策、政府高层沟通、总体工作的指导等，工作小组负责项目公司的具体开展，以PPP咨询服务机构为主要组成。项目实施机构需要制订工作计划，包含工作阶段、具体工作内容、实施主体、预计完成时间等内容。

3.4.2 尽职调查

（1）项目内部调查。项目实施机构拟定调研提纲，应至少从法律和政策、经济和财务、项目自身三个方面把握，主要包括：政府项目的批文和授权书，国家、省和地方对项目关于土地、税收等方面的优惠政策、特许经营和收费的相关规定等；社会经济发展现状及总体发展规划，与项目有关的市政基础设施建设情况、建设规划、现有管理体制、现有收费情况及结算和调整机制等；项目可研报告，环境影响评价报告，初步设计，已形成的相关资产、配套设施的建设情况，项目用地的征地情况等。

（2）外部投资人调查。根据项目基本情况、行业现状、发展规划等，与潜在投资人进行联系沟通，获得潜在投资人的投资意愿信息，并对各类投资人的投资偏好、资金实力、运营能力、项目诉求等因素进行分析研究，与潜在合适的投资人进行沟通，组织调研及考察。

3.4.3 实施方案编制

通过前期的调查研究及分析论证，完成项目招商实施方案编制。招商实施方案主要内容如图3-3所示。

1. 项目概况

项目概况主要包括基本情况、经济技术指标和项目公司股权情况等。基本情况主要明确项目提供的公共产品和服务内容、项目采用PPP模式运作的必要性和可行性，以及项目运作的目标和意义；经济技术指标主要明确项目区位、占地面积、建设内容或资产范围、投资规模或资产价值、主要产出说明和资金来源等；项目公司股权情况主要明确是否要设立项目公司以及公司股权结构。

2. 风险分配

按照风险分配优化、风险收益对等和风险可控等原则，综合考虑政府风险管理能力、项目回报机制和市场风险管理能力等要素，在政府和社会资本间合理分配项目风险。原则上，项目设计、建造、财务和运营维护等商业风险由社会资本承担，法律、政策和最低需求等风险由政府承担，不可抗力等风险由政府和社会资本合理共担。

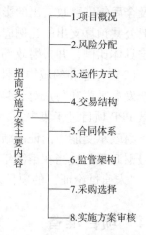

图3-3 招商实施方案主要内容

3. 运作方式

项目运作方式主要包括委托运营、MC、BOT、BOO、TOT和ROT等。具体运作方式的选择主要由收费定价机制、项目投资收益水平、风险分配基本框架、融资需求、改扩建需求和期满处置等因素决定。

4. 交易结构

交易结构主要包括项目投融资结构、回报机制和相关配套安排。项目投融资结构主要说明项目资本性支出的资金来源、性质和用途，项目资产的形成和转移等；项目回报机制主要说明社会资本取得投资回报的资金来源，包括使用者付费、可行性缺口补助和政府付费等支付方式；相关配套安排主要说明由项目以外相关机构提供的土地、水、电、气和道路等配套设施和项目所需的上下游服务。

5. 合同体系

合同体系主要包括项目合同、股东合同、工程承包合同、运营服务合同、原料供应合同、产品或服务采购合同、融资合同和保险合同等。项目合同是其中最核心的法律文件。项目边界条件是项目合同的核心内容，主要包括权利义务、交易条件、履约担保和调整衔接等边界。权利义务边界主要明确项目资产权属、社会资本承担的公共责任、政府支付方式和风险分配结果等，交易条件边界主要明确项目合同期限、项目回报机制、收费定价调整机制和产出说明，履约保障边界主要明确强制保险方案以及由投资竞争保函、建设履约保函、运营维护保函和移交维修保函组成的履约包涵体系，调整衔接边界主要明确应急处置、临时接管和提前终止、合同变更、合同展期、项目新增改扩建需求等应对措施。

6. 监管架构

监管架构主要包括授权关系和监管方式。授权关系主要是政府对项目实施机构的授权，以及政府直接或通过项目实施机构对社会资本的授权；监管方式主要包括行政监管、合同监管和公众监督等。行政监管即保证项目公司的产品或服务质量符合行业通行技术标准和特殊规范，确保其服务高质高效、稳定安全、价格合理；合同监管即保证项目公司服务质量符合特许经营协议规定，保证政府以及特许经营协议对项目公司的要求得到遵从和履行。

7. 采购选择

项目采购应根据《中华人民共和国政府采购法》及相关规章制度执行，采购方式包括公开招标、邀请招标、竞争性谈判、竞争性磋商和单一来源采购。项目实施机构应根据项目采购需求特点，依法选择适当的采购方式。公开招标主要适用于核心边界条件和技术经济参数明确、完整、符合国家法律法规和政府采购政策，且采购中不做更改的项目。

8. 实施方案审核

为提高工作效率，财政部门应当会同相关部门及外部专家建立PPP项目的评审机制，从项目建设的必要性及合规性、PPP模式的适用性、财政承受能力以及价格的合理性等方面，对项目实施方案进行评估，确保"物有所值"。评估通过的由项目实施机构报政府审核，审核通过的按照实施方案推进。目前缺乏相应的专家，政府内部分工不明确，方案审核实际推进效果不佳。

3.5 项目采购

3.5.1 资格预审

项目实施机构应根据项目需要准备资格预审文件，发布资格预审公告，邀请社会资本和与其合作的金融机构参与资格预审，验证项目能否获得社会资本响应和实现充分竞争，并将资格预审的评审报告提交财政部门（PPP中心）备案。项目有3家以上社会资本通过资格预审的，项目实施机构可以继续开展采购文件准备工作；项目通过资格预审的社会资本不足3家的，项目实施机构应在实施方案调整后重新组织资格预审；项目经重新资格预审合格社会资本仍不够3家的，可依法调整实施方案选择的采购方式。资格预审公告在省级以上人民政府财政部门指定的媒体上发布。资格预审合格的社会资本在签订项目合同前资格发生变化的，应及时通知项目实施机构。资格预审公告应包括项目授权主体、项目实施机构和项目名称、采购需求、对社会资本的资格要求、是否允许联合体参与采购活动、拟确定参与竞争的合格社会资本的家数和确定方法，以及社会资本提交资格预审申请文件的时间和地点。提交资格预审申请文件的时间自公告发布之日起不得少于15个工作日。

3.5.2 采购文件编制

项目采购文件应包括采购邀请、竞争者须知（包括密封、签署、盖章要求等）、竞争者应提供的资格、资信及业绩证明文件、采购方式、政府对项目实施机构的授权、实施方案的批复和项目相关审批文件、采购程序、响应文件编制要求、提交响应文件截止时间、开启时间及地点、强制担保的保证金交纳数额和形式、评审方法、评审标准、政府采购政策要求、项目合同草案及其他法律文本等。采用竞争性谈判或竞争性磋商采购方式的，项目采购文件除上款规定的内容外，还应明确评审小组根据与社会资本谈判情况可能实质性变动的内容，包括采购需求中的技术、服务要求以及合同草案条款。项目采用公开招标、邀请招标、竞争性谈判、单一来源采购方式开展采购的，按照政府采购法律法规及有关规定执行。项目采用竞争性磋商采购方式开展采购的，按照下列基本程序进行：①采购公告发布及报名；②资格审查及采购文件发售；③采购文件的澄清或修改。

3.5.3 响应文件评审

项目运作需建立方案评审小组，确定评审办法。

评审小组由项目实施机构代表和评审专家共5人以上单数组成，其中评审专家人数不得少于评审小组成员总数的2/3。评审专家可以由项目实施机构自行选定，但评审专家中应至少包含1名财务专家和1名法律专家。项目实施机构代表不得以评审专家身份参加项目的评审。项目评审办法应该反映项目物有所值的本意，体现项目绩效运营特性，促进市场竞争。评审小组对响应文件进行两阶段评审：①第一阶段：确定最终采购需求方案。评审小组可以与社会资本进行多轮谈判，谈判过程中可实质性修改采购文件的技术、服务要求以及合同草案条款，但不得修改采购文件中规定的不可谈判核心条件。实质性变动的内容，须经项目实施机构确认，并通知所有参与谈判的社会资本。②第二阶段：综合评分。最终采购需求方案确定后，由评审小组对社会资本提交的最终相应文件进行综合评分，编写评审报告，并向项目实施机构提交候选社会资本的排序名单。

3.5.4 谈判与合同签署

项目实施机构应成立专门的采购结果确认谈判工作组。按照候选社会资本的排名，依次与候选社会资本及与其合作的金融机构就合同中可变的细节问题进行合同签署前的确认谈判，率先达成一致的即为中选者。确认谈判不得涉及合同中不可谈判的核心条款，不得与排序在前但已终止谈判的社会资本进行再次谈判。确认谈判完成后，项目实施机构应与中选社会资本签署确认谈判备忘录，并将采购结果和根据采购文件、响应文件、补遗文件和确认谈判备忘录拟定的合同文本进行公示，公示期不得少于5个工作日。公示期满无异议的项目合同，应在政府审核同意后，由项目实施机构与中选社会资本签署。需要为项目设立专门项目公司的，待项目公司成立后，由项目公司与项目实施机构重新签署项目合同，或签署关于承继项目合同的补充合同。

3.6 项目执行

3.6.1 项目公司设立

社会资本可依法设立项目公司。政府可指定相关机构依法参股项目公司，在整个项目公司设立过程中，政府可以出资，也可以不出资，若政府出资，一般持股比例应当低于50%且不具有实际控制力及管理权。项目实施机构和财政部门（PPP合作中心）应监督社会资本按照采购文件和项目合同约定，按时足额出资设立项目公司。

3.6.2 融资管理

项目融资由社会资本或项目公司负责。社会资本或项目公司应及时开展融资方案设计、机构接洽、合同签订和融资交割等工作。财政部门（PPP中心）和项目实施机构应做好监督管理工作，防止企业债务向政府转移。社会资本或项目公司未按照项目合同约定完成融资的，政府可提取履约保函直至终止项目合同；遇系统性金融风险或不可抗力的，政府、社会资本或项目公司可根据项目合同约定协商修订合同中相关融资条款。当项目出现重大经营或财务风险，威胁或者侵害债权人利益时，债权人可依据与政府、社会资本或项目公司签订的直接介入协议或条款，要求社会资本或项目公司改善管理等。在直接介入协议或条款约定期限内，重大风险已解除的，债权人应停止介入。

3.6.3 绩效监测与支付

项目合同中涉及的政府支付义务，财政部门应结合中长期财政规划统筹考虑，纳入同级政府预算，按照预算管理相关规定执行。财政部门（PPP中心）和项目实施机构应建立政府和社会资本合作项目政府支付台账，严格控制政府财政风险。在政府综合财务报告制度建立后，PPP项目中的政府支付义务应纳入政府综合财务报告。项目实施机构应根据项目合同约定，监督社会资本或项目公司履行合同义务，定期监测项目产出绩效指标，编制季报和年报，并报财政部门（PPP中心）备案。

政府有支付义务的，项目实施机构应根据项目合同约定的产出说明，按照实际绩效直接或通知财政部门向社会资本或项目公司及时足额支付。设置超额收益分享机制的，社会资本或项目公司应根据项目合同约定向政府及时足额支付应享有的超额收益。项目实施绩效优于约定标准的，项目实施机构应执行项目合同约定的奖励条款，并可将其作为项目期满合同能否展期的依据；未达到约定标准的，项目实施机构应执行项目合同约定的惩处条款或救济措施。社会资本或项目公司违反项目合同约定，威胁公共产品和服务持续稳定安全供给，或危及国家安全和重大公共利益的，政府有权临时接管项目，直至启动项目提前终止程序。政府可指定合格机构实施临时接管。临时接管项目所产生的一切费用，将根据项目合同约定，由违约方单独承担或由各责任方分担。社会资本或项目公司应承担的临时接管费用，可以从其应获终止补偿中扣减。在项目合同执行和管理过程中，项目实施机构应重点关注合同履行、违约责任和争议解决等工作。

3.6.4 中期评估

项目实施机构应每3~5年对项目进行中期评估，重点分析项目运行状况和项目合同的合规性、适应性和合理性；及时评估已发现问题的风险，制定应对措施，并报财政部门（PPP中心）备案。政府相关职能部门应根据国家相关法律法规对项目履行行政监管职责，重点关注公共产品和服务质量、价格和收费机制、安全生产、环境保护和劳动者权益等。政府、社会资本或项目公司应依法公开披露项目相关信息，保障公众知情权，接受社会监督。社会资本或项目公司应披露项目产出的数量和质量、项目经营状况等信息。政府应公开不涉及国家秘密、商业秘密的PPP合同条款、绩效监测报告、中期评估报告和项目重大变更或终止情况等。

3.7 项目移交

3.7.1 移交准备

项目移交时，项目实施机构或政府指定的其他机构代表政府收回项目合同约定的项目资产。项目合同中应明确约定移交形式、补偿方式、移交内容和移交标准。移交形式包括期满终止移交和提前终止移交；补偿方式包括无偿移交和有偿移交；移交内容包括项目资产、人员、文档和知识产权等；移交标准包括设备完好率和最短可使用年限等指标。

项目实施机构或政府指定的其他机构应组建项目移交工作组，根据项目合同约定与社会资本或项目公司确认移交情形和补偿方式，制定资产评估和性能测试方案。采用有偿移交的，项目合同中应明确约定补偿方案；没有约定或约定不明的，项目实施机构应按照"恢复项目经济地位"原则拟定补偿方案，报政府审核同意后实施。

社会资本或项目公司应将满足性能测试要求的项目资产、知识产权和技术法律文件，连同资产清单移交项目实施机构或政府指定的其他机构，办妥法律过户和管理权移交手续。社会资本或项目公司应配合做好项目运营平稳过渡相关工作。

项目移交完成后，财政部门（PPP中心）应组织有关部门对项目产出、成本效益、监管成效、可持续性、PPP模式应用等进行绩效评价，并按相关规定公开评价结果。

3.7.2 项目测试

项目实施机构或政府指定的其他机构应组建项目移交工作组，根据项目合同约定与社会资本或项目公司确认移交情形和补偿方式，制定资产评估和性能测试方案。

1. 资产评估

（1）PPP项目资产评估流程。PPP项目资产评估步骤如下：

1）根据资产占有方提供的基础资料进行资产核查，以确定其准确性。

2）根据评估对象的实际情况，确定具体的评估项目，并选择合适的评估方法。

3）根据PPP项目设施、设备条件及社会经济因素，综合评定项目资产价格。资产评估机构根据项目资产目录清单，结合社会资本或项目公司提供的运营维护手册、运营总结、设计图等技术资料，对项目设施的实体情况、新旧程度、维护保养等情况进行现场勘察与记录，并现场验证项目设施的实际运转情况，并形成评估报告。

（2）PPP项目资产评估方法。PPP项目资产评估方法如图3-4所示。

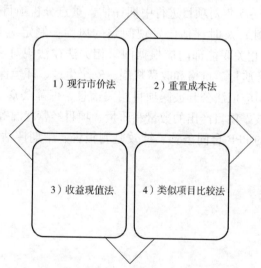

图3-4 PPP项目资产评估方法

1）现行市价法。现行市价法又称市场比较法，以相同的或者类似项目资产的市场价格作为比较基础，以此估算评价对象价值。

2）重置成本法。重置成本法是指在现时条件下重新购置或建造一个全新状态的评估对象，所需的全部成本减去评估对象的实体性陈旧贬值、功能性陈旧贬值和经济性陈旧贬值后的差额，基本公式如下：

$$评估值 = 重置价值 - 实体性陈旧贬值 - 功能性陈旧贬值 - 经济性陈旧贬值$$

或

$$评估值 = 重置价值 \times 成新率$$

3）收益现值法。收益现值法主要包括年金资本化法和条件价值法。该方法适用于市场发育比较成熟、年均收益相对稳定、项目建设和运维日趋完善的PPP项目。在实际操作中，可根据被评估对象的特征与评估要求选取适当的方法。

4）类似项目比较法。该方法以国内外案例为参照物进行比对，拿来主义，非常通用。

2. 性能测试

性能测试的主体为项目移交工作组，其测试的范围为项目资产、知识产权、技术法律文件以及项目全部资产清单。项目移交工作组应严格按照性能测试方案和移交标准对移交资产进行性能测试。

性能测试结果分为达标和不达标两种情形。若达标，则进入资产交割环节；若不达标，移交工作组应要求社会资本或项目公司进行恢复性修理、更新重置或提取移交维修保函。

3.7.3 资产交割

特许经营期满时（合作期限结束或者合作协议提前终止后），社会资本或项目公司应将满足性能测试要求的项目资产、知识产权和技术法律文件，连同资产清单移交项目实施机构或政府指定的其他机构，办妥法律过户和管理权移交手续。社会资本或项目公司应配合做好项目运营平稳过渡相关工作。资产交割时，PPP项目各主体单位及政府派遣人员对项目交割资产进行核查，并需注意：

（1）对已纳入资产评估范围的资产，不仅要核查其数量及完好状况是否与资产评估相符，并且要再次核查确认其对今后运营管理是否有用。

（2）交割资产与评估报告不符，各方应在签署资产交割确认清单时特别列明，并根据此调整项目资产作价及政府对项目的实际负债数额。

（3）若自评估基准日至资产交割日期间，PPP项目资产发生质的或量的变化，则政府和社会资本应在签署资产交割确认清单时特别列明，相应调整实际移交资产作价结果，调整政府对PPP项目的实际负债数额。

（4）未列入资产评估范围，但确实对项目有用的资产，可由政府在未来经营中另行适时评估购买。

（5）资产交割完毕，政府应与社会资本签署资产交割确认清单并加盖双方印章。资产交割确认清单应明确调整后的项目资产最终作价结果及政府方对项目最终负债额。

（6）自资产交割完毕时起，交割资产即归政府所有。

3.8 项目绩效评价

3.8.1 PPP项目绩效评价的内涵

PPP项目绩效评价，是在项目确定实施PPP模式后，从项目干系人要求和关心的项目目标利益出发,对项目实施、运营管理相关的经济、社会、风险分担、环境和技术等各方面因素,从项目投入、过程控制、结果、影响等角度进行全面和客观的评价。其中,项目干系人主要包括项目投资人、承包商、项目施工方、供应商等以及政府部门、社会公众等。

3.8.2 PPP 项目绩效评价时点

PPP 项目绩效评价时点始于项目已有一定产出的建设阶段,终于项目移交阶段,如图 3-5 所示。

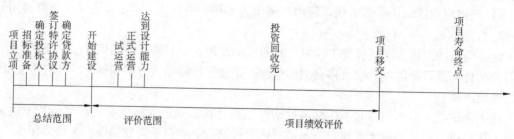

图 3-5 PPP 项目绩效评价时点

3.8.3 PPP 项目绩效评价体系设计

PPP 项目绩效评价体系包括两部分内容:一是 PPP 项目绩效评价体系的构建,包括项目绩效评价方法及绩效评价的实施流程;二是确定 PPP 项目绩效评价的指标,并对指标进行定义。

1. PPP 项目绩效评价方法

常用的 PPP 项目绩效评价方法主要采用专家评分法、数理统计法、灰色关联分析法、经济分析法、其他适宜的评价方法。在 PPP 项目推进过程中,采用较多的是专家评分法。

2. PPP 项目绩效评价实施流程

PPP 项目绩效评价实施流程如图 3-6 所示。

3. PPP 项目绩效评价指标

PPP 项目绩效评价指标的构建思路如图 3-7 所示。

PPP 项目绩效评价指标包括:

(1) 预期产出,包括提供的产品和服务的数量。

(2) 预期效果,包括经济效益、社会效益、环境效益和可持续影响等。

(3) 服务对象或项目受益人的满意程度。

(4) 达到预期产出所需要的成本资源。

(5) 衡量预期产出、预期效果和服务对象满意程度的绩效指标。

(6) 其他。

绩效评价指标是衡量绩效目标实现程度的考核工具。在设置 PPP 项目绩效评价指标体系过程中,需遵循重要性、相关性、系统性、独立性、平衡性、定性分析和定量分析相结合这六项原则,就项目决策、项目管理、项目产出及效果等方面全面设定指标体系,促进 PPP 项目绩效评价体系设计科学合理,同时充分保障评价体系的实际应用价值和可

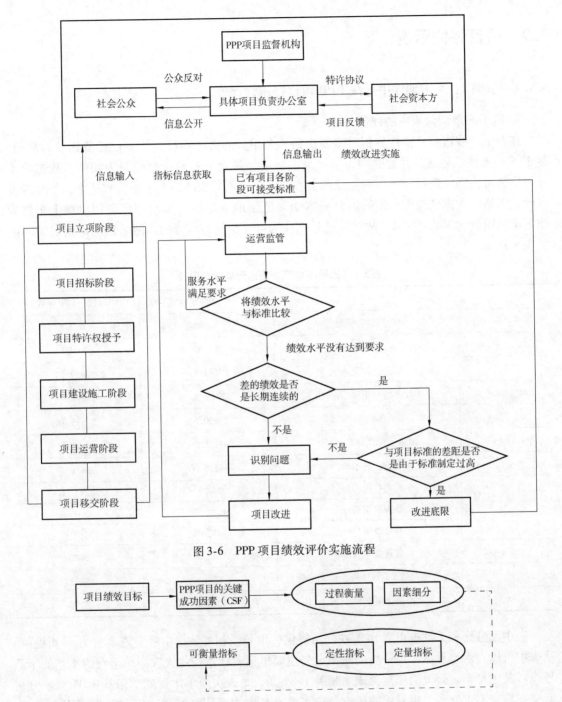

图 3-6 PPP 项目绩效评价实施流程

图 3-7 PPP 项目绩效评价指标的构建思路

操作性。

绩效评价指标权重的确定在很大程度上依赖于确定方法。确定评价指标权重的方法通常包括德尔菲法、相对比较法、连环比率法、判断矩阵法、层次分析法等。

3.9 项目评估示例

3.9.1 示例1：X市地铁甲号线PPP项目经济性评价

1. 基于简单运营成本的评价

在对甲号线进行经济性分析时需要找到一个相似的参考项目，使项目具备比较的基础。鉴于X市地铁乙号线的开通时间、招标采购标准、站点分布与甲号线较为相似，故选取乙号线作为可比路线进行分析。两条线路最大的不同是乙号线的地上车站数有7个，甲号线没有地上车站。考虑到地上车站的运营成本明显低于地下车站（如动力照明用电地上车站为地下车站用量的30%左右），故选取乙号线作为可比路线是可行的。两地铁的运营成本对照见表3-1。

表3-1 乙号线与甲号线运营成本对照表

序号	项目	乙号线（传统模式）	甲号线（PPP模式）
1	线路长度/公里	27.50	28.60
2	车站数量/个	23.00	24.00
3	年客流量/万人次	23061.51	23457.24
4	车辆年走行里程/万公里	2718.50	3043.73
5	年票务收入/万元	27010.61	24635.16
6	简单运营总成本/万元	41156.20	40496.74
6.1	主营业务成本/万元	34525.60	36831.49
	电力费用/万元	9247.32	8211.06
	修理费用/万元	4279.58	3200.00
	营运费用/万元	3052.05	5630.17
6.2	管理费用/万元	5739.25	3200.09
7	每车公里简单运营成本/（元/车·公里）	15.14	13.30
8	每人次简单运营成本/（元/人次）	1.78	1.73

表中乙号线相关数据由X市地铁公司提供，甲号线相关数据由社会资本方B公司提供。从表中可以直观地看出，甲号线的每车·公里简单运营成本与每人次简单运营成本均低于乙号线。其中每车·公里简单运营成本相差1.84元，每人次简单运营成本相差0.05元。分析其成本构成不难发现，甲号线的成本节约主要来自电力费用、修理费用和管理费用三方面，特别是维修费用和管理费用。

2. 基于项目总投资和财政补贴角度的评价

基于简单运营成本数据，按乙号线现状（传统模式）、甲号线传统模式（假设）和甲号线现状（PPP模式）三种情形进行测算，可以得到表3-2的对比数据。甲、乙号线政府投资和补贴测算对比见表3-2。

表 3-2 甲、乙号线政府投资和补贴测算对比

序号	项目	乙号线（传统模式）	甲号线（传统模式）	甲号线（PPP模式）	甲号线PPP模式与乙号线传统模式差异（节省资金）	甲号线PPP模式与传统模式差异（节省资金）
1	政府初始建设投资/亿元	127.00	153.90	107.70	19.30	46.20
2	政府资本金投资/亿元	50.80	61.50	61.50	-10.70	0
3	政府建设贷款/亿元	76.20	92.40	46.20	30.00	46.20
4	政府追加投资贷款/亿元	16.20	7.40	0.70	15.50	6.70
5	政府总投资/亿元	143.20	161.30	108.40	34.80	52.90
6	贷款利率（%）	5.90	5.90	5.90	0	0
7	政府年付息补贴/亿元	5.50	5.90	2.80	2.80	3.10
8	政府年运营补贴/亿元	1.40	1.60	0	0	-4.70
9	机电部分更新、维修改造及其他补贴/亿元	3.20	3.40	6.30	-1.80	3.40
10	政府综合支出合计/亿元	10.10	10.90	9.10	1.00	1.80

甲号线 PPP 模式下社会资本方按 B 公司负责的 46.2 亿元投资计算；资本金投资按照 X 市目前的实际情况，按项目总投资的 40% 计算，60% 为建设贷款。政府追加投资为自开通运营以来政府的追加投资，其中乙号线数据为在 2008 年和 2010 年共增加了 29 列车的投资，甲号线是因 B 公司投资加车（6.7 亿元投资），需要 A 部分土建的配套投资；贷款利率按照长期贷款基准利率 6.6% 下浮 10% 计算（下浮 10% 是在实际贷款融资中能争取到的优惠）；年付息补贴是因为目前轨道交通贷款的付息均由财政负担，并在 2015 年建设高峰之前不还本，追加投资也按此原则计算；年运营补贴是指政府支付给运营企业的简单运营亏损补贴，按照数据测算；机电部分更新、维修改造及其他补贴中，乙号线按机电设备的综合折旧率计算，甲号线 PPP 模式机电设备（B 部分）的更新改造已经包含在票价补偿里而不再单独列出。

从表 3-2 中可以直观地得出如下结果：

1）如果甲号线按传统模式运作，则政府会增加建设投资 52.9 亿元，运营补贴会增加 1.8 亿元/年。

2）鉴于甲、乙号线客流相当，从政府购买服务角度看，甲号线 PPP 模式与乙号线传统模式相比，政府减少建设投资 34.8 亿元，运营期补贴减少了 1 亿元/年。

3. 经济性原因分析

从两表的比较结果来看，PPP 模式无论在简单运营成本方面还是总的财政支出方面均有其明显优势，最终将提高财政资金的利用率。其经济性原因分析如图 3-8 所示。

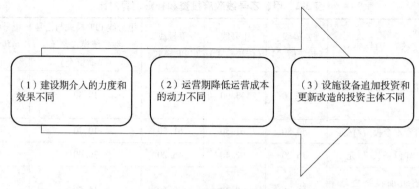

图 3-8　经济性原因分析

（1）建设期介入的力度和效果不同。在 PPP 模式下，运营商同时是投资者和建设业主，其地位为实现其作为运营商的诉求提供了保证。根据建管协议，对于甲号线 A 部分的建设，建设管理公司作为政府委托方，行使其代业主的职责，负责 A 部分的建设管理；而 B 部分的建设，B 公司可充分行使权利，建设管理公司仅履行项目管理公司的职能，与 B 公司属于一种契约式关系。B 部分的投资方 B 公司对项目进行直接的投资控制，更多考虑市场因素（即在满足质量、安全、工期的前提下，追求最大的成本节约），必然力图通过有效介入，从科学组织运营的角度对设计、建设提出优化意见，以减少运营后的改造工作。这样，一方面可以节约建设成本，另一方面可以减少日后的更新改造投资。在传统模式下，建设管理公司作为 A 部分的代业主在行使甲号线建设管理工作中，更加注重工程项目建设的进度、质量及安全控制，而投资控制和满足运营商的需要不作为其控制的首要目标，且运营商又无足够的话语权。例如，X 市丙号线、乙号线投入运营后，这方面的改造工程投资分别达到 2.55 亿元和 9853 万元。上述项目如果在建设期通过变更设计实施，可以收到事半功倍的效果。

（2）运营期降低运营成本的动力不同。在传统的乙号线的模式下，政府补贴针对的是运营过程中出现的亏损，主要取决于实际运营成本的多少，属于事后补贴的范畴。而运营商在运营过程中缺乏降低运营成本的内在动机，导致运营成本较高。在 PPP 模式下，政府财政补贴针对的是客流，与运营商的运营成本无关，节约的成本直接能转化为运营商的利益，属于事前补偿的范畴，使运营商有足够的动力去降低成本。实际调查也显示，由于 B 公司在运营中引入较先进的运营管理理念，采用了 MMIS（资产管理信息系统）等多种管理信息系统，对项目实施全生命周期的成本控制管理，有效地控制了运营成本，提高了运营效率，取得了较好的经济效益，使甲号线的维修成本明显降低。

（3）设施设备追加投资和更新改造的投资主体不同。城市轨道交通是关系国计民生的公共项目，保证地铁线路的安全稳定运营是政府监管的首要目标。在以地铁乙号线为代表的传统模式下，由于地铁运营由运营商负责，而追加投资和更新改造投资由政府出资，因存在信息不对称，政府对于运营情况了解有限，很难保证运营商会以政府和公众利益为目标尽最大努力去控制成本、提高效率；政府对运营商提出的更新改造要求也无拒绝支付的理由，因此政府常常会出于安全等公共利益的需要而满足运营商不断提出的新的投资要求，容易造成过度投资和过度更新改造。而在 PPP 模式下，更新改造投资完全由特许经营公司负责，政府主要依据客运服务水平对其进行监管和支付补贴，运营商有足够的动力在满足运营要求的情况下，尽量减少更新改造投资，以提高资金的使用效率。例如，地铁乙号线追加投资达到16亿元，甲号线运营商追加投资仅为7亿元。

4. 结论

总体来看，甲号线PPP项目的实施已取得初步成效，很好地实现了物有所值的目标，具体表现在以下四个方面，如图3-9所示。

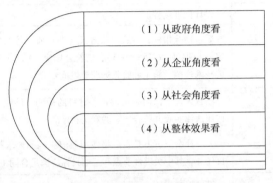

图3-9 物有所值目标的具体表现

（1）从政府角度看。PPP项目建设期能减少政府出资，运营期能减少财政补贴，以上因素综合缓解了政府财政压力。

（2）从企业角度看。PPP模式使社会资本有机会进入公共服务领域，拓宽了企业发展空间。

（3）从社会角度看。PPP模式的实施初步形成地铁运营商市场化局面，促进了行业运营效率和服务水平的提高。

（4）从整体效果看。无论是政治、组织、社会、经济等方方面面，都取得了令人满意的成果。

3.9.2 示例2：某医药特色小镇PPP项目

该项目绩效考核建立中期评估机制，特许经营期间每3～5年进行一次中期评估，对合同双方履约情况进行综合评估，指导调整合同履行。中期评估将由财政部门（PPP中心）组织有关部门进行。考核结果与投资人收益挂钩。本项目绩效评价主体在调研基础上，借鉴国内项目先进的管理经验，制定了本项目的管理标准及考核评分细则。项目组对项目的绩效监督与管理分成三个阶段。通过细则，项目组为该PPP项目建立绩效考核机制，并将绩效考核机制与政府提供可行性缺口补偿相结合，提高该PPP项目管理、运营和维护效率。需指出的是，由于国家对小镇没有统一的考核标准，在行业中也没有典型的小镇考核案例，给该PPP项目的绩效考核造成了一定程度上的局限。项目采用专家评分法对项目建设阶段、运维阶段和移交阶段的各项指标逐一打分，见表3-3至表3-5，并统计汇总结果。在此基础上，项目采用德尔菲法求取各指标的权重值。通过上述评价指标体系的设立与测算过程推演，最终得出本项目绩效考核分数。项目绩效考核结果向社会公示，作为价费标准、财政补贴以及合作期限等调整的参考依据。

表3-3 项目建设绩效指标

序号	指标名称	指标说明	评分	比重
1	承包商综合能力	承包商综合管理能力 承包商对行业的知悉了解程度及对整体技术、经济与社会环境的把握		
2	风险分担	合同文件风险分担是否合理		
3	设计标准化	设计标准化程度		
4	质量监控	质量检验指标,参照《旅游区(点)质量等级的划分与评定》(GB/T 17775—2003),需符合国家3A级旅游景区的相关技术规范、施工和验收标准等规范要求		
5	设备与材料采购合规性	项目建设所需的一切设备、材料的采购、供应、进口是否按照法律实施并符合国家的规范和标准		
6	进度管理	关注社会资本方是否严格按照政府采购的要求按时完成项目任务,其中关键性节点和工期目标应满足合同工期要求		
7	进度控制	进度控制指标		
8	成本管理	成本预测指标 成本控制指标		
9	施工安全	参照《建筑施工安全检查标准》(JGJ 59—2011)、《施工现场临时用电安全技术规范》(JGJ 46—2005),用安全事故发生率表示		
10	健康管理	采用项目建设过程中造成安全事故的件数来考量		
11	环境影响	参照《环境空气质量标准》(GB 3095—2012)二级标准、《声环境质量标准》(GB 3096—2008)2类区域标准、《建筑施工场界环境噪声排放标准》(GB 12523—2011)、《大气污染物综合排放标准》(DB 11/501—2007)二级标准、《污水综合排放标准》(DB 31/199—2009)二级标准等		
12	与政府良好关系	项目程序审批效率		
13	沟通协调	衡量项目建设服务所引起的争端或项目问题的解决程度,用有效沟通次数/项目沟通次数来确定		
14	社会影响	评判项目是否具备良好的社会效益,如推动地方相关产业建设、促进旅游环境建设、项目节能减排等		
15	宏观经济条件	PPP项目所属的行业宏观发展态势是否稳定		
16	法律环境	PPP项目所属的行业相关法律制度是否稳定而适宜		
17	政治环境	PPP项目所属区域政策环境是否稳定而适宜		

表3-4 项目运维绩效指标

序号	考核维度	标准值/分	评分	权重	考核指标说明
一	服务高效性	67.5		50%	
(一)	项目景区	24.5			

(续)

序　号	考核维度	标准值/分	评　分	权　重	考核指标说明
1	旅游交通	1.5			
1.1	可进入性	0.5			外部交通工具抵达景区的便捷程度，按0.5分、0.2分、0分三个等级计分
1.2	自配停车场地	0.5			停车场面积、地面及管理，按0.5分、0.2分、0分三个等级计分
1.3	内部交通	0.5			游览线路设计、游步道设计特色，按0.5分、0.2分、0分三个等级计分
2	游览	5			
2.1	门票	1			免费旅游景区此项不失分，设园中园、票中票的，发现一处扣2分
2.2	游客中心	1			视位置、标识醒目、造型与景观的协调性、规模、设施与服务而定，按1分、0.5分、0分三个等级计分
2.3	导游服务	1			视导游人员数量、导游语种、造型与景观的协调性、规模、设施与服务而定，按1分、0.5分、0分三个等级计分
2.4	游客公共休息设施和景观设施	1			视布局合理、造型与景观环境的协调性、材质及维护而定，按1分、0.5分、0.2分、0分四个等级计分
2.5	特殊人群服务项目	1			包括残疾人轮椅、盲道、无障碍设施、老年人使用的拐杖、儿童使用的童车等，按1分、0.5分、0分三个等级计分
3	卫生	2			
3.1	环境卫生	1			考量场地秩序、游览场所地面、建筑物及各种设备设施，按1分、0.5分、0分三个等级计分
3.2	废弃物管理	1			视污水排放、垃圾管理、吸烟区管理、餐饮服务、厕所情况，按1分、0.5分、0分三个等级计分
4	邮电服务	2			
4.1	邮政纪念服务	1			若提供信函等基本邮政业务，且服务便捷，计1分；若不提供，计0分
4.2	电信服务	1			若提供电信服务，且服务便捷，计1分；若不提供，计0分
5	旅游购物	3			

(续)

序号	考核维度	标准值/分	评分	权重	考核指标说明
5.1	购物场所建设	1			购物场所不破坏主要景观,不妨碍游客游览,不与游客抢占道路和观景空间,按1分、0.5分、0分三个等级计分
5.2	购物场所管理	1			对购物场所进行集中管理,环境整洁,秩序良好,无围追兜售、强买强卖现象,按1分、0.5分、0分三个等级计分
5.3	旅游商品	1			具备本旅游景区的特色,计1分;若不具备,计0分
6	资源吸引力	7			
6.1	观赏游憩价值	2			用"很高""较高""一般""较小"衡量并打分,"很高"计2分,"较高"计1分,"一般"计0.5分,"较小"计0分
6.2	历史文化科学价值	2			是否同时具有极高历史价值、文化价值、科学价值 同时具备三种价值,计2分;具备两种,计1分;具备一种,计0.5分;不具备,计0分
6.3	珍稀或奇特程度	1			是否有大量珍稀物种、景观是否异常奇特、是否为世界级资源实体,按1分、0.5分、0分三个等级计分
6.4	规模与丰度	1			依资源实体体量、基本类型数量、资源实体疏密度而定,按1分、0.5分、0分三个等级计分
6.5	完整性	1			视资源实体完整性、保持原来形态与结构的程度而定,按1分、0.5分、0分三个等级计分
7	市场影响力	4			
7.1	美誉度	1			获得游客和专业人员的赞美程度,按1分、0.5分、0分三个等级计分
7.2	市场辐射力	2			客源分布状况,按2分、1分、0.5分、0分四个等级计分
7.3	主题强化度	1			景区是否有特色主题:若有,计1分;若无,计0分
8	综合管理	4			
8.1	游客投诉及意见处理	2			及时处理并获得游客好评,计2分;及时处理但游客反应一般,计1分;未及时处理扣1分

(续)

序号	考核维度	标准值/分	评分	权重	考核指标说明
8.2	征询游客意见	2			定期征询一年超过3次，计2分；一年1~3次，计1分；一年1次以下，计0分
（二）	商办设施	23			
1	招商考核	9			
1.1	招商完成时间	3			
1.1.1	主力店签约时间	2			不迟于××年××月××日，按时完成，计2分；未按时，计0~0.2分
1.1.2	招商完成日期	1			商家入驻率＝实际入驻商家数量/计划入驻商家数量×100% 截至×××年××月××日，如完成，计1分；未完成，计0~0.2分
1.2	品牌落位质量	4			
1.2.1	一线品牌进驻比例	1			签订合同商户达××以上，超过比例，计1分；未超过，计0~0.2分
1.2.2	二线品牌进驻比例	1			签订合同商户达××以上，超过比例，计1分；未超过，计0~0.2分
1.2.3	招商签约控制目标	2			达××以上，招商签约率＝已签约面积/计划招商面积×100%，实现目标，计2分；未实现，计0~0.2分
1.3	招商费用控制	2			招商费用控制＝实际发生/费用预算×100% 超过比例，计1分；未超过，计0~0.2分
1.3.1	招商直接费用控制目标	1			费用不超过××万元，实现目标，计1分；未实现，计0~0.2分
1.3.2	招商间接费用控制目标	1			费用不超过××万元，实现目标，计1分；未实现，计0~0.2分
2	运营考核	9			
2.1	经营业绩	4			
2.1.1	出租率	2			以出租率为依据，出租率＝已出租面积/总出租面积×100%，出租率超过90%，计2分；出租率为60%~90%，计1分；出租率低于60%，计0分
2.1.2	客流	2			参照标杆房企的数据，设定客流基准值进行考核，超过基准值，计2分；未超过，计0~0.5分
2.2	物业增值能力	2			

(续)

序号	考核维度	标准值/分	评分	权重	考核指标说明
2.2.1	商铺租金增长	1			以增长率为依据,商铺租金增长率=本期租金/上期租金-1×100%,按1分、0.5分、0分三个等级计分
2.2.2	租户营业额增长	1			以增长率为依据,租户营业额增长率=本期营业额增长/上期营业额×100%,按1分、0.5分、0分三个等级计分
2.3	重大事件处理	1			以消费者投诉事件处理结果为依据,按1分、0.5分、0分三个等级计分
2.4	经营与管理合规性	2			项目运营及管理是否符合法律、法规相关规定,按2分、1分、0分三个等级计分
3	企划考核	5			
3.1	推广费用控制目标	1			费用率不超过×× 推广费用率=实际推广费用/预算推广费用×100%,按1分、0.5分、0分三个等级计分
3.2	商业推广计划完成目标	1			以完成率为依据 商业推广计划完成率=已完成关键节点数量/总关键节点数量×100%,按1分、0.5分、0分三个等级计分
3.3	推广效果	2			
3.3.1	当期营销推广效果	1			以统计当期来电来访人次情况为依据,按1分、0.5分、0分三个等级计分
3.3.2	品牌影响力	1			通过品牌影响力抽样调查的方法统计,按1分、0.5分、0分三个等级计分
3.4	诉讼仲裁件数控制目标	1			以发生率为依据 诉讼仲裁发生率=年度诉讼仲裁发生件数/年度诉讼仲裁控制件数×100%,按1分、0.5分、0分三个等级计分
(三)	停车设施	10			
1	车位配置	6			以相关文件为依据
1.1	机动车停车位	3			
1.1.1	景区机动车位配置	1			参照旅游区停车位指标,停车位数量不应小于0.2车位/100平方米用地面积。若符合标准,计1分;不符合标准,计0分

(续)

序号	考核维度	标准值/分	评分	权重	考核指标说明
1.1.2	商业场所机动车位配置	1			参照商业建筑停车位指标，停车位数量不应小于0.2车位/100平方米建筑面积。若符合标准，计1分；不符合标准，计0分
1.1.3	办公场所机动车位配置	1			参照办公楼停车位指标，停车位数量不应小于0.3车位/100平方米建筑面积。若符合标准，计1分；不符合标准，计0分
1.2	非机动车停车位	3			
1.2.1	景区非机动车位配置	1			参照旅游区停车位指标，停车位数量不应小于0.2车位/100平方米用地面积。若符合标准，计1分；不符合标准，计0分
1.2.2	商业场所非机动车位配置	1			参照商业建筑停车位指标，停车位数量不应小于2.0车位/100平方米建筑面积。若符合标准，计1分；不符合标准，计0分
1.2.3	办公场所非机动车位配置	1			参照办公楼停车位指标，停车位数量不应小于1.0车位/每100平方米建筑面积。若符合标准，计1分；不符合标准，计0分
2	车位出租	2			
2.1	出租率	1			以出租率为依据 出租率=已出租车位数/总车位数×100% 出租率超过90%，计1分；出租率为70%~90%，计0.5分；出租率低于70%，计0分
2.2	租金水平	1			以增长率为依据 停车位租金增长率=本期租金/上期租金×100%-1 按1分、0.5分、0分三个等级计分
3	经营与管理合规性	2			以相关文件为依据
（四）	基础设施	10			
1	实施效果	6			
1.1	服务能力	2			设施使用情况，按2分、1分、0.5分、0分四个等级计分
1.2	服务质量	2			以客户满意指数为依据，按2分、1分、0.5分、0分四个等级计分
1.3	外部效果	2			以对地区经济增长的贡献为依据 贡献率=项目增加量/GDP增加量×100% 按2分、1分、0.5分、0分四个等级计分

(续)

序号	考核维度	标准值/分	评分	权重	考核指标说明
2	可靠程度	2			
2.1	确定性指标	1			以预备费百分比、风险分类等级指标为依据 预备费=（建安费+二类费）×8%
2.2	复发指标	1			以灾害复发频率为依据
3	环境影响	2			
3.1	土地使用	0.5			项目用地与城市腹地连通性 按0.5分、0.3分、0分三个等级计分
3.2	大气状况	0.5			服务阶段通风设计等 按0.5分、0.3分、0分三个等级计分
3.3	视觉影响	1			与周围环境协调性 按1分、0.5分、0分三个等级计分
二	财务健康性	10		25%	
（一）	项目公司负债能力	2			
1	短期偿债能力	1			以流动比率为依据 流动比率=流动资产/流动负债×100% 按1分、0.5分、0分三个等级计分
2	长期偿债能力	1			以资产负债率为依据 资产负债率=负债总额/资产总额×100% 按1分、0.5分、0分三个等级计分
（二）	项目公司盈利能力	6			
1	静态盈利能力	3			以投资利润率为依据 投资利润率=年利润总额/总投资×100% 按3分、1分、0分三个等级计分
2	动态盈利能力	3			以财务内部收益率为依据 当财务内部收益率大于或等于基准收益率时，项目可行，按3分、1分、0分三个等级计分
（三）	项目公司营运能力	2			
1	流动资产周转水平	1			以流动资产周转率为依据 流动资产周转率=主营业务收入/平均流动资产总额 按1分、0.5分、0分三个等级计分
2	固定资产周转水平	1			以存货周转率为依据 存货周转率=主营业务收入/存货平均余额 按1分、0.5分、0分三个等级计分

(续)

序 号	考核维度	标准值/分	评 分	权 重	考核指标说明
三	系统安全性	14.5		15%	
(一)	安全保卫	7			
1	巡视制度	1			对重点区域、重点部位有巡视计划和巡视路线图。若有,计1分;若无,计0分
2	人员出入管理	0.5			对进出物业管理区域的外部人员实行临时出入证管理。若有,计0.5分;若无,计0分
3	安全设备设施	1.5			视游览游乐服务设施安全、危险地带安全防护设施配置情况而定。配置完善,计1.5分;基本配置,计0.5分;未配置,扣1分
4	景区医疗服务	1			设立医务室、有专职医护人员、备日常药品和备急救箱,按1分、0.5分、0分三个等级计分
5	景区救护服务	1			有救护设备、建立紧急救援体系设置,按1分、0.5分、0分三个等级计分
6	安全及应急管理	1			是否建立制度和预案:若有,计1分;若无,计0分
7	治安事件	1			项目范围内未发生治安事件,计1分;若发生,扣1分
(二)	消防管理	7.5			
1	设备完好率	1			消防系统设施设备齐全、完好无损,计1分;基本完好,计0.5分;完全破损,计0分
2	消防系统检查制度	0.5			按周期进行检查,计0.5分;不进行检查,计0分
3	应急方案	1			制定有突发火灾的应急方案,计1分;若无,计0分
4	消防值班	1			实行24小时制,计1分;实行12小时制,计0.5分
5	消防演练	1			一年超过4次,计1分;2~4次,计0.5分;2次以下,计0分
6	安管人员业务素养	1			对消防知识、消防器材的知悉程度,按1分、0.5分、0分三个等级计分
7	火灾事件	1			项目范围内未发生火灾事件,计1分;若发生,扣2分

(续)

序号	考核维度	标准值/分	评分	权重	考核指标说明
8	火灾安全隐患	1			项目不存在火灾安全隐患，计1分；若存在，扣2分
四	满意度	8		10%	
1	社会相关利益者满意度	2			满意率90%以上的计2分，满意率80%~90%的计1分，满意率70%~80%的计0.5分，满意率60%~70%的计0.2分，满意率60%以下的计0分
2	上级主管部门满意度	2			满意率90%以上的计2分，满意率70%~90%的计1分，满意率70%以下的计0分
3	项目单位内部职工满意度	2			满意率90%以上的计2分，满意率80%~90%的计1分，满意率70%~80%的计0.5分，满意率70%以下的计0分
4	奖惩指标	2			无奖惩得2分，受省级表扬1次得1分，受市级表扬1次得0.5分，受省级批评一次扣1分，受市级批评一次扣0.5分
合计		100		100%	

表3-5 项目移交绩效指标

序号	指标名称	指标说明	评分	比重
1	技术转移	与设施运营和维护有关的技术及书面的技术操作规范的交接达标度		
2	运营状况	特许经营协议约定的移交时的盈利能力的达成度		
3	设备状况	特许经营协议约定的移交时的设备可使用性的达成度		
4	维修担保	维修担保服务满意度		
5	移交范围及标准程序	特许经营协议中约定移交范围和移交手续，考核是否遵照协议约定履行手续，以及是否完全移交规定范围的内容		
6	人员培训	政府人员在移交前培训学习的合格度		
7	提前移交	是否满足提前移交的情形，以及此时设备的性能状况		

第4章 公共部门比较值的建立与应用

4.1 应用观

随着 PPP 模式在世界范围内的应用和不断推广,与传统模式相比较,PPP 模式的效率是否高于传统模式成为普遍关注的焦点,物有所值(Value for Money,VFM)理论便是在这种背景下产生的。PPP 模式自创始之初,就以 VFM 作为其标志性特征,其中公共部门比较值(Public Sector Comparator,PSC)体系因其简单易用,成为评估项目是否物有所值的重要工具。一些国家通过建立 PSC 体系获取相关数据,作为衡量 VFM 可量化的标准,从而选择最高效的建设模式。

PPP 模式在发达国家的发展起步较早也较成熟,关于 PSC 体系的构建,许多国家已经建立了较完善的 PSC 评价体系。PSC 体系最早由英国政府颁布。随着 PPP 模式全球化的发展,各个国家均开始建立自己的 PSC 体系。完全效仿英国 PSC 体系建立方法的国家和地区有澳大利亚、南非,在英国 PSC 体系基础上改进的国家和地区有加拿大、日本和中国香港,不同于英式评估方法的国家和地区有法国、美国、新加坡。主要国家和地区 PPP 实践方法见表 4-1。

表 4-1 主要国家和地区 PPP 实践方法

序号	英式评估		类似于英式评估		不同于英式评估	
1	英国	1992 年英国开始 PPP 的发展,要求必须计算 PSC	中国香港	项目评估中把 PSC 作为一个强制性的部分	法国	法国是通过特许经营的方式来经营的,通过对投标的评估来授予私人投资的特许权
2	南非	PSC 作为关键性、强制性指标	加拿大	PPP 模式涉及的领域较广,正在发展 PSC 方法	美国	美国的市场并未建立风险转移评估和测算资金价值程序
3	澳大利亚	PPP 项目的 VFM 需要 PSC 和公共利益进行对比估算	日本	公共部门必须执行 PSC 校验,证明 PPP 项目能提供较好的 VFM	新加坡	通过招标投标的程序以及私人投资者之间报价的竞争性来获得 VFM

虽然 PSC 的应用随着 PPP 项目的全球开展并不具有广泛意义,但 PSC 仍被认为是用来评估资金价值很有用的工具,如在英国或澳大利亚这些 PPP/PFI 模式较为成熟的国家,通过建立 PSC 体系,计算政府部门预期的投资成本。PSC 体系不仅可以量化公共基础设施建设模式的成本,同时可以对 PPP 项目的标书做出合理评价,为 PPP 项目标书的制定提供参考。随着 PPP 项目在世界各国的开展,越来越多的国家仿效英国做法,采用了以 PSC 为基准的评估方法。

PPP 模式在 20 世纪 90 年代初期逐步被引入我国，到 21 世纪，在政府的推动下，PPP 模式在我国获得了一定的发展，但初期项目对效率的要求并不高。十八届三中全会以来，我国政府对 PPP 的政策支持不断升级，在稳增长和化解地方债务风险目的的推动下，掀起了新一轮的 PPP 热潮。借鉴国外经验，2015 年年底，《财政部关于印发〈PPP 物有所值评价指引（试行）〉的通知》（财金〔2015〕167 号）发布，对 PPP 项目开展 VFM 评价做出了政策上的规定和引导，明确定量评价中采用 PSC 体系量化公共部门的投资成本，通过对 PPP 项目全生命周期内政府方净成本的现值（PPP 值）与 PSC 进行比较，以判断 PPP 模式能否降低项目全生命周期成本。PSC 体系的作用是为公共基础设施和服务项目在前期判断选取采购模式提供评价依据。一般在项目初步评估时建立和细化 PSC 系统，这是是项目前期工作体系的一个部分，PSC 也是 PPP 标书的一个定量比较基准。PSC 体系的主要作用如图 4-1 所示。

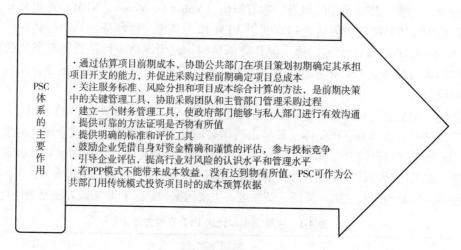

图 4-1　PSC 体系的主要作用

4.2　公共部门比较值的概念及体系

4.2.1　公共部门比较值的定义及相关假设

英国在其 2003 年关于 PPP 发展的绿皮书中认为"PSC 是假设政府作为供应商，生产满足 PFI 采购规格要求的产品和服务，其所需费用进行风险调整后的成本"。它具有三个特征：用净现值表示；以目前政府实际能提供的产品和服务的方法（可合理预见的政府能够达到的最优效率）为基准；考虑采用该采购模式会遇到的所有风险。澳大利亚基础设施中心对于 PSC 的定义与英国类似，是"假设一个项目由政府交付所估计的项目全生命周期成本"。世界银行给出的定义为：PSC 是在政府部门对基础公共设施进行投资、拥有、运营时，用来估计风险调整后成本的方法体系。中国香港项目促进组研讨会给出的定义为：PSC 是公共部门实施项目时达到私营伙伴同等标准的服务水平的假设成本，是通过采用公共部门提供服务的方式和途径，考虑项目全生命周期的总成本及所涉及的风险，用现金流折现法计算出的净现值（NPV）。

上述定义虽然表述不同，但在实质内容上差异不大，都认为 PSC 是假设一个项目由政府进行融资、建设、拥有和运营时的成本估算，包括四个关键属性：①基于参照项目，即如果不采用 PPP，而采用传统采购模式，政府将提供同样产出要求的基础设施和服务；②基于全生命周期成本；③考虑资金时间价值，用净成本的现值表示；④PSC 包含风险、竞争性中立等调整因素的量化值。

根据 PSC 的计算过程，为了方便理解，我们给出 PSC 的定义为：PSC 是指在项目全生命周期内，通过模拟政府部门以传统采购模式中最高的效率提供与 PPP 模式相同标准公共产品和服务产生的现金流入、流出情况，使用适当的折现率计算出来的 NPV。

PSC 计算的目的是为政府提供一种量化的评价物有所值的依据，是基于比较社会资本和政府部门提供的服务水平产生的，因此，使用 PSC 体系，须进行几点假设，如图 4-2 所示。

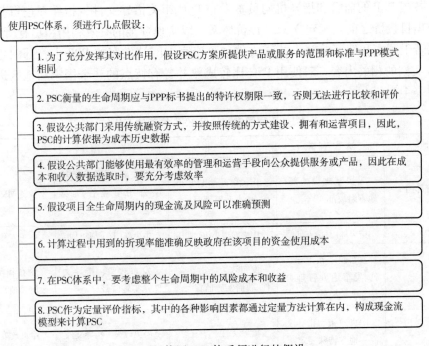

图 4-2　使用 PSC 体系须进行的假设

4.2.2　公共部门比较值的组成

通常，PSC 由四部分组成，分别为初始 PSC、竞争性中立调整值、可转移风险成本和自留风险成本，如图 4-3 所示。PSC 的计算公式为

PSC = 初始 PSC + 竞争性中立调整值 + 可转移风险成本 + 自留风险成本

（1）初始 PSC 是在传统采购模式下政府生产和交付参考项目的基本成本，包括项目的设计、建设、运营维护和其他一切相关费用等。

（2）竞争性中立调整值主要是指采用政府传统投资方式比采用 PPP 模式实施项目少支出的费用，通常包括少支出的土地费用、行政审批费用、有关税费等。政府部门会由其公共关系产生竞争优势，减少支出。通过调整竞争性中立费用，可以减少政府投资所产生的优势，保障公私竞争的公平性。

（3）可转移风险成本是指 PPP 模式下由政府部门转移给社会资本的风险成本，这部分应该包含在 PSC 之中。

（4）自留风险成本是指不宜转移给社会资本而由政府自行承担的风险成本。不管采用 PPP 还是政府采购模式，这部分费用都由政府部门支付。

4.2.3 公共部门比较值体系的构建

1. 各国 PSC 体系比较

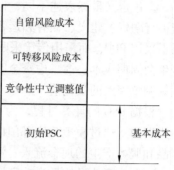

图 4-3 PSC 的组成

PSC 体系作为政府部门对有意向采用 PPP 模式的基础设施或公共服务项目的投标者初选阶段的评判依据，是由各 PPP 监管机构负责建立并监督实施的。各国 PPP 的监管和指导机构负责发布 PSC 相关指导文件，指导在进行基础设施和公用设施项目投资之前正确建立 PSC 评价体系，以实现资金的有效利用和物有所值。

根据若干国家和地区的 PSC 指导文件和政府官方网站发布的 PPP 主管部门主要工作内容和 PSC 文档的相关内容，对使用 PSC 比较成熟并各有特点的几个国家和地区进行对比分析，得到表 4-2。

表 4-2 不同国家和地区 PSC 框架体系比较

国家/地区	澳大利亚	南非	英国	香港
PPP 主管部门	国民基础设施部/地方财政部	国民财政部 PPP 小组/地方政府部门	财政部/国家审计署&公用事业管理委员会	政务司效率促进组
组织类型	中央部门/地方部门	中央专项小组/地方	中央部门/下属机构	中央专项小组
职能	发布政策和指导文件/发布地方管理办法和实施监管	发布政策、指导文件/政府实施监督	发布政策、指导文件并实施监督	发布指导文件协助政府其他部门
PSC 政策与指导体系	中央政策、指导文件+地方特殊要求	指导文件	中央政策、指导文件	中央政策、指导文件

表中各国和地区，依据自身情况制定的 PSC 体系，体现各自的特色。英国率先将 PSC 评价体系应用于 PPP 项目决策，使 PSC 成为衡量政府成本的标准。英国是 PFI/PPP 模式的发起者和主要推广者，也是民营化理论得以广泛实践的主要舞台。英国政府在决定是否采用 PFI/PPP 模式时，以 PSC 指标作为衡量政府成本的标准，且针对前期决策的不同阶段，将 PSC 计算精确到不同程度，使 PSC 在项目决策与评价中发挥了不可替代的作用。澳大利亚的 PSC 评价指南最为详细。在澳大利亚有超过 90% 以上的 PPP/PFI 项目运用了这一指南进行前期决策，并且导则中有详细的案例说明 PSC 的定量计算方法，可操作性很强。在 2008 年重新更新改版了 PSC 评价导则（第 2 版），使得新的导则覆盖范围更为广泛，使用的风险定量方法更先进，对实践中容易出现误解的地方也加大了说明力度。

2. PSC 体系评价阶段

采用 PSC 进行 PPP 项目评价，其主要目的为：提供一个统一的评价 VFM 的标杆和评价工具；促进公共部门在项目开发前期推进考虑全生命周期成本，控制风险；提供一个计算 VFM 的方法；鼓励投标竞争，促进资金价值最大化。

基于 PSC 的 VFM 评价方法已经被英国、澳大利亚、日本、加拿大和中国香港等许多国家和地区采用，其中英国和澳大利亚的评价流程和方法最为完善。英国将 VFM 分为三个阶段，分别为项目群层级的物有所值评价阶段、项目层级的物有所值评价阶段和采购层级的物有所值评价阶段，PSC 体系在项目整个过程中均发挥作用。在项目群层级的物有所值评价阶段，运用定性和定量分析相结合的方式，对可能适合 PPP 模式的项目群进行初步评价。若经过分析，项目不适合采取 PPP 模式，则采取传统模式。在项目层级的物有所值评价阶段，需要针对项目群中的单个项目进行更详细的分析，对项目的初步实施方案进行采购前的评价，识别物有所值的关键要素。如果具有物有所值，那么则在项目实施方案中公布；如果不具有物有所值，则不采用 PPP 模式，应该考虑其他采购模式。在采购层级的物有所值评价阶段，持续进行评估以确保项目的竞争优势和市场份额，把招标初期和预测发生的风险和成本转移到 PSC 中，进行 VFM 评价。

根据澳大利亚在 2008 年发布的评价指引总结的评价流程（见表 4-3），澳大利亚的项目评价流程中 PSC 在第一阶段编制商业计划书时就开始构建，运用风险调整成本净现值进行财务分析，估计政府可能发生的借贷成本，预测私营部门参与这一项目的可能性。以后的阶段中要根据不断获得的信息和数据及指引文件中的变更条款对 PSC 进行修正，直至在第二阶段根据产出说明编制完成并发布招标邀请后便不可进行更改。在收到私营部门的投标书后，PSC 将被用来同标价进行对比，原则上不选择高于 PSC 的报价。

表 4-3　澳大利亚 VFM 评估流程

阶　段	详细步骤	内　　容
第一阶段	识别服务需求	各行业部门根据政府规划分析项目建设的必要性并识别融资机会
	编写商业计划书，支持投资决定	1. 清晰阐述项目目标、投资和服务的范围 2. 构建基础 PSC，用初始风险调整成本净现值进行财务分析，判断私营部门参与项目的机会，也能为构建以后作为评标基准的 PSC 打下基础 3. 识别所有与项目有关的重大风险，详细说明政府的外部风险和项目开发风险、分配给私营部门的风险和政府自留风险。初步判断政府将构成 PSC 的一部分风险成本大小
	项目评估和采购策略	
	进行采购模式选择分析，支持采购决定	1. 收集数据：目标、风险、独特的项目特点、机构部门和市场的能力 2. 列出交付方式：考虑各种方式的适宜性 3. 确认：这一项目有哪些先例，市场认为项目怎样 4. 交付模式选择分析：哪种模式能最好地达到要求和目标，并能降低风险 5. 最好的交付模式：确定最好模式的结构；考虑风险；提出申请；审查
	政府批准投资和采购	
	主动性建议	

(续)

阶　　段	详细步骤	内　　　容
第二阶段	项目开发	组织项目委员会；制订项目计划和时间表；选择公证人和监督计划；进一步完善设计要求、运营要求、服务要求、关键商业原则、初期风险分配，构建PSC，这些信息将作为EOI（招标邀请）和RFP（需求方案说明书）的一部分；制定与私营部门相关的范围、时间、市场利益和能力；选址调查；征得计划和环境部门的同意；其他与公共利益相关的问题
	兴趣陈述（EOI，即招标邀请）	1. 开发EOI文件：其中应包括开发时间表、资格审查标准和障碍以及评标计划等与项目相关的信息，评标计划应征得政府相关部门同意 2. 评估投标者：根据资格审查标准和评标计划选择中标候选人，数量应尽可能大于3个，以保证充分竞争
	寻求建议阶段（RFP，即投标）	1. RFP开发阶段：招标文件中包括须告知中标候选人的项目背景、投标过程、评标标准、投标文件格式，详细的产出标准，支付机制和业绩要求，关于风险分配建议和关键商业原则的商业框架，政府采用PPP模式的合同文件，评标标准和建议的进度表 2. 编写和完成PSC 3. 召开标前答疑会 4. 根据评标标准定性和定量地评估每份投标书的VFM 5. 选择进入合同谈判或捆绑合同安排的中标者
第三阶段	谈判和完成阶段	1. 制定谈判框架进行谈判，选择最佳中标者 2. 签订合同 3. 融资结束

根据《财政部关于印发〈政府和社会资本合作模式操作指南（试行）〉的通知》（财金〔2014〕113号），我国将PPP项目流程分为项目识别、项目准备、项目采购、项目执行和项目移交五个阶段。在项目识别阶段或项目准备阶段，主要是根据项目产出说明，设定参照项目并计算PSC，与PPP模式下根据初步实施方案计算的影子报价进行比较，判断项目是否适宜采用PPP模式。我国VFM现阶段流程图如图4-4所示。

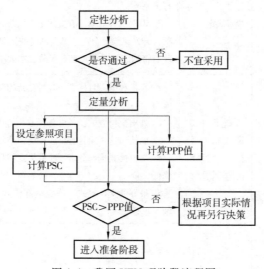

图4-4　我国VFM现阶段流程图

一般情况下，PPP 的物有所值框架流程如图 4-5 所示。

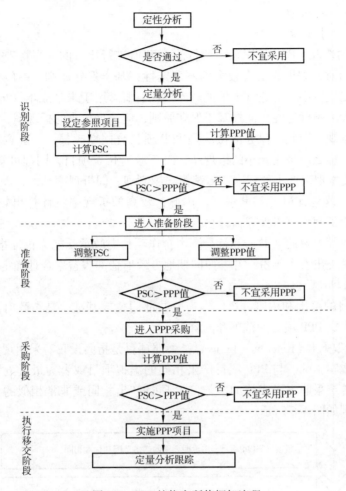

图 4-5　PPP 的物有所值框架流程

3. PSC 计算模型

（1）计算模型。PSC 被定义为净现值，即整个项目现金流总和（包括资本成本、风险成本、竞争性中立调整值）。PSC 的计算方法如下：

PSC = 初始 PSC + 竞争性中立调整值 + 全部风险成本

全部风险成本 = 可转移风险成本 + 自留风险成本

对于项目本身有收益的项目，PSC 为传统采购模式下的利润风险调整净现值，计算方法为

$$PSC = \sum_{t=1}^{n}(CI_g - CO_g)(1+i)^{-t}$$

如果项目本身不产生收益，则

$$PSC = \sum_{t=1}^{n} C_g (1+i)^{-t}$$

式中　CI_g、CO_g——传统采购模式下每年的现金流入量和现金流出量；

C_g——传统采购模式下每年支付的成本；

n——传统采购模式下的项目总周期；

t——计算期；

i——折现率。

（2）折现率的选取。PSC 是用来和项目的 PPP 值进行比较的。当将未来收益（即正现金流）折算成现值时，如果收益有较大的不确定性，基于保守原则，一般选择较大的折现率，使该收益的现值较小，避免过于乐观。当把现值概念用于未来成本（即负现金流）时，如果该成本有较大的不确定性，同样基于保守原则，应选择较小的折现率，使该成本的现值较大，避免过于乐观。因此，保守的做法是 PPP 项目合同期越长，一般意味着未来成本的不确定性将越大，那么应采用越小的折现率。对于政府付费项目，同理可知，折现率越大，PPP 模式下的净成本现值变小的程度比传统模式越剧烈，即折现率越大，PSC 越是比影子报价（PPP 值）大，越是有利于 PPP 模式。因此，较高的折现率将计算出较高的物有所值，选择合理的无风险折现率可以保守估计物有所值。

根据我国财政部出台的《政府和社会资本合作项目财政承受能力论证指引》，年度折现率应考虑财政补贴支出发生年份，并参照同期地方政府债券收益率合理确定。

4. PSC 的编制步骤

（1）界定项目的范围和内容。PSC 作为公共部门比较基准，是由政府部门编制的，编制的第一步是要界定 PPP 项目的范围和内容。

（2）设定参照项目（Reference Project）。参照项目是指假设政府采用现实可行的、最有效的传统采购方式实施的、与 PPP 项目产出相同的虚拟项目或者为最近五年内，相同或相似地区采用政府传统采购方式实施的、与 PPP 项目产出相同或非常相似的项目。设定参照项目应遵循的原则如图 4-6 所示。

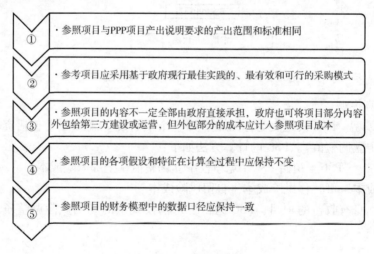

图 4-6　设定参照项目应遵循的原则

（3）计算 PSC 四大组成部分。PSC 的四大组成部分按初始 PSC、竞争性中立调整、可转移风险和自留风险的顺序进行识别和计算。PSC 的编制计算过程如图 4-7 所示。

其中值得注意的是，编制过程应该按照图上的流程循序渐进，不能为了编制的速度而把 PSC 分成几部分分别编制，因为 PSC 的每一部分都是基于上一部分的信息来确定的。例如，在确定初始 PSC 的时候，项目团队需要尽可能准确地估计直接成本和间接成本。如果同时

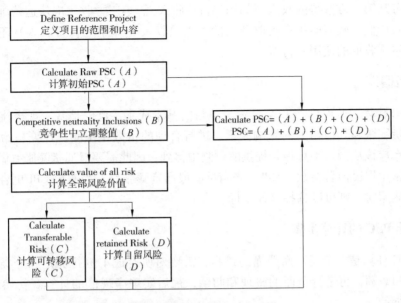

图 4-7　PSC 的编制计算过程

进行风险的识别,因为风险的影响和定量计算都是基于初始 PSC 中的各项成本的,所以在成本没有确定下来时候,无法确定风险的范围,对风险成本的估算也不会准确。

一般情况下,产品标准或服务标准和 PSC 是在招标之前确定,并需要经过相关部门审批。在 PSC 最终定案之前,所有信息不得公布于投标人,以免投标人基于错误的信息编制标书,造成资源浪费和不公平竞争。

在 PSC 通过审批定案之后,不能随意更改调整,除非外部因素或新的信息引起了项目的重大变化,尤其是 PSC 编制基准的变化。为了保证招标投标过程的公平公正和透明客观,即使要进行 PSC 的变更,PSC 和产品标准也应在接收投标文件之前确定,之后不再变更。

4.3　初始 PSC

4.3.1　初始 PSC 的组成

初始 PSC 是传统采购模式下,政府实施参照项目所承担的建设成本、运营维护成本和其他成本的净现值之和。

(1) 建设成本主要包括参照项目设计、建造、升级、改造、大修等方面投入的现金以及固定资产、土地使用权等实物和无形资产的价值。

(2) 资本性收益是指参照项目全生命周期内产生的转让、租赁或处置资产所获的收益。资本性收益应从建设成本中抵减。

(3) 运营维护成本主要包括参照项目全生命周期内运营维护所需的原材料、设备、人工等成本,以及管理费用、销售费用和运营期财务费用等。要注意项目资产的升级、改造、大修费用不属于运营维护成本,应计入建设成本。

(4) 第三方收入是指参照项目全生命周期内,假定政府按照 PPP 模式提供项目基础设施和公共服务从第三方获得的收入（如用户付费收入）。第三方收入应从运营维护成本中抵减。参照项目中假定政府向用户收取费用的，该项收入（即用户付费收入）不得高于 PPP 模式下社会资本收取的使用者付费。

4.3.2 一般假设

初始 PSC 代表了政府生产和交付参考项目的基本成本。PSC 是基于现金流的计算，其中考虑到通货膨胀和其他相关的影响因素，进行合理的指数化预测。计算初始 PSC 中，一般通货膨胀率应该从国家预算报告提供的预测中得到，因此需要对通货膨胀率做出额外的政策指导。通常由居民消费指数（CPI）来衡量一般通货膨胀率。当有比 CPI 更合适的指数来评价通货膨胀率时，则可以选择其他指标。

4.3.3 初始 PSC 的计算步骤

初始 PSC 计算是一个复杂而严谨的过程，需要对所有成本进行界定和分类，预计可能发生的时间和数额，再进行全面的整理和归纳，最后实现净现值的计算。初始 PSC 计算过程如图 4-8 所示。

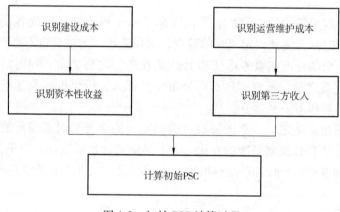

图 4-8 初始 PSC 计算过程

4.4 竞争性中立调整

4.4.1 竞争性中立调整项目

项目采用政府传统采购模式与采用 PPP 模式相比，可能存在税率、利率、监管要求、投保避险、土地费用等多方面的差异，两者既有相对优势，又有相对劣势。相对于社会资本而言，传统政府采购项目通常享有税率、利率和土地等方面的优势，相对优势的量化值要加入 PSC 中；但公共部门与社会资本竞争也存在劣势，例如政府传统采购审查力度会加大，公开报告的要求也会提高，相对的劣势的量化值应抵扣 PSC，但不包括政府与企业成本管理水平不同带来的绩效和效率的差异。

计算竞争性中立调整值的目的主要是消除政府传统采购模式下公共部门相对于社会资本所具有的竞争优势，以保障在物有所值定量分析中政府和社会资本能够在公平基础上进行比较。政府相对于社会资本存在优势方面导致的竞争性中立调整项主要包括资金成本（利息成本）、土地使用费、政府设施租赁费、税收、行政审批费及保险费等。

（1）资金成本。传统的政府采购模式中不需要承担资金成本，因此项目资金成本的量化值应计入 PSC。

（2）土地使用费。根据《中华人民共和国土地管理法》第五十四条的规定，城市公共基础设施建设项目，在经过县级以上人民政府依法批准，可以以划拨方式取得，可以免除土地使用费。传统的政府采购模式下，土地取得方式一般为划拨方式，无土地使用费。在 PPP 模式下，社会资本取得土地的渠道主要有划拨、出让、租赁和作价出资或入股四种模式，PPP 项目中，土地使用费是否计入竞争性中立调整要看社会资本是否为土地使用权的取得支付费用，若无费用支出，如以划拨的方式取得，则不计入 PSC，反之，应计入 PSC。

（3）政府设施租赁费。政府设施租赁费即地方政府费用。若采取传统模式，政府不用缴纳政府设施租赁费。但是如果采取 PPP 模式，在项目建设期间，使用其他厂房设施，则需要向政府缴纳设施租赁费。这项费用，一般由政府和企业协商决定，会在协议中注明，因此这部分的费用是否计入竞争性中立调整中，由项目安排决定。

（4）税收。与 PPP 项目相关的税收主要有土地税、地方政府税金、工资税、印花税和所得税等。在 PPP 模式下，社会资本一般设立项目公司并要缴纳相关税费；在政府传统采购模式下，政府不缴纳税费。因此，税费差异应计入 PSC。需要注意的是，两种模式下，分包给其他企业的设计、施工相应的企业所得税纳入建设成本，对两种模式是同等的，不计入竞争性中立调整。

（5）行政审批费。企业往往会在项目一系列审批流程方面支付行政审批费，如果换成政府采购，此部分费用则不会发生，因此，行政审批费应计入竞争性中立调整。

（6）保险费。保险费是为相关风险购买保险的支出。将保险费作为竞争性中立调整的因素，是由于传统采购模式与 PPP 模式在利用保险工具方面存在差异。PPP 模式下，成本通常包括项目公司的保险费支出；在传统采购模式下，风险往往由政府"自我保险"，但仍然存在内在成本。为了公平比较两种模式，这些内在成本应加入到 PSC。量化这些内在成本的做法是考虑购买相应保险的同等费用。

（7）监督管理要求。国家的法律法规对 PPP 项目的要求与对政府采购项目的要求不同是竞争性中立调整重要的一项。在实际情况中，政府往往面临更多的监督和管理，因此，在考虑该项时成本往往是从 PSC 中扣减。

表 4-4 列出了部分政府部门的潜在成本优势/劣势和 PSC 处理方法。

表 4-4 政府部门潜在的成本优势/劣势和 PSC 处理方法

潜在优势/劣势	成本处理
无须承担资金成本	选择适当的资金成本（折现率）对一定时期的现金流折现
土地使用费免除	判断参考项所占用的土地是否需要投标人缴纳土地使用费 量化私营部门需要缴纳的土地使用费数额，分析交付费用时间及其对现金流的影响 如果所有成本的计算中包含商业租金，则不需要调整
地方政府费用 免除部分	判断参考项需要的厂房设施是否需要向地方政府缴纳费用 量化可能发生的地方政府费用数额，分析交付费用的时间及其对现金流的影响 如果所有成本的计算中包含商业租金，则不需要调整

(续)

潜在优势/劣势	成 本 处 理
税收免除部分	判断参考项目是否需要缴纳相关税收
	识别参考项目应纳税交易以及政府的免税事项
	计算参考项目相关的政府免税事项的数额，分析交付费用时间及其对现金流的影响
行政审批费	量化参考项目政府不需要承担的行政审批费
监管要求	量化参考项目政府需要额外支出的监管成本

在竞争性中立调整中，国家法律在其中起到很重要的作用。国家对PPP项目的法律规定与传统模式的法律规定不尽相同。当国家大力推崇PPP模式时，会给社会资本在税收方面相应的优惠，这时，在进行竞争性中立调整时，就应对PSC进行相应的调整，所以，PSC体系会随着国家法律的变化而进行调整，不是一成不变的。竞争性中立调整对于不同的项目其包含的内容也不尽相同，应该根据项目的具体情况进行分析，其根本目的是保证PSC与PPP报价的可比性和一致性，使得物有所值评价更加精确。

4.4.2 竞争性中立调整值的计算步骤

竞争性中立调整值的计算步骤如图4-9所示。主要计算步骤为：

（1）根据PPP项目文件体系及设定的参考项目，确定所有需要调整的项目，识别政府传统采购的优势和劣势。

（2）根据政策文件和工程的实际情况，同初始PSC的计算一样，确定每个调整项现金流的大小和发生时间。

（3）计算每期的现金流量，建立现金流模型，选择折现率，折现得到竞争性中立调整的净现值。

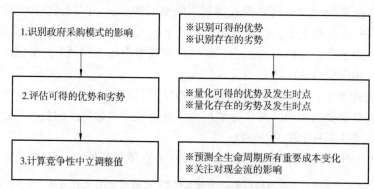

图4-9 竞争性中立调整值的计算步骤

注意区别现金流计算和按照权责发生制的区别，避免混淆。一些对于现金流没有影响的事项，例如资产折旧，不应包括其中。

4.5 风险调整

4.5.1 风险分类

风险是未来变化偏离预期的可能性以及其对目标产生影响的大小。在PPP项目中，具体项目的风险是根据预测时所能利用的信息得到的预期成本与实际的交付成本不同。项目全部风险成本包括可转移给社会资本的风险承担成本和政府自留风险的承担成本。可转移风险是在采取PPP模式时，政府将一部分风险转移给社会资本。这部分风险的成本应计入PSC中。是否将风险转移给社会资本，关键是看社会资本能否以相对高效的手段管理和控制风险，从而使风险总成本最低。自留风险即由政府部门承担的风险，这些风险由政府部门管理更加有效，不转移给社会资本，因此而造成的成本，不论何种模式，均由政府部门承担。在各国的PSC指南中，由自留风险产生的成本均计入PSC中，其原因在于，首先计算自留风险的过程也是政府分析自身面临风险的过程，可以更好地帮助政府识别和管理风险。其次，在分析是否采用PPP模式时，以往的政府传统采购模式都会面临这部分风险，把自留风险包括进去使PSC更加完整。把自留风险计入PSC，意味着PSC不仅仅是招标文件的一个数字，还有了相应的含义，即政府传统采购模式需要支付的所有项目成本。

4.5.2 风险量化

为满足物有所值定量评价的需要，应将主要风险因素尽可能量化。风险定量分析主要是评估风险发生的概率和风险后果的强度，一般采用系统论方法，若干相互作用、相互依赖的风险因素组成一个系统，抽象成理论模型，运用概率论和数理统计等工具，定量计算出风险发生的可能性和风险后果的强度，从而得出风险值，完成风险定量分析。风险定量分析方法具体包括下步骤：

1. 风险识别

风险识别是一个复杂而艰难的过程，风险识别方法的差异由于项目中可依据的数据不同而有所不同。通过长期的实践，国外建议采用工作组的方式完成，工作组通常由经验丰富的人员领导，最初应该包括项目相关的各方代表。一般鼓励参与者运用头脑风暴方式来识别所有的风险。工作组应尽最大努力识别所有风险。澳大利亚的PSC技术指南中列出了在计算PSC时经常发生的项目风险，如表4-5所示。

表4-5 PSC主要风险识别表

风险	描述
场地风险	包括项目土地难以获得、无法在要求时限内开发、预期的土地类别和成本与实际不符、场地产生意料之外的负债等
设计、建造和试运行风险	在设计、建造和试运行阶段导致的成本或服务等风险
发起人风险	在组建项目联合体时，发起人组织各社会资本方建立起特殊目的公司（SPV），SPV是一个单纯实体，在法律上代表项目联合体。由于融资采用无追索或有限追索方式，债权人可控制项目的现金流，却对发起人资产只有有限追索权利。发起人风险是政府承担的由于SPV或者分包商违约带来的风险
融资风险	包括社会资本方融资能力有限、项目财务不可行，或者在融资关闭之前财务参数的改变会影响投标价格
软硬件设施的运营维护风险和付款机制市场风险	包括购买服务的付款在运营期间因绩效不佳而减少，比较典型的是反映在合约条款和付款机制上。硬件和软件设备维护服务包含的范围越大，影响服务绩效的付款机制就更有效

(续)

风　　险	描　　述
市场风险	包括服务需求量或服务价格与预期的偏差导致项目全生命周期的总收入低于预期
网络/接口风险	合同规定的服务或服务交付方式需要依靠的特定的基础设施、投入和其他服务发生改变，合同要求的服务与交付的服务不匹配
劳资关系风险	劳动行为对合同规定的绩效的影响
法律和政策风险	政府运用自身能力和豁免权给项目带来的负面影响或使项目处于不利条件，其中包括但不限于立法和政策制定的权利
不可抗力风险	对项目各方执行合同有灾难性影响的事件发生
资产所有权风险	按照规定标准维护资产的过程发生成本超支、设备过早老化、竞争性项目批准建设等
税收风险	税法框架的变动对预期税务支出产生影响
利率风险	不利的利率变动增加资金使用成本

在识别阶段不需要进行风险的定量分析，为了在下面的阶段更好地帮助量化风险，工作组应该进行风险影响分析，分析风险发生的概率、发生的后果。在所有的风险都被识别出来并加以记录后，要用矩阵方法来分析风险发生的可能性和后果，并进行取舍，如图4-10所示。

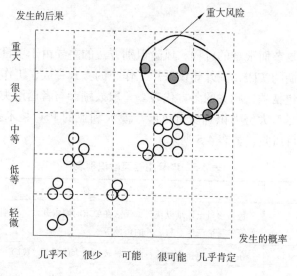

图4-10　用矩阵方法来分析风险

就估值而言，PSC只包括可量化的重大风险，因此要对风险矩阵识别出的所有可量化的重大风险进行全面和真实的定价，并包括在PSC中。需要注意的是，一定数量的有关联的小风险聚集在一起时也可能成为重大风险，在风险识别过程中，应努力查明并记录与项目相关联的所有风险，在定量计算过程中应将不可量化的风险从PSC定量计算中剔除，对于无法量化的风险及其原因应留有适当记录。

2. 量化风险后果

当所有的重大风险都被识别出来后，需要对风险进行量化评估，对每一个风险可能产生的后果以及风险可能发生的时点进行分析。这需要彻底了解项目的各个方面。在评估风险对现金流发生时点的影响时，有两点非常重要。首先，需要考虑通货膨胀对现金流的影响。其次，不同的风险在全生命周期中有不同的成本和时间属性。例如，施工风险对财务的影响仅限于项目完工之前，运营、需求和维护风险发生在项目运营期间。残值风险则仅限于特许经营期结束、剩余资产移交或出售时发生。在风险的后果估计过程中，需要对所有的重大风险进行量化，即使是早期量化很困难的风险也需要尝试。当然，考虑到量化的成本，在估价的过程中也要注重效率，应该对最重要的项目风险进行详细的估价。风险不是相互独立的，它们之间可能存在联系，对于风险之间的联系也可以进行初步评估。风险的后果可能是直接的，也可能是间接的：直接后果包括时间和成本超出初始 PSC 的预期；间接后果主要是指由于风险间的相互联系，一种风险对项目其他方面的影响，当估计某一具体风险的后果时，应该考虑风险潜在的相互作用，尤其是对关键路径有影响或贯穿整个项目周期的风险。

3. 评估风险的概率

在确定重大风险和评价各种潜在后果之后，需要估算每个后果发生的概率，并考虑概率随时间的变化。有多重风险估值技术可以用来估计概率，例如，主观估计、多变量统计技术等。特定项目或特定风险采用的风险估值技术，取决于该项目意义、范围以及风险的复杂性等。图 4-11 所示为几种在 PSC 体系中较为常用的风险概率计算方法。

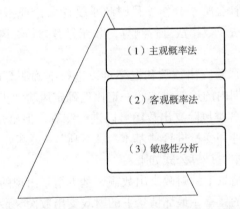

图 4-11 在 PSC 体系中较为常用的风险概率计算方法

（1）主观概率法。主观概率法是专家根据实施某项目的经验，对该项目存在风险发生的概率进行主观估计。这种分析方法的优势在于操作起来较为简便，同时这种方法容易被理解。但其缺点就是存在主观性。

（2）客观概率法。客观概率法即在某些特定前提下，通过反复试验，记录每次风险发生的概率，进行统计，最后得出不同条件下风险发生的概率。客观概率法包括很多分析方法，主要通过软件对数据进行运算，从而得出相对可靠的数据。

（3）敏感性分析。敏感性分析是 PSC 体系指南中最常见的分析方法，它可以测试 PSC 体系在不同环境下的可靠性。敏感性分析可以估计个体风险的可能性和重要性，同时可以计算某个项目的具体风险。敏感性分析的变量包括：资本成本、运营或经常性成本、折现率、通货膨胀率、维护和翻新成本。

4. 风险承担成本的计算

PSC 的风险价值是度量公共部门承担所有风险预期所产生的成本。通过风险识别和风险量化的方法，会对 PSC 的结果进行相应调整。风险识别需要在相关专家和有经验的人员的协助下实现。参考过去相似项目的资料和数据，对政府传统采购模式建设的项目可能遇到的风险进行识别，量化风险。PSC 风险调整的计算步骤如图 4-12 所示。

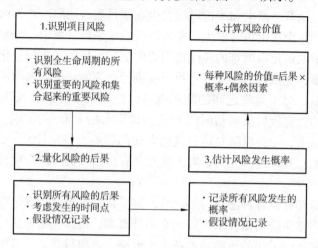

图 4-12　PSC 风险调整的计算步骤

根据财政部《政府和社会资本合作项目财政承受能力论证指引》，对于风险承担成本，可采用比例法、情景分析法及概率法进行测算，并充分考虑各类风险出现的概率和带来的支出责任。

（1）比例法。在各类风险支出数额和概率难以进行准确测算的情况下，可以按照项目的全部建设成本和一定时期内的运营成本的一定比例确定风险承担成本。

（2）情景分析法。在各类风险支出数额可以进行测算、但出现概率难以确定的情况下，可针对影响风险的各类事件和变量进行"基本""不利""最坏"等情景假设，测算各类风险发生带来的风险承担成本。计算公式如下：

风险承担成本 = 基本情景下的财政支出数额 × 基本情景出现的概率 + 不利情景下的财政支出数额 × 不利情景出现的概率 + 最坏情景下的财政支出数额 × 最坏情景的出现概率

（3）概率法。一个特定的风险常常有一个以上的可能后果，风险承担成本应该是所有这些后果按照概率分布进行加权计算，然后求和。在各类风险支出数额和发生概率均可进行测算的情况下，可将所有可变风险参数作为变量，根据概率分布函数，计算各种风险发生带来的风险承担成本。

单个风险的承担成本 = $\sum$（风险的某个后果 × 该后果的发生概率）+ 不可预见费

风险承担成本 = $\sum$ 单个风险的承担成本

PSC 作为定量的评价体系，是基于现金流模型的计算，因此在风险调整上大量的定性风险无法计入其中。香港特别行政区 PSC 导则文件中说明，为了得到确定的估价值，PSC 只包含重大风险之中可量化的部分，但在量化的同时尽量识别并记录与项目相关的所有风险也是需要的，因为一定数量的有关联的小风险集合起来也可能成为重大风险。在 PSC 的计算过程中，应该将不可量化的风险从 PSC 中剔除，但剔除的原因应当留有相应的记录。

4.6 我国公共部门比较值的建立与应用

目前,我国的 PPP 项目进行的可行性分析与一般的政府建设项目区别不大,还没有完全建立与 PPP 项目特点相符的决策与研究体系。公共基础设施的建设是为了满足公众对公共产品和服务的需求,而政府最终的建设目标是在满足人民需求的基础上提高效率。通过对国内外应用 PPP 模式的分析,PPP 模式并不是万能的,不是所有的项目都适合采用 PPP 模式。因此,项目采取何种模式进行建设,应该通过合理的分析和论证,而 PSC 体系与物有所值评价将发挥重要作用。

4.6.1 应用环境

在我国 PPP 模式发展初期,国家颁布了关于鼓励民间资本参与公共基础设施建设、深化市政公共项目改革等相关文件,为 PPP 模式的发展打下了基础,但均未提出直接与 PPP 模式相关的指导文件。随着 PPP 模式在我国的发展,2014 年 12 月,财政部、发改委同日发布三份 PPP 文件:《政府和社会资本合作模式操作指南(试行)》、30 个 PPP 示范项目名单以及《发改委关于开展政府和社会资本合作的指导意见》。在《政府和社会资本合作模式操作指南(试行)》中,分别对项目识别、项目准备、项目采购、项目执行和项目移交做出了相关规定,为我国实施 PPP 项目提供了依据。2015 年,我国财政部又先后出台了《政府和社会资本合作项目财政承受能力论证指引》《PPP 物有所值评价指引(试行)》两个文件,对于进一步规范实施 PPP 项目提供了指导。

4.6.2 建立时点

英国、德国、澳大利亚和中国香港的 PPP 项目都应用了物有所值理念和以 PSC 为基准的评价体系,但是各个国家或地区应用 PSC 的时点不尽相同。考虑到我国实践中缺乏充足的数据积累,难以形成成熟的计量模型,我国的物有所值定量评价尚处于探索阶段。在财政部出台的《PPP 物有所值评价指引(试行)》中明确在中华人民共和国境内拟采用 PPP 模式实施的项目,应在项目识别或准备阶段开展物有所值评价。物有所值评价包括定性评价和定量评价。现阶段以定性评价为主,鼓励开展定量评价。定量评价可作为项目全生命周期内风险分配、成本测算和数据收集的重要手段,以及项目决策和绩效评价的参考依据。开展物有所值评价时,项目本级财政部门(或 PPP 中心)应会同行业主管部门,明确是否开展定量评价,并明确定性评价程序、指标及其权重、评分标准等基本要求。开展物有所值定量评价,项目本级财政部门(或 PPP 中心)应会同行业主管部门,明确定量评价内容、测算指标和方法,以及定量评价结论是否作为采用 PPP 模式的决策依据。

4.6.3 专家参与

按照澳大利亚《PSC 技术指南》的要求,从项目立项起,应该尽早邀请专家了解项目,参与可行性研究、PSC 计算和评标过程,并且尽量请同一批专家参与项目的前期所有流程。其合理性在于随着项目的深入,专家们对项目理解越来越深刻,认识比较统一,便于讨论和编制报告。我国的专家制度与国外基本一致,在需要专家时,从各个领域的专家库抽选出专家参与项目。但抽选专家仅限于招标投标阶段，其他阶段的专家参与比较随机，可由主办单位自主邀请。一般而言，在每个环节邀请的专家是随机抽取的，其原因在于防止专家参与项目导致项目信息提前外露，造成竞争不公平。

4.6.4　PSC 的公布与公众参与

PSC 的公布包括两种形式：一种是向投标人公布；另一种是向社会公众公布，即公众参与。通常情况下，向投标人公布都是在正式招标开始阶段，出售的招标说明书中包含了 PSC 的计算方法和计算的各种假设条件、考虑因素，便于投标人按照该规则编制标书。面向社会公众公布时各国的做法不尽相同，多数国家和地区是在招标投标即将结束时，对 PSC 进行最后修改和调整，计算出 VFM，在招标投标阶段结束时把中标人和 VFM 值一同公布。具体的公布方式要平衡公众的监督和项目的外部性，同时也与各个国家或地区政府的操作透明度有关。

在我国建设项目的招标投标结束时，确定中标人之后，有一段时间的公示期，对项目招标投标过程有异议可以提出，有关部门会对提出的意见慎重考虑，一般不会公布招标投标流程中发生的具体问题和选择中标人的详细原因。考虑到 PPP 项目以基础设施项目为主，与公众利益紧密联系，适当的增加透明度也是合理的，建议可公布 VFM 值但不公布具体算法。

4.6.5　基于我国国情的 PSC 构成要素

《PPP 物有所值评价指引（试行）》中，指出 PSC 由四项成本的全生命周期现值之和构成：初始 PSC、竞争性中立调整值、可转移风险成本、政府自留风险成本。结合我国通常的财务分析，建设成本中都会有不可预见费（预备费）一项，是考虑建设期可能发生的风险因素而导致的建设费用增加的这部分内容。按照风险因素的性质划分，预备费又包括基本预备费和涨价预备费两种类型。基本预备费包括：设计变更导致的费用增加、不可抗力导致的费用增加、隐蔽工程验收时发生的挖掘及验收结束时进行恢复所导致的费用增加。基本预备费按照一定的基数乘以费率得出。涨价预备费则一般是根据国家规定的投资综合价格指数，以估算年份价格水平的投资额为基数，采用复利方法计算。我国目前的风险管理水平还比较粗放，采取不可预见费的形式，主要是根据经验，以费率一个数字概括了建设期的所有风险，与 PPP 模式的自留风险计算还有差距。目前我国财政部推荐的风险成本计算方法中，有比例法、情景分析法和概率法三种方法，从长期来看，我国应加大风险计量精细化管理，提高基础设施领域乃至整个建设领域的风险管理水平，在项目进入运营期后，通过 VFM 后评价，采集风险相关数据，逐步建立和完善我国的风险定量数据结构，不断提高 PSC 的测量精准度。

4.6.6　我国 PSC 计算中应注意的几点

（1）PSC 的本质是决策项目到底使用传统采购模式，还是 PPP 模式。国外政府进行基础设施建设时，当采用传统采购模式时，一般是直接用财政收入支付的，因此在计算 PSC 时国外一般不存在政府贷款和利息偿还。而我国政府可以通过地方政府融资平台贷款，并进行基础设施建设，我国政府传统采购模式是存在贷款和本息偿还的，故在 PSC 计算中应该加以区别。

（2）我国法律规定，政府不能直接参与经营活动，各地为了进行城市开发、基础设施建设，纷纷成立了城投公司来代替政府行使建设职能。而城投公司是独立的法人企业，在税收上与社会资本基本无差异。由于分税制改革，地方政府掌握一定的税权，社会资本可通过与政府的谈判，在分属地方政府的税收上按照有关规章申请税收优惠或退税，具体情况因项目而异。

（3）学习国外经验而落地——PSC中国化。PSC伴随着PPP模式，在被引入我国的实践过程中需要一个落地与中国化的过程。PSC是政府提供项目的标杆成本，是VFM的定量评价基准，是PPP项目能否进行的重要因素。《政府和社会资本合作模式操作指南（试行）》第八条规定：财政部门（政府和社会资本合作中心）会同行业主管部门，从定性和定量两方面开展物有所值评价工作。定量评价主要通过对政府和社会资本合作项目全生命周期内政府支出成本现值与公共部门比较值进行比较，计算项目的物有所值量值，判断政府和社会资本合作模式是否降低项目全生命周期成本。第九条规定：通过物有所值评价和财政承受能力论证的项目，可进行项目准备。由此观之，PPP项目能否采用必须进行物有所值的定量和定性评价，而定量评价中的比较基准就是PSC，即考虑资金时间价值的情况下的政府采用传统模式所提供的产品服务的成本。

4.7 PSC要点汇总

4.7.1 定义及特点

PSC是指在全生命周期内，政府采用传统采购模式提供公共产品和服务的全部成本的现值，主要包括建设运营净成本、可转移风险成本、自留风险成本和竞争性中立调整值等。PSC的作用是为PPP项目前期立项提供评价依据，具有以下特点：

（1）为了充分发挥其对比作用，PSC方案能够提供与相应PPP方案相同的产品或服务。

（2）PSC假设政府部门采用传统融资方式，并按照传统的方式持有和经营项目，因此PSC的计算是基于政府部门的成本历史数据。

（3）PSC假设政府部门使用最有效率的方式提供产品或服务，因此在成本和收入数据选取时，要充分考虑效率。

（4）PSC衡量的生命周期应和PPP标书提出的特许权期限一致，否则无法进行比较和评价。

（5）PSC需要考虑全生命周期的风险成本和收益。

（6）PSC作为定量评价指标，其中的各种影响因素都通过定量方法计算在内，构成现金流模型，并进行计算。

4.7.2 定性评估法

定性分析通过问卷调查和专家咨询方式进行，侧重于考察项目的潜在发展能力、可能实现的期望值以及项目的可完成能力。根据定性评估的结果判断是否需要进行定量评估，如果定性评估的结果显示项目不适合采用PPP模式，则可以直接进行传统模式采购的决策，而不需要转入定量分析。本书设计了VFM定性评价问询表（见表4-6），列出了可能影响项目

VFM 的因素,并采用专家打分法,进行详细的定性分析,以供参考。

表 4-6 VFM 定性评价问询表

序号	影响因素	序号	评价因素	评分	权重	最终评分
1	风险分配	1.1	风险是否转移给最合适管理风险的一方			
		1.2	突发状况下,风险分配是否可靠			
		1.3	市场是否具有足够的管理能力来控制可转移风险			
		1.4	是否真正把风险转移给了社会资本			
		1.5	能否满足服务性能的要求			
2	全生命周期成本	2.1	社会资本能否自由决定经营维护的要求以满足产出规范			
		2.2	社会资本是否对所有整修负责			
		2.3	社会资本是否对合同期内资产的实施性能负责			
		2.4	项目动作是否保留足够的弹性空间			
3	产出规范和创新	3.1	社会资本能否自由决定交付服务的方法			
		3.2	资产的设计和施工方法是否在社会资本的控制下			
		3.3	资产的设计和施工方法是否有创新的余地			
		3.4	政府是否给出社会资本创新的合适范围的详细说明			
		3.5	是否对创新对运营的影响做出预测			
4	资产使用率	4.1	社会资本能否提供优质的服务			
		4.2	社会资本是否有自由安排资产以提供额外服务			
		4.3	社会资本能否获得提供额外服务的收入			
		4.4	额外服务的收入能否用于弥补政府的整体服务成本支出			
5	规模经济	5.1	服务市场是否足够大以获得想要的经济规模			
		5.2	社会资本是否具备扩大服务规模的能力			
6	市场竞争	6.1	市场参与者的数量是否充足			
		6.2	项目是否具有足够的吸引力			
		6.3	市场竞争机制是否有利于项目获得资金价值			

评分标准:0——没有产生资金价值的余地;1——产生一定范围的资金价值;2——产生合理的资金价值;3——产生很好的资金价值。其中的权重计算应依据不同类型的项目设定,具体设定方法在此不详述。

4.7.3 定量评估法

如果定性分析的结果初步判定 PPP 模式物有所值，则需要进一步精确分析 VFM 的大小，转入定量分析。定量分析主要用以评估项目采用不同的采购方式所对应的资本结构与运行成本及可获得的利润，即 PSC 与 LCC（Life Cycle Cost，生命周期成本）相比较，可获得的 VFM。同时，需要对项目利益相关者偏好、特殊风险、预计的交易成本加以调整。物有所值可以理解成为建设一定标准与质量水平的项目，所付出的费用以及其他支出在统一折算成货币后，价格最低。这就需要计算出政府采购模式下的所有费用支出，将 PPP 采购模式下建设运营相同项目的总费用与政府采购模式下建设运营的总费用进行比较。也就是说，采用 PPP 模式是否更加物有所值，可以通过 PSC 与 PPP 项目的 LCC 进行对比来衡量。其中，PSC 是一个标杆价格，它综合考虑了服务质量、价格、时间、风险分担以及政府为项目融资的可能性。理论上，只有当 PPP 模式下的价值 LCC 优于 PSC，也就是说，PPP 下的投资净现值低于 PSC 这个标杆时，政府才会选择采用 PPP 模式。有些情况下 PSC 和 LCC 比较接近，考虑到政府可以将部分风险转移给社会资本，政府会倾向于选择采用 PPP 模式。

在计算 PSC 和 LCC 时，需要对一些因素，特别是风险因素做出假设和估计。有时，PSC 和 LCC 的差别会很小，甚至当某些假设条件略做改动后，二者的大小关系会发生改变，这就使得决策变得非常困难。为了解决这个问题，在做出重要的假设或者评价关键风险因素时，有必要进行敏感性分析，从而尽量提高评价和决策的准确性。

第5章 物有所值（VFM）评价

5.1 物有所值基础知识

5.1.1 概念

2014年11月29日，我国财政部印发了《政府和社会资本合作模式操作指南（试行）》（简称《操作指南》），2015年12月18日，财政部又印发了《PPP物有所值评价指引（试行）》（简称《评价指引》），两文都强调了物有所值评价对于评估判断公共投资项目是否采取PPP模式的重要性，物有所值评价在某种程度上也被视为我国PPP项目模式选择决策的关键。物有所值概念诞生于20世纪80年代的英国。当时英国政府提出对公共部门提供公共服务的全过程进行跟踪监测和绩效评估，评估内容包括服务质量、满意度、效率和收益等。随后，这一理念被广泛传播并应用于世界各国PPP模式的发展，逐渐从一种理念演变为一套评估和筛选PPP项目的方法。不同的国家、区域，甚至同一国家的不同组织，鉴于不同发展阶段和文化背景的差异，对物有所值都有自己认知的定义。但按照国际上最早将物有所值评价体系引入基础设施和公共服务领域的英国财政所采用的定义，物有所值是指所购物品或服务在符合使用者要求的前提下，满足在其整个生命周期中的成本与品质（或可用性）的最佳组合，物有所值不是最低投标价。根据英国审计办公室的定义物有所值是在对项目的多种备选方案进行比较之后选出的最优方案，同时也是通过制度安排取得最佳效果并最终实现政策目标的方案。备选方案既包括传统的政府财政投资方式，也包括PPP等由私人和社会资本参与的方式。以上各种定义虽然表述略有不同，但其核心理念基本一致。

物有所值理念在英国是PPP的核心理念和原则。从英国政府对物有所值的定义可以看出，PPP的物有所值主要是一个相对的概念，需要将PPP模式与政府传统采购模式进行比较，判断物有所值的主要标准是投入的成本与获得的效果之间的对比关系，是一个综合比较而得出的结论。当前物有所值评价是国际上采用的政府评估是否采用PPP模式替代传统采购模式提供基础设施及公共服务的一种决策支持技术，是供政府在公共采购决策中使用的分析工具，其主要目的在于实现公共资源配置利用效率最优化，更好地实现基础设施项目建设运营的经济性、效率和效果。

5.1.2 含义

"物有所值"概念主要具有两方面的含义：

其一，是政府运用PPP模式的主要原因，采用PPP模式的项目要能够实现比传统的公共采购模式更高的效率，即更高的投入产出比、更优化的资源配置或更合理的风险分配，通俗说就是"少花钱、多办事、办好事"。从实践来看，通过PPP模式，在某种程度上能够有效实现风险转移、系统优化、发挥规模效应、推动创新、促进经济增长、提高公共项目的质量。总体来说，在成本和时间两个维度，PPP比传统政府采购模式有某种程度的绩效优势，而且随着项目规模和复杂程度的增加，在一定程度上这种优势将更明显。

其二，是评价和筛选PPP项目的技术环节，它主要回答是否应该采用PPP模式的问题，判断采用PPP模式的必要性。政府在进行基础设施及公共服务项目采购决策时，只有当预期PPP模式能带来物有所值才予以采用，否则就应当采用其他采购模式。

财政部的《政府和社会资本合作模式操作指南（试行）》中对"物有所值"定义偏向于第二种含义。物有所值考虑的是项目全生命周期内不同方案的成本和风险，包括定性评估（可行性、合理性、可完成性）和定量评估（PSC）。对项目不能被定量计算的部分进行定性分析，如市场特征、竞争激烈的投标环境、政府机构和社会资本的资源和能力等。定量分析是指在虚拟的情况下计算出PSC，然后与PPP值比较。物有所值评估结果在国际上一般作为是否采用PPP和确定风险分担的依据。

PPP模式自创始之初，就以VFM作为其标志性特征，其中PSC体系因其简单易用，成为评估项目是否物有所值的重要工具。一些国家通过建立PSC体系获取相关数据，作为衡量VFM可量化的标准，从而选择最高效的建设运营模式。

5.1.3 特征

物有所值是个多维目标体系。这种多维目标体系包括采购对象的成本、产品或服务质量、可能的风险、各种收益、对社会创新的撬动、对环境保护的贡献等。价格低不是物有所值目标所考虑的唯一因素。因此，物有所值不一定是投标报价中的最低报价。

物有所值关注全生命周期成本。物有所值目标要考虑所采购的货物、工程和服务的全生命周期内所发生的成本，包括初始成本、后续投入成本、处置成本等。

物有所值目标通常细化为管理学上的3E原则，即经济性、效率和效果。

物有所值是指导政府采购活动的基准。物有所值既是目标又是标准，即政府采购的执行要以物有所值为最终目标，同时评价政府采购行为和采购结果成功与否也要以物有所值为参考标准。

5.2 基于VFM的PPP项目绩效评价

5.2.1 VFM和绩效评价

VFM在PPP项目采购过程中起决定性作用。在满足公共需求的前提下，VFM要求实现项目全生命周期成本、质量、期限和风险的最优组合，来决定政府是否采用PPP模式进行采购。

PPP项目追求VFM，同时强调公平与正义，既追求经济效益的提高，也考虑不同利益相关者的不同需求。作为一种公共产品供给创新模式，PPP项目的核心价值可以描述为，在保证公众对公共产品和服务需求的基础上，以最优的资源配置和合作模式有效地实现项目利益相关者的需求，确保各个利益相关者满意度的达成。

绩效评价作为对公共资源的使用和管理的一种有效衡量、评价与监督手段,在英美等发达国家的发展已有近百年的历史,并逐步形成各具特色的绩效评价体系。对PPP模式应用绩效评价是从政治、经济、社会、生态等多方面,对各种成本与效益进行一种科学评估。

通过绩效评价,反映出项目决策过程、建设过程和运营阶段中出现的一系列问题,并将各类信息反馈到管理决策部门,可以检测项目投资决策的正确与否,促进项目全生命周期中各项工作不断改善,从而构成完整的绩效管理系统。通过绩效评价,还可以不断提高PPP项目决策、设计、施工、管理、运营的水平,以合理利用资金、提高投资效益、改进管理、促进生态平衡、提高公共产品的供应能力和质量、促成公众福利最大化。通过有效的绩效评价,可不断促进PPP模式在我国应用的规范化、标准化,向社会资本方和公众展现良好的政府形象,从而更好地利用社会资本,推动基础设施的建设和运营,为社会提供更高效率和更优质的基础设施和公共服务产品。绩效评价应当是PPP模式运作的重要组成部分,是其生命周期中不可缺少的信息反馈环节。

在我国,绩效评价还没有统一的评价标准、评价机制、评价方法、评价机构,而且评价结果也没有很强的约束力,因此在我国绩效评价系统亟待进一步建立健全和完善深化,而VFM是PPP项目追求的重要目标,符合利益相关者的需求,是构建PPP项目绩效评价体系的基础,也是绩效评价的重要目标。

5.2.2 VFM的内涵

VFM的内涵包括经济性、效率、效果和合作,如图5-1所示。

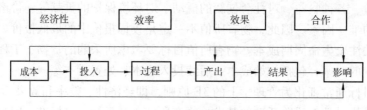

图5-1 VFM的内涵

1. 经济性

经济性是PPP模式赖以生存的重要特点,也是VFM理念的核心内容。PPP项目往往需要使用财务杠杆,融资额较大,运行周期长,财务资本的管理非常重要。作为政府方,希望全生命周期的成本能够比传统采购模式降低,因而融资能力和财务运行能力是在挑选PPP项目特许权获得者的重要指标。另外,良好的经济性是保证PPP项目对抗高风险的有力工具。

2. 效率

VFM中的效率源于对公共行政管理提高效率的需求。效率是指使用较少的成本、时间和精力而提供相同的服务,是生产率的度量,即度量从投入中获得多少产出。效率与有效利用有限的财务资源、最小化的行政成本和达到既定目标的努力程度相关。PPP中的公私伙伴关系正是促进基础设施建设和提高公共服务的重要途径。这种基于项目而结成的伙伴关系使PPP模式可以充分发挥各个伙伴的优势,优化风险分配,从而提高效率。

3. 效果

效果是指使用相同的费用、时间和精力而提供更好的服务或获取更好的回报,是结果的定性和度量，表明项目可否有效地实现预期目标。

4. 合作

VFM 的最后一个重要内涵为合作。PPP 项目的利益相关者在项目全生命周期中对项目有重要的影响，低效的合作机制会导致 PPP 项目产生很多问题，无法优化风险分配，发挥各自优势，无法实现 VFM。

有效的绩效评价可以帮助 PPP 项目实现 VFM，实现 PPP 项目的核心价值，达到 PPP 项目中各个利益相关者的满意度均衡。

5.3 VFM 在 PPP 项目中的应用

5.3.1 常用的 VFM 评价方法

按照 Dalin Grimsey 等的分类方法，国际上常用的基础设施 PPP 项目立项决策与 VFM 评价方法主要包括成本效益分析法、PSC-PPP 对比法和竞争性招标法三种。

1. 成本效益分析法

成本效益分析法是通过比较项目的全部成本和效益来评估项目价值，用以寻求在投资决策上以最小的成本获得最大的效益，常用于评估需要量化社会效益的公用事业项目的价值。但在不同的国家和地区，在指标选择、社会平均贴现率的确定和需要评价的项目等方面存在一定的差异。在评价指标的选择方面，成本现值、收益现值、净现值、收益成本比等都可以作为评价指标。目前较多的做法是将净现值作为评价指标，即所有收益现值与成本现值之差。成本效益分析法的方法论已经比较成熟，但该方法需要大量的数据支持和诸多假设，其计算工作量比较大，且在数据来源、定价准确性方面存在一定的弊端，从而使其应用受到一定的限制。例如：折现率的不同会导致比较大的偏差，且在选择折现率时，要考虑当时的利率和通货膨胀水平；需要将项目的所有成本及收益一一列出并量化，计算工作量大且数据来源及定价的准确性都会对结果造成影响。目前使用该方法的国家和地区不多，如澳大利亚在决策是否进行基础设施项目建设时，会使用此方法，但在选择传统政府采购模式还是 PPP 模式时，则会使用 PSC-PPP 对比法（公共部门参照标准法）进行决策。

2. PSC-PPP 对比法

PSC-PPP 对比法，即公共部门参照标准法，是政府在参照类似项目的基础上，根据项目的实际情况制定出政府传统采购模式下提供该项目的标杆成本（PSC），将 PPP 模式下的全生命周期成本 LCC 与 PSC 比较，从而得出 PPP 模式是否更加物有所值。英国、澳大利亚、日本等国都采用 PSC 进行物有所值评价。PSC-PPP 对比法，就是在 PPP 项目决策过程中，将 PPP 模式下的基础设施成本（或者报价）与 PSC 进行比较，确定 PPP 模式的 VFM 值，并最终为立项决策提供量化支持的一种分析评价方法。理论上，$VFM > 0$，说明 PPP 模式与传统模式相比更具优势，反则反之。

3. 竞争性招标法

竞争性招标法是除以上两种方法外，评估 PPP 项目 VFM 的方法，广泛应用于法国、新加坡、东欧国家、拉丁美洲的多数国家，以及法语区非洲国家。竞争性招标法是从社会资本之间的充分竞争中，利用市场机制来获取 VFM。竞争性招标法既无须确定 PSC，也不需要评估成本效益，具有成本低、效率高等优点。但是，它要求所在国PPP市场竞争充分，相关法律法规健全，公共部门与监管部门管理能力较强。否则，较大的交易费用、不充分的竞争等因素会降低PPP模式的VFM。

5.3.2 VFM评价方法在国外PPP实践中的应用

在使用PPP模式的国家和地区，从是否使用PSC指标的角度，可将VFM评价方法划分为两种：①设立PSC的评价：以英国为代表，还有加拿大、日本、荷兰等国家；②不设立PSC的评价，如美国、法国、罗马尼亚、奥地利、比利时、新加坡等。不管采取哪种模式，都是确保为PPP项目的建设运营提供VFM。

鉴于物有所值评价是政府进行PPP决策的有力工具，做好物有所值工作非常重要。为保持物有所值评价的有效性，工作启动后，就应该首先制定详细的产出说明，明确产出和服务交付的规格要求，并定义好一个由政府采用传统模式实施、所提供服务符合产出说明规格要求的参照项目。然后，进行物有所值定性评价和定量评价。无论是定性评价还是定量评价，都应包含项目风险评价。国际上普遍认为物有所值评价很重要，但目前没有统一、标准的评价框架和程序。图5-2是一个基本框架。各国在实践中都会根据本国的实际情况做一些调整。

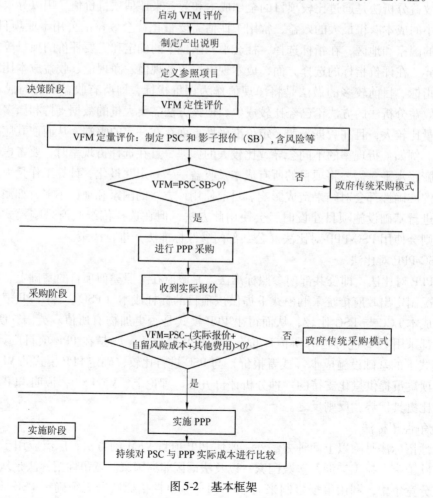

图 5-2 基本框架

1. 英国

英国作为 PPP/PFI 模式下引入 VFM 评价方法的创始者，也是 VFM 评价应用最广泛、发展最完备的国家。为了规范 VFM 评价方法的操作，英国财政部公布的《物有所值评估指南》对 VFM 的评价程序做了标准化的规定。这一标准程序由三个阶段构成见表 5-1。

表 5-1　英国财政部规定的 VFM 评价程序

阶段划分	阶段工作内容
投资评价阶段（项目群层级）	针对整个投资计划，判断在该项目中 PFI 模式是否能够提供最佳 VFM
项目评价阶段（项目层级）	全面考虑了在 PPP/PFI 模式下，项目可能出现的各种风险的 PSC 指标设置，若 PPP/PFI 所提供的 VFM 大于 PSC，则可能进入评价的下一个阶段
采购评价阶段（采购层级）	主要考察并反馈项目的计划和实施初期的市场信息、投标过程中的交易成本以及投标者的财务能力状况等，并评估通过风险转移所带来的 VFM 和由于竞争而产生的费用问题。如果无法通过采用 PPP/PFI 模式提供最佳的 VFM，则将项目延期或返回项目评价阶段重新进行评价

2. 德国

德国则利用公共部门传统采购模式全面对公共项目进行经济评价，以及利用现实中的 PPP 投标报价来进行基础设施项目 PPP 模式的 VFM 评价。德国法律规定公共投资必须做成本效益分析，PPP 模式中的社会资本必须论证自己是否以及如何在相当或者更低的成本下完成并提供公共基础设施服务。德国 PPP 模式项目的采购流程分为四个阶段，分别为初始阶段、前期阶段、招标阶段和执行阶段。在采购流程中，VFM 评价方法涉及三个步骤：①PPP 的定性描述，为 VFM 提供支持；②PSC 的定量和定性的综合描述，作为粗估的 PSC 值；③最终 PSC 的定量描述，通过中标者的投标报价来表明 VFM 最终确实能得到。德国 PPP 项目的采购流程见表 5-2。

表 5-2　德国 PPP 项目的采购流程

阶段划分	具体工作内容	决策
第一阶段：项目初始阶段（第一步骤）	需求评估	选择 PPP 模式或者传统模式
	项目定义	
	数据收集	
	经济和金融可行性评估	
	银行可贴现性评估	
	预实施阶段的初步选择	
	PPP 的检验（定性描述）	
第二阶段：项目前期阶段（第二步骤）	初步的产量导向说明书	
	开发传统采购模式备选方案	
	开发 PPP 模式的备选方案	
	粗估 PSC（定性加定量）	

(续)

阶段划分	具体工作内容	决策
第三阶段： 招标阶段 （第三步骤）	深化的产量导向说明书	选择 PPP 模式 或者 传统模式
	投标文件和项目执行计划的产生	
	投标程序	
	根据评标标准对投标报价的评估	
	深化 PSC 的量化计算和证明中标商能取得 VFM（只有定量）	
	授予合同	
第四阶段： 执行阶段	合同监测和合同控制	
	VFM 的连续评估	

在每个步骤里，都需要对是选择 PPP 模式还是传统模式进行决策，如果在这个过程中，VFM 得不到，那么只能选择传统模式。

3. 新加坡

基于社会资本的引入要比单纯公共投资所提供的服务更有效的假设，新加坡试图从社会资本之间的竞争市场中获得纯粹的 VFM，新加坡的 PPP 项目采购流程见表 5-3。通过招标投标的程序以及社会资本之间报价的竞争性来获得 VFM，并不设定 PSC 指标。但新加坡的 VFM 评价方法并不仅仅是基于低价中标的，其中也包括了非定量的标准，如艺术性（设计方面）、服务质量、提供者能力要求和资金持久性等。新加坡 PPP 项目的 VFM 评价方法要进行周期性的审查。审查内容包括：PPP 合同能否满足公共机构的目标，合同能否达到 VFM 的预期收益，是否存在一些变更可能会影响合同的实施和未来 VFM 的预期收益等，对所有这些都将进行实地考察，并得出相关结论。

表 5-3 新加坡的 PPP 项目采购流程

第一步	邀请提交意向
第二步	审核投标者的资格
第三步	审核来自选定投标者的计划要求（投标意向书）
第四步	市场反馈期
第五步	发布最终投标者
第六步	投标结束
第七步	授予合同/融资结束

英国 PSC 指标的使用，由于计算时缺乏翔实的历史数据，在投资及投资来源、折现率、风险分担机制等方面运用了过度的乐观估计假设条件，在实践中也受到了质疑。因此，一些国家在引入 PPP 模式时，虽然核心理念没有差异，但根据自己国家的实际情况做了优化调整。例如，德国 VFM 评价方法虽然也采用了 PSC 指标，但在 PSC 具体运用中，则根据投标者的数据对 PSC 进行动态调整。

新加坡的竞争性投标方式同英国和德国的做法相比，优势在于：不需要估算成本费用，不需要确定 PSC，不需要确定饱受争议的折现率等。在该流程中，市场反馈期是一个非常特殊的阶段，相当于采购流程的 3~6 个月时间中止阶段。在该阶段里，投标者向负责招标的公共机构提出进一步修改初始投标文件的反馈信息，以改善VFM。这种信息可以通过澄清、建议和备选方案的形式来进行，公共机构再根据这些反馈信息修改招标文件，并随时公开发布。最终通过竞争性谈判来决定中标者，而中标者最终的投标文件和之后签订的协议也会包含谈判期间修改的部分内容。这种方式具有一定的优势，也存在一些缺陷，那就是由于这种方式决策期间不够公开透明，谈判期间较长，招标人与投标人、投标人之间或者招标代理机构与投标人之间关系复杂，还可能存在贪污腐败、串标、围标等问题，导致整个社会交易费用较高，从而降低了竞争作用在报价中的优势。

5.3.3 适合我国的VFM评价方法

1. 总体框架

我国立足国内实际，借鉴国际经验，制定了《PPP物有所值评价指引（试行）》，以推动PPP项目物有所值评价工作规范有序开展。我国拟采用PPP模式实施的项目，应在项目识别或准备阶段开展物有所值评价以判断是否采用PPP模式代替政府传统投资运营方式提供公共服务项目。

物有所值评价包括定性评价和定量评价。由于目前我国实践中缺乏充足的数据积累，难以形成成熟的计量模型，当前物有所值定量评价处于探索阶段，各地可以依据客观需要，因地制宜地开展物有所值评价工作。我国现阶段以定性评价为主，鼓励开展定量评价。定性评价重点关注项目采用政府和社会资本合作模式与采用政府传统采购模式相比能否增加供给、优化风险分配、提高运营效率、促进创新和公平竞争等。定量评价主要通过对政府和社会资本合作项目全生命周期内政府支出成本现值与PSC进行比较，计算项目的物有所值量值，判断政府和社会资本合作模式是否降低项目全生命周期成本。定量评价可作为项目全生命周期内风险分配、成本测算和数据收集的重要手段，以及项目决策和绩效评价的参考依据。

开展物有所值评价时，项目本级财政部门（或PPP中心）应会同行业主管部门，明确是否开展定量评价，并明确定性评价程序、指标及其权重、评分标准等基本要求。

开展物有所值定量评价时，项目本级财政部门（或PPP中心）应会同行业主管部门，明确定量评价内容、测算指标和方法，以及定量评价结论是否作为采用PPP模式的决策依据。在做完物有所值定性和定量评价后，应统筹定性评价和定量评价结论，做出物有所值评价结论。物有所值评价结论分为"通过"和"未通过"。"通过"的项目，可进行财政承受能力论证；"未通过"的项目，可在调整实施方案后重新评价，仍未通过的不宜采用PPP模式。具体流程参照图5-3。

参照项目可根据具体情况确定为：

（1）假设政府采用现实可行的、最有效的传统投资方式实施的、与PPP项目产出相同的虚拟项目。

（2）最近五年内，相同或相似地区采用政府传统投资方式实施的、与PPP项目产出相同或非常相似的项目。

2. 定性评估方法

定性分析主要通过问卷调查和专家咨询评估方式进行，侧重于考察项目潜在发展能力、可能实现的期望值以及项目的可完成能力。这些无法量化的定性评价指标包括全生命周期整合程度、风险识别与分配、绩效导向与鼓励创新、潜在竞争程度、政府机构能力、可融资性

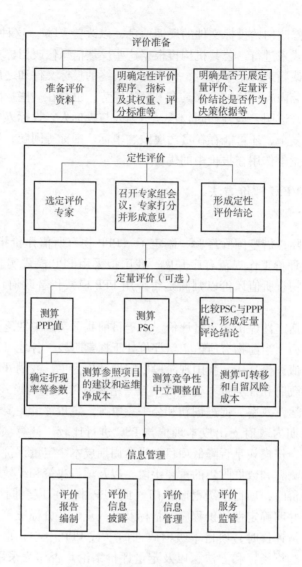

图 5-3 物有所值具体流程

六项基本评价指标。项目本级财政部门（或 PPP 中心）会同行业主管部门，可根据具体情况设置补充评价指标。补充评价指标主要是六项基本评价指标未涵盖的其他影响因素，包括项目规模大小、预期使用寿命长短、主要固定资产种类、全生命周期成本测算准确性、运营收入增长潜力、行业示范性等。在各项评价指标中，六项基本评价指标权重为 80%，其中任一指标权重一般不超过 20%；补充评价指标权重为 20%，其中任一指标权重一般不超过 10%。每项指标评分分为五个等级，即有利、较有利、一般、较不利、不利，对应分值分别为 100~81 分、80~61 分、60~41 分、40~21 分、20~0 分。项目本级财政部门（或 PPP 中心）会同行业主管部门，按照评分等级对每项指标制定清晰准确的评分标准。

定性评价专家组包括财政、资产评估、会计、金融等经济方面的专家，以及行业、工程技术、项目管理和法律方面的专家等。

专家在充分讨论后按评价指标逐项打分，按照指标权重计算加权平均分，得到评分结果，形成专家组意见。物有所值定性评价专家打分表见表 5-4。

项目本级财政部门（或 PPP 中心）会同行业主管部门根据专家组意见，做出定性评价结论。原则上，评分结果在 60 分（含）以上的，通过定性评价；否则，未通过定性评价。如果定性评价的结果显示项目不适合 PPP 模式，则可以直接进行传统模式采购的决策，不需要转入定量分析。

表 5-4　物有所值定性评价专家打分表

指标		权重	评分
基本指标	全生命周期整合程度		
	风险识别与分配		
	绩效导向与鼓励创新		
	潜在竞争程度		
	政府机构能力		
	可融资性		
	基本指标小计	80%	—
补充指标	项目规模大小		
	预期使用寿命长短		
	主要固定资产种类		
	全生命周期成本测算准确性		
	运营收入增长潜力		
	行业示范性		
	补充指标小计	20%	
合计		100%	—

专家签字：
年　月　日

3. 定量评估方法

如果定性分析的结果初步判定 PPP 模式物有所值，则需要进一步精确分析 VFM 的大小，转入定量分析。定量评价是在假定采用 PPP 模式与政府传统投资方式产出绩效相同的前提下，通过对 PPP 项目全生命周期内政府方净成本的现值（PPP 值）与 PSC 进行比较，判断PPP 模式能否降低项目全生命周期成本。PPP 值可等同于 PPP 项目全生命周期内股权投资、运营补贴、风险承担和配套投入等各项财政支出责任的现值。PSC 是参照项目的建设和运营维护净成本、竞争性中立调整值和项目全部风险成本的全生命周期现值之和。若 PSC 大于 PPP 值，即 VFM > 0，该项目选用 PPP 模式，具有比较优势，物有所值。

5.4　物有所值方法的局限性

5.4.1　VFM 分析时仅考虑成本

目前的 VFM 分析只关注成本比较，而简单地假设认为 PPP 模式和传统模式其他因素相同，实际上，社会资本通过 PPP 模式建设运营项目的盈利情况与政府通过传统模式是完全不同的。采取PPP模式，社会资本可能增加收益率，从主营业务中获得更高利润。因此，在VFM评价中，假设类似项目产出相同，只比较成本，是不完全的，是有局限性的。对于产出不同的项目，传统模式和PPP模式进行比较不具有可比性，要进行经济费用效益分析或经济费用效果分析。

5.4.2 难以准确计量风险价值

PSC在进行全生命周期成本估算时，在生命周期、投资及来源、折现率、风险分担方面有较多的假设条件，而这往往依赖于主观判断。PSC的取得在一定程度上依赖于既定的风险调整方案，若风险调整方案发生了变更，则PSC也会随之改变。在PSC的定量分析中，风险部分是最难以量化的，也是PSC与普通财务评价差异最大的地方。识别风险的过程非常复杂，并且会花费金钱和时间，而且需要基于对项目信息广泛的收集和科学有效的计算方法。在多数情况下，这种信息并不容易获得，因为没有现成的数据库可以利用。即使存在正式的数据库，因为项目及项目所处环境等因素差异也决定了两者的取值并非绝对，这也决定了风险价值测定的难度和主观性。

5.4.3 VFM的决策维度和视角过于单一

VFM评价方法主要用于政府部门对PPP备选方案的评估比较，包括投资评估、项目层面评估、采购层面评估，很少涉及运营层面的评估。一个项目无法通过物有所值评价，则意味着此项目难以实施或被迫推迟。如果此项目民众需求迫切而政府当前财力无法承担，尽管从物有所值评价角度来看采用PPP模式可能从经济上是不划算的，但是考虑到项目提早实施给广大民众带来的社会效益可能远远大于PPP模式引致的成本增加，综合经济社会效益及其时间价值衡量，采用PPP模式推动此类项目建设仍是可行和必要的。当前的VFM评估主要从政府决策角度出发比较两种采购方式在成本上的差异，忽略了项目在未来时期可能的收益，而不同的收益决定了不同的项目价值。因此，VFM评价方法对PPP项目本身所带来的社会福利和外部性考虑不足，而其前期评估所依据的风险分配方案，在后期还存在变化的可能性。

无论是定性或定量评价物有所值，总是基于预期，因为PPP项目实施效果的信息只能在事后获得。而在项目的开发过程中物有所值评价经常会出现以下情况：①早期的信息可用性和准确性间存在折中。②后期分析结果有时"难以改变采购路径"。进而也会出现折中情况。③某些国家包括发达国家通常采用迭代分析法，即过程早期进行定性评价，过程后期则进行定量评价，但这种两阶段做法也存在一个潜在问题：由于后期改变采购方法将会成本居高，而产生了利用定量评价"提供正确结果"的推力，其定量评价可能变成合理化先前决定的工具而失去实际决策的工具和意义。

总之，我们常用定性指标包括全生命周期整合度、风险识别与分配、绩效导向与鼓励创新、潜在竞争程度、政府机构能力、可融资性等以多维度、多视角来确定项目的筛选与实施。

第 6 章 产 出 说 明

产出说明（Output Specification）是指项目建成后项目资产所应达到的经济、技术标准，以及公共产品和服务的交付范围、标准、绩效水平等。在我国 PPP 领域有关文件中对于绩效管理和产出说明的应用比较重视。从政府支出视角看，PPP 可理解为政府购买公共服务的行为，要求按绩效付费，主要运用的工具即描述政府采购需求和标准的项目产出说明，作为 PPP 项目执行期间政府对项目公司绩效监测的依据。

PPP 项目的物有所值分析本身就是基于详细的产出说明，定义参照项目，比较在传统采购模式和 PPP 模式下的全生命周期的政府支出成本，最后做出采购方式比选的决策。产出说明中的服务交付规格要求也是绩效评价考核的依据。

产出说明是用来定义和规范 PPP 项目产出的说明性文件，作为项目纲要（或投资者须知）的一部分，用于向参与 PPP 项目的私营部门（即投资者）明确需求以及满足该等需求所需的产出要求。在产出说明的应用中，存在一个常见的误区，即过分关注如何实现产出而非产出本身，或者说是误把目标当成产出来控制。

6.1 PPP 项目中政府部门比较关心的问题分析

PPP 模式区别于传统采购模式，改变了传统的采购理念。传统的采购模式，采购关注的是项目资产交付本身，而 PPP 模式采购的是以项目资产为基础提供的产品或服务。因此，PPP 项目中政府方比较关心的因素主要有以下几个方面：

6.1.1 PPP 项目提供产品或服务的质量和数量

PPP 项目实施的背景是政府财政资金不足和管理效率的低下，而其提供的产品或服务又是社会公众急需的，因此，PPP 项目的实施能不能提供质量合格的产品或服务，以及能不能缓解社会的供需矛盾，成为政府方关心的首要问题。PPP 项目服务周期长，牵涉的都是公众利益，对于项目提供产品服务的质量和可靠性要求比较高，政府较为关注。

6.1.2 PPP 项目提供产品或服务的价格

PPP 作为一种由公私合作提供准公共产品的方式，区别于纯公共产品。社会资本之所以愿意投资以及金融机构之所以愿意支持，看中的就是项目预期的收益和足够有吸引力的合理投资回报。同时 PPP 项目服务的是社会公众，这种服务的价格必须是公众能够消费并且愿意消费的，所以 PPP 项目提供的服务收费应该合理。另外，价格的制定应体现社会的公平性，主要表现在：消费者付费，谁消费了谁付费，不应该主要通过财政资金变相补贴而对所有人收费；投资者获取合理回报。PPP 项目投资巨大，服务的时间长，在这个过程中，经济发展、物价上涨必然会导致实际价格的变化，因此特许经营协议在保持必要刚性的同时，应该有调价机制条款，以保证必要的可根据经济社会发展情况进行调整的合理弹性。产品或服务的价格关系到投资回报，非常重要，将会影响社会资本和金融机构的投资意愿和公众实际的消费以及支持力度，也会影响到公众的切身利益。基于以上原因，政府对于PPP项目提供的产品或服务的价格必然很关注。

6.1.3　PPP项目特许经营期限的设计

PPP项目一个重要的参数就是特许经营期限。合理的特许经营期限可以对社会资本起到吸引和有效激励的作用，同时提高项目产出的效率。过短的特许经营期限会让经营者尽量减少投资，特别是临近特许经营期满时，掠夺式经营就可能出现，这不利于PPP项目的长远发展。而过长的期限减少了经营者的竞争压力，会不利于其对效率改进的努力。所以一般特许经营期限需要经过测算和协商。通常BOT项目的合同期限为15~30年。

PPP项目的生命周期包括建设期和实际运营期，因此特许经营期的结构可分为单时段和双时段，也就是是否把建设期和实际运营期分开，这涉及PPP项目一个比较重大的风险——完工风险的分配问题。政府采取PPP模式实施项目，很重要的原因就是公众对项目预期提供的产品或服务处于一种急需的状态，因此政府当然希望PPP项目建设周期尽可能短，尽早提供产品或服务。缩短特许经营期限，特别是缩短建设周期，提高公共产品和服务的供给效率，是政府比较关心的问题。

6.1.4　PPP项目的可持续性

PPP项目大多数包含建设项目，其生命周期较长，其可持续性必然引起政府方的关注。PPP项目的建设和运营是否符合环保要求、项目建造是否具备内部维护能力和符合长远规划要求、项目提供的产品或服务是否具备竞争力以及是否具备可持续发展和升级能力，都将影响项目的可持续性。另外，PPP项目在特许经营期限到期后一般都将移交给政府方，在移交之前，私营企业方出于自身利益的考虑可能会进行掠夺性经营，最终导致移交给政府方的项目无法正常运营，不利于项目的可持续发展。

6.1.5　政府方的收益

政府方作为公共部门，它的收益更多体现在有效使用公众赋予的权力，使得有限的财政收入效益最大化，为公众提供及时便捷实惠的基础设施产品或服务，加快社会经济发展，进而提高政府的威信和维护政府形象。因此，政府作为PPP模式的重要主体对于政府方和代表公众所取得的收益是最关注的，尤其是会关注PPP项目的实施能不能切实减小政府方的财政压力，能否提高财政资金的使用效率，能否通过私营部门的效率优势提高基础设施项目的建造经营维护和管理效率，进而提高政府的权威性和维护政府的公共服务形象等。

6.2　PPP项目基于政府产出说明的一般性指标体系制定

指标体系（Indication System，IS）指的是若干个相互联系的统计指标所组成的有机体。指标体系的建立是进行预测或评价研究的前提和基础，它是将抽象的研究对象按照其本质属性和特征的某一方面的标识分解成为行为化、可操作化的结构，并对指标体系中每一构成元素（即指标）赋予相应权重的过程。设置一个完整、有效的PPP项目产出标准指标体系，对于政府方管理规范PPP项目的产出以及减少双方的谈判时间和提高沟通效果都有重要的意义。

6.2.1 PPP项目产出标准指标体系构建原则

构建科学合理的PPP项目产出标准指标体系应遵循科学性、系统性、全面性、层次性、简洁性、实用性基本原则，如图6-1所示。

1. 科学性原则

指标体系必须遵循客观规律，采用科学的方法和手段，指标设置应该遵循定量与定性相结合原则，以定量分析为主，定性为辅。定量指标计算相对具有客观性和科学性，对于不能定量分析的指标应进行有理有据的定性分析，力求指标设置的科学性和可操作性。另外指标之间应不具有强相关性，各指标所包含的信息应尽量避免重复。

图6-1 PPP项目产出标准指标体系构建原则

2. 系统性原则

"系统性"要求PPP项目策划和实施中坚持全局意识、整体观念，把PPP项目看成与外部环境互动的一个系统来对待，指标体系要综合地反映系统中各个要素相互作用的方式、强度和方向等各方面的内容，是一个受多种因素相互作用、相互制约的系统的量。因此，必须把PPP项目视为一个系统问题，应综合平衡各要素，要考虑周全、统筹兼顾，通过多参数、多尺度分析、衡量，从整体的联系出发，注重多因素的综合性分析，求得一个最佳的综合效果。

3. 全面性原则

PPP项目产出标准指标体系应该是PPP项目实施后对社会经济发展促进的客观描述，指标设置既要从政府宏观整体角度出发，又要从个体消费者微观处着手，力求全面完整，反映项目产出真实全面的状况。

4. 层次性原则

层次性是指指标体系自身的多重性。由于PPP项目内容涵盖的多层次性，指标体系也是由多层次结构组成，反映出各层次的特征，评价体系也应具有层次性，能从不同方面、不同层次反映PPP项目产出的实际情况。一是指标体系应选择一些指标从整体层次上把握评价目标的协调程序，以保证评价的全面性和可信度。二是在指标设置上按照指标间的层次递进关系，尽可能层次分明，通过一定的梯度，能准确反映指标间的支配关系，充分落实分层次评价原则，这样既能消除指标间的相容性，又能保证指标体系的全面性、科学性。通过不同层次反映项目指标体系的内在结构、关键问题，便于进行纵向分析和横向比较，以发现问题，并制定相应解决问题的措施，为指标使用者提供全面完整的服务。

5. 简洁性原则

PPP项目的产出指标设置应系统分析影响PPP项目产出各要素的相互作用与联系，力求确定的指标文字简练，含义清晰明确，便于理解和使用。

6. 实用性原则

PPP 项目因其所在行业、社会经济条件等差异，其产出具有一般 PPP 项目的共性和其自身的特性，因此，指标设置应考虑通用性与专用性的统一，便于指标使用者具体操作，同时反映每个项目的具体情况。

6.2.2 指标体系制定的方法

PPP 项目作为公共项目，其产出标准指标体系应该满足政府的关注点。因此，PPP 项目产出标准指标体系以按照 PPP 项目中政府方关心的问题为主线，针对 PPP 项目的产出特点，综合查阅相关理论文献，建立一般性指标体系。在指标设计时，着重分析项目的实际产出效果和政府方的预期目标可能存在的差异，对项目的产出进行有效的预控，对各个指标进行论证，以增加指标体系的信度。具体的指标体系构建程序如图 6-2 所示。

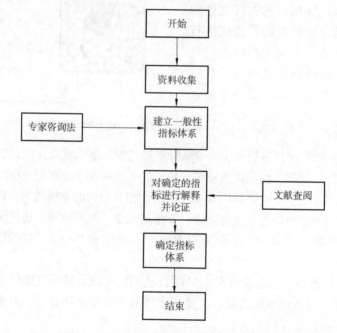

图 6-2 PPP 项目产出标准指标体系构建程序

通过对诸多专家学者对 PPP 模式研究理论成果的研究和政府方的关注点分析，遵循有关原则，本书从 PPP 项目提供产品服务的质量、数量、价格、特许经营期限、可持续性以及政府方的收益等方面初步预选了 6 个指标群 24 个指标，组成指标体系，见表 6-1。

表 6-1 指标体系

序 号	标准类别	具体内容
1	产品或服务的质量	项目设计满足现在及将来的使用要求
		项目建造和运营质量安全可靠
		产品或服务质量移交前后具有一致性
		产品或服务质量满足消费者的需求
		产品或服务质量具有持久性

（续）

序号	标准类别	具体内容
2	产品或服务的数量	数量满足消费者需求
		在一定程度上缓解社会供需矛盾，规模适中
3	产品或服务的价格	消费者能够承受
		项目公司获取合理回报
		定价促进社会公平
		设置合理的调价机制
4	特许经营期限设计	特许经营期限结构选择合理
		建设期尽可能短，尽早提供产品或服务
		特许运营期限时间长短合理
5	可持续性	项目建造和运营符合环保标准
		项目具有内部维护能力
		产品或服务具有竞争力
		项目建设具有社会适应性
		项目具有一定的防灾能力
		产品或服务具有升级能力
6	政府方的收益	减少政府支出，提高财政资金的使用效率
		提高基础设施项目建造、运营、维护和管理效率
		体现政府的公益性和服务性，维护政府权威和形象
		促进经济发展、维护社会稳定

6.3 各个指标的来源和含义

6.3.1 PPP项目提供产品或服务的质量

1. 项目设计满足现在及将来的使用要求

一般性建设项目的质量评价指标体系中，质量指标首先体现在设计方面，有良好适用的设计方案，才能保证项目的建设符合使用需求。PPP项目在实施阶段的设计方案需要满足现阶段以及将来的使用需求，这包含两方面的意思：①PPP项目规划和设计方案具有适用性和前瞻性，项目既不能过时，也不能过度超前；②PPP项目设计生命周期应该大于或等于项目的服务或运营周期。

2. 项目建造和运营质量安全可靠

建造质量的控制是PPP项目建设阶段影响项目成功与否最重要的因素。PPP项目的建造质量关系到项目运营阶段的安全性和可靠性。PPP项目大多包括建设阶段，建设项目的质量要求至少应符合建设项目质量验收标准，这也是项目建成后移交的前提。运营阶段的质量直接关系到产品或服务的质量。

3. 产品或服务质量移交前后具有一致性

任何 PPP 项目都有一定的合同经营期限，到期后需要移交给公共部门。因此，PPP 项目移交给公共部门前的运营能力和移交给公共部门后，由公共部门运营或者通过招标由其他运营商运营的运营能力应该是一样的。这一指标主要是为避免对 PPP 项目在移交前的掠夺式经营，减少或不投入足够的维护费用。

4. 产品或服务质量满足消费者的需求

PPP 模式下公共部门的目标就是增加或提高基础设施服务水平，保证提供的产品或服务质量满足消费者的需求。PPP 项目提供的产品或服务能够改善公共基础设施服务供应不足的问题，缓解公众对现有公共基础设施服务的不满情绪，增加其满意度，如高速公路、地铁的修建可以满足公众快速出行的需要，水厂、电厂满足公众对供水和供电的需求。

5. 产品或服务质量具有持久性

PPP 项目运营阶段提供的产品或服务质量具有稳定性，不会因为使用年限的增长而降低。PPP 项目的服务周期一般长达几十年，根据建设项目的经济寿命理论，随着项目的运营，为维持服务质量，其维护费用会逐年增加，要保持产品或服务的质量，就需要增加运营维护投入，否则，质量的持久性就难以保证。

6.3.2 产品或服务的数量

1. 数量满足消费者需求

政府应用 PPP 模式的主要目的就是改善公共基础设施服务供给不足的现状，随着我国经济的高速发展，公共基础设施和服务不足的矛盾还比较突出。因此，PPP 项目产品或服务的数量能否满足消费者的需求也是一个比较重要的指标。

2. 在一定程度上缓解供需矛盾，规模适中

PPP 项目提供的产品或服务的需求从数量上要能满足消费者的需求，但也要控制在合理规模之内，不要超出合理的市场需求。根据供求理论，当供大于求时，就会造成服务或产品的浪费，以及价格的回落，这对投资者和政府方都是不利的。准确预测市场需求是 PPP 项目成功的一个关键因素。只有准确预测需求才能确定合理的投资规模，使产品或服务的数量规模适中，减少投资风险，才能在满足消费者需求的同时，保证投资者合理的回报。例如，某跨海大桥工程当时预测 2010 年大桥的车流量有望达到 1867 万辆，但 2010 年实际车流量仅有 1112 万辆，比预期少了 40% 以上。2012 年全年，大桥的实际车流量增加到 1252.44 万辆，仍然不及报告预计。严重的预期收益误判导致社会资本方投资决策失误。2013 年全年资金缺口达到 8.5 亿元。而作为唯一收入来源的大桥通行费收入全年仅为 6.43 亿元。按照 30 年收费期限，根本无法回收本金。

6.3.3 产品或服务的价格

1. 消费者能够承受

政府提供基础设施或服务的目的就是更好地为公众服务，让社会公众消费，因此 PPP 项目提供的产品或服务的价格应该是和经济社会发展水平相适应的，消费者能够承受的，应该在一个合理的价格水平。比如 PPP 模式地铁票价的制定必须要考虑居民收入的承受能力。通过对居民收入状况和消费结构的统计分析，推算出所在城市居民交通支出的承受能力，从

而为制定合理的票价提供限值。

2. 项目公司获得合理回报

PPP项目公司提供产品或服务就是为了获得合理回报，因此收费价格的测算就很重要，需要确保项目公司收回成本并获得合理利润。也只有这样，PPP项目才能吸引社会资本参与，保证项目的可持续性。

3. 定价促进社会公平

PPP项目提供产品或服务的合理定价能够促进社会分配效率的提高。它既要使投资者有合理回报，又要让民众愿意承受。PPP项目提供的产品或服务要尽量根据谁消费、谁付费的原则，而不应该让财政资金来实现PPP项目的低价运行，变相地通过财政补贴对所有人收费。PPP项目提供的产品或服务价格应该合理，既保证社会资本能够有合理的投资收益，又不暴利，以保证项目的可持续性和PPP模式的应用推广。

4. 设置合理的调价机制

PPP项目时间跨度长，投资巨大。在这个PPP项目建设运营过程中，经济发展、通货膨胀、物价上涨必然导致实际价格的变化，价格的变化必然导致利益的失衡，所以设置合理的调价机制应该作为一个重要的指标。PPP项目的特许经营协议应该有合理的调价机制条款，以保证PPP项目提供的产品或服务价格在社会经济的发展过程中不贬值。

6.3.4 特许经营期限设计

1. 特许经营期限结构选择合理

特许经营期限一般包括建设期和运营期。建设完工风险是PPP项目一个重要的风险。而特许经营期限的结构因为完工风险的分配问题而区分为单时段和双时段，按是否有激励措施，又可分为单时段不带激励措施、单时段带激励措施、双时段不带激励措施和双时段带激励措施特许经营期限结构。PPP项目需要根据具体项目特征选择一种合理的特许经营期限结构。

2. 建设期尽可能短，尽早提供产品或服务

政府实施PPP项目的一个主要原因就是希望通过社会资本的引入，尽早满足社会民众对于某种公共产品或服务的需求。国外的经验表明，如果规划组织合理，PPP项目较传统模式下的建设项目更能够按时或提前完工，尽早提供产品或服务。

3. 特许经营期限时间长短合理

所有的PPP项目都有一个特许经营期限，长短合理的特许经营期限能够对社会资本起到良好的激励作用，有利于提高项目运作的效率。特许经营期限不能过短，由于受价格水平和需求弹性的限制，过短的期限将无法保证投资者收回成本，从而导致对社会资本的吸引力不够。特许经营期限过长可能导致项目公司回报率过高，减少社会资本的竞争压力，降低其对效率改进的追求。因此，PPP项目的特许经营期限应经过详细测算，应考虑以PPP项目公司收回其成本并获取合理回报率为标准。PPP项目特许经营期限长短是政府控制PPP项目的一个重要指标。

6.3.5 可持续性

1. 项目建造和运营符合环保标准

PPP项目一般属于建设项目，且大多集中在基础设施领域和资源开发领域，PPP项目应

该注意环境的保护，对环境影响较小，项目建造和运营要符合环保标准，不以破坏环境和过度消耗资源为代价，具有可持续的发展能力。

2. 项目具有内部维护能力

PPP项目运营期间不仅需要维护建筑物，还要维护提供产品或服务的设备，比如地铁项目的车辆、电厂的发电设备、水厂的滤水设备等。PPP项目公司必须具有这些维修技术，特别是设备的维修技术，并对设备进行良好的保养，从而提高PPP项目的内部维护能力，以保证项目的可持续性。

3. 产品或服务具有竞争力

随着PPP模式在中国的推广，PPP项目，特别是对于一些政府无法提供限制竞争担保的自由竞争领域，在其特许经营期限内，其产品或服务本身是否有竞争力优势也关系到PPP项目能否通过论证、是否具有可持续性的重要指标。

4. 项目建设具有社会适应性

PPP项目的建设符合地区或国家的经济社会发展水平，能够促进地区或国家的经济社会发展。项目和社会经济、社会发展具有良好的互适性。这里包括促进当地经济社会发展、增加当地人民群众收入、节约人们的时间效益、提高劳动生产率、缓解社会供需矛盾等。

5. 项目具有一定的防灾能力

PPP项目的投资规模、灾难风险性以及灾难后的损失都将非常巨大，PPP项目应该注意自身的防灾能力建设。PPP项目的防灾能力关系到项目的可持续性。

6. 产品或服务具有升级能力

PPP项目的周期较长，在其周期内，可能会有更先进的产品或更好的服务出现。为保证PPP项目本身的可持续性和竞争力优势，PPP项目产品或服务要具有升级能力。

6.3.6 政府方的收益

1. 减少政府财政支出，提高财政资金的使用效率

PPP项目是否有生命力，PPP模式是否物有所值，其中很关键的是能否减少政府财政支出，缓解政府日益紧张的资金压力，提高财政资金的使用效率，比传统模式更有比较优势，这也是PPP模式选择的依据。因此，这成为PPP项目产出的一个重要指标，也更好体现政府的服务职能。

2. 提高公共设施建造、运营、维护和管理效率

由于缺乏有效的竞争，管理效率低下，技术落后，在传统投资管理模式下，固定资产投资投入产出率大约不到7成，资金利用效率不高。而PPP模式能不能发挥社会资本高效的投资管理优势，提高投资项目的建造、经营、维护和管理效率是考核PPP项目产出的一个重要指标。

3. 体现政府的公益性和服务性，维护政府权威和形象

现代国家的决定性特征主要是体现在政府是公共服务的提供者和付费者。PPP模式下，政府成为公众利益的代表者和公共服务质量的监管者，而不再是公共服务的经营管理者。我国一直在致力于现代化政府治理体系的改革，政府部门也一直在积极转换自己的角色。PPP模式的引进可以促使政府部门的职能由管制型向服务型转变，由过去公共基础设施建设的主导者转变为与民营企业合作提供公共服务的监督、指导及合作者角色。通过角色的转变，政

府就能够更好地代表公众的利益，也维护了政府的权威和形象。

4. 促进经济发展、维护社会稳定

根据世界发展进程的规律，在人均GDP1000～3000美元/月的发展阶段，意味着经济社会发展进入了一个新的发展阶段，社会矛盾也比较尖锐。PPP项目的实施能促进地区和国家的经济发展，提高基础设施的服务水平，缓解社会供需矛盾，维护社会的安定。

6.4 指标体系的应用领域和定量方法推荐

6.4.1 指标体系的应用领域

1. 物有所值评价

在PPP项目的识别和准备阶段，判断公共项目是否适合PPP模式，需要使用物有所值模式来判断。物有所值分析需要建立产出说明，这就需要按照项目的具体特征来构建指标体系，在此基础上选择参照项目，进行物有所值的评价，判断公共项目是否适合PPP模式。

2. 社会资本的选择

按照财政部的要求，PPP项目采购一般采用公开招标、邀请招标、竞争性谈判、单一来源采购、竞争性磋商以及政府采购监督管理部门认定的其他采购方式。从实际情况看，公开招标是目前各地PPP项目最常使用的采购方式。在PPP主合同签订谈判期间，鉴于PPP项目实施的长期性、复杂性、风险性等，政府方与社会资本方为了保证各自的利益，通过谈判来平衡利益和矛盾。目前政府方比较缺乏PPP项目能力的专业人员，这样导致谈判时间较长，另外也增加了政府谈判的风险。通过指导政府方进行谈判的指标体系构建，可以帮助政府方进行谈判，政府方将变被动为主动，节省谈判时间，有利于社会资本的选择。

3. 绩效评价、中期评价及后评价

在进入PPP项目实施阶段后，对于社会资本的绩效评价、中期评价和后评价非常重要。

在评价过程中，基于政府的关注点所建立的指标体系不但帮助政府与社会资本签订了合同，同时也是实施阶段评价PPP项目公司和社会资本工作成果的依据，也是不断总结提高我国政府PPP管理水平的重要工具。

4. 经营合同期满移交质量控制

PPP项目都有一定的经营合同期限。经营合同期满后，在通常情况下，PPP项目都会移交给政府。政府可以选择自己经营、重新选择特许经营者或者交由原经营者继续经营。不管采取哪种模式，都面临一个项目移交的过程，以确保项目后续提供的产品或服务质量能够满足公众的需求。而这个过程本身存在一定的风险。一种风险是由于PPP项目实施决策人的预见能力和决策能力，项目实施时候没有规划好，考虑得不够长远，导致PPP项目的先天性缺陷，这个属于政府方应承担的风险；另外一种风险是社会资本为了获取超额利润，对项目实施掠夺式经营，使项目超负荷运转、减少项目的维护经费或者不再维护，这些都可能导致移交给政府的PPP项目无法正常运行。即使由原社会资本经营，也需要重新谈判签订合同，政府依然面临较大的风险。

通过建立指标体系，可以更好地指导、帮助政府方在谈判中规避风险。这些指标体系重点关注了政府应该注意的问题，应用此指标体系指导政府方谈判，将大大减少政府的风险，使PPP项目特许经营期满后，不管采取哪种模式，即自己经营、重新选择社会资本或仍由原社会资本经营，政府方都能拥有更多的主动权，更好地为社会提供公共产品或服务。因此，该指标体系对经营期满后的移交和重新选择经营者都很重要。

6.4.2 指标体系定量评价方法推荐

PPP项目涉及的利益相关者众多，它们的需求是多元的，不同PPP项目的绩效目标会由于利益相关者不同的期望和偏好出现差异。但是PPP模式的最终目标是非常明确的，就是提供更高质量的公共产品或服务。虽然不同的利益相关者的需求不完全一致，如政府部门希望最大化公共设施的效能，而社会资本则希望投资回报最大化，社会公众希望享受更多高质量的服务或公共产品，但这一切必须建立在根本利益一致的基础上，即PPP项目成功的基础之上。而政府方是整个公共利益的代言人和公共产品或服务的提供者和监管者，负有最终的政治责任。因此，基于政府方关注点而构建的指标体系具有重要的作用。

不同PPP项目可以基于前文提到的一般性指标体系结合具体PPP项目的特点和实施目的，建立适合该项目的指标体系。该指标体系应广泛征求项目利益相关方，包括政府、社会资本、金融机构、运营商、承包商和消费者的意见，尽可能争取各方最大的满意度。指标体系应尽可能完善和准确，能够照顾到各方面的利益。

各指标的权重可以采取层次分析（AHP）法、专家调查法、德尔菲法等来确定。AHP将评价对象分解为不同的组成因素，按照因素之间的隶属关系，把它们排成从高到低的若干层次，建立递阶层次结构。对同层的各元素进行两两比较，对每个层次的重要性进行两两比较，对每个层次的相对重要性予以定量表示，并利用数学方法确定每一层次各因素的权值；然后对各个指标进行隶属度赋值；最后进行模糊综合评价，得出该PPP项目投资和产出的合理性。

6.5 示例

6.5.1 项目产出说明

本项目为综合水务项目，几乎涵盖水务的各个类别，且各子项关联性强、相辅相成，因此项目产出分两个维度：一是整体项目产出，即项目整体拟实现的主要目标；二是各子项的项目产出，即各子项拟达到的具体目标或效益。

最终项目产出参照批复后的可研报告。

1. 总体产出说明

通过项目，该区水务方面需完成下述产出：

（1）2017年前，行政办公区、文化旅游区、运河商务区等重点区域水环境、供水和防洪排涝安全得到重点保障；2020年，全区水环境得以全面改善，城乡供水保障能力全面提升，防洪排涝安全。

（2）水环境质量显著改善。2017年区内重点河道全面还清，水质主要指标达到地表水Ⅳ类标准，重点水域力争达到地表水Ⅲ类标准；2020年全区河道基本还清，水质基本达到地表水Ⅳ类标准。

（3）城乡供水安全。2017年供水安全系数达到1.2以上；2020年供水安全系数达到1.3以上，提高村镇饮水安全保障能力，高标准建成该区水源与供水保障体系。

（4）防洪排涝安全得到有效保障。2017年全区内洪水防洪安全，全区内降雨无积水；2020年城乡防洪排涝安全得到有效保障，基本建成海绵城市和水生态文明示范城市。

2. 项目产出说明

根据各子项目的建设运营和项目产出特点，将项目划分为四类，其分类及产出说明如下：

（1）雨污水管线类项目产出要求。按可研级相关规划、技术文件要求，管线及泵站位置应满足规划要求，项目设计应满足《室外排水设计规范》（GB 50014—2006）、《泵站设计规范》（GB 50265—2010）、《给水排水管道工程施工及验收规范》（GB 50268—2008）以及其他设计施工的相关专业规范要求。

（2）污水处理类项目产出要求。按可研级相关规划、技术文件要求，水厂位置及占地面积应满足规划要求；污水厂出水水质满足《城镇污水处理厂水污染物排放标准》（DB 11/890—2012）中的相关要求；项目设计应满足《室外排水设计规范》（GB 50014—2006）以及其他设计施工的相关专业规范要求。

（3）水系类项目产出要求。按可研级相关规划、技术文件要求，河道治理后应达到规划防洪标准；工程实施后应具备在运行期进行河道巡视的基本条件；工程实施后应满足河道两岸的跨河交通需求；项目建成后应具有保证河道内防洪设施安全的相关措施；工程实施后不应降低周边村镇的排水标准；对于在工程实施时已具有排水规划的周边区域，工程应根据排水规划为相关区域的排水需求预留设施；项目实施后应具有水网水系连通调度功能的相关设施；项目应设置必要的安全标识及安全提示设施。

（4）湿地类项目产出要求。按可研级相关规划、技术文件要求，湿地的位置及面积应满足规划要求；湿地内水质应达到规划地表水环境标准；湿地内绿地面积应≥90%（扣除水面面积）；设置必要的安全标识及安全提示设施；具备在运行期进行巡视的基本条件。

6.5.2 绩效考核指标

某项目采用"基于可用性的绩效合同"方式开展PPP运作。该方式是国际上通行的"绩效合同"方式（Performance Based Contracting）和"可用性合同"方式（Contracting for Availability）的组合，适用于同时包含投资建设和运营维护内容的新建市政道路PPP项目。"基于可用性的绩效合同"应确保本项目市政道路能够按照要求的标准完成建造，并通过良好的运营维护服务满足道路使用者的具体功能需求，如通行能力、安全性、经济性等。

本项目的绩效考核体系包含三个方面，分别为建设期绩效考核指标、运营维护期绩效考核指标，以及移交期绩效考核指标。以下以建设期、运营维护期为例，简要介绍。

1. 建设期绩效考核

本项目可用性付费的支付前提为项目竣工验收通过，最终确定的可用性付费金额需根据PPP项目协议中对包干价和审计价的相关机制约定计算。

表6-2所述指标要求在未达成时，住建委可根据PPP项目协议相关约定提取项目公司提交的建设期履约保函中的相应金额。

表 6-2 建设期绩效考核指标

指标类别	指标要求
质量	需符合《城镇道路工程施工与质量验收规范》(CJJ 1—2008)、《城市桥梁工程施工与质量验收规范》(CJJ 2—2008)、《园林绿化工程施工及验收规范》(CJJ 82—2012)、《城市道路照明工程施工及验收规程》(CJJ 89—2012)、《给水排水管道工程施工及验收规范》(GB 50268—2008) 等,并做到一次性验收合格
工期	开工日:以监理工程师的开工令为准 竣工验收日:自前述实际开工时间起不超过两(2)年
环境保护	参照《公路建设项目环境影响评价规范》(JTG B03—2006) 等
安全生产	参照《建筑施工安全检查标准》(JGJ 59—2011) 和《公路工程施工安全技术规范》(JTG F90—2015) 等

注:若国家、省、市出台具体考核办法或新的相关规定,则表中与之不一致的或未做约定或约定不明的,以国家、省、市出台标准为准进行调整并执行。

2. 运营维护期绩效考核

运营维护期绩效考核指标分为四个层级:前三级为基本考核指标,全部达标方能获得100%基准运维绩效付费,不达标的按照考核办法减付基准运维绩效付费(至多减付至70%);第四级为奖励考核指标,达标的按考核办法增付奖励运营绩效付费(至多增付10%)。

第一级(80%):考核车道、人行道、路基、排水和其他设施(如桥梁、隧道)的维护,需符合《城镇道路养护技术规范》(CJJ 36—2016)。

第二级(10%):考核安全管理和突发事件管理,需符合《公路工程施工安全技术规范》(JTG F90—2015)、《公路养护安全作业规程》(JTG H30—2015) 和《城市道路养护维修作业安全技术规程》(SZ-51—2006)。⊖

第三级(10%):考核环境保护,需符合《公路建设项目环境影响评价规范》(JTG B03—2006) 和《公路环境保护设计规范》(JTG B04—2010)。⊜

第四级(10%):考核利益相关者满意度,住建委聘请第三方机构对道路使用者及道路周边居民、企业进行公共调查,满意度需在80%以上。

运营维护期内,住建委主要通过常规考核和临时考核的方式对项目公司服务绩效水平进行考核,并将考核结果与运维绩效付费支付挂钩。

常规考核每季度进行一次,在项目公司向住建委提交季度运维情况报告后 5 日内进行,并应在 7 日内完成。住建委需提前 48 小时通知项目公司开始考核的时间,项目公司在住建委的监督下,在规定的考核现场对道路、桥梁、绿化、照明、排水设施的表面状况进行物理检查。常规考核的最小里程为 1 公里路段,每季度需变换考核路段范围,年度累计考核里程需达到整个路段长度的 25%。常规考核结果应与运维绩效付费的支付挂钩,对于运维服务绩效未能达到绩效标准要求的,住建委将按公式减付运维绩效付费(实际付费 = 常规考核打分/100 × 季度基准运维绩效付费金额);对于项目公司怠于或延误修复缺陷的,市住建委

⊖ 市政道路没有安全相关规程,故参考公路规程。

⊜ 市政道路没有环境影响评价规范,故参考公路规范。

可根据PPP项目协议相关约定提取项目公司提交的运营维护保函中的相应金额。市住建委可以随时自行考核项目公司的运维服务绩效，如发现缺陷，则需在24小时内以书面形式通知项目公司。项目公司在接到市住建委的书面通知后，应在绩效考核要求的时间内修复缺陷。

临时考核结果一般不作为项目公司违约情形处理，除非临时考核发现的缺陷会导致道路可用性破坏、交通秩序受到严重影响，或存在重大交通安全隐患。无论何种情况，项目公司应及时修复缺陷，否则市住建委可根据PPP项目协议相关约定提取项目公司提交的运营维护保函中的相应金额。

6.6 小结

1. PPP模式的理论和应用在我国乃至世界上都还处在起步或发展阶段

基于政府方采购标准指标体系的建立以及产出评价方法的研究还是一片空白，至于具体的应用案例更是难以寻找。

2. 指标体系的建立以及评价方法的探讨都有待进一步的完善

本书所建立的指标体系对政府方在PPP项目的谈判过程中有一定的积极意义，有利于缩短特许协议签订过程中的谈判时间，有利于提高PPP项目的实施效率。

3. 在PPP模式项目发展中完善，在PPP模式项目完善中发展

PPP项目发展的完善措施主要：

（1）提高社会资本参与PPP的积极性。建立规范明确的、可预期的投资回报机制，创造公平竞争的市场环境，政府带头履行法约，尊重市场规律，保证社会资本合理投资回报不受政府换届换人的影响。民营资本在PPP项目竞争中处于劣势，这也是阻碍社会资本尤其是民营资本大规模介入PPP项目的一个重要原因。

（2）充分认识PPP模式的风险，加强管理。对PPP项目面临的系统风险、临时性风险、政策的变动和经济结构的调整进行有效的识别，从理论与实践两个层次不断加强对PPP项目风险预测的学习。增强PPP模式的风险管理经验，充分合理地识别风险，做出判断，做到合同中的责任明晰，不断完善风险披露机制，促进盈利模式透明化等。

（3）逐步实现PPP项目领域均衡分布。目前推广的绝大多数PPP项目都是基础设施建设项目，相对来说，公共服务领域的项目占的比例较低。未来，要逐步实现PPP项目领域的均衡分布，PPP的项目推广在养老、教育、医疗卫生、体育等公共服务领域还有很大的发展空间。

（4）建立规范的法律法规体系。PPP的立法目的就是规范PPP推广的进程，要突破传统的民事合同、行政合同的观念，发挥政府的作用，将公法与私法融合到一起，因为涉及不同的法律关系，需要调整不同的范围，所以要建立专门的PPP法，与国家治理现代化有机结合，以共治的理念来推动PPP立法创新，规范PPP进程，保障PPP项目的推进与实施。

（5）只有将推进进程逐步规范化，加强风险认知优化项目结构，才能更大程度地吸引社会资本，更好地发挥资源配置的作用，激发社会主体的热情，完善政府和社会资本合作模式。

随着国家政策的实施、经济的发展，推广运用PPP模式已经进入新的历史阶段。政府与社会主体建立的"利益共享、风险共担、全程合作"关系，既可以减轻政府的财政负担，又能够减少社会主体的投资风险。

第7章 项目融资评估

7.1 概述

项目评估是指投资方对项目融资借款人申请使用投资的建设项目，从项目建设的必要性、技术的先进合理性、财务效益、投资方收益及潜在风险等方面进行全面系统的分析论证，为投资决策提供意见和建议的工作过程。项目评估的内容主要包括：项目融资借款人/主要项目发起人；项目概况；未来收益；投资估算与融资方案；财务效益；不确定性；投资方相关效益和风险等。在此基础上提出投资是否可行的意见或建议，为投资决策提供依据。

7.2 一般程序

项目融资评估的一般程序如图 7-1 所示。

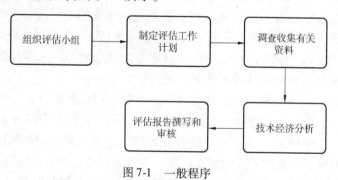

图 7-1 一般程序

（1）组织评估小组。负责项目评估的部门接到项目评估计划后，首先要组织评估小组。评估小组一般由 3~5 名项目评估人员组成。评估小组的成员应兼顾行业管理、工程管理、法律、财务分析、市场分析和项目所属行业、地区的特点等方面。

（2）制订评估工作计划。评估小组要根据项目的评估时间要求制订工作计划，对评估中的调研、落实相关条件、案头分析和撰写评估报告等项工作时间做出合理安排，并报评估评价部门主管批准。

（3）调查、收集有关资料。评估小组要根据批准的评估工作计划，通过实地调查、专家咨询、查阅档案资料等方式调查收集有关文件、资料和技术经济数据，并落实有关数据资料。

（4）技术经济分析。评估小组人员根据调查核实后的数据资料，按照评估办法规定，共同对项目的各项技术经济指标进行分析和论证。

(5) 评估报告撰写和审核。根据技术经济分析结果，评估小组成员分头撰写评估报告各个章节。评估小组组长总纂形成评估报告初稿后，由评估评价部门负责人或其指定人员审核。如果审核后提出了问题或修改意见，评估小组要对提出的问题和修改意见进行落实，对评估报告进行修正，并再次报送审核，直到最后确认。至此，评估工作基本完成。

7.3 项目融资借款人评价

项目融资借款人评价，是指对项目融资借款人的行业特征、行业地位、主体资信及运营、资产负债及偿还能力、信用、发展前景等情况进行全面分析、综合论证。

项目融资借款人分为既有法人和新设法人。既有法人是指已存在的企事业单位，新设法人是指为项目建设而新组建的项目法人。特殊行业项目投资可由具有借款资格的行业主管部门或由其授权具有投资资格的事业法人作为项目融资借款人。根据项目融资借款人经营管理范围与建设项目的关系，依据以下不同情况，对其进行评价：

（1）项目融资借款人为既有法人的，应以投资方对其做出的有效客户信用评级报告中的相关部分作为项目融资借款人评价的内容，评估中不再单独进行项目融资借款人评价。评估时投资方尚未对项目融资借款人进行客户信用评级，或虽进行过，但客户信用评级报告已经超过有效期的，或客户信用评级报告虽在有效期内，但项目总投资额超过项目融资借款人前三年税后利润之和，或有其他影响项目融资借款人偿债能力的重要事项发生的，评估时应主要对项目融资借款人的基本情况、资本结构、组织架构、领导者素质、融资情况及资信状况、经营状况及财务状况等方面进行分析。其详细内容包括：

1）项目融资借款人的基本情况。包括成立时间、注册地点、历史沿革、隶属关系、注册资本与实收资本、经营范围、经营期限、现有职工人数、开户及账号情况。

2）项目融资借款人的资本结构。应说明投资人构成、出资比例、出资到位情况，以及投资人对项目融资借款人的控制与管理关系情况。

3）项目融资借款人的组织架构和领导者素质。应说明项目融资借款人法人治理结构的基本情况，如领导班子构成、经营业绩、管理水平等，在了解项目融资借款人法定代表人基本情况的基础上，要重点对其工作能力、经营管理水平和还款意愿进行评估。

4）项目融资借款人融资情况及资信状况。应说明项目融资借款人目前的融资情况，重点说明项目融资借款人对投资方投资及其他信贷业务的履约情况，并了解项目融资借款人近三年对其他债务的履约情况、项目融资借款人涉及经济纠纷和经济处罚等重大事项。

5）项目融资借款人经营状况和财务状况。应说明项目融资借款人近三年来的经营状况，并根据项目融资借款人最近三年及最近一期的财务报告分析项目融资借款人的财务状况，包括项目融资借款人的资产负债情况、损益情况和现金流情况，对项目融资借款人主要财务数据的重大变化要分析和说明原因。

6）项目融资借款人的其他主要情况。

（2）项目融资借款人为新设法人的，应对项目融资借款人的基本情况、资本结构、组织架构、领导者素质、融资情况等方面进行全面评估。

新设法人为多家投资人发起组建的，应对主要投资人的基本情况、领导班子构成、管理水平、经营业绩、财务状况、资信状况等方面进行评价。

（3）所有项目均须对项目各相关人之间的产权及其他关联关系进行调查，必要时可绘图说明。

7.4 项目概况评估

项目概况评估，包括对项目基本情况、建设进度、建设必要性、建设条件、技术和设备以及环境保护、国土资源、城市规划等方面进行分析和评估，如图7-2所示。

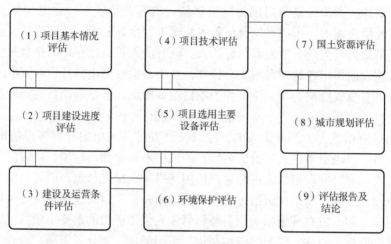

图7-2 项目概况评估

（1）项目基本情况评估。包括以下方面：

1）项目建设是否符合国家产业政策、行业发展规划和区域经济发展规划等政策要求。重点评估项目是否符合国家宏观经济和产业发展方向，是否享受或可能享受国家和地方给予的优惠、扶持政策，分析项目受政策变化影响的程度和潜在政策风险。

2）对于享受政府直接或间接补贴的项目、政府投资的项目及重要的基础设施建设项目，应对项目的社会效益进行分析。

3）项目组织形式和实施方式、基本产权关系和主要债权债务关系。

4）项目建设的必要性和合理性，项目是否达到经济规模。

5）与同类项目相比较的竞争优势和劣势。

6）项目建设是否符合投资方信贷政策要求。

（2）项目建设进度评估。调查项目立项过程、依据，项目建设工期、进度、资金投入计划等情况，评估项目建设计划的实施和执行情况。如项目已开工，应分析项目的进度、投资完成及各项资金到位情况。

（3）建设及运营条件评估。分析评估项目建设及运营所需用地，原材料、燃料、动力来源的可靠性，交通、运输、通信和生活保障措施及投资区域环境等条件与项目需要的适应性。

（4）项目技术评估。调查了解项目技术设计单位的资质和水平，评估项目技术成熟度和与同行业相比较的先进程度，分析项目技术和运营流程在保证产品质量、降低产品成本、提高运营效率及促进环境保护等方面的可靠性和合理性。

（5）项目选用主要设备评估。应对项目主要选用设备的成熟度、先进性、适用性和经济性进行评估。可通过调查主要设备采购计划的落实情况，国内同类项目设备的使用和运行情况，项目融资借款人有无技术力量掌握、使用、维护该技术设备等方面综合评价项目设备使用方面的潜在风险。

（6）环境保护评估。调查分析项目实施是否符合国家有关政策的要求，包括项目建设、运营过程对社会生态环境可能造成的影响（包括废水、废气、废渣、生态平衡、拆迁等），环境保护治理的主要措施等，必要时说明项目环保投资占总投资的比重。建设用地与相关规划，在环保评估中，应重点调查项目环保方案获有关部门批准的落实情况。

（7）国土资源评估。调查建设用地与相关规划，对资源利用和能源耗用进行分析，调查国土资源行政主管部门对项目用地批准的落实情况。

（8）城市规划评估。主要调查城市规划行政主管部门出具的城市规划意见。

（9）评估报告及结论。

7.5 未来收益分析

项目产品市场评估（也称未来收益分析），是指对项目产品供求状况及价格走势进行预测，综合评价项目产品的消费潜力和前景。

7.5.1 项目产品供求现状

项目产品供求现状分析，包括市场容量现状分析、价格现状分析、市场竞争力现状分析。

（1）市场容量现状分析。调查和分析项目产品目前的市场供应和需求总量及其地区分布。

1）供应现状分析。应根据行业类型，对项目产品或服务的供应现状进行分析，如交通运输项目，主要调查拟建项目影响区域内各种运输方式的分布现状、客货运力、运量及流向等；水利水电项目，主要调查流域开发现状，水利水电资源开发利用程度、供应能力和供应量等；学校、医院等公益性及基础设施收费项目，主要调查当地学校、医院等公益性机构和基础设施的类型、数量、服务能力和主要服务对象等。

2）需求现状分析。应根据行业类型和产品特许，对项目产品或服务的需求现状进行分析，如交通运输项目，主要调查拟建项目影响区域内，用户对各种交通运输方式的客货运输需求现状及其满足程度；水利水电项目，主要调查流域范围内，用户对水利水电的需求现状及满足程度；学校、医院等公益性及基础设施建设项目，主要调查本地区范围内的有效需求人口数量、分布、需求类型及满足程度。

（2）价格现状分析。主要包括以下内容：

1）分析项目产品的国内市场价格、价格变化过程及变化规律。

2）说明项目产品的价格形成机制，是市场形成价格还是政府调控价格。

（3）市场竞争力现状分析。主要分析项目产品目前国内外市场，尤其是目标市场的竞争程度，主要对手的生产（营业）、营销及其竞争力情况等。

7.5.2 产品供需预测和价格走势

产品供需预测和价格走势分析主要是在说明产品目标市场的基础上，对项目产品的供应量和需求量、供需平衡情况进行预测，并分析项目产品的价格走势。

（1）供应量预测。预测拟建项目产品在运营期内目标市场的可供量，包括区域内现有供应量和新增供应量。

（2）需求量预测。应根据行业类型和项目目标市场特点对项目产品或服务的供应量和需求量进行预测。如交通运输项目，预测拟建项目影响区域内，随着经济和社会发展，各种交通运输方式的发展变化情况（含运力、布局、价格、政策变化等）所引起的供应量和供应方式的变化以及用户对各种运输方式的需求量；水利水电项目，预测拟建项目流域范围内，随着经济和社会发展，用户对水利水电的需求结构和需求量变化情况，以及水电资源的可供量和需求满足的程度；学校、医院等公益性项目及城市基础设施项目，根据法律规定、政府政策、经济发展水平、人口变动、城市规划等，预测项目所在地对公益性服务和城市基础设施的需求量，以及公益性服务和基础设施的数量、结构变化及满足需求的程度。

（3）产品供需平衡预测。在产品供应和需求预测的基础上，分析项目产品在运营期内的供需平衡情况和满足程度，以及可能导致供需失衡的因素和波及的程度、范围。

（4）价格走势分析。通过了解项目产品国际、国内和本地区市场价格的历史数据等信息，结合市场供需分析，预测项目产品的价格走势。进行价格走势分析时，不应低估投入品的价格和高估产出品的价格，避免预测的项目收益失真。城市基础设施和服务的价格，应根据政府价格政策以及消费者支付意愿和承受能力进行测算。

7.6 投资估算与融资方案评估

投资估算与融资方案评估，是指对建设项目投资估算和各项资金来源的合理性、可靠性进行分析论证，以定量分析的方法为主。

7.6.1 项目投资估算

（1）在进行投资估算时，应对项目可行性研究报告或初步设计（包括政府有关部门对可行性研究报告、初步设计的批复）等文件中所列项目总投资及各分项投资进行评估。

（2）项目总投资评估包括固定资产投资评估与流动资金投资评估。

（3）固定资产投资评估包括静态投资评估和动态投资评估。

1）静态投资评估是按项目拟定建设规模、产品方案、建设内容，对项目建设所需费用进行的评估，评估的范围包括建筑工程费用、安装工程费用、设备购置费、工程建设其他费用和基本预备费。

基本预备费的计算标准为

基本预备费=（建筑工程费用+安装工程费用+设备购置费用+工程建设其他费用）×基本预备费率

基本预备费率按照国家有关部门规定的标准执行。

2）动态投资评估的范围包括项目建设期利息、汇率变动部分、固定资产投资方向调节税（目前暂缓征收）、涨价预备金及国家规定的其他税费。其中，项目建设期利息和涨价预备金一般按下列公式进行计算：

$$项目建设期每年应计利息 = \left(年初投资累计 + \frac{本年发放投资总额}{2}\right) \times 年利率$$

$$涨价预备金 = \sum_{t=1}^{n} I_t \left[(1+f)^t - 1\right]$$

式中　n——建设期；

　　　I_t——建设期第 t 年的建筑工程费用、安装工程费用、设备购置费用之和；

　　　f——建设期价格上涨指数；

　　　t——第 t 年。

（4）评估项目固定资产投资估算时，应对投资估算评估依据是否符合国家及行政主管部门颁布的有关规定，工程内容和费用是否齐全，是否任意扩大取费范围和提高标准，估算中有无漏项、少算或压低造价等情况进行审查，必要时应对投资构成比例是否合理及不合理的原因做出评价，并对投资概算进行据实调整。

（5）评估改扩建或技术改造项目的固定资产投资概算时，应将项目利用的企业原有固定资产计入固定资产投资中。对原有固定资产价值的评估原则是：若不进行改扩建或技术改造，企业原有固定资产实际可继续使用年限明显小于计算期时，按账面价值（即固定资产净值）计算；否则，评估人员在审慎、客观的原则下按评估值进行计算。

（6）流动资金评估是对项目流动资金需要额的评估。项目流动资金的范围包括项目建成投产后，为维持正常运营活动，用于购买原材料、燃料、支付工资及其他经营费用等所需的周转资金。流动资金评估一般采用分项详细估算法，也可采用扩大指标估算法。必要时，应与项目融资借款人日常资金占用的实际情况进行对比分析。

1）分项详细估算法是按照项目融资借款人的经营计划和经营的不同阶段对资金占用的实际情况进行详细测算，确定其流动资金的需要量。

2）扩大指标估算法是参照项目融资借款人以往的或同类企业的流动资金占用率，对项目融资借款人流动资金需求量进行估算，可按照销售收入流动资金占用率、经营成本流动资金占用率或单位产量流动资金占用率等进行测算。

7.6.2　项目融资方案评估

项目融资方案评估是通过分析项目建设和运营所需全部资金的来源、构成（含资本/负债比例、长短期负债比例、资本金结构、投资方债权融资结构等），按计划到位的可能性及与项目投资计划的匹配性，评估项目融资方案的合理性、可靠性及对投资方投资的保障能力。

项目融资方案评估包括权益类资金评估和负债类资金评估。

权益类资金是指项目投资人对项目投入的资本金或其他无须返还的资金。其形式有股东投资、实收资本、企业未分配利润、折旧、发行股票募集的资金、财政投入等货币资金形式和实物、工业产权等非货币资金形式。

负债类资金是指投资方等债权人投入项目的需要还本付息的资金。其形式有投资方投资、发行债券、融资租赁及其他有偿使用的资金。

（1）评估项目融资方案时，应对投资数量、各自占总投资比例及比例是否符合国家规定进行评估。评估中应区分资金的不同来源和形式进行逐项分析。

1）对于权益类资金来源中以土地使用权、实物等非货币资产作价出资部分，应审查其价值是否经过有资格的资产评估机构评估且在有效期内，评估方法是否符合有关法律、法规的要求。

2）对于权益类资金来源中的货币资金部分，应根据各投资人近三年及最近一期的财务报表，结合其在出资期间的债务偿还、投资计划及其他资金运用情况，分析投资人是否有能力按计划出资。

对新设法人进行评估时资本金尚未完全到位的项目，除按上述规定评价投资人出资能力外，还应对主要投资人领导班子的构成、经营业绩、管理水平，投资人的资本结构和基本组织架构，投资人以往的投资方投资偿还记录及其他主要业务的履约情况进行调查，评估其按期出资的资信水平。

3）对于负债类资金来源，应调查其筹措数额、筹措方式、筹措成本、筹资计划安排及审批落实等情况，使用其他投资方投资的至少应有书面的意向承诺。对拟通过发行债券筹资的，应审查是否获得有关审批部门的批准，调查了解发行规模、价格、时间、方法和说明等信息，结合证券市场的运行情况，分析其能否按时完成该部分资金的筹集。

4）对于以行政事业收费等作为资金来源的，应提供有关部门的收费批文，判断其合法性及收费期限，测算收费金额并分析可靠性；如果已经开始征收，要分析已征收的实际情况，对实收率做出说明，并在此基础上预测该项资金来源的可靠性。

(2) 评估项目融资方案时，对于已到位的各项资金，必须审查验资报告或相应的资金到位证明，必要时应对存放资金的账户进行调查。

(3) 评估项目融资方案时，应根据项目具体情况，对资金供应风险进行预测，必要时应对利率风险和汇率风险进行说明。

1）预测资金供应风险。预测融资方案在实施过程中，可能出现资金不落实，导致建设工期拖长，工程造价升高，原定投资效益目标无法实现的风险。

2）说明利率风险和汇率风险。融资方案中采取浮动利率计息的，必要时，应说明投资利率变动的可能性并预测利率变动对项目造成的风险和损失；对于利用外资数额的投资项目，必要时应根据币种情况，对汇率较大幅度变动可能给项目造成的风险和损失进行说明。

7.6.3 评估项目资金成本

评估项目资金成本时，应当根据项目的全部资金来源计算各种资金成本以及加权平均资金成本。

资金成本是企业为在项目建设过程中筹集资金和使用资金时所支付的各种费用，包括资金筹集费用和资金占用费用。对资金成本的分析一般用资金成本率表示，即资金占用成本（利息、股息等）占全部融资额的百分比。资金成本率是一个项目必须获得的最低收益率。

加权平均资金成本的计算公式为

$$K_W = \sum w_i k_i$$

式中　K_W——加权平均资金成本；

　　　w_i——第 i 种资金来源占全部资金成本的比重；

　　　k_i——第 i 种资金来源的资金成本率。

7.7 财务效益评估

财务效益评估是指在基础财务数据测算与分析的基础上，根据国家现行财税制度及有关规定，测算财务收益指标，评估项目的盈利能力和回报能力，据以判别项目的财务可行性。

财务效益评估的主要步骤包括：选取财务评估基础数据与参数；估算成本费用，计算运营收入，增值税、销售税金及附加，进行利润测评；编制财务评估的相关报表；计算财务评估指标，进行盈利能力和偿债能力分析。

7.7.1 基础数据与参数

财务评价基础数据与参数如图7-3所示。

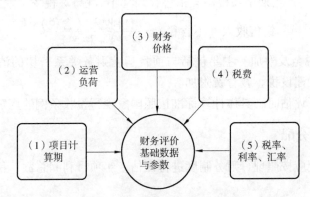

图7-3 财务评价基础数据与参数

（1）项目计算期。包括项目建设期和运营期。项目建设期原则上按照可行性研究报告或项目初步设计确定。

（2）运营负荷。运营负荷又称运营能力利用率，是指项目建成投产后各年实际产量与设计运营能力的比值。确定项目运营期各年的运营负荷时，应考虑原材料、燃料、动力供应、产品市场需求及技术等因素变化对运营负荷的影响和制约。

（3）财务价格。财务评估采取以现行价格为基础的预测价格进行估算。

（4）税费。主要包括增值税、消费税、资源税、所得税、城市维护建设税和教育费附加等。评估时应说明税费测算取费标准及减免税优惠依据。

（5）税率、利率、汇率。

7.7.2 成本与费用

评估成本与费用，包括评估项目总成本费用、经营成本、固定成本与可变成本。其中，总成本费用评估主要用于项目利润分析，经营成本评估主要用于项目现金流量分析，固定成本与可变成本评估主要用于项目盈亏平衡分析。

7.7.3 运营收入

运营收入是指销售产品或者提供服务取得的收入。评估运营收入时，应按照含税价格计

算。预计年运营收入计算公式为

$$预计年运营收入 = \sum_{t=1}^{n} Q_i P_i + S_t$$

式中　Q_i——第 i 种产品的年产量；
　　　P_i——第 i 种产品的单价；
　　　S_t——第 t 年政府补贴。

7.7.4　增值税、销售税金及附加

（1）评估增值税。增值税应纳税额计算公式为

$$增值税应纳税额 = 当期销项税额 - 当期进项税额$$

其中

$$当期销项税额 = 销售收入（不含税） \times 税率$$

$$销售收入（不含税） = \frac{销售收入（含税）}{(1 + 税率)}$$

（2）评估销售税金及附加。主要包括与项目运营财务关系密切的消费税、资源税、土地增值税、城市维护建设税、教育费附加。

对各种税费进行评估时，具体计算标准按照国家现行税收条例的规定执行。

7.7.5　利润及利润分配

利润及利润分配应按照现行财务制度进行评估。年项目利润总额、税后利润、税后还款利润的计算公式为

$$年项目利润总额 = 运营收入 - 销售税金及附加 - 增值税 - 总成本费用$$

$$税后利润 = 利润总额 - 所得税税额$$

$$税后还款利润（未分配利润）= 税后利润 - 盈余公积金 - 公益金 - 应付利润（分红股利）$$

7.7.6　财务效益评估报表

编制财务效益评估报表，主要有总成本费用估算表、损益和利润分配表、投资偿还期测算表、财务现金流量表。编制财务报表时，应区分新设法人项目和既有法人项目。

1. 新设法人项目财务分析

新设法人项目财务分析主要包括对项目的盈利能力和投资回报能力进行分析。

（1）盈利能力分析。项目的盈利能力，即通过计算项目销售利润率、投资利润率、财务净现值、财务内部收益率等指标进行定量评价。根据项目所在行业的不同特点，在评估时可以根据行业特点适当增加其他指标。

1）项目销售利润率，计算公式为

$$项目销售利润率 = \frac{运营期年平均利润总额}{运营期年平均销售收入} \times 100\%$$

式中

$$运营期年平均利润总额 = \frac{运营期各年利润总额}{运营期年数}$$

2）项目投资利润率，计算公式为

$$项目投资利润率 = \frac{运营期年平均利润总额}{项目总投资} \times 100\%$$

式中 "运营期平均利润总额"——一般应按"正常年"计算,若项目各年利润总额均不相同,没有"正常年",可按经营期内平均值计算。

3)财务净现值,是指将项目方案各年净现金流量折现到同一时点的净效益累加现值。计算公式为

$$NPV = \sum_{t=1}^{n} (CI - CO)_t (1 + r)^{-t}$$

式中 CI——现金流入量,包括运营收入、回收固定资产余值、回收流动资金、其他现金流入等;

CO——现金流出量,包括固定资产投资、流动资金投入、运营成本、销售税金及附加、增值税、所得税、其他现金流出等(可根据项目行业特点和实际需要在现金流入、现金流出两类中增减内容);

$(CI - CO)_t$——第 t 年的净现金流量;

n——计算期年数;

r——折现率,按照基准收益率(同折现率)取值。

4)财务内部收益率,是指项目在计算期内各年净现金流量差额现值累计等于零的折现率(计算现金流出不包括财务费用及所得税)。这一指标反映项目所占用资金的盈利水平,是投资人衡量项目投资收益、决定项目取舍的重要指标。

计算公式为

$$\sum_{t=1}^{n} (CI - CO)_t (1 + IRR)^{-t} = 0$$

式中 IRR——内部收益率;

其他符号含义与 NPV 计算公式相同。

计算 IRR 可采用试算内插法,即若 $NPV(I_0) = A_1 > 0$,$NPV(I_0 + 1\%) = A_2 < 0$,则

$$IRR = I_0 + \frac{|A_1|}{|A_1| + |A_2|} \times 1\%$$

(2)投资回报能力分析。根据有关财务报表,计算项目投资偿还期,评价项目投资的回报能力。

2. 既有法人项目财务分析

既有法人项目财务分析主要包括确定财务评价范围、选取财务评价数据、盈利能力分析和投资回报能力分析。

(1)确定财务评价范围。根据既有法人项目是否独立核算可以区分为:

1)拟建项目建成后能够独立经营,形成相对独立的核算单位,项目所涉及的范围就是财务评价的范围。

2)如果项目投产后的运营与现有企业无法分开,也不能单独计算项目发生的效益和费用,应将整个企业作为项目财务评价的范围。

(2)选取财务评价数据。

1)对于可以相对独立核算的项目,采取"孤立法"对既有法人项目进行财务评价。

2）对于不能独立核算效益和费用的既有法人项目的财务评价，采用"有无对比法"进行增量分析，主要涉及以下三种数据：

①"有项目"数据。预测项目实施后各年的效益与费用状况的数据。

②"无项目"数据。预测在不实施该项目的情况下，项目融资借款人各年的效益和费用状况的数据。

③"增量"数据。"有项目"数据减"无项目"数据的差额，用于增量分析。

3）盈利能力分析。与新设法人项目相同。

4）投资回报能力分析。

（3）对于可相对独立核算项目，可测算项目投资偿还期，计算方法与新设法人项目相同。

（4）对于既有法人项目应计算综合投资偿还期，即无论该项目属于可相对独立核算项目还是不能独立核算项目，均应综合考虑项目融资借款人各类还贷资金来源和各类债务负担，评估项目融资借款人的综合投资偿还期。评估项目融资借款人的综合投资偿还期应考虑以下因素：

1）各类还贷资金，包括项目融资借款人已有还贷资金、未来可具备的还贷资金及项目建成后可新增的还贷资金。

2）各类债务负担，包括此笔投资本息、原有债务本息或其他可能承担的债务本息负担。

3）测算项目融资借款人综合投资偿还期时，应评价项目融资借款人偿还目前已有负债的能力，分析测算项目新增效益是否需要部分或全部用于偿还项目融资借款人的其他负债，评价在项目自身能力不足以偿还投资本息的情况下，项目融资借款人用企业综合效益偿还项目债务的能力。

（5）对基础设施建设以及学校、医院等公益性项目的财务效益评估，除按照本章规定的一般项目财务效益评估的方法执行外，可视行业特点和项目具体情况做适当调整。对于项目本身不收取费用或只收取少量费用，偿还投资来源主要依赖政府支持的项目，可以成本效用分析为主，并计算投资偿还期，可不计算项目的财务内部收益率、财务净现值等指标。

（6）对于使用多种来源债务资金的项目，应按各种投资或债务的还款条件计算投资方的投资偿还期。在各种债务的偿还条件未确定的情况下，应按照各种来源渠道的投资资金占投资资金总额的比例分摊偿还投资的方式计算投资方的投资偿还期。

7.8 不确定性分析

不确定性分析包括盈亏平衡分析和敏感性分析。

7.8.1 盈亏平衡分析

盈亏平衡分析是指在一定的市场和运营条件下对项目成本与收益的平衡关系进行的分析，以盈亏平衡点表示。项目盈亏平衡点根据项目正常运营年份的产品产量或销量、可变成

本、固定成本、产品价格和销售收入及税金的年平均数值计算得出，一般可以运营能力利用率表示。公式为

$$\mathrm{BEP}(\%) = \frac{C_F}{S - C_v - T} \times 100\%$$

式中　BEP——用运营能力利用率表示的盈亏平衡点；
　　　C_F——年平均固定总成本；
　　　S——年平均销售收入；
　　　C_v——年平均可变总成本；
　　　T——年平均销售税金及附加 + 年平均增值税。

7.8.2 敏感性分析

敏感性分析是指通过定量测算项目财务效益指标随项目建设运营期间各种敏感性因素变化而变化的幅度，判断项目的抗风险能力。

（1）敏感性因素一般包括工期、总投资、运营负荷、投入物价格、销售价格和汇率等。

（2）财务效益指标取财务内部收益率和投资偿还期。

（3）具体分析时，应根据项目具体情况，选择影响项目效益的几个最主要因素进行单因素敏感性分析，以了解和评估影响项目财务效益的最敏感因素，预测项目的潜在风险和抗风险能力。

1）影响内部收益率、投资偿还期的主要敏感性因素波动幅度可取该因素当前值或未来最可能值的正向和反向变动5％、10％和20％计算。根据项目情况也可将取值的浮动比例扩大，但一般不超过±30％。

2）对利用外资（包括权益类资金和负债类资金）达项目投资总额30％以上的项目，应将汇率作为敏感性因素进行敏感性分析。

（4）评估人员在对项目不确定性进行分析的基础上，须对项目的风险点做出判断。

7.9　投资方相关效益与风险评估

投资方相关效益与风险评估主要内容包括分析项目投资为投资方带来的效益，及项目存在的风险和防范措施。

7.9.1　投资方相关效益

投资方相关效益评估，是指在合理预测项目投资收益的基础上，就项目投资对投资方相关效益大小进行评估。效益评估的主要内容包括：

（1）对项目投资可以量化的投资方收益及成本进行具体测算，应区分年度数和总额进行计算，具备条件的可采取净现值法进行测算。

1）可以量化的投资方收益主要包括投资转移收入、存款转移收入和中间业务净收入，计算公式分别为

投资转移收入 = 投资额 × （投资的实际利率 − 内部资金转移价格）

存款转移收入 = 存款额 × （内部资金转移价格 − 存款付息率）

中间业务净收入是投资方为项目融资借款人提供财务咨询、信息咨询等金融服务获得的净收入。

2）具备条件的，应量化计算项目投资的投资方成本，主要包括项目投资应分摊的管理成本以及该项目投资的经济资本成本。

（2）对于项目投资难以量化计算的投资方收益和成本部分，可简化财务计算内容，但至少应对收益和成本项目进行逐项说明。例如，项目投资收益包括以下方面：有利于密切投资方与当地政府、主管部门、项目融资借款人所属集团公司或其他关联企业的业务合作关系，有助于投资方取得其他优质投资项目，有利于提高投资方的知名度和业务竞争能力等；项目投资成本包括暂难以量化的各项投入和支出。

7.9.2 风险评估

风险评估是指在分析项目自身存在的风险的基础上分析和判断投资方投资潜在的风险，并针对风险因素提出投资方分散、转移、化解或减轻投资风险的措施和建议。风险评估的内容如图7-4所示。

（1）项目主要风险。包括市场风险、技术风险、资金风险、政策风险等。如项目或投资涉及有待澄清、解决的法律问题或与任何第三方有尚未解决的法律纠纷，须进行分析说明。在评估时应逐一说明项目的主要风险，并进行逐项分析、判断。

（2）项目融资借款人对项目投资设定了担保措施。在这种情况下，评估时需根据《中华人民共和国担保法》等有关法律、法规和投资方有关规定对各项担保措施的有效性、充分性、可行性、合理性进行评估。

（3）项目融资借款人尚未对项目投资设定担保措施。在这种情况下，评估人员应根据项目投资和项目融资借款人情况分析是否需要设定担保，并提出切实可行的担保措施建议。

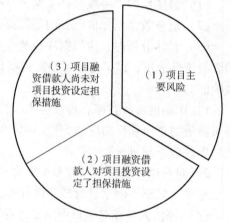

图7-4 风险评估的内容

7.10 总评价

通过对项目融资借款人/项目发起人、项目概况、未来收益、投资估算与融资方案、财务效益等方面的评估论证，评估人员分别得出了各个分项评估结论。在此基础上对各分项论证结果进行全面的归纳总结，形成评估总体结论。

（1）各分项评估结论和总体评估结论必须以评估分析为基础，符合投资方的信贷政策和信贷规章制度，不得与国家的法律、法规相违背。

（2）总体评估结论中应就项目投资的主要有利因素和不利因素逐一简要说明，并提出相应风险控制建议。

（3）总体评估结论应直接、明确地表明是否建议给予投资支持及投资的金额、期限、利率、担保方式，并就需要引起注意的事项或建议做出专门说明。

7.11 国内外融资渠道

以下主要列举国内外融资渠道。

7.11.1 项目贷款

项目贷款可用于借款人固定资产投资的本外币贷款，适用于 PPP 项目建设阶段融资需求。它具有贷款期限较长、贷款金额较大、融资成本较低和流程相对简便等优势。项目贷款的基本流程如图 7-5 所示。

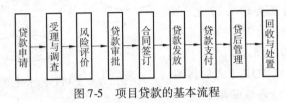

图 7-5 项目贷款的基本流程

7.11.2 银团融资

PPP 项目融资资金额较大，融资期限较长，适合采用银团的方式进行项目融资。根据中国银行业协会的要求，单一客户或单一项目融资超过 10 亿元，原则上通过银团方式提供融资；若融资金额超过 30 亿元，则必须通过银团方式提供融资。

银团成员包括牵头行、代理行和参加行。

（1）牵头行。牵头行是指经借款人同意，发起组织银团、负责分销银团贷款份额的银行，是银团贷款的组织者和安排者。银团可以由一家银行牵头，也可由两家及以上银行作为联合牵头行共同履行牵头职责，也可以根据其他金融机构认购份额情况设置副牵头行。

（2）代理行。代理行是指按相关贷款条件确定的金额和进度归集资金向借款人提供贷款，并接受银团委托，按银团贷款协议规定的职责对银团资金进行管理的银行。

（3）参加行。参加行是指参加银团并按照协商确定的承贷份额向借款人提供贷款的银行。

示例 1：银团贷款——项目贷款。某 PPP 项目组织结构如图 7-6 所示。

项目概况：新建综合填埋场一期项目，包括垃圾渗沥液应急排放、再生能源利用中心、防污染隔离林工程，项目总投资 34 亿元。

项目公司：L 固废综合开发有限公司。

融资方案：银团贷款 23 亿元，贷款期限 15 年。

还款来源：地方政府根据特许经营协议，与项目公司按 40 元/吨支付垃圾处理费。

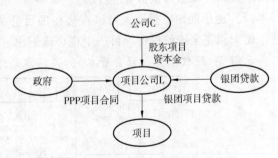

图 7-6 某 PPP 项目组织结构

7.11.3 并购贷款

并购贷款融资方式具有如下特点：

（1）满足 BOT、TOT、ROT 等项目资产和股权并购、转让过程的融资需求。对于 PPP 项目期满有偿移交的并购项目，应符合 PPP 项目的合同规定及监督部门对 PPP 项目规定的移交流程和要求。

（2）贷款金额不超过并购股权或资产的六成，贷款期限不超过 7 年。

（3）并购方应实现对并购标的的控制权。

示例 2：并购贷款。某 PPP 污水处理项目并购示意图如图 7-7 所示。

公司：G 集团（污水处理）。

项目：项目公司污水处理能力超过 230 万吨/日，污水处理服务费 1.17 元/立方米，排水设施服务费 11.95 万元/（公里·年）。评估价值 1.9 亿元。

PPP 模式：G 集团以 TOT 方式取得某县污水处理厂经营权，特许经营期 25 年。

融资方案：1 亿元并购贷款。

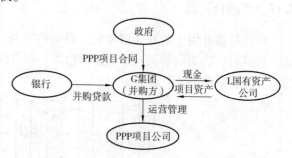

图 7-7　某 PPP 污水处理项目并购示意图

7.11.4　股权基金

股权基金融资方式具有如下特点：

（1）放大效应。通过少量的资金，撬动金融和社会资本，扩大了基金对项目投入的规模和支持力度。

（2）资源整合。PPP 市场化股权投资基金整合各种类型的市场化资源，降低投资、提升运营效率。

（3）激励引导。对 PPP 示范项目前期开发费用予以补贴，并以股权投资、短期融资等方式给予项目支持，调动各级政府积极性，增强社会资本的投资信心。

（4）市场化操作。设立投资决策委员会，以市场化的操作方式，利用社会资本专业化的投融资服务及项目运营管理经验。

（5）退出简便。投资人可以直接在项目公司层面将持有的项目公司股权或基金份额转让，而无须完全依赖投资项目产生现金流退出。

示例 3：股权基金（社会资本）。某污水处理 PPP 项目股权基金融资结构如图 7-8 所示。

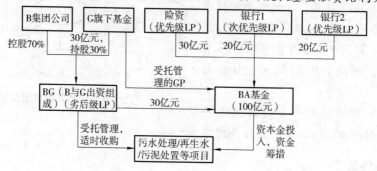

图 7-8　某污水处理 PPP 项目股权基金融资结构

基金规模：100亿元。

用途：污水处理和再生水利用服务特许经营权授予B集团，期限30年。

7.11.5 债券融资

1. 中期票据

中期票据融资方式是指通过公开市场进行融资，募集资金可用于置换银行贷款、补充经营资金缺口及项目建设。中期票据的注册额度计算方式与短期融资债券一致。中期票据发债期限在一年以上。

PPP项目中期票据的基本要求有两点：①主体信用评级一般达AA-以上，且是存续超过3年的非金融企业；②资质良好的PPP社会资本可申请发债。

示例4：债券融资。某PPP污水处理项目中期票据融资方式如图7-9所示。

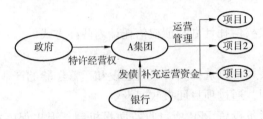

图7-9 某PPP污水处理项目中期票据融资方式

PPP模式：A集团被授予中心城区污水处理特许经营权，特许经营期8~30年不等。

融资需求：投资运营管理的生活污水处理厂达到63个，日常运营资金需求显著增加。

融资方案：2.5亿元发债的主承销服务。

2. 项目收益票据

项目收益票据融资方式的基本信息如表7-1所示。

表7-1 项目收益票据融资方式的基本信息

项　目	具体内容
定义	项目收益票据为用于满足项目建设的资金需求，并以项目产生的现金流为主要偿债来源的债务融资工具
发行主体	鼓励以项目公司作为发行主体，也能通过集团公司发行
发行期限	项目收益票据的期限涵盖项目全生命周期，期限与项目现金流匹配，发行期限灵活
募集资金用途	募集资金可用于项目建设及偿还前期项目贷款

针对PPP项目的项目收益票据有两点基本要求：①项目收益票据鼓励以项目公司作为发行主体，也能通过集团公司发行；②在项目准备阶段就项目运作方式、项目回报机制等进行设计，确保项目的现金流能覆盖项目收益票据的本息。

示例5：项目收益票据案例。

发行人：G市环保投资集团南沙环保能源有限公司。

发行金额：8亿元。

发行期限：10年。

募集资金使用：G市第四资源热力电厂垃圾焚烧发电项目。

还款安排：本期债券为10年期固定利率债券，附本金提前偿还条款，从第3个计息年度开始偿还本金，第3、4、5、6、7、8、9、10个计息年度末分别按本期债券发行总额的7.5%、10%、10%、12.5%、15%、15%、15%、15%的比例偿还本金。

还款来源：G市第四资源热力电厂的运营收入，包括项目垃圾处理费收入、发电收入、金属回收收入、即征即退增值税。

其他偿债保障措施：G市环保投资集团有限公司（发行人控股股东）作为本期债券的第一差额补偿人，G市广日集团有限公司（G市环保投资集团有限公司的控股股东）作为本期债券的第二差额补偿人。

7.11.6 信托融资模式

信托融资模式分为股权信托计划和债权信托计划两种方式。

1. 股权信托计划

此种方式下，信托公司可以选择具有项目建设和运营经验的产业投资人作为社会资本联合体，共同投资项目公司，通过项目回报收回投资。

股权信托计划重点考量投资PPP项目收益回报机制、退出保障机制等，确保风险和收益的匹配性。

2. 债权信托计划

债权信托计划是：①为投资方融资；②为PPP项目公司提供融资。

债权信托计划重点考量信托融资资金来源、成本和期限、融资主体的财务状况、回购人的资质和回购条件等。

7.11.7 保险资金PPP模式

保险资金PPP模式比较适用于PPP项目的融资需求，原因有二：①保险资金投资金额大，期限长，符合PPP项目的融资需求；②大型PPP项目一般收益稳定，且政府支持力度大，符合保险资金安全性的要求。

1. 保险资金债权投资计划

保险资金债权投资计划中，偿债主体通常为项目公司或其母公司，要求具有稳定可靠的收入和现金流。财务状况良好，还款来源明确且真实可靠。其组织结构如图7-10所示。

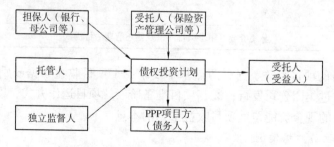

图7-10 保险资金债权投资计划的组织结构

2. 保险资金股权投资计划

此种方式下，在增信措施上，要求项目融资方认购基金份额中一定比例的劣后部分，原则上不低于30％，同时在退出机制上，要求由合格的第三方企业回购，第三方主体应由国内合格信用评级机构评定为AAA级。保险资金股权投资计划的组织结构如图7-11所示。

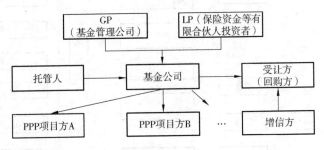

图7-11 保险资金股权投资计划的组织结构

7.11.8 资产证券化

资产证券化是以特定资产组合或特定现金流为支持，发行可交易证券的一种融资形式。PPP模式中，可证券化的基础资产及与其对应的典型企业见表7-2。

表7-2 可证券化的基础资产及对应的典型企业

基础资产类型	基础资产	典型企业
应收账款、其他债权在一定条件下资产可实现出表，即不增加企业负债率	• 贷款合同的项下债权 • 租赁合同的租金收益 • 其他应收款	• 工程建设公司、城建公司 • 银行、小贷公司 • 汽车金融公司、租赁公司 • 有稳定中长期应收款的企业
未来应收账款（收益权）	• 供水系统/水费收入 • 污水处理系统/排污费收入 • 发电站/电费收入 • 路、桥/过路、过桥费收入 • 航空、铁路、地铁/客货运费收入 • 港口、机场/泊位收入 • 物业租金收入 • 门票收入	• 水务公司 • 城建公司 • 发电企业 • 高速公路、路桥 • 地铁、高铁 • 航空公司、轨道交通企业 • 港口、机场企业 • 工业区、开发园区企业 • 旅游景区企业

7.11.9 小结

对PPP项目融资计划中的资金来源和项目可采用的增信措施进行总结，如图7-12、图7-13所示。

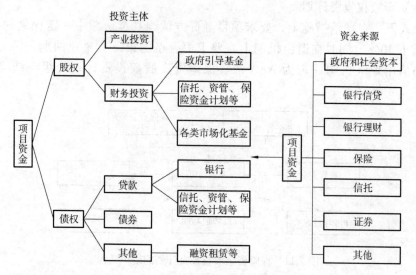

图 7-12 PPP 项目融资计划资金来源

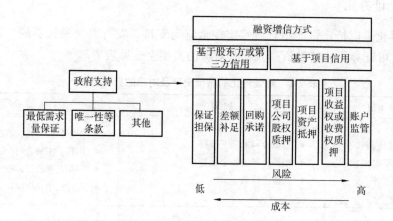

图 7-13 PPP 项目增信措施

第8章 项目风险识别

8.1 风险观

8.1.1 风险的概念及基本内容

风险是指人们对未来行为的决策及客观条件的不确定而导致的与人们利益相关的可能结果与预期目标发生多种偏离的综合。这种偏离有大小、程度以及正负之分，即风险的可能性、发生后果的严重程度和带来的损失或收益。

可能导致PPP项目失败的风险很多。宏观上主要有：政治风险、法律风险、市场风险、不可抗力风险和项目风险；这些风险存在于PPP项目的全操作流程与全生命周期。一般来说，政治风险和法律风险通常更多存在于项目识别阶段，市场风险则更多出现在项目准备阶段，不可抗力风险则无处不在，项目风险则是在项目的全生命周期都可能出现。微观风险依项目的不同阶段而不同，可在具体操作流程中来分析PPP具体存在的风险。

8.1.2 风险管理的意义

项目各参与方的期望收益及其表现形式、衡量方式各异，所以相同风险对不同参与方的作用形式和影响方式也具有多样性。因此，为了达到利益最大化，必须在项目全过程中进行系统化的风险管理，以把控风险。

8.1.3 PPP项目的特点及运作方式

PPP项目的特点决定了其必然存在着巨大的风险，风险因素呈现出不确定性、多样性和动态变化性的特点。PPP项目是多个不同利益主体，基于一系列的合同、协议，共同参与运作的大型特许经营项目。项目中涉及的多种经济活动，以及政治、经济、自然等外部环境的影响导致了PPP项目潜在风险因素的广泛性和多样性。PPP项目的运作方式从资金来源、回报机制和项目流程三方面来讲如下：

（1）资金来源。PPP项目融资主要包括权益和债务两大类。在典型的PPP项目中，政府和一家或多家社会资本作为项目公司的股东投入资本金，资本金一般占项目总投资的20%~30%，另外70%~80%则采用银行贷款、发行债券等债务融资方式。由于PPP项目投资期限长，保险资金、政策性银行贷款、PPP引导基金等是较为理想的资金来源。此外，开展资产证券化、打造PPP股权交易平台，也是解决资金期限与项目期限不匹配问题的重要方式。

（2）回报机制。社会资本参与PPP项目投资，回报机制主要包括使用者付费、政府付费和可行性缺口补贴。从财政部PPP项目库来看，截至2016年7月底，上述三种回报机制的项目金额分别占 36%、23% 和 41%。

（3）项目流程。根据《政府和社会资本合作模式操作指南（试行）》，一个完整的 PPP 项目流程包括项目识别、项目准备、项目采购、项目执行以及项目移交阶段。

8.2 PPP 项目风险识别和风险分析

风险识别是风险管理的第一步，是在各类风险事件发生之前，运用各种方法对风险进行辨认和鉴别，是系统地发现风险和不确定性的过程，从而估计和评价风险的大小，选择最适当的管理对策。风险识别不是一个孤立的风险分析过程，而是 PPP 项目风险全过程分析的一个重要组成部分，一般基于相关经验判断或历史资料，采用一种或多种方法组合，是系统、连续地识别项目相关风险因素来源及特点的动态分析过程。

PPP 风险分析是一个动态的、系统的分析过程，因为项目自始至终都存在着各种不确定因素，所以风险分析需要贯穿项目运行的各个阶段。PPP 项目风险分析实质上是一个系统的风险管理过程，而风险识别是风险管理的第一步，所有后续的风险分析都是围绕着识别出的风险而来的。

8.3 PPP 项目风险识别的内容

风险识别的不仅仅是项目中已经发生的风险，还包括项目中潜在的各种风险，以及情况发生变化时，项目可能出现的新风险。也就是说，风险识别应该考虑到 PPP 项目风险的各方面，不给项目的运行埋下隐患。至于风险的发生概率、风险的危害程度，是在风险评估中需要做出的，并在风险应对措施中体现出来。

8.4 PPP 项目风险识别的过程

PPP 项目风险识别的过程如图 8-1 所示。

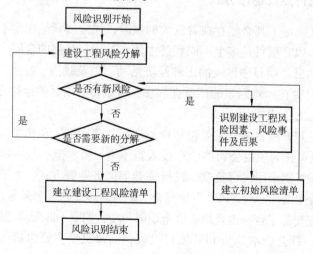

图 8-1　PPP 项目风险识别的过程

8.5 企业在 PPP 投融资模式中的现金流风险

目前对于上市公司而言，PPP 项目的收入占比并不高，因此从目前一些公司的报表看不到现金流的明显改善是正常的。伴随着 PPP 项目收入占比的提升，现金流的改善是必然的趋势。

8.6 PPP 项目风险中的"庞氏骗局"

"庞氏骗局"指的是利用新投资人的钱来向老投资人支付利息和短期回报，以制造赚钱的假象进而骗取更多的投资。PPP 会不会成为"庞氏骗局"，核心要看资金期限错配之后能不能提升 ROE（净资产收益率＝净利率×周转率×权益系数）水平，从而覆盖资金的成本，而不是单纯地考虑地方政府有没有偿付能力。主要包括两个方面：①PPP 能不能让地方政府将资金投向更有效的方向；②PPP 能不能提升资金的使用效率。

PPP 模式的推动本质上就是在引导地方政府的投资冲动，将资金投向更有效率的方向。PPP 项目的落地必须是由地方政府、银行或保险公司、企业三方共同推动才能实现。地方政府出于政绩的考量，可能主观还是有加大投资的冲动，但是客观上缺少企业的响应、银行的融资、投资的冲动是无法兑现的。因此 PPP 模式的落地将资金投向更有效率的方向。

其实从 PPP 加速落地的宏观投资数据来看，基建投资增速并没有出现快速的提升，也从侧面说明了 PPP 项目的落地本质上是项目投资结构的优化，而不是新一轮的地方政府的投资刺激。

在 PPP 的投融资模式下，企业方的参与壁垒较高，需要具备较强的融资能力（投入资本金的需求）、项目施工能力、运营能力（如果存在运营环节）等。此外，银行也会在企业参与方的选择中与地方政府进行博弈（银行当然更倾向于 PPP 模式的参与方是上市公司）。因此，在 PPP 的投融资模式中，优质的企业，尤其是上市公司，将会成为 PPP 投融资改革中的最大受益方。优质企业的参与将会进一步提升资金的使用效率。从地方政府的角度来看，优质企业参与到 PPP 项目中，能够大幅减少项目的跑冒滴漏，提升项目的利润空间，在后续的运营中也能够实现更高的收益水平，有效提升这部分投资的资金使用效率。

从上述分析可以看出，PPP 不会是庞氏骗局。虽然在未来的一段时间内，可能会有部分项目出现"骗局"的结果（即项目回款出现违约），但是个别项目的问题并不能否定 PPP 的投融资模式让地方政府的资金投向更有效、让行业竞争格局优化这样的大趋势。对于整个投融资模式的优化改革，我们不应该纠结于眼下的问题，而是应该更多地关注行业发生的深层次变化。新生事物推行过程中不乏波折，PPP 投融资模式的改革确实在向着好的趋势发展，PPP 的投融资改革本质上也是行业洗牌的过程，行业的集中度将会得到进一步提升，上市公司应抓住这个机遇，借助自身的优势做大最强，更多的优质建筑民营企业将会在 PPP 的投融资改革中走出来。

8.7 识别风险常用的方法

8.7.1 风险识别的方法

在风险管理实践中,风险识别的方法有很多,主要有德菲尔法、头脑风暴法、核对表法、工作分解结构、故障树法、流程图法等。由于 PPP 项目间差别较大,各种风险因素较多,项目各个阶段的风险类别也大有不同,相关参与者的风险承担能力和风险承担责任也有不同,因此对于不同的项目,应当选取适当的风险识别方法或方法组合,从而全面且系统地识别项目中存在的各种风险,以便准确及时地制定相应的风险应对方案,从而使得整个项目的风险最小化,最终顺利完成项目建设目标。

8.7.2 目前主要采取的风险识别方法比较

表 8-1 将目前主要采用的风险识别的方法进行对比,根据方法自身的优缺点来讨论该方法的适用范围。在项目的不同阶段和不同情况下,选择适当的风险识别方法或方法组合。

表 8-1 常用的风险识别方法对比

方法	优点	缺点	适用范围
德尔菲法	能充分发挥各位专家的作用,集思广益,准确性高;能把各位专家的意见和分歧表达出来,取各家之长,避各家之短	分析结果易受组织者、参加者的主观因素影响,容易偏于保守,新思想产生的过程比较复杂,花费时间较长,费用较大	适用于大型工程
头脑风暴法	可以避免忽略不常见的风险	对各成员的要求比较高	适用于问题比较单纯、目标比较明确的情况
核对表法	风险识别工作较为简单,容易掌握	对单个风险的来源描述不足,没有揭示出风险来源之间的相互依赖关系,对指明重要风险的指导力度不足	适用于常见的风险
工作分解结构	在项目范围、进度和成本管理等方面使用工作分解结构,在风险识别中利用这个已有的现成工具并不会增加额外的工作量	对于大的项目,工作分解会过于复杂和烦琐	适用于中小型工程
故障树法	可以比较全面地分析所有故障原因,比较形象化,有利于风险管理措施的制定	应用于大的系统时,容易产生遗漏和错误	适用于经验较少时的风险识别
流程图法	既可以识别非技术风险,也可以识别技术风险	耗费大量的时间,不能描述细节,可能遗漏一些风险,缺乏定量分析	适用于识别非技术风险及技术风险
因果分析图法	便于找出风险及风险因素之间的关系,不容易遗漏风险	需要管理者有丰富的工程经验,耗费时间	适用于大型的项目

(续)

方　法	优　点	缺　点	适用范围
面谈法	有助于识别在常规计划中容易被忽视的风险因素	无法单独使用	适用于较为复杂的项目
ISM-HHM法	解决不同风险之间的内在关系，识别风险因素的来源	需要将导致项目失败的所有因素一一识别出来	适用于部分PPP项目

以上方法适用于一般的工程项目及部分PPP项目，其中以核对表法适用范围最为广泛，并依托于风险清单，相比较之下更适合PPP项目基础设施建设的特性，因此在PPP项目中最常使用。

8.7.3 核对表法

核对表法是管理中用于记录和整理数据的常用工具，核对表是基于以前类比项目信息及其他相关信息编制的风险识别核对图表。用于风险识别时，就是将以往类似项目中经常出现的风险事件列于一张汇总表上，供识别人员检查和核对，以判别某项目是否存在以往历史项目风险事件清单中所列或类似的风险。目前此类方法在工程项目的风险识别中已得到大量采用。

风险核对表对项目风险管理人员识别风险起到了开阔思路、启发联想、抛砖引玉的作用，适用范围较广泛。

8.7.4 失败案例原因分析

1. A湾跨海大桥PPP项目失败原因分析

A湾跨海大桥是一座横跨中国A湾海域的跨海大桥，全长36公里，北起B市，跨越宽阔的A湾海域后止于C市，总投资约118亿元，双向六车道高速公路，设计时速100公里，设计使用寿命100年以上，是跨越A湾的便捷通道。出于对预期效益的乐观评估，跨海大桥一度吸引了大量民间资本，17家民营企业以PPP形式参股A湾大桥发展有限公司，让这一大型基础工程成为国家级重大交通项目融资模板。然而后来投资入股的民企又纷纷转让股份，退出大桥项目，地方政府不得不通过国企回购赎回了项目80%的股份。通车五年后，项目资金仍然紧张，2013年全年资金缺口达到8.5亿元。而作为唯一收入来源的大桥通行费收入全年仅为6.43亿元。按照30年收费期限，可能无法回收本金。

项目风险因素识别及分析如下：

（1）政治风险。在A湾跨海大桥开工建设未满两年时，相隔仅50公里左右的D市大桥就已准备开工，与A湾跨海大桥形成了直接的商业竞争。2013年通车的E大桥对A湾大桥来说更是"雪上加霜"，同样是小车的通行费，E大桥比A湾跨海大桥便宜。2014年，F通道也已通车，通行费比A湾跨海大桥便宜许多。另外G大桥、H跨海高速、I铁路大桥等项目也已纳入地方或国家规划，未来车流量将进一步分流，合同与规划的严重冲突令项目前景更加黯淡。

一些PPP项目建成后，政府或其他投资人新建、改建其他项目，与该项目形成实质性竞争，损害其利益，这是导致PPP项目失败的一个重要原因，而A湾跨海大桥正是深受此苦。

（2）市场风险。A湾跨海大桥几乎只有唯一的营业收入来源，就是通行费，单一的收入来源加大了A湾跨海大桥项目对通行费的依赖，风险增加。从2003年的《A湾跨海大桥工程可行性研究报告》来看，当时预测2010年大桥的车流量有望达到1867万辆，但是，实际上2010年的车流量只有1112万辆，比预期少了40%以上。2012年，跨海大桥的实际车流量达到了1252.4万辆，仍然不及预计的1415.2万辆。严重的预期收益误判导致民企决策错误，民企出现资金缺口，达8.5亿元，大桥项目从规划到建成的10年间多次追加投资，从规划阶段的64亿元到2011年的136亿元，投资累计追加1倍多，参股的民企已先期投入，只能继续追加，最终被套牢。

（3）技术风险。A湾跨海大桥工程规模大、海上工程量大，海域宽阔，自然环境恶劣，台风多、潮差大、流速急，具有典型的海洋性气候特征，有效工作日少；软土层厚、持力层深，给制定总体设计方案和施工带来一系列问题；南岸滩涂长，施工条件复杂，采用常规设计方案和施工方法很难满足工期要求，多个区域浅层气富集，危及施工安全；而且，环境的腐蚀作用严重。这一切的不利因素都增加了跨海大桥的施工难度，为了保证工程质量和工期，施工单位采取了一系列措施，如异地施工、预制大型桥梁部件、超长整桩预制；建筑"陆上桥"，解决软土层不稳定问题，在南、北航道桥分别开工，同时在两岸设立工厂，专门为A湾浇筑桥梁提供场所；为避免钢筋被海水腐蚀，施工方在原来的水泥中加入了粉煤烟和阻蚀剂等特殊用料，还进行了熔融结合环氧粉末涂装，阻止海水腐蚀桥梁，有效地阻止海水进入混凝土，腐蚀钢筋。这一系列措施增加了私营合作方的建设成本，为后期的投资回报增加了风险。

综上所述，由于跨海大桥对可能存在的政治、市场、技术风险识别不足，最终导致项目的实际收益远低于预期收益。可见在项目初期进行系统的风险识别是非常重要的。

2. 其他案例失败原因分析

（1）法律变更风险。法律变更风险主要是由于采纳、颁布、修订、重新诠释法律或规定而导致项目的合法性、市场需求、产品/服务收费、合同协议的有效性等元素发生变化，从而威胁到项目的正常建设和运营，甚至直接导致项目的中止和失败的风险。PPP项目涉及的法律法规比较多，加之我国PPP项目还处在起步阶段，相应的法律法规不够健全，很容易出现这方面的风险。例如，江苏某污水处理厂采用BOT融资模式，原先计划于2002年开工，但由于2002年9月《国务院办公厅关于妥善处理现有保证外方投资固定回报项目有关问题的通知》的颁布，项目公司被迫与政府重新就投资回报率进行谈判。上海的大场水厂和延安东路隧道也遇到了同样的问题，均被政府回购。

（2）审批延误风险。审批延误风险主要是指由于项目的审批程序过于复杂，导致花费的时间过长和成本过高，且批准之后对项目的性质和规模进行必要商业调整非常困难，给项目的正常运作带来了威胁。比如某些行业里一直存在成本价格倒挂现象，当市场化之后引入外资或民营资本，都需要通过提价来实现预期收益。而根据我国《价格法》和《政府价格决策听证办法》的规定，公用事业价格等政府指导价、政府定价，应当建立听证会制度，征求消费者、经营者和有关方面的意见，论证其必要性、可行性。这一复杂的过程很容易造成审批延误的问题。以城市水业为例，水价低于成本的状况表明水价上涨势在必行，但是各地的水价改革均遭到不同程度的公众阻力，造成审批延误问题。

(3) 政治决策失误风险。政治决策失误风险是指由于政府决策程序不规范、官僚作风、缺乏 PPP 项目的运作经验和能力、前期准备不足和信息不对称等导致项目决策失误和过程冗长的风险。例如，某市污水处理项目由于当地政府对 PPP 的理解和认识有限，政府对项目态度的频繁转变导致项目合同谈判时间很长。而且，污水处理价格是在政府对市场价格不了解的情况下签订的，价格较高，后来政府了解以后，又要求重新谈判以降低价格。此项目中项目公司利用政府的知识缺陷和错误决策签订不平等协议，从而引起后续谈判拖延。

(4) 公众反对风险。公众反对风险主要是指由于各种原因导致公众利益得不到保护，从而引起公众反对项目建设所造成的风险。

(5) 政府信用风险。政府信用风险是指政府不履行或拒绝履行合同约定的责任和义务而给项目带来直接或间接危害的风险。例如，在某污水处理厂项目中，社会资本与某市排水公司于 2000 年签署《合作企业合同》，设立污水处理有限公司，同年市政府制定《污水处理专营管理办法》。2000 年年底，项目投产后合作运行正常。然而，从 2002 年年中开始，市排水公司开始拖欠合作公司污水处理费用，市政府于 2003 年 2 月 28 日废止了《污水处理专营管理办法》，2003 年 3 月起，市排水公司开始停止向合作公司支付任何污水处理费。经过两年的法律纠纷，2005 年 8 月最终以市政府回购而结束。

(6) 不可抗力风险。不可抗力风险是指合同一方无法控制，在签订合同前无法合理防范，情况发生时，又无法回避或克服的事件或情况，如自然灾难或事故、战争、禁运等。

(7) 融资风险。融资风险是指由于融资结构不合理、金融市场不健全、融资的可及性低等因素引起的风险。其中最主要的表现形式是资金筹措困难。PPP 项目的一个特点就是在招标阶段选定中标者之后，政府与中标者先草签特许协议，中标者要凭草签的特许协议在规定的融资期限内完成融资，完成融资后特许协议才可以正式生效。如果在给定的融资期限内中标者未能完成融资，将会被取消中标资格并没收投标保证金。在湖南某电厂的项目中，中标者就因没能完成融资而被没收了投标保函。

(8) 市场竞争（唯一性）风险。市场竞争风险是指政府或其他投资人新建或改建其他相似项目，导致对该项目形成实质性的商业竞争而产生的风险。

市场竞争风险出现后往往会带来市场需求变化风险、市场收益风险、信用风险等一系列的后续风险，对项目的影响是非常大的。例如，A 湾跨海大桥项目开工未满两年，在相隔仅 50 公里左右的另一大桥已在加紧准备当中，其中一个原因可能是因为当地政府对社会资本提出的高资金回报率不满，致使项目面临唯一性风险和收益不足风险。

(9) 市场需求变化风险。市场需求变化风险是指除唯一性风险以外，由于宏观经济、社会环境、人口变化、法律法规调整等其他因素使市场需求变化，导致市场预测与实际需求之间出现差异而产生的风险。例如，某发电项目，项目公司于 1997 年成立，计划于 2004 年最终建成。建成后运营较为成功，然而当地电力市场的变化、国内电力体制改革对运营购电协议产生了重大影响。第一是电价问题，1998 年根据原国家计委曾签署的备忘录，已建成的一期、二期电厂获准了 0.41 元/千瓦时这一较高的上网电价；而在 2002 年 10 月，新机组投入运营时，当地物价局批复的价格是 0.32 元/千瓦时。这一电价不能满足项目的正常运营。第二是合同中规定的"最低购电量"也受到威胁。从 2003 年开始，当地计委将以往该项目与山东电力集团间的最低购电量 5500 小时减为 5100 小时。但由于合同约束，电力集团仍须以"计划内电价"购买 5500 小时的电量，差价由该电力集团自己掏钱填补，这无疑打击了其购电的积极性。

（10）收费变更风险。收费变更风险是指由PPP产品或服务收费价格过高、过低或者收费调整不弹性、不自由导致项目公司的运营收入不如预期而产生的风险。例如，由于电力体制改革和市场需求变化，某发电项目的电价收费从项目之初的0.41元/千瓦时变更到了0.32元/千瓦时，使项目公司的收益受到严重威胁。

（11）腐败风险。腐败风险主要是指政府官员或代表利用其影响力要求或索取不合法的财物，而直接导致项目公司在关系维持方面的成本增加，同时也加大了政府将来的违约风险。

以上是从案例中总结而来的导致PPP项目失败的主要风险，从对这些风险和案例的描述中也可以看出，一个项目的失败往往不是单一风险作用的结果，而是表现为多个风险的组合作用。

8.8 成功案例因素分析

8.8.1 马来西亚南北高速公路案例

马来西亚在2011—2015年共有7个公路项目启动，投资额约44.8亿美元。南北高速公路是马来西亚首个采用BOT模式建造的高速公路项目，也是发展中国家采用BOT模式取得成功的典型案例之一。该项目成功引入了海外投资方共同进行项目融资，其项目融资结构如图8-2所示。在该项目中，马来西亚政府是南北高速公路项目的真正发起人及特许经营期结束后的项目拥有者。普拉斯公司作为项目公司，全面负责高速公路的筹资、设计、建造及运营。该项目运用BOT模式，吸引了大量的民营资本和国外资金，在一定程度上缓解了项目建设初期的资金缺口问题，同时将建设与运营管理权交由项目公司，使得政府对项目干预的影响力得到有效控制。

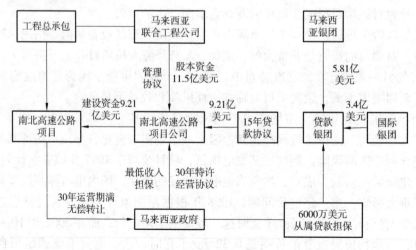

图8-2 项目融资结构

分析：对政府而言，该项目采用BOT模式节约了大量建设资金，使南北高速公路按原计划建成并投入使用，有效促进了国民经济的发展；对项目投资及经营方而言，根据专业机构的预测分析，项目公司能够获得约 2 亿美元的净利润，工程总承包商在 7 年建设期内可获利约 1.5 亿美元，而政府提供的最低营业收入担保、金融风险担保也为私人投资方极大地降低了项目的市场风险与金融风险；对贷款银行而言，本国金融资本的积极参与为广泛吸引国外金融财团起到了积极作用，马来西亚政府的从属性备用贷款也增强了金融财团的信心，降低了信用风险。海外 PPP 项目由于其开发环境复杂、开发成功的难度大，因此项目合作过程中第三方顾问团队的作用也不容忽视。英国摩根格兰福银行作为该项目的融资顾问，联合马来西亚本国以及国际银团为项目筹集资金，协助制订海外业务的战略规划，也极大地促进了项目的顺利进行。

8.8.2 济青高铁案例

济青高铁是全国铁路建设投融资改革以来第一条以地方投资为主建设的国家高速干线铁路。其中，潍坊段项目通过采用 PPP 模式，引入实力雄厚、投融资和运营管理经验丰富的社会投资人，由社会资本承担资金筹集并参与济青高铁的运营管理，有效缓解了政府资金投入压力，探索了社会资本参与地方高铁建设的有效模式，激发了社会资本的投资潜力。潍坊市政府授权潍坊市财政局作为实施机构，按照公开招标—资格预审—竞争性磋商的方式，确定社会资本合作方，并通过指定机构与其合资成立项目公司。2015 年 6 月 8 日，中国邮政储蓄银行及其合作方成功中标，全部承担 40 亿元项目投资，投资收益率不高于 6.69%/年，收益来源为济青高铁的运营收益，不足部分由政府安排运营补贴弥补，合作期 15 年，采用 BOT 模式运作，如图 8-3 所示。

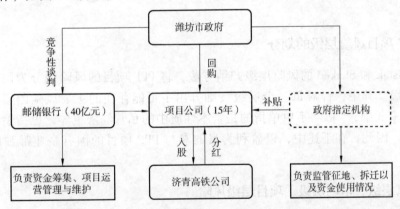

图 8-3 济青高铁项目合作框架

该案例中，社会资本承担筹资、运营风险，政府承担项目推进风险；社会资本享受高铁运营分红和财政可行性缺口补贴，政府享受未来股权优先运作权。济青高铁项目作为我国首例运作成功的高铁 PPP 项目，充分激发了社会资本投资热情和潜力，吸引了 15 家社会资本报名，意向投资达 420 亿元，创造了 10 倍于原投资额的社会资本追捧的奇迹。

分析：对于社会资本而言，投资企业看重的不仅仅是铁路收益分红，更重要的是其未来股权的价值上升空间，济青高铁成功的原因有：

（1）权责明确。合同中对双方权责有明确界定，对项目收益合理分配，将 PPP 项目的投资风险进行分散与化解，对项目的成功落地起到了积极的促进作用。政府和社会资本各司其职，互相取长补短。将特定的风险分配给最善于管理该种风险的一方，将特定的职能分配给更有优势的一方，提升了 PPP 的效率。

（2）优势互补。邮储银行联合不同合作方协同参与该项目，充分调动了各方的优势以发挥集团效应。综合看来济青高铁在铁路项目中是有较大优势的好项目。

（3）融资方案清晰。济青高铁的融资方案思路清晰，政府明确出资方案，没有给人"招摇撞骗"和"圈钱"之感，成为众多良莠不齐的 PPP 项目中难得的亮点。首先，资本金筹措有保障。山东省省管企业和省国土厅所属土地储备中心以土地开发收益金为依托出资 30%，沿线各地政府以土地和拆迁费入股出资 30%，国内各类企业，包括民间资本和社会资本、金融机构出资 20%，余下的 20% 引入外资参股。其次，后续融资有保障，项目采取中长期企业债、中期票据、信托计划和银行贷款等多种形式筹集资金，当地地方政府和银行将予以支持。

（4）退出机制安全。短期有类似债权的无风险收益，长期可以享受股权的资本利得收益。在 15 年的项目合作期限内，邮储银行的 40 亿元资金将获得每年 6.69% 的债权收益，算是不错的收益率。收益率背后有不仅有优质项目和配套政策的支撑，还享受政府财政的补贴，潍坊市政府将运营补贴支出列入财政年度预算以及中长期财政规划，减少了政策和法律风险，换句话说，社会资本拿到的基本是无风险收益。

综上所述，济青高铁在项目初期充分考虑了可能存在的风险，并采用多重保障降低了风险发生的概率，确保了济青高铁项目的成功。

8.9 风险清单确定

8.9.1 PPP 项目风险层级的划分

借鉴 Hastak 和 Shaked 的风险层级归纳方法，将 PPP 项目的风险划分为国家、市场和项目三个层级。其中，针对每一个层级又细分出了可能存在的主要风险因素。此外，在我国的 PPP 模式中，"私"不单单指的是资本性质中的私营经济主体，也指追求经济利益的资本目的。因此，在下述中，以盈利为目的参与 PPP 项目的国有企业都被归为 PPP 中的第二个 P。

8.9.2 国家层级、市场层级、项目层级风险

国家层级风险是指在政治、法律、社会、自然等方面潜在的风险，表现在政治的稳定性、法律法规监管的不完善、改善自然因素的能力、应对社会重大事件的改变等；市场层级风险特指在某一特定国家内，金融经济环境、融资环境、PPP 项目市场以及第三方内潜在的风险，主要包括金融变化带来的市场成本和运营变化、市场竞争需求变化引起的项目风险和第三方风险带来的市场变化等；项目层级风险是指 PPP 项目施工过程中潜在的风险，如建设风险、运营风险、设计风险、合作关系风险等。

8.10 PPP 项目风险清单一览表

根据文献调查法和以往的经验，这里将我国以往失败 PPP 项目中导致项目损失的重要

风险、以往关于我国 PPP 项目风险研究中不明确的风险、现有可参考的风险分担方案中分担不统一的风险进行归纳合并，得出风险清单，如表 8-2 所示。

表 8-2　风险清单

序号	层级	风险因素	风险因素形式	含 义 解 释
1	国家层级	政治风险	腐败风险	政府官员的腐败行为将直接增加项目公司在关系维持方面的成本，同时也加大了政府在将来的违约风险
2			政府干预风险	政府官员直接干预项目建设/运营活动的自主决策权力
3			征用/公有化风险	中央或地方政府强行没收项目、资产征用或国有化，要求私营资本退出
4			政府信用风险	政府不稳定，政府不履行或拒绝履行合同约定的责任和义务而给项目带来直接或间接的危害
5			政府决策失误风险	程序不规范、官僚作风、缺乏 PPP 的运作经验和能力、前期准备不足和信息不对称等造成项目决策失误和过程冗长
6			审批延误风险	项目需经过复杂的审批程序，花费时间长和成本高，且批准后，对项目的性质和规模进行必要商业调整非常困难，给项目正常运作带来威胁
7		法律风险	税收调整	因经济环境变化，政府对税收法律法规及政策进行调整，包括中央或者地方政府的税收政策变更
8			法律监管不完善	由于现有 PPP 立法层次较低、效力较差，相互之间存在某些冲突，可操作性差等原因造成的危害
9			法律变更	主要是指由于采纳、颁布、修订、重新诠释法律或规定而导致项目的合法性、市场需求、产品/服务收费、合同协议的有效性等元素发生变化，从而对项目的正常建设和运营带来损害，甚至直接导致项目的中止和失败的风险
10		自然风险	气候/地质条件风险	项目所在地客观存在的恶劣自然条件，如气候条件、特殊的地理环境和恶劣的现场条件等
11			环保风险	政府或社会团体对项目环保要求提高导致项目的成本提高、工期延误或其他损失
12			不可抗力风险	合同一方无法控制，在签订合同前无法合理防范，情况发生时，又无法回避或克服的事件或情况，如自然灾害或事故、战争、禁运等
13		社会风险	重大社会事件风险	由于国家文化、社会动荡，产生一系列的重大社会事件，影响项目的进行
14			公众反对	由于各种原因导致公众利益得不到保护或受损，从而引起政治甚至公众反对项目建设所造成的风险

(续)

序号	层级	风险因素	风险因素形式	含 义 解 释
15	市场层级	金融风险	外汇风险	包括外汇汇率变化风险和外汇可兑换风险
16			利率风险	指市场利率变动的不确定性给 PPP 项目造成的损失
17			通货膨胀	指整体物价水平上升,货币的购买力下降,导致项目成本增加等其他后果
18			融资风险	包括融资结构不合理、金融市场不健全、融资的可及性等因素引起的风险,其中最主要的表现形式是资金筹措困难
19		市场风险	市场竞争(唯一性)	指政府或其他投资人新建或改建其他项目,导致对该项目形成实质性的商业竞争
20			市场需求变化	除唯一性风险以外,由于宏观经济、社会环境、人口变化、法律法规调整等其他因素导致的市场需求变化,导致市场预测与实际需求之间出现差异而产生的风险
21			收益不足	是指项目运营后的收益不能满足收回投资或达到预定的收益
22			土地获选风险	土地所有权获得困难,土地取得成本和时间超过预期使得项目成本增加或项目延期
23		第三方风险	第三方风险	除政府和私营投资者,其他项目参与者拒绝履行合同约定的责任和义务,或者履行时间延误
24	项目层级	建设风险	完工风险	表现为工期拖延、成本超支、项目投产后达不到设计时预定的目标,从而导致现金流入不足、不能按时偿还债务等
25			收费变更	包括由于 PPP 产品/服务收费价格过高、过低或者收费调整不弹性/不自由导致项目公司的运营收入不如预期
26			费用支付风险	指由于基础设施项目的经营状况或服务提供过程中受其他因素影响,导致用户(或政府)费用不能按期按量地支付
27			供应风险	指原材料、资源、机具设备或能源的供应不及时给项目带来损失
28			项目测算方法主观	特许期、服务价格的设置与调整、政府补贴等项目参数的测算过于主观,使得项目没有达到理想的效果
29			不招标或违法招标	应招标项目不招标或招标程序违法,导致私营合作方、施工单位等相关主体不合格的风险
30		运营风险	工程/运营变更	由于前期设计的可建造性差、设计错误或含糊、规范标准变化、合同变更、业主变更等原因引发的工程/运营变更
31			超支风险	由于政府强制提高产品/服务标准,利率/汇率/不可抗力等非运营商因素,运营管理差等原因造成运营成本超支
32			残值风险	投资者过度使用设备、技术条件等资源,造成特许期期满移交时,项目设备材料折旧所剩不多,影响项目的继续运营
33			项目财务监管不足	放贷方和政府对项目公司的资金运用和项目的现金流监管不足,导致发生项目资金链断裂等变故
34			设备风险	指相关的基础设施不到位引发的风险

(续)

序号	层级	风险因素	风险因素形式	含义解释
35	项目层级	设计风险	设计缺陷风险	设计时出现失误,造成建设的成本增加、工期延长
36			技术风险	指所采用技术不成熟、难以满足预定的标准和要求,或者适用性差,迫使私营机构追加投资进行技术改造
37		合作关系风险	特许经营人能力不足	由于特许经营人能力不足等原因导致建设、运营生产力低下
38			合同文件冲突/不完备	合同文件出现错误、模糊不清、设计缺乏弹性、文件之间不一致,包括风险分担不合理、责任与义务范围不清等风险
39			组织协调风险	由于项目公司的组织协调能力不足,导致项目参与各方的沟通成本增加、互相矛盾等变故
40			投资者变动风险	由于项目公司股东之间难以达成一致,导致私营合作方或私营合作方中的一方中途退出,而影响项目的正常运营

8.11 实例——流程与实操方法

下面以中国在 Y 国首例 BOOT 电站的成功运作为例进行介绍。

1. 项目背景及各合作方

投资方：中国 A 公司、中国 B 公司、C 公司（注册国家是 Y 国）。

合作对象：D 汽轮电机公司（国内主要供货商）、E 公司（Y 国国家电力公司,购电合同的买方）、F 公司（Y 国油气公司,燃料天然气供应商）。

主要投资方简介：

A 公司是国资委直接管理的国有重点企业。先后承揽了包括 Y 国数套合成氨、尿素、电站工程和润滑油沥青等项目的设计、采购、施工或 EPC 总承包项目。

B 公司是由 A 公司控股的一个以设计为主体的工程公司。公司已先后与美国、英国、法国、日本、意大利、越南、巴基斯坦、苏丹、伊拉克等国家直接或间接签订了 40 余项合同。

C 公司是在 Y 国注册的一家私营企业,主要从事土木工程、房地产、仓库租赁和进出口贸易。自 1990 年成立以来,公司业务不断扩大,各类产品特别是轻化工品的进出口贸易额增长迅速。

合作对象简介：

D 汽轮电机公司,是以小型汽轮机、重型燃气轮机,与汽机/燃机配套的发电机,大中型同步、异步电机为主导产品的国家机械工业大型企业。

E 公司作为 Y 国能源及公共工程部的一个单位,建于 1961 年。公司总部设在 Y 国首都,办事处遍及 Y 国,主要业务范围是向公众提供电力。根据 Y 国政府鼓励私营企业投资电厂的有关政策,Y 国电力行业当时共有 27 家 PPP 项目,JG 项目即为其中之一。

F 公司是 Y 国最大的国营油气公司之一,直属国家矿产能源部管理。主要经营和管理国家的油田天然气田和地热资源等基础能源的开采、加工、运输和销售（包括能源出口）,是 Y 国的能源骨干企业。

2. 项目各资产比例构成

项目总投资：9800 万美元，注册资本为 300 万美元。

合营各方出资比例为：A 公司 54%，B 公司 44%，C 公司 2%。

股本分配：中方股本额按照 98% 的比例分配股份，自有资金额为 980 万美元。其中，总投资的 90%，计 8820 万美元申请进出口银行贷款，另外 10% 为自有资金，由投资三方按照 54:44:2 的比例分摊。

据 A、B、C 三方达成的协议，该项目运行 20 年后，将移交、转让，三方合作期限为 20 年。三方将成立项目公司，按照公司章程分配利润和承担亏损的责任。

3. JG 项目主要技术方案

（1）项目主要经济指标见表 8-3。

表 8-3 项目主要经济指标

序号	指标名称	单位	近似值	备注
1	工程总投资	万美元	9800	
1.1	建设投资	万美元	9200	
1.2	建设期利息	万美元	300	
1.3	流动资金	万美元	300	
2	建设期	年	2	
3	生产期	年	20	
4	年均销售收入	万美元	4300	
5	年均销售总成本	万美元	3000	
6	平均单位成本（美元/千瓦时）	美元/千瓦时	0.029	
7	年均经营成本	万美元	2400	
8	年均税金及附加	万美元	210	
9	年均利润总额	万美元	1200	
10	年均所得税	万美元	340	
11	年均税后利润	万美元	780	
12	年均利税总额	万美元	1330	
13	投资利润率（年均）		11%	
14	投资利税率（年均）		14%	
15	资本金利润率		110%	
16	全投资（所得税前）：			
16.1	财务内部收益率		15%	
16.2	财务净现值	万美元	3100	$i_c = 10\%$
16.3	投资回收期（静态）	年	8	
17	全投资（所得税后）：			
17.1	财务内部收益率		12%	
17.2	财务净现值	万美元	1300	$i_c = 10\%$
17.3	投资回收期（静态）	年	9	
18	资本金（税后）：			
18.1	财务内部收益率		26%	
18.2	财务净现值	万美元	3200	$i_c = 10\%$

(续)

序 号	指标名称	单 位	近似值	备 注
18.3	投资回收期（静态）	年	8	
19	尽快偿还贷款偿还期	年	10	

由上表可得，项目运行期20年，年均税后利润780万美元，净利润15600万美元，相比于投入额，简直就是稳赚不赔。关键其中的8820万美元还出自进出口银行。

（2）项目总体实施策划。本项目是一个完整的EPC交钥匙工程，主要的工作内容包括：

1）全厂的工程设计及输气管线。

2）设备及材料的采购，包括部分国外材料采购（还能从国外材料商处赚取利润）。

3）现场施工管理，涉及勘探、土建施工等分包和管理。

4）工厂的调试、试运行和正式运行。

5）操作人员和管理人员的培训。

（3）项目执行策略。

1）管理策略：

①建立强大的项目管理队伍，从合同签订到项目结束，任命专职项目经理作为这个管理队伍的直接领导。

②设计管理以项目目标为基础，以项目设计文件为对象，以服务于采购和施工为目的，以过程控制为核心。

③保证设计和采购的质量，缩短整个项目的建设周期。

④施工分包招标及现场管理等由B公司专家提前进行，并时刻按照设计和采购的实际状态进行修改和调整。

2）进度控制策略：

①建立符合逻辑的工作任务网络图，合理安排工作周期，确定关键路线和工作里程碑。

②始终在线跟踪并及时调整项目的关键路线，以便采用一种动态的项目计划管理技术，确保本项目在合同规定的进度内顺利建成。

③按照项目总进度的要求和国际通行的执行模式，实现设计、采购、施工高度交叉作业，确保实现项目建设进度目标。

3）项目组织结构。由项目控制组、质量管理组、工程设计组、采购服务组、施工服务组、开车及培训服务组、财务管理组等组成项目管理组，在项目经理的领导下开展工作。关键人员配备如图8-4所示。

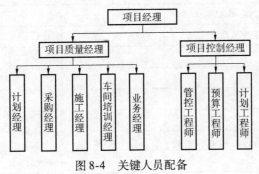

图8-4 关键人员配备

（4）效益分析

1）项目规模见表8-4。

表8-4 项目规模分析

供电容量	130兆瓦
年操作小时	8000小时
年商品电量	1020000000千瓦时

2）总投资估算及资金来源见表8-5。

表8-5 总投资估算及资金来源

序号	项目	金额/万美元
1	建设投资	9200
2	建设期利息	300
3	流动资金	300

（5）电价及收入确定。根据购电协议的主要条款，电价由四部分组成：资本及利润回收；生产经营固定费用；燃料费用；生产经营可变费用）。在基本工况下四部分之和为0.042美元/千瓦时。

4. 项目主要风险识别

根据本项目的具体情况及所在国的特点，本项目工厂的风险从政治（社会）、财务、汇率、汇兑、技术、市场、建设期、运营期几个方面考虑，见表8-6。

表8-6 项目的主要风险

序号	风险因素名称	风险程度				说明
		灾难性	严重	较大	一般	
1	政治风险					
1.1	政府政权的动荡与更迭			√		民主化后，这种影响逐渐减少
1.2	对华人的排斥与歧视				√	
1.3	征用和国有化					
1.4	战争、暴动和宗教冲突等			√		
2	财务风险				√	
3	汇率风险					
3.1	美元和Y国货币的汇率风险				√	
3.2	美元和人民币的汇率风险			√		
4	汇兑风险			√		
5	技术风险					
5.1	完工风险				√	
5.2	超预算风险				√	
5.3	工厂设备机组运行的能力和消耗指标				√	

(续)

序 号	风险因素名称	风险程度				说 明
		灾难性	严重	较大	一般	
5.4	机组运行的连续性和稳定性				√	
5.5	环境				√	
5.6	气源				√	
6	市场风险					
6.1	市场需求量变化				√	
6.2	物价变化				√	
7	建设期风险				√	
8	运营期风险					
8.1	财产				√	
8.2	收款			√		
8.3	项目上下游协议违约风险			√		
8.4	工厂管理				√	
8.5	操作				√	

5. JG 项目成功运作给承包商的启示

项目从开始追踪到成功运行发电历经五年多时间。B 公司作为第一例实践海外 BOOT 的中国承包商，以下经验值得中国承包商借鉴学习：

(1) 灵活的 BOOT 模式批准程序。对于超过 1000 万美元的海外投资项目，当年我国海外投资的基本程序如图 8-5 所示。

当年的 BOOT 批准程序有一个很具体的问题需要协调解决：项目可行性研究报告送交国家计委审批之前，必须要有中国进出口银行的融资意见函、中国出口信用保险公司的保险方案。而中国进出口银行和中国出口信用保险公司需要得到可行性研究的批复意见之后才能出具以上融资意见函和保险方案。经过多方协调及会晤打破常规的程序，为 B 公司分别出具了融资意见函和初步保险方案。

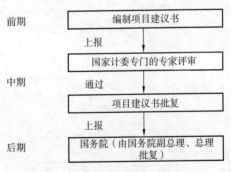

图 8-5 我国海外投资的基本程序

(2) 独特的 BOOT 项目资源整合。BOOT 项目有其特殊性，B 公司与 A 公司对项目存在的各种风险进行分类、判别，整理出一份比较完整的风险分析。同时，中国驻 Y 国大使馆的大使、商务参赞亲临现场考察，并为 B 公司提供了"关于承建 JG 电厂的支持函"。

为加快工期和简化与当地政府的协调关系，E 公司主动承担了 400 米输电线路的建设，并及时提供项目开车用的启动电源。F 公司则承担了施工难度最大的输气管线安装、调试工作。

(3) BOOT 项目上下游协议的重要性。项目的燃料是天然气，天然气燃料的供应对于本电站项目的试车、投运、效益至关重要。购电协议（PPA）是本 BOOT 电站项目产品电力销售最重要的保证。在原来项目公司业主与 E 公司签署的 PPA 基础上，项目方就产品电能力增加、比例因子调整等重要原则与 E 公司达成协议。

（4）独具市场前瞻性，拒绝画地为牢。B 公司在 Y 国敢于突破专业和行业界限，以 BOOT 模式、EPC 方式承建和运作电站项目，拿下了这样的电力项目大单。这种成功与其敢于"走出去"、善于寻找新的市场发展点有很大关系。

一半以上的工程设计企业没有任何海外市场的营业收入，由于国内市场的拉动，国内有些行业的工程设计企业不仅不愁"没饭吃"，反而是"饭等着吃"。而像 B 公司这样独具前瞻性的开拓者们，早已在海内外建立了"根据地"。

（5）运作模式的新突破。BOOT 是一种连投资带承包的方式，因其丰厚的利润成为当今国际承包市场的"大奶酪"，也是国际上资金雄厚的承包商拼抢的原因。而且从业绩上讲，成功国外项目的运作也成为承包商"国际"身份的标志。

第 9 章　项目风险评估

9.1　项目风险评估流程

9.1.1　项目风险评估的时间

项目风险评估是在风险识别之后，通过对项目所有不确定性和风险要素的充分、系统而又有条理的考虑，确定项目的单个风险。然后，对项目风险进行综合评估。它是在对项目风险进行规划、识别和估计的基础上，通过建立风险的系统模型，从而找到该项目的关键风险，确定项目的整体风险水平，为如何处置这些风险提供科学依据，以保障项目的顺利进行。

9.1.2　项目风险评估的步骤

通常的风险评估过程都由以下五个基本步骤构成（图9-1）：

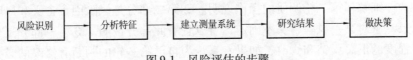

图 9-1　风险评估的步骤

（1）风险识别。应该透彻使用风险识别方法，分析 PPP 项目中可能出现的风险和影响风险发生的因素。

（2）分析特征。分析风险的特征，如是否已经识别与是否可控，及评估风险产生的影响。

（3）建立测量系统。选择合适的方法测量和评估。

（4）研究结果。对测量中产生的数据进行解释。

（5）做决策。根据项目的实际情况决定采取的应对措施，可综合采用几种措施。

9.2　关键风险的重要性评估

9.2.1　德尔菲调研过程

1. 大型 PPP 项目的德尔菲调研过程

在决定一个 PPP 项目的关键风险和不同层级风险前，首先需要根据以往的经验，识别出项目可能存在的风险。对于大型的 PPP 项目，建议至少需要采用两轮的德尔菲调研，通过反复征询、归纳、修改，汇总成专家基本一致的看法，来调查PPP项目风险因素的重要性。参与的专家需要有参与PPP项目的实际经验，参与的角色可以包括咨询顾问、项目公司股东、总承包商、设计单位、施工单位、运营单位、放贷方等。受访专家所参与过的项目类型，也应该覆盖了国内PPP应用最为广泛的电力能源、水业、公共交通等行业。

2. 调研过程中打分方法

调查的过程中，对于风险发生概率和危害程度采用5分制打分。其中的含义是：1——很低、2——低、3——一般、4——高、5——很高。对于量表数据的处理方法，采用模糊数学法进行处理。德尔菲调研过程中专家之间无法进行互相讨论，不发生横向联系。第一轮调查专家对问卷所提问题的看法和判断；第二轮调研的时候，将第一轮结果进行汇总并匿名反馈给专家，让其选择是否修改第一轮意见。

3. 两轮德尔菲问卷的设计

德尔菲调研第一轮问卷设计时建议包含以下四部分：①第一部分为调研引导信，详细介绍本调研的背景、目的和问卷反馈方式，引导信中也要明确地解释此次调研包括两阶段。②第二部分应该是风险因素含义和风险分担的解释说明，如果专家对某一风险含义不确定，可以查看此部分说明，这一部分设计的目的是保证所有专家对问卷的风险能有一个统一的理解。③第三部分为背景资料，主要目的在于收集专家的背景资料，以便后期对专家进行归类分组，进行分组对比研究。④第四部分为该PPP项目风险因素评估，要求专家根据合理客观的标准判断各风险因素的严重性和合理分担，并使用5分制打分。

德尔菲调研第二轮问卷应包含以下四部分：①第一部分为调研引导信，介绍第一轮调研的基本情况，详细解释第二轮调研的操作说明。②第二部分是风险因素含义和风险分担的解释说明，如果专家对某一风险含义不确定，可以查看此部分说明。③第三部分是风险因素的概率与危害程度的汇总反馈和修改，如果专家认为自己第一轮的判断有修改的必要，则进行进一步修正。④第四部分是风险合理分担的汇总反馈和修改，如果专家认为自己第一轮的判断有修改的必要，则进行进一步修正；如果专家的意见与大多数专家意见不一致，问卷也提供开放性问题，请求专家留下他认为的分担理由。

4. 统计方法的选择

德尔菲调研问卷中关于风险的发生概率、危害程度和风险分担都采用五级量表。对于量表数据的处理方法，目前较为常用的有三种方法：

（1）频率最大法（或者频率大于50%）。以本次调研的风险分担量表为例，这种准则的判断标准应该是：1、2等级的频率百分比之和大于50%的风险由政府承担，3等级的频率百分比大于50%的风险由双方共同承担；而4、5等级的频率百分比之和大于50%的风险由私营投资者承担。

（2）平均值法。具体而言，这种准则的判断标准应该是得分小于2.5的风险由政府承担（其中，小于1.5的风险由政府完全承担，1.5~2.5之间的风险由政府承担大部分），大于3.5的风险由私营投资者承担，而2.5~3.5之间的风险由双方共同承担相似比例。

（3）模糊数学法。这种方法的提出是因为受访者对于五级量表的等级描述可能存在主观上的判断差异。例如，对于某个应该60%由政府承担的风险，不同受访者由于各自判断不同可能会映射于不同的量表等级，有的受访者认为应该属于政府承担大部分的等级，而有的受访者可能会认为应该属于双方承担相似比例的等级。运用梯形模糊数、模糊数运算规则和重心法求解模糊数的绝对值，这种统计方法较为适合用于PPP项目中，见表9-1。

表9-1 德尔菲调研五级量表的梯形模糊数

风险因素	梯形模糊数			
	a	b	c	d
很低（政府完全承担）	1.00	1.00	1.20	1.60
低（政府承担大部分）	1.40	1.80	2.20	2.60
一般（双方承担相似比例）	2.40	2.80	3.20	3.60
高（私营承担大部分）	3.40	3.80	4.20	4.60
很高（私营完全承担）	4.40	4.80	5.00	5.00

5. 统计数据的客观性保障

取得统计数据并进行分析后，为了保障数据的客观性，减少误差，还要进行风险评估数据的质量分析。

首先，检查有无接触过PPP的两类别专家回复对于风险因素的发生概率和危害程度是否存在显著性差异。

其次，作为实际PPP项目的参与者，学术界、公共部门和私营部门由于各自参与项目的目的不同以及各自本身的认识偏好和风险偏好限制，有可能对于风险因素的发生概率和危害程度会有不同的看法，因此还要进行不同类别专家的看法分析比较，分析学术界、公共部门和私营部门的看法差异、学术界与实业界的看法差异、公共部门与私营部门的看法差异等，保证统计数据的严谨。

9.2.2 PPP项目风险评估的方法

1. 模糊综合评价法

模糊现象是指有些事物类属标准不明确，不能确切地归类，表现出模糊性。项目投资风险也具有模糊性。通常把项目按风险的大小分成五个等级，但是很难假定每个等级的标准，这种带有人们主观意识的分类本身就具有模糊性。影响风险的因素也是具有模糊性的，不能用一个分数来评价。考虑以上因素，采用模糊评价法来对基础设施项目风险做一个综合评价。模糊综合评价法的分析步骤如下：

(1) 确定评价指标集 X，$X = (X_1、X_2、\cdots、X_n)$。

(2) 利用AHP方法确定指标权重集 A，$A = (a_1, a_2, \cdots, a_n)$。

(3) 确定评价集 Y，$Y = (y_1, y_2, y_3, \cdots, y_n)$。

(4) 确定评价集的标准隶属度 U，$U = (u_1, u_2, u_3, \cdots, u_n)$。

(5) 对评判对象建立模糊判断矩阵 R：

$$R = \begin{pmatrix} r_{11} & r_{12} & \cdots & r_{1m} \\ r_{21} & r_{22} & \cdots & r_{2m} \\ \vdots & \vdots & & \vdots \\ r_{n1} & r_{n2} & \cdots & r_{nm} \end{pmatrix}$$

其中，r_{ij}表示判断对象在第i个指标上，对它做出第j等级评价的人数占全部测评人数的百分比。

（6）计算模糊综合隶属度集 B。

（7）根据一级因素的判断结果，进行二级模糊综合评价。

（8）计算综合隶属度 $P = BU^T$。综合隶属度即测评对象得到的测评总分，据此可以对若干测评对象做出比较客观的评价。

2. 专家打分法

专家打分法主要是基于专家主观判断以获取项目风险影响程度的定性评价方法，有无法具体量化风险损失程度、过于依赖专家经验判断等缺点。

3. 层次分析法

其基本思想是首先构建风险因素层次结构模型，然后以 AHP 方法确定各级风险因素的权重，再通过对专家对各种风险影响程度的打分结果进行多级模糊运算，从而得出项目最终风险的隶属度等级（即风险影响程度大小）。这是一种能综合评估项目风险的系统评价方法，能有效解决 PPP 项目中部分风险难以量化的问题，比如政治风险等，但难以获得有关风险的具体损失值和概率。

4. 敏感性分析法

敏感性分析法是工程实务中一种应用非常广泛且成熟的方法，以构建风险因素和经济评价指标之间的数学模型为基础，通过计算敏感度并进行排序，得出项目风险的影响程度，优点在于计算简单、易理解和操作，缺点是忽略了各种风险发生的概率，难以计算众多风险因素的敏感度。

5. 蒙特卡洛模拟法

蒙特卡洛模拟法能有效克服敏感性分析的不足，不少学者将其应用于对 PPP 项目的风险评价，其基本思想是首先构建风险因素（输入变量）和经济评价指标（输出变量）之间的数学模型，然后以历史数据和专家经验确定风险因素的概率分布，让计算机产生随机数并按该概率分布取值，再将获得的一组输入变量取值代入模型求得一个关于输出变量的解，由此完成一次模拟。按照既定精度要求，通过计算机的反复模拟，可获得一组输出变量的值，从而可获得输出变量的概率分布和累计分布，蒙特卡洛模拟法是一种能二维度量风险损失值及概率的较成熟的方法，但其要求有大量的相关历史数据做支撑，也面临难以量化诸如政治风险等的问题。

9.2.3 风险发生概率评估

1. 关键风险的概念

关键风险是指项目中发生概率大、危害程度高，对于项目本身有着巨大影响的风险因素。因此，要评估 PPP 项目的关键风险，就要评估风险的发生概率和危害程度，从而综合分析出项目的关键风险。

2. 发生概率最大的风险

实际应用中，应将德尔菲调研的所有数据进行汇总分析，根据德尔菲调研得出的平均发生概率进行列表，见表9-2。从表中可以看出发生概率最大的前十个风险因素，本书以以往案例辨识出的风险发生概率进行示例排序分析。

表 9-2 PPP 项目风险因素的发生概率评估排序前十

风险因素	层级	平均	排序
政府干预风险	国家		1
政府决策失误风险	国家		2
融资风险	市场		3
利率风险	市场		4
通货膨胀	市场		5
腐败风险	国家		6
法律监管不完善	国家		7
外汇风险	市场		8
审批延误风险	国家		9
工程/运营变更	项目		10
…	…	…	…

前十分别是"政府干预风险""政府决策失误风险""融资风险""利率风险""通货膨胀""腐败风险""法律监管不完善""外汇风险""审批延误风险"和"工程/运营变更"。其中,"政府干预风险""政府决策失误风险""腐败风险""法律监管不完善"和"审批延误风险"与政府相关;而"融资风险""利率风险""通货膨胀"和"外汇风险"与经济市场环境相关;"工程/运营变更"则属于项目级风险。这可能是由于中国正处于 PPP 发展的阶段,相关的法律和经济体制都尚未成熟,故国家级风险和市场级风险的发生概率相对项目级风险要大。

9.2.4 风险危害程度评估——危害程度较大的风险

表 9-3 是根据以往案例经验结合德尔菲调研,得出的所有数据的风险后果危害程度的示例排序。从表 9-3 中可以看出,危害程度最大的前十个风险因素是"政府干预风险""政府信用风险""融资风险""特许经营人能力不足""市场需求变化""政府决策失误风险""项目测算方法主观""征用/公有化风险""项目财务监管不足"和"法律变更"。其中,"政府干预风险""政府信用风险""政府决策失误风险""征用/公有化风险"和"法律变更"属于国家级风险,"融资风险"和"市场需求变化"属于市场级风险,而其余三个风险则属于项目级风险。

表 9-3 PPP 项目风险因素的危害程度评估排序前十

风险因素	层级	平均	排序
政府干预风险	国家		1
政府信用风险	国家		2
融资风险	市场		3
特许经营人能力不足	项目		4
市场需求变化	市场		5
政府决策失误风险	国家		6

(续)

风险因素	层级	平均	排序
项目测算方法主观	项目		7
征用/公有化风险	国家		8
项目财务监管不足	项目		9
法律变更	国家		10
…	…	…	…

一般来说，风险因素危害程度的平均值要比发生概率的平均值高很多，表明风险因素的危害程度要比发生概率大得多。危害程度排序前十的风险因素发生的后果都直接导致项目成本增加、收入不足，或者项目中止，甚至终止，且直接影响人大多都是私营投资者。

9.2.5 风险重要性评估

1. 评估风险重要性时的注意事项

风险的概念应该包括三个层面：什么是风险、风险发生的概率和风险带来的后果。评估风险重要性时，不能单独考虑风险因素的发生概率或者危害程度，借鉴工程管理领域中常用的风险重要性指标，风险重要性是通过发生概率与危害程度相乘所得的。在计算风险重要性时，先将每个专家的发生概率模糊数与危害程度模糊数相乘，再汇总所有专家的意见，最后对所有风险重要性模糊数的重心值进行排序分析。

2. 三个层级风险的重要性

根据以往经验，参考以往数据，本节以十个风险项为示例。重要性排序前十的风险因素包括"政府干预风险""政府决策失误风险""融资风险""政府信用风险""市场需求变化""腐败风险""项目测算方法主观""利率风险""法律监管不完善"和"通货膨胀"，其中"政府干预风险""政府决策失误风险""政府信用风险""腐败风险"和"法律监管不完善"属于国家级风险，"融资风险""市场需求变化""利率风险"和"通货膨胀"属于市场级风险，"项目测算方法主观"则属于项目级风险。可以看出国家级风险和市场级风险要比项目级风险重要许多。

3. 各风险因素的发生概率和危害程度在象限上的反映

计算结束后，将各风险因素发生概率和严重程度综合反映于象限图上，如图9-2所示。为使危害程度和发生概率有可比性，将两者进行处理，使其范围都在[2, 4]。图9-2中第一、四象限表示危害程度大于一般，第一、二象限则表示发生概率大于一般，实曲线表示重要性为一般的临界，虚曲线则表示重要性排序前十的临界。从图9-2中可以看出，若选取的大部分风险都在实曲线上方，表示大部分风险因素的重要性都大于一般，某种程度上可以说明专家认为本次调研所选取的风险因素都具有代表性，属于相对重要且值得研究探讨的风险因素。从图9-2中也能看出，一般来说绝大部分风险的危害程度要大于发生概率。

4. 实际项目操作中还需要注意的风险

实际项目操作中还需要注意两类风险：发生概率小但一旦发生危害程度很大的风险和危害程度小但发生概率很大的风险。综合比较发生概率、危害程度和重要性排序前十的风险清单，可以发现"政府干预"这项风险的发生概率和危害程度的得分都是最高，这某种程度

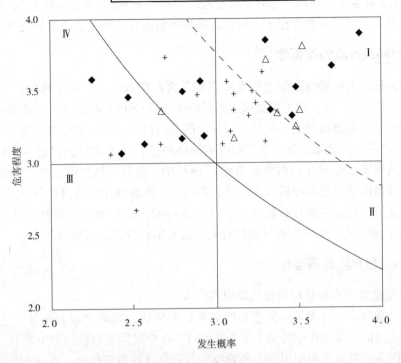

图9-2 风险的发生概率和危害程度的象限表示

上可以反映中国政府对于PPP这种新型融资模式的认识尚未足够成熟;"外汇风险""审批延误风险"和"工程/运营变更"属于危害程度小但发生概率很大的风险;而"特许经营人能力不足""征用/公有化风险""项目财务监管不足"和"法律变更"则属于发生概率小但一旦发生危害程度就很大的风险。

9.3 不同层级风险的重要性评估

从上述的分析和以往的案例中可以看出,一般来说国家级风险和市场级风险比项目级风险的发生概率高,这可能是因为中国正处于PPP发展的阶段,相关的法律和经济体制都尚未成熟;市场级风险的危害程度较国家级风险要小;综合考虑发生概率和危害程度,则国家级风险、市场级风险的重要性要比项目级风险来得大。

9.3.1 国家级风险的重要性

经过德尔菲调研分析后,可以清楚地看出在PPP项目中国家级风险发生的后果都很严重,在已有的案例中,有6个风险的发生概率较大,它们分别是"政府干预风险""政府决策失误风险""政府信用风险""腐败风险""法律监管不完善"和"审批延误风险"。这6个风险因素的起源归责对象都是政府(除"法律监管不完善"的归责对象是中央政府外,其他5个风险的归责对象一般都特指地方政府及其相关官员)。

调研分析显示其他8个国家级风险的发生概率都相对较小,可以说明中国政府鼓励和支持私营资本参与基础设施建设的积极态度和行动已经得到一定程度上的认可。但是,"法律变更""重大社会事件风险""不可抗力风险"和"征用/公有化风险"虽然发生概率较小,但是一旦发生,其危害程度很大,所以在实际项目操作中还是需要对这几个风险多加注意。

9.3.2 市场级风险的重要性

本书所选取的市场级风险的发生概率和危害程度都较大,除了风险"市场竞争(唯一性)"的发生概率一般。这主要是因为在目前的大部分PPP项目中,一般都建议在特许经营合同中明确要求地方政府给予项目公司一定的垄断权力,如:英法海峡隧道中的两国政府承诺2020年之前不兴建第二条竞争性的固定海峡通道,给予项目公司自主定价的权利;类似的合同条款规定也出现在广西来宾B电厂项目中。另外,PPP模式多用于城市基础设施项目,这类项目的特点是前提投入大,回收周期长,即政府在该项目竞争范围内再投钱或引资兴建另一竞争项目的可能性也较小,故这一风险的发生概率评分较低。反倒是"市场需求变化"和"融资风险"发生的可能性较大,且发生后带来的后果很严重。

9.3.3 项目级风险的重要性

1. 私营投资者在评估项目级风险时的注意事项

本书所选取的项目级风险的重要性分布较为平均,风险"项目测算方法主观"的重要性在所有风险的总体排序中排第7(见表9-3),这个风险在以往的PPP项目中经常发生,主要原因是因为政府着急招商引资、私营投资者着急寻找投资机会,在双方都对促成一个项目具有紧迫性时,往往容易对项目前景过于乐观,包括过夸大未来的市场需求、过分忽视潜在的竞争因素等,而客观和合理的项目测算方法的缺失,更加导致双方对项目测算的主观和不理智。此外,私营投资者有时也会过分地依赖于地方政府的口头承诺,而忽视合理客观的市场研究。"供应风险""技术风险"和"残值风险"的重要性一般,主要原因是这些风险发生的概率太小。而需要特别注意风险"特许经营人能力不足",尽管该风险的发生概率较低,但是一旦发生,该风险所带来的危害很大,从实际操作角度而言,私营投资者如果缺乏运营基础设施经验,建议与其他有实力的投资者组成联合体。

2. 实际操作中进行不同层级的重要性评估

在实际操作中,进行不同层级风险的重要性评估时,应分别将国家级、市场级和项目级风险因素的发生概率和严重程度综合反映于象限图上,从而可以直观地评估不同层级风险的重要性。

9.4 基于Vague值的PPP模式风险评价模型

9.4.1 基于Vague值的PPP项目投资风险评价方法

本书通过分析多种PPP项目投资风险评价方法,选择了最适合本项目采用的Vague方法。这是因为该法适用性比较强,同时对数据的要求也不是很高,尤其是在对研究对象不确定因素方面的评价效果较好,但是没有考虑到评价指标对评价结果正负两方面的影响。而Vague则从正负/真假两个层面对对象进行模糊信息处理研究,通过对模糊矩阵进行扩充,以此来弥补传统模糊评价中模糊隶属函数的不足。Vague 值对模糊性、不确定性问题的解决具有强大的优势，以一个区间数联合表示支持与反对的信息，因此能够提供更多的决策信息。

通常情况下：讨论域用 U 表示，其中的各个元素记为 x，模糊集中增加了两个隶属函数，其中，真隶属函数记为 R_t（表示支持 x 的隶属下界范围），而与此对应的假隶属函数则为 R_f（表示反对 x 的隶属下界范围）。通过 R_t 和 R_f，模糊集实现了区间 $[0, 1]$ 中的所有实数与讨论域 U 的对应关系。使用公式表示为

$$R_t(x): U \rightarrow [0, 1]$$
$$R_f(x): U \rightarrow [0, 1]$$

$R_t(x)$ 是用来表示模糊集的真隶属函数，主要体现必要范围内元素 $x \in U$ 的支持程度大小；$R_f(x)$ 则表示模糊集对应的假隶属函数，主要体现必要范围内元素 $x \in U$ 的反对程度。支持 x 与反对 x 的隶属下界之和小于或等于 1，即 $R_t(x) + R_f(x) \leq 1$。模糊集 V 中的所有元素的隶属函数都包括在 $[0, 1]$ 中，即 $[R_t(x), 1 - R_f(x)]$ 中。

$1 - R_f(x)$：表示模糊集中对元素 x 的支持程度大小。

$1 - R_f(x) - R_t(x)$：表示模糊集中元素 x 的不确定程度，得出的差值越小，表明不确定程度越小，也就是越能精确地掌握元素 x；相反，其差值越大，则不确定程度越大，对 x 的掌握和理解也就越少。

若 $1 - R_f(x) = R_t(x)$，则表明我们可以非常清楚地知道 x 的隶属情况，这样就不存在真假隶属函数的问题，Vague 集此时就完全演化为传统的模糊集 Fuzzy 集；若模糊集中 $1 - R_f(x)$ 和 $R_t(x)$ 的取值同时为 1 或 0 时，此时 Vague 集评价方法则演化为普通集合。

9.4.2 基于 Vague 集的 AHP 评估方法

本书采用的 Vague 集理论修正了传统的 Fuzzy 集方法在评价过程中难以体现"中立"的不足，首次基于"反对""支持"视角来对研究目标进行描述和评价，完善了模糊集难以处理中性模糊的局限，可以完整描述评价过程中不精确的数据，同时结合 AHP 方法来对 PPP 项目的风险进行科学评价。

1. 基于 Vague 集的 AHP 评估方法，构建项目风险评价指标体系

要建立风险的评价模型，首先，根据项目中识别的风险因素，构建 PPP 项目风险评价指标体系。将政治风险、法律风险等 11 个风险设为指标体系的 11 个一级指标，采用 B_1，B_2，…，B_{11} 进行表示，11 个风险因素下的 36 个具体的风险因素形式设为二级指标，用 C_1，C_2，…，C_{36} 表示。具体见表 9-4。

表 9-4　风险评价指标体系的建立

总 目 标	一级指标	二级指标
A 评价总目标	B_1 政治风险	C_1 腐败风险
		C_2 政府干预风险
		C_3 征用/公有化风险
		C_4 政府信用风险
		C_5 政府决策失误风险
		C_6 审批延误风险

(续)

总目标	一级指标	二级指标
A 评价总目标	B_2 法律风险	C_7 税收调整
		C_8 法律监管不完善
		C_9 法律变更
	B_3 自然风险	C_{10} 气候/地质条件风险
		C_{11} 环保风险
		C_{12} 不可抗力风险
	B_4 社会风险	C_{13} 重大社会事件风险
		C_{14} 公众反对
	B_5 金融风险	C_{15} 外汇风险
		C_{16} 利率风险
		C_{17} 通货膨胀
		C_{18} 融资风险
	B_6 市场风险	C_{19} 市场竞争（唯一性）
		C_{20} 市场需求变化
		C_{21} 土地获选风险
	B_7 第三方风险	C_{22} 第三方风险
	B_8 建设风险	C_{23} 完工风险
		C_{24} 收费变更
		C_{25} 费用支付风险
		C_{26} 供应风险
		C_{27} 项目测算方法主观
	B_9 运营风险	C_{28} 工程/运营变更
		C_{29} 超支风险
		C_{30} 残值风险
		C_{31} 项目财务监管不足
	B_{10} 设计风险	C_{32} 设计缺陷风险
		C_{33} 技术风险
	B_{11} 合作关系风险	C_{34} 特许经营人能力不足
		C_{35} 合同文件冲突/不完备
		C_{36} 组织协调风险

2. 基于 Vague 集的 AHP 评估方法，进行计算

基于 Vague 集的 AHP 评价方法结合了两个方法的优点，即在使用 Vague 集解决信息决策问题时，针对不同决策方案建立相应的 Vague 值判断矩阵。鉴于计算过程中 Vague 值判断矩阵的运算较为复杂，大多数情况下将 Vague 值判断矩阵的计算转化为通常使用的模糊判断矩阵，也就是将计算复杂的 Vague 值替换为模糊值，在计算中实现 Vague 集向 Fuzzy 集逼近的过程。本书在计算过程中，利用 Vague 集方法从正、负两个方面来考虑影响 PPP 项目风险

的各项因子，然后使用 Vague 集的 AHP 评价方法进行计算，计算的具体步骤如下：

（1）构建多层次的递阶结构。AHP 的最大优点是实现了复杂问题解决的层次化，也就是根据各决策因素间存在的相互关联以及相互的隶属关系，采用层次分析思想，将问题由上到下进行逐层分解，最终形成多层次决策的递阶结构。其中，处于较低层次的因素隶属于处于较高层次的因素，它们在影响高层因素的同时，也对处于其下层的因素进行调控。使用 u_1，u_2，…，u_m 来表示目标决策层所包含的评估指标，由此就形成了目标决策层的评估集合 $U = \{u_1, u_2, …, u_m\}$；评价中的主指标层记为 u_{ij}（$i = 1, 2, …, m$；$j = 1, 2, …, n$），主要是按照各个因素的属性来对 U 中的每一个因素 u_i 进行划分，以此类推，最终得出评价所需要的递阶结构。

（2）建立评语集。这里的评语集主要用来表示每个风险因素指标对 PPP 模式风险的影响程度，为正向或者是负向的程度大小，这里使用 $V = \{v_1, v_2, …, v_p\}$ 表示。

（3）建立 Vague 值的正负判断矩阵。首先对投资风险评价因素集中 u_i 的因素进行设定，V_k（$k = 1, 2, …, p$）代表各指标的抉择等级，得出因素集 U 以及评价集 V 间存在的关系矩阵 R，具体表示为

$$R = \begin{pmatrix} r_{i11} & r_{i12} & \cdots & r_{i1p} \\ r_{i21} & r_{i22} & \cdots & r_{i2p} \\ \vdots & \vdots & & \vdots \\ r_{im1} & r_{im2} & \cdots & r_{imp} \end{pmatrix}$$

由于已经采用德尔菲调研，让专家都单独地对 PPP 风险评价指标进行评价。再根据每个专家对各个单因素的正负向评价来构建其对应的 Vague 正负/真假判断矩阵，其中构造的正模糊矩阵记为 R_t，负模糊矩阵记为 R_f，具体表示为

$$R_t = \begin{pmatrix} r_{t11} & r_{t12} & \cdots & r_{t1p} \\ r_{t21} & r_{t22} & \cdots & r_{t2p} \\ \vdots & \vdots & & \vdots \\ r_{tm1} & r_{tm2} & \cdots & r_{tmp} \end{pmatrix}$$

$$R_f = \begin{pmatrix} r_{f11} & r_{f12} & \cdots & r_{f1p} \\ r_{f21} & r_{f22} & \cdots & r_{f2p} \\ \vdots & \vdots & & \vdots \\ r_{fm1} & r_{fm2} & \cdots & r_{fmp} \end{pmatrix}$$

其中

r_{tij} = 第 i 个指标的正影响程度为第 j 个评语集的专家人数

r_{fij} = 第 i 个指标的负影响程度为第 j 个评语集的专家人数

（4）利用 AHP 法确定各指标的权重。在使用 AHP 法来计算 PPP 模式风险评价指标的权重时，需要对其一致性进行检验。检验的目的主要是保证专家打分过程中保持主观标准的协调一致，从而避免打分前后矛盾问题的出现。在确定某层因素对上层对应因素的重要性大小时，需根据层次单排序原则计算判断矩阵 U 所对应的最大特征值 $\lambda_{\max}$ 的特征向量 W，通过归一化处理最后得到该因素指标的相对重要性即权值的排序。

对涉及的矩阵最大特征根 $\lambda_{\max}$，通常用 RI 计算求解，其中 $(UW)_i$ 是向量 UW 的第 i 个

元素。为了对矩阵的一致性进行检验，本书通过 CI 来对矩阵的一致性进行判定。其中，CI 的取值越大，就表示进行项目风险评估的判断矩阵偏离程度也就越大；CI 值越小（接近于 0），表示判断矩阵偏离度越小，即一致性越好；当 CI = 0 时，判断矩阵完全一致。为了比较评估者的判断思维是否具有一致性，引入塞蒂（T. L. Saaty）给出的判断矩阵的平均随机一致性指标 RI 值，1~9 阶 RI 取值见表 9-5 所示。

表 9-5 平均随机一致性指标值

n	1	2	3	4	5	6	7	8	9
RI	0.00	0.00	0.58	0.90	1.12	1.24	1.32	1.41	1.45

表 9-4 中 1、2 阶判断矩阵任何情况下都具有完全一致性；当阶数大于 2 时，计算出的随机一致性比例 CR 就为计算的矩阵一致性指标 CI 与 RI 两者的比值。当 CR < 0.10 时，可以接受判断矩阵的一致性，否则适当校正判断矩阵，使其满足一致性。通过对问卷数据的处理得到各指标的权重。

（5）Vague 值的综合评价。在得出各评价指标的权值后，再选用模糊评价模型对 Vague 集正负判断矩阵进行计算，由此判断结果中各项的和是否为 1，当所得出的结果为 1 时，可将计算结果作为 PPP 风险评价最终的评价结果；若结果不为 1，则需要进行进一步的归一化处理。

9.4.3 基于 Vague 集的 PPP 模式风险评价模型构建

基于 Vague 集的 AHP 评价模型需选择合适的模糊合成算子，通常情况下，常采用的四种乘法模型分别为 $M(\wedge, \vee)$、$M(\wedge, \cdot)$、$M(\wedge, \oplus)$、$M(\cdot, \oplus)$。在具体的计算过程中，由于 $M(\wedge, \vee)$ 在取大与取小运算过程中并没有看重其他因子对模型的影响，而只是考虑了突出因子的影响，因此最适应于单项评优、单项决策的情况；而 $M(\wedge, \cdot)$ 运算法则则在计算过程中考虑了其他次要因素，因此较适用于需"再考虑"的情形；$M(\wedge, \oplus)$ 法则与 $M(\wedge, \vee)$ 同样，也涉及计算过程中的最小因子问题，因此也不采用；与上述三种模型相比，$M(\cdot, \oplus)$ 模型则兼顾了计算过程中所有需进一步考虑的因素的影响，此外还进一步保留了关于单因素评判的相关信息，因此本书在评价过程中选择 $M(\cdot, \oplus)$ 法则。

由于在指标设置方面的差异，Vague 集评估模型的构建也各不相同。本书结合 PPP 模式特色与相关指标体系，构建了如下的 PPP 模式风险评价模型：

$$B = AR$$

式中，B 表示对 PPP 模式风险的总体评估，B_i 为各二级与三级指标 U_i 的 Vague 评估值，指标 U_i 的权重记为 A_i，其正评估矩阵记为 R_{ti}，负评价矩阵记为 R_{fi}；真假隶属度系数记为 β（$\beta \in (0, 1]$）。

上式中的 β 值需根据评价的实际情况来进行一定的调整，以此来控制真假隶属度的比例大小。如当 $\beta = 0$，表明计算得出的 Vague 评价值为我们通常所说的模糊综合评判，此时需要注意实际评价中的负面情况。为了做出准确的评价，综合评估一般会选取 $\beta > 0$。$0 < \beta < 0.5$ 则表明负面指标对 Vague 评价值的影响程度不大，此时称 β 为评价过程中的风险型系数，其赋值可选取较小的数值。当 $\beta = 0.5$ 时，说明评价系统中的正负面指标都同等重要，此时的 β 也可称为平衡型系数。当 $0.5 < \beta \leq 1$ 时，说明 Vague 系统受负面指标的影响较大，此时 β 可视为谨慎型系数，对 β 可赋予较大的数值。

第 10 章　项目风险分担

10.1　风险分担的概念

风险分担是指受托人与受益人共担风险，是在风险管理中正确处理信托当事人各方利益关系的一种策略。风险分担是 PPP 模式的核心环节，是项目能否成功最主要的因素。在 PPP 项目中，政府公共部门作为社会公共利益的代表，它参与项目的出发点最主要是为了维护公共利益，其次是资金的使用效率与资源的配置效率。对私营部门来说，它之所以参与项目是为了追求一定的资金回报，因此资金回报率和资金的投资安全是其风险分担所最关注的。而 PPP 项目风险的阶段性、复杂性等特征决定了无论是政府部门还是私营部门承担过多的风险都会导致项目的失败，因此需要在政府部门与私营部门之间建立合理的风险分担机制。

10.2　项目风险分担原则

学术界对于 PPP 项目的风险分担原则已达成共识，PPP 项目的风险分担应该遵从三条主要原则：①对风险最有控制力的一方控制相应的风险；②承担的风险程度与所得回报相匹配；③承担的风险要有上限。

本书选用风险分担与控制力对称、风险分担与收益相匹配、风险分担动态、风险承担上限作为风险分担机制设计的原则。

1. 初步分担阶段——风险分担与控制力对称原则

风险控制力是指 PPP 项目的多个参与方通过对风险的识别、判断、控制和管理等过程合理控制风险的能力。风险分担与控制力相对称原则，将会选择把风险分配给对此类风险控制力较大的一方。因为选择对风险具有相对控制优势的参与方，不仅能够有效地降低风险发生的概率，避免不必要的损失，而且还有利于合理调动各方的资源，促使整个 PPP 项目的风险分担更加合理化。按照此原则，建设、经营等活动的市场风险，由私营部门所承担，政府部门不能对此类风险进行兜底。而超出私营部门控制范围的法律、利率等风险则应主要由政府公共部门承担，对于不可抗力风险政府部门与私营部门可平等协商共同分担。

2. 谈判分担阶段——风险分担与收益相匹配原则

PPP 项目的多个参与方在对 PPP 项目风险的分担进行谈判协商的时候，各方一般都会要求得到与自己承担的风险相匹配的收益作为补偿。因为利益，PPP 项目的多个参与方会根据自己的技术优势和风险偏好对项目面临的风险进行博弈，各个参与方愿意主动或被动地承担自己具有控制力和会为自己获得较大收益的风险，而对于超出各参与方自己控制力的风险因素，各参与方的竞争意愿程度就明显降低，都不愿意去冒险。因此，可选择采用收益高于预期风险的方式，刺激各参与方积极进行 PPP 项目的风险分担。

3. 跟踪再分担阶段——风险分担动态原则

PPP 项目的风险分担机制对公私双方来说都是一个开放的系统，公私双方都是公平竞争的，风险分担机制中系统要素是不断进行变化的。同时由于一般 PPP 项目建设运营期都相对较长，所处的内外部环境处于不断变化之中，使得其在不同阶段所面对的风险种类及其风险的大小都各不相同，潜在的风险因素都可能直接影响到 PPP 项目风险分担框架的稳定性。因此，要连续循环地进行风险识别、评估和分担等工作，根据项目的具体情况对风险分担进行一些必要的调整：一是分析之前风险分担的合理性，并根据需要进行调整；二是对之前没有预期到或者随着环境变化新出现的风险进行分配。这样使风险分担机制更加灵活，以利于确定新形势下公私双方最合理的风险分担比例。

4. 风险承担上限原则

在 PPP 项目整个生命周期中，参与方不可能预料到所有风险因素的发生，一旦发生意料之外的风险，带来的损失是不可估量的，某一参与方可能不具备单独承担的能力，这时就要遵循风险承担上限原则。风险分担是为了实现 PPP 项目风险分担的合理性，如果选择让其中某一个参与方承担过多的风险，严重的话甚至会使得整个项目面临失败。对于 PPP 项目来说，服务效率、风险总成本及风险分担三者之间的关系如图 10-1 所示。

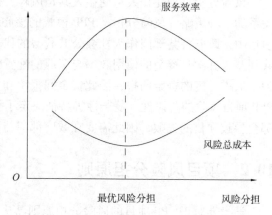

图 10-1　PPP 项目服务效率、风险总成本及风险分担三者之间的关系

5. 通过风险分担实现两个功能

（1）风险分担的结果可以减少风险发生的概率、风险发生后造成的损失以及风险管理成本。

（2）各方有能力控制分担给自己的风险，并为项目的成功而有效地工作。一般说来，项目设计、建设、财务、运营维护等商业风险原则上由社会资本承担，政策、法律和最低需求风险等由政府承担。政府须承担监管（政治）、保护公共利益（社会）的风险，在政府负责向用户直接收费的情况下，还需承担购买服务/或取或付（财务）的风险。投资人须承担建设、运营、技术、产品和服务质量的风险以及股本投入和融资风险。融资机构须承担贷款回收的风险。

10.3　风险公平分担机制的构造思路

基于项目生命周期层面，PPP 项目分为准备阶段、招标投标阶段、融资阶段、实施阶段。合理的风险分担机制能够在适当的时点进行风险的分担，并能提供适合不同生命周期阶段的多种风险分担方案。因此，风险分担在明确了风险分担原则的同时，还要考虑何时以及如何分配风险。首先要进行风险分担比例模型的确定。

1. 风险分担比例的确定

对于 PPP 项目风险分担比例的确定，可以利用马柯维茨模型。马柯维茨模型探讨了证券市场中是如何通过有效的方法来降低风险、提高收益的。为了使双方在风险共担时能找到一个最佳的分担比例，需要做如下基本假设：①政府和私营部门都是风险厌恶型的，双方都是为了实现既定收益下风险最小化或既定风险下收益最大化；②双方分担风险的收益率服从正态分布，风险大小用收益率方差表示；③用相关系数或协方差来表示双方分担的风险的关联程度；④风险分担相关系数与政府分担比例的关系如图10-2所示，当双方分担的比例为某一定值时，相关系数最小。

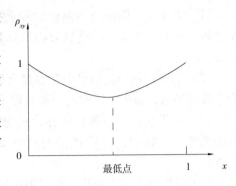

图10-2　风险分担相关系数与政府分担比例的关系

$$\min t = \min \sigma^2 = x^2\alpha^2 + y^2\beta^2 + 2\rho_{xy}xy\alpha\beta$$
$$\text{s.t.} \quad x + y = 1$$
$$\rho_{xy} = f(x)$$

式中　x，y——公共部门、私营部门承担风险的比例，且 $x + y = 1$；

σ^2——公私双方分担的风险收益率的方差；

α^2、β^2——公私双方分担风险组合收益率的方差；

ρ_{xy}——公私双方分担风险的相关系数，且满足 $0 < \rho_{xy} < 1$。

要使组合风险最小，就是使组合风险收益率的标准差最小，对第一个式中的 t 进行一阶求导，令 $t' = 0$，即可求解得到 x，代表公共部门风险分担的最优比例，而 $1 - x$ 则是私营部门风险分担的最优比例，其中 $0 \leq x \leq 1$。在端点处，当 $x = 0$ 时，代表此种风险由私营部门承担；当 $x = 1$ 时，代表此种风险由公共部门承担。

2. 风险分担偏好的修正

在风险分担比例确定之后，接着进行修正风险分担偏好。本书所提出的修正风险分担偏好的基本思路如图10-3所示，首先通过对有实际PPP项目经验的专家进行面对面访谈，以搜集过去PPP项目的实际风险分担情况，对两套风险分担进行对比分析，可能出现三种情况：

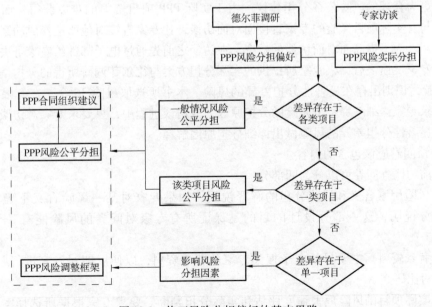

图10-3　修正风险分担偏好的基本思路

（1）对于某风险的分担偏好和实际分担，如果在各类（多类）项目中都存在显著性分担差异，需要考虑这个风险的分担偏好是否合理，如果不合理，则需要修改该风险的分担偏好。

（2）如果仅在一类项目中存在显著性分担差异，需要考虑该风险的实际分担是否更适合于该类项目，如果是，则进一步整理出适合于该类项目风险分担偏好。

（3）如果仅在单一项目中存在显著性分担差异，通过分析该风险在具体项目中实际分担的原因，归纳出影响风险分担的具体因素，为初步建立风险分担调整框架提供可能性。

以上风险分担结果对比分析采用单样本 t 检验方法，例如与所有类别项目风险分担比较时，先将所有类别项目按照成功度大小进行加权平均，求解所有类别项目的实际风险分担平均值，然后对德尔菲风险分担数据进行单样本 t 检验，如果两者之间存在显著性差异，且分担结论不一致时，认为两者分担存在差异。

本书预期的风险公平分担机制将包括风险公平分担建议和分担调整机制。上述前两种情况，通过德尔菲调研的风险分担偏好和实际案例风险分担的对比分析，得出最合理的风险公平分担建议。上述第三种情况，可以识别出影响风险分担的具体因素，结合已有的风险分担原则与运用、分担框架等方面的成果，构造风险分担调整框架。

10.4 实际 PPP 项目的风险分担

10.4.1 实际风险分担数据来源及分析方法

1. 实际风险分担数据的获得

搜集和分析实际 PPP 项目风险分担的目的在于与德尔菲调研得出的分担偏好做比较，从而得出更为合理的风险公平分担建议。由于实际 PPP 项目资料的难以获得，而在操作中可以选择与有实际项目经验的专家直接面对面访谈，让专家直接对他所选择成功案例的风险分担做判断。为了提高面对面访谈的效率，在访谈之前先通过电子邮件给专家寄去一份调查问卷，在专家反馈之后，将专家所提供的实际分担方案与德尔菲调研所得的分担偏好进行单样本 t 检验，识别出存在显著性分担差异的风险。本书所选取风险 36 个，在有限访谈时间内无法要求专家详细解释每个风险的分担原因，故访谈过程中，只要求专家对访谈前所识别出的存在显著性分担差异的风险做出详细分担原因解释。

2. 访谈问卷应该包含的内容

访谈前的调查问卷可以分为四部分：

（1）风险因素含义和风险分担的解释说明。如果专家对某一风险含义不确定，可以查看此部分说明，这一部分设计的目的是保证所有专家对问卷的风险能有一个统一的理解。

（2）背景资料。主要目的在于搜集专家的背景资料，以便后期对专家进行归类分组，进行分组对比研究。

（3）实际项目的风险危害程度评估和实际分担判断。要求专家根据所选择案例，判断 36 个风险的实际分担情况，其中：1——政府完全承担；2——政府承担大部分；3——双方承担相似比例；4——私营部门承担大部分；5——私营部门完全承担。并标出迄今为止 36 个风险中的哪些风险事件已在所选择的背景案例中发生，并评估该风险事件对项目的影响：1——很低；2——低；3——中等；4——高；5——很高。

（4）PPP 项目绩效指标评估。问卷中列举一些从文献综述得来的项目绩效评价指标，要求专家根据他对于 PPP 项目的理解，判断这些指标的重要性：1——很低；2——低；3——中等；4——高；5——很高。并结合所选择的背景案例，评价该案例在所列指标上的表现：1——很不满意；2——不满意；3——一般；4——满意；5——很满意。

3. 访谈问卷设置时应关注的内容

采用结构式访谈，访谈问卷设置时着重关注两部分：

（1）风险因素含义和风险分担的解释说明，如果专家对某一风险含义不确定，可以查看此部分说明。

（2）德尔菲调研结果（即风险分担偏好）与专家访谈前提供的实际分担之间的结果展示和比较，访谈前将识别出两者间存在显著性分担差异的风险，访谈时则要求专家详细解释这些风险的分担原因。

PPP 项目的风险分配框架如图 10-4 所示。

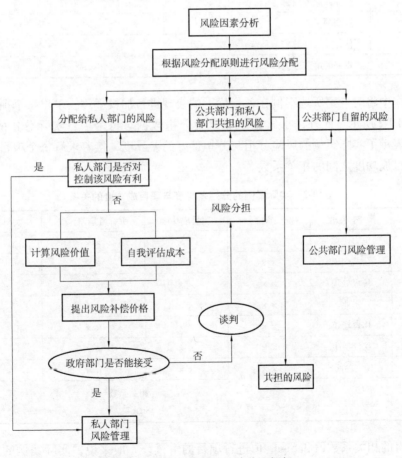

图 10-4　PPP 项目的风险分配框架

10.4.2 分担差异度与项目成功度的关系分析

在上节中介绍，访谈前调查问卷的第四部分为PPP项目绩效指标评估，问卷中应该列举一些从文献综述得来的项目绩效评价指标，一般来说，所选择的项目绩效评价指标主要有8个，分别是：建设工期、建设质量、建造成本、合同争执、产品或服务质量、提高项目效率、伙伴关系（政府与私营）和良好的第三方关系（社区）。问卷中要求专家根据他对于PPP项目的理解，判断这些指标的重要性，并结合所选择的背景案例，评价该案例在所列指标上的表现。表格如表10-1所示。

表10-1 项目绩效评价指标权重

序号	项目绩效评价指标	权重	排序
1	建设工期		
2	建设质量		
3	建造成本		
4	合同争执		
5	产品或服务质量		
6	提高项目效率		
7	伙伴关系（政府与私营）		
8	良好的第三方关系（社区）		

实际操作中将对专家所选案例在各指标上的表现进行加权平均，求出每个项目的成功度得分，如表10-2所示。此外，求解德尔菲风险分担数据与每个项目实际分担的相关系数，此相关系数表示了实际案例的风险分担与分担偏好的差异度，接着求解每个项目的风险分担差异度与项目成功度之间的相关系数。

表10-2 实际案例的分担差异度与项目成功度的关系

案例序号	案例类型	投资额	项目成功度	所有风险差异度	关键风险差异度
1	电力能源	××	××	××	××
2	公共交通	××	××	××	××
3	垃圾处理	××	××	××	××
4	水业	××	××	××	××
5	体育场馆	××	××	××	××
6	医疗卫生	××	××	××	××
7	住宅/办公	××	××	××	××
			相关系数	××	××
			Sign.	××	××

根据所得的相关系数值和Sign.值进行项目的解读。一般来说，实际案例的风险分担与分担偏好的差异度越小，项目成功度则越大，一定程度上可以证明风险偏好的合理性和公平性。

10.4.3 所有行业的实际分担与分担偏好的差异

1. 所有行业的实际分担与分担偏好差异的计算

如果某风险的分担偏好和实际分担,在所有行业项目中存在显著性分担差异,则需要分析这个风险的实际分担理由,并考虑这个风险的分担偏好是否合理,如果不合理,则需要修改该风险的分担偏好。如前所述,只有当实际分担数据与德尔菲风险分担数据的单样本 t 检验存在显著性差异,且分担结论不一致时,才认为两者分担存在差异。所有行业的分担得分平均值根据各个项目的成功度得分进行加权平均,操作表格如表 10-3 所示。计算出表中数据后,分析存在显著性差异的几个风险。这里以组织协调风险为例分析。

表 10-3 所有行业的实际分担与分担偏好的差异

序 号	风 险	德尔菲调研		面对面访谈		比 较 分 析		
		平均	偏好	平均	实际	t 值	Sign.	比较
1	腐败风险							
2	政府干预风险							
3	征用/公有化风险							
4	政府信用风险							
5	政府决策失误风险							
6	审批延误风险							
7	税收调整							
8	法律监管不完善							
9	法律变更							
10	气候/地质条件风险							
11	环保风险							
12	不可抗力风险							
13	重大社会事件风险							
14	公众反对							
15	外汇风险							
16	利率风险							
17	通货膨胀							
18	融资风险							
19	市场竞争(唯一性)							
20	市场需求变化							
21	土地获选风险							
22	第三方风险							
23	完工风险							
24	收费变更							
25	费用支付风险							
26	供应风险							

(续)

序号	风险	德尔菲调研		面对面访谈		比较分析		
		平均	偏好	平均	实际	t 值	Sign.	比较
27	项目测算方法主观							
28	工程/运营变更							
29	超支风险							
30	残值风险							
31	项目财务监管不足							
32	设计缺陷风险							
33	技术风险							
34	特许经营人能力不足							
35	合同文件冲突/不完备							
36	组织协调风险							

2. 组织协调风险的分担偏好

组织协调风险的分担偏好是由私营部门承担,而实际PPP项目中的分担大部分是由双方共担。在已有案例中可以看出,大多数选择由双方共担或者政府承担的项目都具有一个共同特色,那就是项目中政府干预程度较大,常常在特许协议中说明组织协调风险由私营投资者承担,但是实际风险事件发生后,如项目公司的组织协调能力不足,导致项目参与各方的互相矛盾冲突产生等变故,最后都需要由政府介入参与协调沟通;有一些项目由于其本身具有强烈的政治色彩,工期是最为重要的绩效指标,因此建设期间一切组织协调工作均由政府负责(实际项目公司对该项目的完全控制是在运营初期),故组织协调风险发生的可能性很小。但是此类风险多是由于项目公司组织协调能力不足所致,应由私营投资者承担大部分,因此公平分担建议是由私营部门承担。在实际操作中,建议政府在招标时将投标人的类似项目经验和组织协调能力列为评标标准之一,并在特许协议中说明出现类似情形政府部门该如何介入(需要明确政府介入的前提条件、介入方式和退出条件,以免产生政府过度干预风险)。

10.4.4 单一行业的实际分担与分担偏好的差异

如果某风险的分担偏好和实际分担,仅在一类项目中存在显著性分担差异,则需要分析这个风险的实际分担理由,并考虑该风险的实际分担是否更适合于该类项目,如果是,则进一步整理出该类项目风险分担偏好。再根据垃圾处理、住宅/办公、医疗卫生、体育场馆、电力能源、公共交通和水业等每个行业的分担得分平均值,对各个项目的成功度得分进行加权平均。只有当实际分担数据与德尔菲风险分担数据的单样本t检验存在显著性差异,且分担结论不一致时,才认为两者分担存在差异,并对该行业中实际分担与分担偏好差异大的风险项进行具体分析。

10.5 风险公平分担机制的构造

根据PPP模式项目的实施方式,结合项目风险分担机制的运行原理,可以得出项目风险分担机制发挥作用下的项目生命周期各阶段所包含的关键工作节点。

如图 10-5 所示，PPP 项目过程一般包括准备阶段、招标投标阶段、合同组织阶段、融资阶段、建造阶段、运营和移交阶段。其中，准备阶段的里程碑事件包括可行性研究报告的制定和招标文件的拟定，招标投标阶段的里程碑事件是中标人的确定，而合同组织阶段则是特许协议的签订。

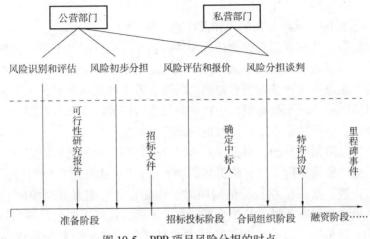

图 10-5　PPP 项目风险分担的时点

10.5.1　项目各阶段的风险分担

1. 项目准备阶段风险分担的工作及注意事项

项目准备阶段的风险分担关键工作为：项目构思、可行性研究报告的编制与批复、社会稳定风险评估、物有所值评价、财政承受能力评估、招标投标文件的编制与资格预审。

在项目准备阶段，公共部门需要在详细调查项目需求的基础上，通过对以往类似案例的学习或者咨询行业专家等方法，在本书所提供的待排序风险清单基础上，识别出项目潜在的风险因素并进行评估（不是所有风险都能在准备阶段识别出来，因此各方在风险管理计划中都应该做好应对新风险的准备），对拟采用 PPP 模式建设的项目进行物有所值评价及财政承受能力评估，以此作为是否采用 PPP 模式的依据，从而制定项目的可行性研究报告。

评估风险并计算风险价值的目的在于：①在可行性研究阶段判断项目应该采用 PPP 模式还是传统的政府自建模式；②在确定采用 PPP 模式后，为选择最佳投标者提供评标依据。公共部门在本书所提供的公平分担建议基础上，根据本书所提供的风险分担调整机制进行风险的初步分担。在此基础上制定招标文件并发布招标公告，在此建议附上包括风险公平分担建议和风险初步分担结果的风险矩阵。

对于项目立项过程中几个审批环节之间的关系，2014 年年底发布的《国家发展改革委关于开展政府和社会资本合作的指导意见》进行了诠释，"为提高工作效率，可会同相关部门建立 PPP 项目的联审机制，从项目建设的必要性及合规性、PPP 模式的适用性、财政承受能力以及价格的合理性等方面，对项目实施方案进行可行性评估，确保物有所值。审查结果作为项目决策的重要依据。"

此处有一个误区需要特别注意，即 PPP 模式并不适用于所有的基础设施建设项目，即便是通过了物有所值评价及财政承受能力评估的项目。对于 PPP 模式的确定，应当在物有所值评价及财政承受能力评估结果的基础上，根据识别出的项目主要风险因素，结合项目自身特点，进行PPP模式适用性分析，判断项目是否采用PPP模式。

准备阶段的风险分担工作主要由公共部门负责完成，公共部门根据风险分析结果初步判断哪些风险因素自身最具控制力，将其作为公共部门的自留风险，剩余风险转移给私营部门，自此完成项目风险的初次分配。公共部门在初步风险分担的基础上，编制招标文件并发布招标公告。

2. 项目招标投标阶段风险分担的工作及注意事项

在招标投标阶段，私营部门首先就招标文件的初步风险分担结果进行自我评估，主要评估其拥有的资源（包括经验、技术、人才等），据此判断对公共部门转移的风险是否具有足够控制力或者是否能进一步转移给更有控制力的第三方。如果认为对该风险具有控制力，则对其进行风险报价，并反映于投标报价中；如果认为对该风险不具有控制力，则可以选择转移给第三方，并初步估计转移成本，同时也反映于投标报价中。

公共部门经过风险初步分担，根据自身的风险偏好和风险容忍度确定自身风险分担的边界，并对项目的整体价值进行衡量，确保其"物有所值"。从一定角度而言，公共部门作为社会公共利益的代表，在衡量项目价值的同时，还要充分考虑服务对象的意愿。某些情况下，项目效率的最大化与服务对象的接受程度存在矛盾，这就需要公共部门做好决策，使项目建成后既"物有所值"，又"物尽其用"。在与私营部门就风险分担达成一致意见后，签订相应合同条款，将各方的责任义务进行落实，形成法律依据，如不能达成一致意见，则重新进行风险分配，直至达成统一。

此外，本书也建议私营投资者根据自身以往的项目经验和积累资料对拟投标项目进行进一步的风险识别，风险清单依据可选择公共部门在招标时提供的风险矩阵。公共部门则根据自己在准备阶段的风险价值计算，比较各投标人的投标报价以及投标人的经验、能力等其他非价格因素，最后确定一个最合适的中标人。

3. 项目融资阶段风险分担的工作内容

融资阶段的风险分担关键工作为：融资决策、确定融资结构、融资谈判、实施融资计划。

4. 项目实施阶段风险分担的工作内容

实施阶段即是项目的建造、运营、移交阶段。

政府部门和社会资本签订合同后，风险分担机制进入到风险监测与再分配阶段，这一阶段的主要任务是通过风险监测，判别已分配的风险因素是否发生变化以及是否出现未识别的新增风险因素，然后根据变化情况进行风险的再分配。此过程贯穿项目生命周期的实施阶段，直至项目生命周期结束。

对于未识别出的新增风险因素，按照上一阶段中的风险分担机制进行风险因素的分配。对于已经识别出但发生变化的风险因素，需要分析其发生的变化对项目是否产生不利影响，如果存在不利影响，则按照上一阶段中的风险分担机制进行风险的再分配；如果风险变化对项目是有利的，则各方按照合同约定共同分享收益。

基础设施PPP项目风险分担工作主要集中于项目的前期阶段，而招标投标与融资阶段的风险分担又是项目风险分担的关键。

10.5.2 风险分担调整机制

1. 风险分担调整机制的构建

虽然本书已经提供了一般情况下的风险公平分担建议和不同行业的具体调整建议,但是从实际项目中的风险分担偏好与实际分担的差别比较分析中可以看出,在实际操作中,本书的风险公平分担建议不见得完全适合所有PPP项目。因此,在影响实际风险分担因素的基础上,本书构造了一个风险分担调整机制,具体如图10-6所示。当谈判双方识别出本书风险清单以外的风险,或者双方认为本书建议的某一风险的公平分担不适合所负责的PPP案例实际情况,进入以下风险分担调整机制。

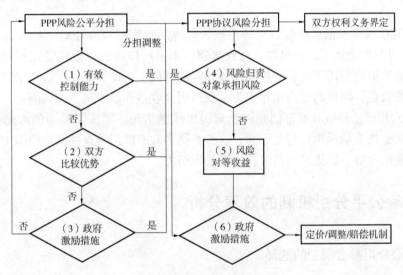

图10-6 风险分担调整机制

2. 风险分担调整机制的实施步骤

(1)第一步骤是检查双方对于该风险的有效控制能力是否有明显差距,若不存在明显差距,则进入下一步骤。对于已有分担建议的风险,若存在明显差距,检查具有控制能力优势的一方是否已经承担了该风险,若否,则建议修改为由该方承担该风险。对于新识别的无分担建议的风险,若存在明显差距,建议由具有控制能力优势的一方承担该风险。这里的风险有效控制力的概念可以细分为能否预见风险的存在、能否正确评估风险发生的概率和影响程度、能否减少风险的发生概率、能否控制风险事件本身、能否控制风险发生的危害程度以及管理风险所需付出的成本大小。值得注意的是,这一步骤所要求的控制能力差异应该是显著的。

(2)第二步骤是检查双方在项目中的比较优势是否有明显差距,若不存在明显差距,则进入下一步骤。对于已有分担建议的风险,若存在明显差距,检查处于劣势的一方是否已承担了该风险,若否,则建议修改为由该方承担该风险。对于新识别的无分担建议的风险,若存在明显差距,建议由处于劣势的一方承担该风险。此处比较优势的概念包括双方的风险态度、对项目的需求程度、双方的合作历史、各自的项目经验、该项目的竞争程度和双方的谈判能力等。

(3)第三步骤是检查政府部门是否愿意提供激励措施,若否,则进入下一步骤。对于已有分担建议的风险，政府部门若愿意提供激励措施，检查其是否已经承担了该风险，若否，则建议修改为由政府部门承担该风险。对于新识别的无分担建议的风险，政府部门若愿意提供激励措施，建议由政府部门承担该风险。这一步骤中政府部门检查的激励措施主要包括政府投资赞助、政府对融资的协助、政府担保、税收减免优惠和开发新市场等。

（4）第四步骤是检查该风险的归责对象，如果归责对象已经承担了该风险，则进入第六步骤。如果归责对象没有承担该风险，则进入第五步骤，归责对象须给予风险承担方相应的补偿。公共部门和私营部门对于风险的分担主要通过权利义务的界定和付款机制的确定来实现，本书认为归责原则不能作为权利义务界定的依据，以避免出现建设/运营阶段出现风险控制力不足的情况，因此归责原则在本调整机制中仅作为定价/调整/赔偿机制的参考依据。

（5）第五步骤是根据风险收益对等原则，计算所承担的风险相对应的收益，或者在定价结构/调整机制中增加考虑该风险。在此步骤，本书同样提出与以往研究不同的看法，强调风险收益对等原则应用于合理的权利义务界定的基础上。即该原则应该用于计算承担合理风险所对应的收益，但切勿反向操作，为了获得更多收益而承担更多的风险。

（6）第六步骤是检查政府部门是否愿意提供激励措施。第三步骤中的激励措施主要是政府在权利义务的主动承担，与之不同，这一步骤中政府部门检查的激励措施主要是放弃所承担风险对应的收益，以提高项目对投资者的吸引力。

10.6　风险公平分担机制的效率分析

10.6.1　风险分担参考模型的选择

1. 风险分担方法

目前较为普遍的风险分担方法主要有两大类：一是通过问卷调查/专家访谈，统计各方对各项目风险的承担应答比例，通过比较平均值反映出这一风险的倾向性；二是通过建立博弈等数学模型寻求风险分担的最优解，确定关键风险在公共部门和私营部门之间分担的数量。

2. PPP 项目风险分担结论的主要来源

现有关于 PPP 项目风险分担结论主要来自三个部分：一是通过对案例的分析总结；二是通过问卷调查/专家访谈的统计分析结果；三是许多政府部门所提供的 PPP 项目风险分担建议。

3. 风险分担模型

本小节所选择的风险分担参考模型共有以下六种：

（1）模型一：Li 等人的英国 PFI/PPP 风险分担偏好。Li 等人的风险分担偏好方案是通过问卷调查统计各方对项目风险的承担应答比例，通过频率来确定某风险的分担偏好。

（2）模型二：Jin 和 Doloi 的 PPP 风险定量分担模型。Jin 和 Doloi 基于交易成本经济学和企业能力资源的角度，建立了一个多层次的风险定量分担模型，其中，外部环境不确定性、双方的合作历史和双方的风险管理能力影响着合作双方的行为不确定性，而外部环境不确定性、合作双方的合作历史、双方的风险管理能力和双方的行为不确定性又共同影响着双方的风险分担策略。

（3）模型三：香港效率促进组的风险矩阵范例。香港效率促进组发布的《公营部门与私营机构合作的简易指引（第2版）》中提供了一套风险矩阵范例，包括风险的描述、后果、影响对象和程度、分担偏好、风险管理策略、商业准则或协议条文建议等。

（4）模型四：刘新平的PPP项目风险分配框架。刘新平在识别的三条风险分担准则"对风险最有控制力的一方承担相应的风险""承担的风险程度与所得回报相匹配""承担的风险要有上限"的基础上，提出了一个包括风险的初步分配阶段（可行性研究阶段）、风险的全面分配阶段（投标与谈判阶段）和风险的跟踪和再分配阶段（建设和运营阶段）的风险分配框架。

（5）模型五：Lam等人的项目合同风险分担决策模型。Lam等人通过对风险控制能力的具体细分（包括能否预见风险的存在、能否正确评估风险发生的概率和影响程度、能否减少风险的发生概率、能否控制风险事件本身、能否控制风险发生的危害程度、能否从风险事件中获益和甲方能否接受乙方的风险报价），结合模糊数学和专家调研方法，建立了一套项目合同风险分担决策模型。

（6）模型六：Medda的公共交通PPP项目风险博弈分担模型。Medda引入了最终要约仲裁（Final Offer Arbitration）博弈模型，建立了公共交通特许经营项目中的风险分担模型。在该模型中，决定双方由谁来承担风险的主要因素在于双方对于该风险所愿意付出的保证，当该保证大于该风险可能带来的损失，风险态度较为激进一方将承担该风险。

10.6.2　不同风险分担模型的优劣比较

1. 设计风险分担机制时的注意事项

设计风险分担机制时应注意：风险分担机制能迫使项目投资者尽量采用市场手段和自身高效经营来降低风险，而不是靠将风险转移给其他参与者来降低风险；风险分担机制要有利于降低各方的风险控制成本，提高私营投资者控制风险的积极性；风险分担机制使投资者控制风险的行为有利于项目社会效益的提高。因此，比较不同风险分担模型的优劣时，特别需要注意分担模型在实际应用时的效率和效果。

2. 风险分担模型的优劣比较标准

本书所建议的风险分担模型的优劣比较标准可分为理论和应用两个层面：

（1）理论层面的完整和创新，即比较风险分担模型的形成过程是否逻辑严谨和考虑周全。具体而言，可细分为四个子标准：风险研究对象（风险清单）的选择是否合理和充分、考虑的风险分担准则是否完整和准确、风险公平分担建议是否公平和合理、风险分担调整机制（包括对于未识别风险的分担处理）的建立依据是否充分。

（2）应用层面的效率和效果，即比较风险分担模型在将来实际PPP项目中是否能够得到真正的应用。具体而言，同样也可细分为四个子标准：模型应用对谈判双方的能力要求、模型应用能否与实际PPP项目运作流程完美地结合、模型对于特许协议谈判阶段的指导效果、模型是否包括对于实际操作中识别的异常风险的处理办法。

3. 不同风险分担模型的优劣比较结果分析。

本书的风险公平分担机制与所选取的六个PPP项目风险分担模型的优劣比较结果如表10-4所示。其中打钩的表示对于该标准的满足度最理想，例如风险分担建议最为合理、对谈判双方的能力要求最低；无填涂表示对于该标准的满足度中等，例如风险分担建议一般合理、对谈判双方的能力要求一般，打叉的表示对于该标准的满足度最差；例如风险分担建议最不合理、对谈判双方的能力要求最高。

表10-4 不同风险分担模型的优劣比较结果

比较标准	本书	模型一	模型二	模型三	模型四	模型五	模型六
理论的完整和创新							
风险清单的合理充分	√	√	×	√	×		×
分担准则的完整准确	√	×	√	×		√	×
分担建议的公平合理	√		√		×	√	
调整机制的依据充分	√			×			
应用的效率和效果							
双方的能力要求	√	√		√	√		
项目运作的结合	√			√	√		
谈判的指导效果	√			√	×		×
异常风险的处理	√		×	√			

（1）理论层面标准：风险清单确定的合理充分性。本书的风险清单确定思路重点包括两个，即符合中国特定环境的重要风险和风险分担不明确而值得探讨的风险。最终风险清单的确定与分析包括风险清单的含义解释、风险因素的层级分析、风险起源及其归责对象和风险后果及其影响对象。这些结论足以说明本书风险清单的选取是合理和充分的。模型一在文献综述的基础上，归纳总结出宏观、中观和微观三个层面的36个风险，模型三提供了一套风险矩阵范例，包括风险的描述、后果、影响对象和程度等，本书认为模型一和三风险清单的确定是合理和充分的。模型五在案例应用中列举了16个风险事件，因此认为模型五的满足度只能是一般。而模型二、四和六都没有提供任何风险清单，因为认为满足度最差。

（2）理论层面标准：风险分担准则的准确完整性。本书的风险分担调整机制中考虑了风险应该由最有控制力的一方承担、风险双方的比较优势、风险的归责原则、风险与收益相对应等多个风险分担准则。同样，模型二、四和五都考虑了许多相关准则。但是与这些参考模型不同的是，本书认为风险归责原则不应该作为判断双方在特许协议中权利义务的标准，因为为了保证PPP项目能够长期运营，风险首先应该由最有控制力的一方承担，而不是由归责对象一方承担，以免在实际项目中某些风险出现意料之外的变化而导致风险承担方无法控制风险的发生及其影响。此外，本书同样不赞成将风险与收益相对应作为判断双方权利义务的准则，因为这样会导致从业人员错误地认为承担较多的风险就可以获得较多的回报，把承担风险看成是获得高额回报的机会，而承担了自身无法承担的风险。而模型一、三和六都没有涉及风险分担准则。

（3）理论层面标准：风险公平分担建议的公平合理性。风险分担建议的公平与否是评价该风险分担模型的重要标准之一。模型一通过问卷调查统计各方对项目风险的承担应答比例，通过频率来确定某风险的分担偏好。单一的问卷调查统计所得到的结果取决于样本结构和样本数量，因此本书认为模型一的公平性不是很理想。模型二和五虽然也采用问卷调查，但与模型一不同，通过调查双方在影响风险的准则/因素上的差异，归纳得出双方对于该风险的比较优势，从而决定该风险的分担。因此，本书、模型二和五的分担建议在公平合理性这一子标准上的满足度最理想。模型三并没有提供分担建议的形成过程，本书认为该分担建议较为偏袒政府一方，公平合理性一般。而模型六所采用的博弈模型要求的边界条件较为苛刻，需要忽略许多项目条件，因此认为该模型的分担公平合理性有待考证。

（4）理论层面标准：风险分担调整机制依据的依据充分性。风险分担调整机制的作用包括调整一般情况下的风险分担建议以期适合该项目，以及对未识别的风险给出合适的分担建议。模型一、二和五都采用问卷调查的方法，所以为了达到调整风险分担的目的，都需要重新执行一次调研工作，因此认为这些模型的满足度一般。模型三仅提供了一般情况下的风险分担建议，并未涉及风险分担如何调整，因此满足度最差。本书和模型四分别提供了一套结合PPP项目流程的分担调整流程，不像前面那些模型需要完全执行一次研究过程，因此认为满足度最高。

（5）应用层面标准：模型应用对谈判双方的能力要求。在所选取的参考模型中，模型六引入了最终要约仲裁博弈，对于操作人员的能力要求较高，因此认为满足度一般。而其他模型都提供了详细的风险描述、风险起源、风险后果、风险分担建议和相应的合同组织建议等，或者采用的是较为普遍的问卷调研方法，对于谈判双方的能力要求相对较低，因此认为满足度更为理想。

（6）应用层面标准：与实际PPP项目运作流程的结合性。本书建议的风险分担机制、模型一、三和四都涉及风险公平分担机制的时点安排和实际操作流程，以提高模型的可应用性，因此认为满足度最理想。尽管如此，模型四所建议的全生命风险管理框架需要谈判双方建立相应的风险管理部门或者专员来负责风险管理的识别、管理和跟踪工作。而模型二、五和六都没有提供确切的时点建议，在具体应用时可能无法与实际的PPP项目运作流程完美地结合，因此认为满足度较为一般。

（7）应用层面标准：特许协议谈判阶段的指导效果。与本书观点一致，模型三提供了详细的风险描述、风险起源、风险影响对象和程度、风险分担建议和协议组织建议，可以对双方的特许协议谈判提供较为的理想的指导效果，因此认为本书与模型三的指导效果满足度最为理想。而模型一、二和五都是采用的调查问卷方法，模型一可以在一次调研工作得到所研究风险的分担建议，如上所述，但是公平合理性欠缺考证，模型二和五通过调查双方在影响风险分担的准则/因素上的比较优势来得到风险的分担建议，公平合理性较为理想，但是一次调研工作只能得到一个风险的分担，在实际应用中需要重复很多次繁重的调研工作，应用效率不佳，因此认为这三个模型的满足度一般。模型六虽然也能得出风险的分担建议，但是由于博弈模型要求的严格边界条件，风险分担建议的公平不佳，且对双方的能力要求较高，因为认为满足度最差。模型四的满足度也最差。

（8）应用层面标准：实际操作中识别的异常风险的处理办法。PPP项目具有周期长、投资大、合同结构复杂和风险大等特点，很难在项目前期就完全识别出项目中的风险，因此风险分担机制能否处理项目中出现的异常风险是个重要的考虑因素。如前面分析，本书和模型四分别提供了一套结合PPP项目流程的分担调整流程，可以为双方提供一个相对可行的操作方法。尽管采用问卷调查方法的模型一、二和五，也可以对新识别的风险进行分担判断，但都需要重新执行一次调研工作，因此认为这些模型的满足度一般。模型三仅提供了一般情况下的风险分担建议，并未涉及对异常风险如何处置，因此满足度最差。模型六的满足度一般。

10.7 示例——赛文河第二大桥项目

英国赛文河第二大桥是"设计—建造—融资—运营—维护"（DBFOM）特许经营项目，由使用者付费，特许经营方同时还获得了第一大桥的运营维护和收费权，避免了两桥竞争。

10.7.1 项目背景

赛文河位于英格兰与威尔士之间，阻断了两岸交通联络。1966年，赛文河第一大桥建成通车，打通了两岸交通。但随着交通流量的日益增长，到20世纪80年代中期，该桥已难以满足通行需求，需新建第二座大桥。

当地政府由于财政资金紧张，决定采用PPP模式吸引社会资本完成第二大桥的建设、运营和维护，同时接管第一大桥。1984年，当地政府启动第二大桥前期准备工作，1986年确定建设方案。根据方案，第二大桥位于第一大桥下游5公里处，共有6车道，中央跨度1482英尺[1]，总桥长3081英尺，距离河面高度120英尺。第二大桥建成后将有效缓解交通压力。

10.7.2 项目结构

1. PPP类型

该项目是英国第二个运用PPP模式的大桥项目，采用DBFOM特许经营模式，特许经营期满之后，大桥所有权将移交当地政府。

2. 主要参与方

（1）政府方：英国国家道路局，负责出资建设第二大桥的引路。曼塞尔事务所作为政府的代理人。

（2）社会资本方：赛文河大桥公司，由约翰·莱恩有限公司和GTM Entrepose公司各持股50%。

（3）建筑设计方：托马斯·珀西事务所。

（4）结构设计方：哈尔克罗事务所、SEEE公司、吉福德事务所。

（5）建设方：VINCI公司、Cimolai Costruzioni Metalliche、弗雷西内有限责任公司。

（6）融资方：美国银行、巴克莱银行。

10.7.3 项目分析

1. 特许协议

该项目于1984年启动前期准备工作，1986年确定建设方案，1989年有四家公司参与项目招标，最终赛文河大桥公司中标，1992年项目建成通车。

为配合项目实施，除特许协议外，1992年当地议会通过了《赛文河大桥法案》，其中明确规定特许经营期自1992年4月底开始，最长为30年。当过桥费收入达到特定金额后，特许经营期将提前结束，这一条款被写进了特许协议，并在《赛文河大桥法案》中体现。

---

[1] 1英尺≈0.3048米。

2. 定价机制

该项目特许经营公司的唯一收入来源是从第一、第二大桥所收取的过桥费，且只自东向西单向收费。收入主要用于完善、运营和维护两座大桥。

定价机制根据自1989年以来物价指数增长情况，每年对收费标准进行调整，以消除通货膨胀的影响。按照定价机制确定的2006年收费标准如下：

9座及以下的轿车，单次收取9.1美元（4.9英镑）。

17座及以下的小型巴士和货车，单次收取18.2美元（9.8英镑）。

大型客车和货车，单次收取27.3美元（14.7英镑）。

摩托车和持有残疾证的车辆免通行费，主车后挂的拖车或大篷车不另行收费。

用户付费既可以使用现金，也可使用"赛文TAG"电子收费系统。为鼓励使用电子收费系统，购买并使用该系统可获得56美元（30英镑）的资金返还，同时无须停车或接受检查。支付模式如下：每月或每季支付一定费用，车辆可无次数限制通行；采用预付费方式。车辆通过大桥时，"赛文TAG"系统会自动对车辆进行分类并扣除费用。系统可在收费政策发生变动时相应自动调整。

10.7.4 财务信息

该项目总成本为10.79亿美元（5.81亿英镑），包括新建第二大桥，还清第一大桥剩余债务，以及特许经营期内这两座大桥的运营和维护费用。

项目最终融资安排如下：

银行贷款3.53亿美元（1.9亿英镑）。

BEI贷款2.79亿美元（1.5亿英镑）。

企业债券2.43亿美元（1.31亿英镑）。

政府债券1.11亿美元（6000万英镑）。

特许权权益0.93亿美元（5000万英镑）。

为降低债务成本，特许经营方分别在1997年和2002年对银行债务进行了重组再融资，以此降低债务成本。从项目风险分担来看，在排除难以预期的因素之后，特许经营方根据协商后责任划分来限定风险承担的范畴。

10.7.5 项目成果

第二大桥建成通车，以及第一大桥的修缮完成后，赛文河两岸通行的交通压力大大缓解。两座大桥的日均车流量约66000辆。2005年共向2000多万辆通行车辆收取了过桥费。

10.7.6 项目存在的风险及分担措施

1. 通货膨胀风险

政府决定根据物价指数增长情况，每年调整定价机制。特许协议明确了定价机制并考虑了通货膨胀，还规定收费达到特定额度时，将提前终止特许经营期。

2. 环境风险

第二大桥建设可能对赛文河两岸的生态环境产生影响。因此，需要在项目早期规划阶段处理好环境问题，避免因民众的环保抗议和诉讼，导致项目长期拖延。当地政府在1987年对环境问题和初步设计进行了深入研究，识别潜在问题并积极制定避免或化解措施，具体包括为施工开辟专用通道、建设独立的排水管网和排污口、建造大量的景观绿化和噪声隔离墙等。

3. 公众反对

公众反对是政府吸引社会资本方参与该项目中面临的又一潜在挑战。英国M6收费公路等其他项目就曾因公众反对而造成严重延误。为了解决这一潜在问题，1987年至1990年，政府开展了广泛的公众宣传，积极与利益相关方进行沟通。根据公众意见，政府调整了桥口引路的选址，建设了较高的路堤和堤后湿地，将面向威尔士的收费站与周边社区隔离，并补建了大量园林绿化带，使收费站和赛文河两端的引路隔开。

4. 对当地社区的影响

第二大桥的建设工程还可能会给周边社区带来交通不便、噪声污染和空气质量下降等一系列问题。为减轻施工期间可能对当地产生的不良影响，特许经营方建设了专用支路，供运料货车直达现场，而不经过赛文河两侧社区。此外，该项目中的政府和社会资本方与当地社区团体代表定期举行联络会议，以使其了解施工进度，并解决当地代表提出的问题。

5. 第一大桥老化

第一大桥于1966年建成。检查发现其使用了40年的缆索存在严重的老化问题，对特许经营方构成潜在的交通、收入和成本风险，说明有必要进行一次更深入的全面检查。虽然这有待进一步的技术审查，但在缆索被修复之前，需要进行重量限制。这就给特许经营方带来了交通流量和收入的风险，可能会延迟对两座桥债务的偿还，并增加成本。

第一大桥出现的严重老化，对第二大桥带来了潜在的成本和收入风险威胁，特许经营方如果维护第一大桥，则需承担额外的风险。英国政府与经营方谈判后决定，这种情况凸显了特许经营方在接管既有交通基础设施时面临的主要风险，这些风险需要在特许协议中说明。这些合同需要限定条件，在这些条件或者限制下，特许经营方有责任对第一大桥进行维护，但以下情形除外：

（1）桥梁初始设计或建设施工质量差。

（2）交通流量高于预期。

（3）恶劣的天气条件。

特许经营方没有参与第一大桥的初始设计及建设过程，由其承担该风险并不合理。超出预期的交通流量和恶劣的天气条件等造成桥体损坏同样不应由特许经营方承担维护。因此，特许协议对维护范围进行了限定，排除了一些难以预期或无法控制的不利因素，减轻了特许经营方的运营压力。通过引入这样的制度设计，难以预期或无法控制的不利因素被排除在外，从而对特许经营方起到了尽可能减轻运营压力的作用。

10.7.7 结论

该项目获得比较好的效果，关键在于参与各方的共同作为，如图10-7所示。

（1）各参与方都付出了巨大的努力。作为英国首批最大的PPP项目之一，各参与方都付出了巨大的努力，识别和处理各种环境、社区、技术问题。

（2）前期准备工作充分，使项目顺利进行。项目在真正实施时遇到来自公众的阻力非常小。

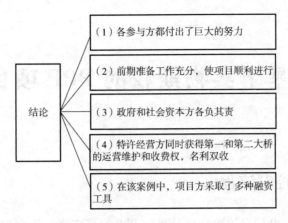

图 10-7 结论

(3) 政府和社会资本方各负其责。在这个项目中,政府和社会资本方各负其责,形成了真正的 PPP 关系,带动了稀缺公共资源投入,使工程能够及时完成,为不断增长的交通需求建设了第二大桥,缓解了第一大桥的压力。

(4) 特许经营方同时获得第一和第二大桥的运营维护和收费权,名利双收。这样也有利于更好地管理赛文河两岸交通,以及对两座大桥的协调利用。

(5) 在该案例中,项目方采取了多种融资工具。包括政府债券、发行债券、特许权权益以及银行贷款等,为后续项目融资方式起到了示范作用。

第 11 章　基于实物期权的 PPP 项目风险管理

11.1　风险管理控制流程

基于实物期权的 PPP 项目风险管理是目前 PPP 项目实施过程中实施者必须把控的重要的风险控制工具。因此，通过对基于实物期权的 PPP 项目风险管理进行研究，有利于为投资决策者在项目实施过程中提供强有力的评价工具，从而加速 PPP 项目的落地，从社会资本方的角度来看，将有利于保证投资安全，促进项目经济效益的提升，从国民经济发展的角度来看，将保证 PPP 项目充分发挥其服务社会的公益性质，促进人民生活水平的提高和国民经济社会的健康发展。

11.1.1　PPP 项目风险管理的过程

PPP 项目风险管理既有一般风险管理的特性，又具有其自身的特殊性。风险管理的过程，是从认识风险、分析风险到防范和处理风险的全部过程。具体过程就是标准的三步风险管理过程：风险识别、风险评估和风险应对。一般来讲，风险应对的方法包括避免、减轻、转变/转移、保留。项目方要主动对风险采取减少、回避和转移等规避手段，进而处理风险带来的不良后果，来确保目标实现。

11.1.2　PPP 项目风险管理的关键

风险管理的好坏是决定一个 PPP 项目能否成功的关键，而有效地进行风险管理活动，就必须把握 PPP 项目实施过程中的风险控制要点。PPP 项目在实施过程中，一般具有以下几个特征：多种不确定因素并存、建设和运营周期长、有较大的技术经济风险、项目各参与方关系复杂等。在采用 PPP 模式进行项目建设的周期中，合理地对项目进行风险分配是项目成功的关键。

11.1.3　新型风险管理流程

图 11-1 表示一种纳入实物期权理论的新型风险管理流程。这个流程包括风险识别和随后的风险应对策略设计。实物期权法是比传统 NPV 法更合理的项目评价方法，并且通过实物期权视角分析可以增加项目的价值，这一风险管理流程将首先采用这一方式管理应对风险。在这个流程框架中，对于愿意承担全部或部分某特定风险的一方，将采用期权方式改造和管理风险。

然而，这一实物期权模型只能应对一些特定风险，还有一些其他的残留风险不能通过这一方式应对。所以，一些传统的风险策略也是很有价值的，像风险规避、减轻、转换/转移策略等，这些策略可以和实物期权策略一起形成互补性风险应对策略。图 11-1 表明，这些残留风险可以通过实物期权评价过滤后，和那些没有被管理者吸收/保留的风险一起，通过传统风险应对策略处理。这一新的风险管理流程结合了传统风险管理策略和实物期权策略的思想，整体上形成了一种更积极主动的风险管理方式。

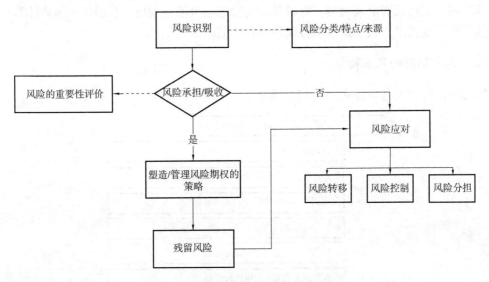

图 11-1　PPP 项目新型风险管理流程

11.2　实物期权投资与 PPP 项目

11.2.1　实物期权

1. 实物期权的基本概念

实物期权的概念最早由斯隆管理学院的斯特沃特·梅耶斯（Stewart Myers）教授提出。他认为，对于具有高度不确定性的投资决策，像净现值等传统投资评价方法往往会低估被投资对象的价值。而具有高度波动性的实物资产领域投资与金融期权有大量相似的特征，从而可以应用金融期权的投资决策理论应用于具有某些高度不确定性的实物投资决策领域。他指出，在实物投资决策中的初始投资可以定义为实物期权的购买价格，这种期权赋予投资者一种未来灵活决策（投资增长、缩减、退出、转换等）的选择权，但并没有必要承担的义务，这种灵活性决策价值是由对不确定性的把握创造的，而传统投资评价方法往往忽略这些价值。

2. 实物期权的核心思想

实物期权的核心思想是：投资项目的价值不仅包括项目预期净现金流，还包括项目的成长机会带来的价值（即实物期权价值）。所以项目的价值应该由两部分组成：净现值 NPV 和投资项目的期权价值 P。项目投资的实物期权分析并没有否定传统评价法，也不是它们的替代分析技术，应该结合实物期权方法和传统评价技术对不同的投资项目风险建立相应的评估模型。

Trigeorgis（1996）和 Mason（1987）解释道：实物期权价值评估从操作上可以看成是一种经济的、特殊方式的决策树分析法，这一分析法非常适合于分析项目组合投资和运作决策选择。然而，我们不能简单地将实物期权视作金融期权的外延，它不只是一种应对投资决策灵活性的技术，更是一种决策思维方式。实物期权理论保留了金融期权核心思想观念框架，并将其应用于实物投资决策领域。有时某些实物期权价值很难用已有的技术精确计算，但它仍然是一种转变思维方式、挖掘项目风险潜在价值的有力工具。

11.2.2　实物期权的基本特征

　　实物期权的九大基本特征如图 11-2 所示。

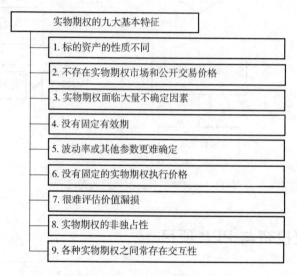

图 11-2　实物期权的九大基本特征

　　1. 标的资产的性质不同

　　实物期权的一些标的资产一般是一些实际工程、专利技术等，这些资产并不能像完全市场化的资产一样能在市场上自由交易，也很难确定标的资产的当前价值，从而也难找到可完全对冲的可交易证券复制组合。主要有三种确定与实物资产接近完全相关的证券组合：①可以在公开交易的商品期货市场上寻找自然资源类投资决策组合证券；②若评估项目某特定部门的价值，投资者可在市场上寻找一个相似性质的企业流通股票来评估该部门的价值状况；③若实物期权对项目公司自身的价值影响非常大，决策者可选项目公司的股票或其他证券作为类似证券。

　　2. 不存在实物期权市场和公开交易价格

　　金融期权存在相应的期权市场，投资者可以在期权市场上以特定公开的市场价格自由买卖期权，可以在期权到期前将其出售给其他投资者。实物期权并不存在相应的自由交易市场，也很难评价出准确公平的实物期权"购买"价格，它是投资者通过初始投资"创造"出来的，初始投资并不一定对应于实物期权完全市场价值，也没有人对投资者收取实物期权市场价格。

　　3. 实物期权面临大量不确定因素

　　R. J. Smith 将风险分为市场风险和私人风险，即系统风险和非系统风险。私人风险是项目面临的特殊风险，而市场风险则与经济、社会、政治环境等紧密相关。根据金融组合理论，私人风险可通过差异化消除或减轻，市场风险则需要构建期权复制组合来消除，并且可以实现无风险贴现率。金融期权定价理论应用于实物投资领域的评估可能会与项目实际价值有偏差，因为实物投资领域面临的风险因素更多，更难以把握，也很难找到非常合适的复制组合对冲风险。

4. 没有固定有效期

金融期权的有效期限一般在合约中都详细规定，而实物期权最初只能有一个有效期模糊边界，这些边界主要是一些机会的到来和丧失的明确信号，而这些信号可能受其他期权的执行状况影响，也受各种风险因素的影响等。

5. 波动率或其他参数更难确定

金融期权标的资产波动率一般可通过历史数据分析统计得到，而实物投资领域很难获得历史收益分布，很多专家学者主要应用三种方法得到标的资产波动率：近似资产的收益分布、解析式和蒙特卡洛模拟。而由于实物期权的有效期平均都比金融期权长，这就更加大了它的不确定性，其他一些影响期权价值的相关参数，像标准利率、汇率、税率等在长时间内都容易产生较大波动。

6. 没有固定的实物期权执行价格

实物期权的执行价格往往会随着时间的推移发生变化，因为很多不确定因素会对期权价值产生影响，执行价格需要通过一系列成本和收益估算决定，项目投资者也不能保证实物期权的执行一定获得超额利润。

7. 很难评估价值漏损

在实物期权有效期内，项目价值在很大程度上受标的资产价值变化影响。而在金融期权定价中，其红利支付是预先确定的。可以直接在期权定价公式中调整价值计算式。而实物期权的"红利支付"一般表现为租金收入、版税、保险费用和现金支付等多种形式，而由于市场、政策和自然等多种因素的影响，其中的很多价值漏损是不确定的，所以很难预先精确计算实物期权的"红利支付"。

8. 实物期权的非独占性

对于金融期权，只有期权购得者有权在期权执行期按确定的执行价格购买标的资产。但持有实物期权者在期权执行期可能并不拥有购买实物标的资产的独占权利。由于实物期权是被投资者创造出来的，而不是在市场上购买，其他投资者也可能看中了这一投资机会，因此，实物期权的执行没有排他性的资产保护，竞争者可能会抢先执行期权。

9. 各种实物期权之间常存在交互性

同一项目生命周期内往往存在多种实物期权，这些实物期权中可能有些有时间上的前后关联，可能有些并行执行实物期权存在组合相关关联。由于这些交互关联性，各实物期权价值往往不具备可加性。而只有当多个实物期权的执行联合概率为零或更小，实物期权价值才有可加性。

11.2.3 实物期权方法的优点

实物期权是关于价值评估和战略性决策的重要思想方法，是战略决策和金融分析相结合的框架模型。自产生以来，实物期权理论已广泛地运用在自然资源投资、海上石油租赁、柔性制造系统等涉及资本预算的研究领域。实物期权提供了一个在不确定性条件下关于价值创造的重要观点。与传统投资分析决策方法相比，实物期权方法有以下优势：

（1）实物期权方法引入了期权理论，在决策时刻，根据情况向好的方向或者坏的方向发展，在不同决策中做出选择，使得损益是非线性的。这一方法承认不确定性能够创造价值，并且借鉴金融期权的理论解决了或有决策的评价问题。

（2）实物期权方法以金融市场作为参考标准，借用金融市场的输入量和概念，为实物资产投资的复杂收益进行评价，而不考虑实物期权究竟是现成的，或者是金融市场中的期权工具，带来或有决策权利的交易机会还是企业内部决策产生的管理期权，这使得实物期权定价具有客观性和可比性。

（3）实物期权方法提高了决策的科学性，为民间资本投资PPP项目的决策提供了新的思路和定量分析工具。实物期权定价方法的出发点是根据市场情况的随机波动决定投资的潜在价值，注重投资过程的阶段性评价，这对于周期较长、不确定因素较大的PPP项目尤为重要。

（4）实物期权方法能够使企业认识到长期发展的重要性。目前我国很多民营企业往往只注重眼前利益，不顾企业的长远发展，造成企业生命力较差、无法适应快速变化的市场情况。在投资分析决策中引入实物期权方法，无疑有助于管理者对企业长远发展的更好认识。

11.2.4 实物期权投资决策观

1. 实物期权方法

实物期权方法是进行项目价值评估和投资分析决策的一种新思路。一般情况下，项目往往具有一定的不确定性，这种不确定性使得项目未来的收益无法准确预测；项目周期的长短以及项目所处环境的改变等因素，也使得项目投资的风险大大增加。这些不确定性和风险因素使得项目本身可能具有了实物期权的特性。基于实物期权理论的决策观不再将研究目标聚焦于对单一现金流的预测和估计，而是把分析重点着眼于项目本身可能具有的不确定性和高风险性上，用概率作为对项目未来现金流状况的分析描述依据，是一种全新的进行投资设计的工具。

2. 实物期权投资决策方法

首先，实物期权投资决策方法考虑了项目决策和实施的灵活性，是一种柔性的投资分析策略。一方面，投资者在进行投资决策分析时，不必再进行完全接受和完全放弃的一次性投资选择，而是可以考虑对投资方案和项目进行重新设计和多种方式的重组，增大投资的可能性，通过延期、分阶段等有效手段，尽可能规避项目风险，从而为项目带来更高收益。例如，投资者将一个项目推迟一段时间，以获取更多的项目相关信息，之后再进行投资分析和决策制定。相对于传统分析方法，实物期权投资方法更能将这项投资的潜力进行考虑分析以及进行价值评估。另一方面，实物期权投资决策方法考虑了投资者在项目启动后随情况变化而扩大投资或放弃项目的可能性。投资项目被接受后，投资者有能力在适当时机做出某种决策，来影响项目的进行和投资的变化。如果项目表现出良好的势头，则在继续对项目进行下一阶段投资的同时，可以扩大投资的规模，以获取更大收益；如果项目发展不如预期，则可以选择放弃对项目下一阶段的投资，以减少更大的损失。

其次，用实物期权投资决策方法对项目进行评价，可以使评价结果更加接近项目的真实价值。实物期权投资决策方法是通过基础资产的当前价格和估计波动率来反映项目的价值，比传统净现值法更为客观和准确,更能够从实证来考察项目的价值,尽量减少因个人偏好而产生的对项目价值评估的误差。同时,实物期权投资决策方法将项目可能存在的风险性和不确定性视为项目投资价值的一个组成部分,这样的评估结果更为接近项目的真实价值,使分析决策数据更加真实可靠。

再次,实物期权投资决策方法可以被看作一种有效的投资策略设计工具。与传统净现值法仅具有能够评价项目是否可行的功能不同,实物期权投资决策方法还可以作为一种设计投资策略的有效工具。投资者可以运用实物期权的思维模式,提前进行设计投资策略,对投资方案和项目进行多种方式的重组和评价,从而增加项目投资决策的选择可能,继而考虑降低风险和不确定性的方法,在期权产生前充分估计项目运营情况,提前制定应对策略,把握对投资和项目进行的主动权。

在一定条件下,实物期权投资决策方法也是一种多方案决策的有效手段。当出现用传统多方案决策方法无法判断方案的优劣时,例如 $NPV_1 = NPV_2$,则可以采用实物期权理论,通过计算各方案潜在的实物期权价值,区分方案的优劣并给予判断。

11.2.5 实物期权引入 PPP 项目领域的可行性

1. 实物期权理论的应用现状

实物期权理论并不是一种新理念,它已经被应用于很多行业和产业的决策分析中。像石油、天然气开采,生物制药,制造业,航空领域,采矿业和房地产业等。然而这一理论应用于工程、建筑和基础设施建设领域还不是很多。只是在进入新世纪以来,才陆续有研究和管理实践将实物期权理论应用于这些领域,但还有很多有待进一步研究的应用方面,因为在许多基础设施项目生命周期的各阶段内,往往存在许多风险因素和复合灵活性策略结构。这就反映出实物期权理论在这一领域应用不足。

2. 实物期权与 PPP 项目的适用性

PPP 项目实施经常伴有各种高风险,对项目各种投资进行风险和收益平衡分析是非常重要的。在项目起始阶段的特许建设经营谈判中,风险是各方关注的一个主要因素。当谈判各方把各自的期望、风险转移和规避策略放到桌面上商谈时,整体结果将是一个零和游戏。收益和风险往往是成正比的,所以在谈判中灌输一种积极灵活的风险应对思想是非常重要的。在项目的设计和执行过程中,构建实物期权运作策略和灵活性往往能够创造价值。并且通过对所有实物期权相关因素的合理评价,可以使风险和价值得到正确的匹配。基于实物期权本身特性和 PPP 项目的特点,总结出实物期权理论适用于 PPP 项目的原因,如图 11-3 所示。

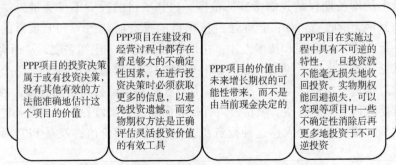

图 11-3 实物期权理论适用于 PPP 项目的原因

3. 实物期权的主要类型

实物期权的主要类型如图 11-4 所示。

（1）延迟期权。延迟期权又称为推迟期权。对于 PPP 项目而言，经营情况的好坏是项目成败的重要因素。虽然可以做出一定预测，但是也可能有很多难以预测的情况出现。因此，决策者可以在对经营情况有了一定预测以后，或者对政府给予的政策、隐含的无息贷款等条件满足后决定进行投资建设。否则，该项目将被放弃，以避免更大的经济损失。这就是所谓的延迟期权。

（2）增长期权。增长期权指的是企业通过对项目预先投资作为先决条件或一系列相互关联项目的联结，获得未来成长的机会，而拥有在未来一段时间内进行某项经营活动的权利。对 PPP 项目而言，它是要通过各种融资方式对项目进行投资建设，从而获得未来对该项目进行经营的权利。

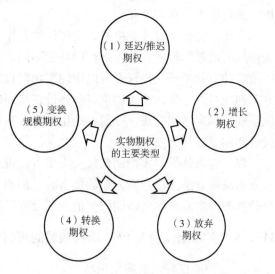

图 11-4　实物期权的主要类型

（3）放弃期权。放弃期权指的是企业管理者在现金流量不如意时提前结束项目的一种灵活性期权，但 PPP 的性质决定了企业不可能中途结束项目的建设。因此，在 PPP 项目中不存在放弃期权。

（4）转换期权。转换期权指的是企业或者管理者根据外部环境变化、产品价格变化获得进行投入要素或产出转换的权利。PPP 项目不像产品那样可以随时更换生产对企业有利的产品，因此管理者是不可能拥有转换期权权利的。

（5）变换规模期权。变换规模期权指的是管理者可以根据市场景气的变化来改变企业的运营规模。变换规模期权包括扩张、收缩和暂停。根据 PPP 项目的性质，项目建设的规模是在协议中规定不变的，不可能实现随意扩张或收缩，也不可能随意停止。因此，PPP 项目不存在变换规模期权。

4. PPP 项目中影响最大的实物期权

实际上，我们对所要考虑的实物期权是有选择的，在那么多的实物期权中不能对每个实物期权做定量分析，要注意考察对该项目有较大影响的实物期权。因此我们做以下分析：

PPP 项目中的增长期权是我们考察的范围。PPP 项目的投资不仅会带来一定的现金流量，还会带来其他无形收益，如：企业通过该项目的投资而熟悉了 PPP 项目的新领域；锻炼和培养了一批 PPP 项目管理和技术人才；在该领域赢得了一定知名度，从而为公司在 PPP 项目建设领域追加投资提供了便利。对于 PPP 项目的投资价值并不限于本身产生的现金流入，更在于通过投资公司可以得到信息从而具有增长的潜力，公司将拥有极大的继续投资的机会，从而可能获得更大的收益。项目公司有权利而非义务继续投资，使公司能获得的收益与可能遭到的损失相比差距很大，这种投资机会本身具有的价值，就是 PPP 项目中的增长期权价值。

PPP 项目的增长期权的价值可以看作为扩展的 NPV，基本上包括相同方法下与项目直接相关的现金流量净现值以及增长期权所创造的价值。用期权定价理论量化增长期权，有利于决策者评价该建设项目对公司的真正价值。

PPP 项目的增长期权具体表现在：进行 PPP 建设项目的投资是该公司未来扩张的必要条件，这项投资项目的实施能增强公司未来的竞争优势。这种增长期权的价值主要取决于该公司未来现金流量的现值和公司竞争优势的持续时间，持续时间越长，市场价值就越大，增长期权的价值也越大。

11.2.6 PPP 项目决策中实物期权的应用程序

（1）构造 PPP 项目中的实物期权。我们可以根据项目的行业特性、项目发展状况、项目的使用周期等因素构造正确合理的实物期权，它的合理与否决定了 PPP 项目期权价值的关键来源，决定了期权定价的偏差大小。通常构造实物期权依靠：管理者的理性和缜密的分析思维能力对项目投资决策和不确定性的描述；更好的金融市场的参照模型；模型透明度和简洁性的审查等。

（2）确定实物期权的各个期权要素，使实物期权的各个要素符合金融期权的特性，满足各项假设条件。

（3）选择实物期权定价方法，建立实物期权模型并估价。确定了实物期权的特性后，就应该建立实物期权的数学模型并进行估价工作了。这一步的主要工作就是将影响期权价格的诸多因素作为参数，利用相关的期权定价方法建立相应的数学模型，然后对模型求解得到期权价值。

（4）对得到的期权价值进行分析。利用期权定价方法进行估价以后，要求对项目的定价结果、制定战略决策的临界值等进行分析，考察结果的可行性等，帮助管理者从战略角度进行投资决策。

（5）对估值结果进行调整修正。由于实物期权的建模和求解过程与金融市场的期权一致，因此可以与金融市场相应期权比较寻找最优期权构架。如存在，则考虑对设计进行重新修正，必要时考虑重新设计，从而提高投资战略价值。

11.3 PPP 项目关键风险的实物期权识别

进行实物期权识别时，首先要识别出项目的关键风险。通过第 9 章的分析，知道了如何评估出关键风险，即影响我国 PPP 项目的关键风险项目，再就具体关键风险进行实物期权识别。

11.3.1 政府信用风险

1. 对于政府信用风险，放弃期权的时机选择

在 PPP 项目实施的任意阶段，政府可能会不履行或是不完全履行特许经营协议的条约。而给私人投资者造成损失。这种情况下，私人投资者可以选择放弃该项目。这种选择放弃的权利就是放弃期权。1997 年，某市政府与项目公司合作了的大桥项目。在双方签订的《专营权协议》中，政府承诺保证项目公司自经营之日起的九年内，从二环路及二环路以内城市道路进出的机动车辆都必须经过大桥，同时保证在专营权有效期限内，不产生车辆分流

的现象。为了防范除以上现象之外的原因对公司造成的严重影响,《专营权协议》还约定,在专营经营的前九年,如果因为其他原因导致项目公司通行费收入严重降低或通行费停收,项目公司有权要求市政府提前收回专营权并给予一定的补偿。此外,市政府还承诺,保证项目公司除收回本金外,按实际经营年限获取年净回报率18%的补偿。然而在2004年5月16日,市二环路三期正式通车后,大批车辆绕过大桥收费站,项目公司通行费收入急剧下降,由此造成的亏空达到5亿多元人民币。对此,项目公司多次找市政府商谈,但都未获得成效。此后,项目公司向中国国际经济贸易仲裁委员会申请仲裁,要求:①政府收回专营权,归还外方投资本金;②中方承担合作项目尚余的银行贷款担保责任;③政府合理支付外方的融资成本和适当回报。但仲裁也没能行得通。最终在上一级政府的协调下,项目公司撤回投资。这就是一个典型的政府信用风险案例,案例中,项目公司在政府不守信用后,及时采取措施,从而达到撤回投资、放弃项目、减小损失的目的。该案例中,项目公司放弃项目的行动可以看作是执行了放弃期权。其中,期权的拥有者是项目公司,背书人是政府,期权费用是项目公司决定执行放弃项目所发生的仲裁费、诉讼费等相关费用,期权价值来源于投资者对当下项目所处政策与市场环境的正确判断。

2. 对于政府风险,分阶段投资期权的时机选择

在与政府合作项目之前,为了防范未来政府存在信用不良,投资者也可以根据具体情况分阶段对项目进行投资,从而减少可能由于政府不守信造成的损失。这种分阶段投资的权利就是分阶段投资期权。期权的拥有者是项目公司,期权费用是用于搜集下一阶段是否适合投资的信息所发生的一切费用,期权价值主要来源于,投资者对政府信用的保守估计与政策环境的灵敏分析。1998年开始的某发电项目原计划装机规模是300万千瓦。在该项目中,投资者为避免政府信用风险,分批次地修建了原发电规模为300万千瓦的各个电厂。实事也证明,后期政府对项目公司并未一直坚持部分承诺,造成项目公司的较大亏损。亏损的只是目前运营的电厂,对于后期150万千瓦电厂的建设,投资者可以根据后期政府的态度以及现行的市场环境决定是否继续投资建设,避免发生更多的损失。

11.3.2 政府决策风险

放弃期权为例。1996年,英国A公司与英国B公司的联合体取得了某市自来水公司下属水厂项目。2000年,A公司收购原B公司该项目50%的股份,成为项目的唯一股东。该项目采用BOT模式,特许经营期为20年。在特许经营协议中,市政府承诺投资者15%的固定回报。2002年,国务院办公厅签发43号文《国务院办公厅关于妥善处理现有保证外方投资固定回报项目有关问题的通知》,明确指出:保证外方投资固定回报不符合中外投资者利益共享、风险共担的原则,违反了中外合资、合作经营有关法律和法规的规定;今后任何单位不得违反国家规定保证外方投资固定回报。根据文件指示,市政府无法继续保证给予A公司15%的固定回报。为此,A公司抛售了其在水厂项目中的全部股份,全面退出该项目。在此案例中,由于政府决策的变化,市政府无法再继续履行固定回报的承诺,A公司受到损失。为此,A公司放弃了该项目,这种放弃项目的权利就是放弃期权。

该案例中期权的持有者是英国A公司,背书人是市政府,期权费用是A公司为撤出资本所支付的一切费用,期权价值主要来源于A公司对项目所处政策环境的准确认识和决策。

11.3.3 第三方风险

1. 概念

在本书中,第三方是特指除政府与中标项目公司之外的任何的参与方。这样就可能包括参与的融资机构、工程建设的承包商、材料的供应商、勘察设计单位等。当项目公司与其中的任意一方签订合同后都有可能存在对方违约的风险。例如,假设某发电厂的燃料主要为煤矿,项目公司与某煤矿供应商签订了固定价格供应协议。由于煤矿的价格变动较大,当供应协议期内,市场煤矿的价格大大高于供应给该电厂的价格时,供应商则可能选择违约,将产出煤矿以市价销售给其他需求者。这样发电厂就不得不以市价向其他供应商购买煤矿,发电成本大幅增加。

2. 担保期权

为使第三方风险发生后的损失降到最小,要求项目公司在与第三方签订协议时,将违约金提高,且需要一个具有较高信用等级与资产偿还能力的另一方作为担保人。一旦违约发生,要求第三方交付违约金且担保人进行全程担保,这个过程就可以认为行使了担保期权。

担保期权拥有人是项目公司,背书人是签订合同时的担保人,期权价值来源于投资者对违约风险发生的充分准备。

11.3.4 市场需求风险

1. 担保期权

某市自来水六厂B厂项目是由法国A集团与日本C株式会社组成的联合体以BOT模式开发的。在B厂建设前,市供水能力不能满足用户需求,根据市政府的预测,市区用水量需求呈每年7%增长,待B厂投产后,该市用水需求量应在120万立方米/日以上。后由于市政府对产业布局的大调整,市区工业用水户大幅迁至郊区,导致市区用水量大幅减少。在B厂建成后,市区用水量只能达到约105万立方米/日,市场预期小于市场现状。而法国A集团与日本C株式会社组成的联合体与市政府在签订的特许经营协议中有对该市场风险发生后的相关担保条款,即市政府需日购40万立方米净水。该案例中当市场需求小于预期时,私人联合体要求市政府担保的权利即行使了担保期权。

期权的拥有者是私人联合体,背书人是市政府,期权费用是私人联合体为获得政府的承诺所让出的利益,期权价值的来源是投资者对市场前景的前瞻性。

2. 分阶段投资期权

在某发电项目中,考虑了融资、市场等因素后,项目公司在修建发电厂时,并未一次性直接修建,而是采取分阶段分批次地修建各个电厂。这样根据政策、市场环境变化来决定分阶段修建项目的权利称为分阶段投资期权。实施分阶段投资期权的好处在于,投资者可以搜集更多的有利信息来决定是否进行下一步的投资。如若市场环境不好,可以停止投资以减少损失;若市场环境良好则能保证投资的正确性。其中分阶段的关键在于信息的完整性。

期权的拥有者是项目公司,期权费用是用于搜集下一阶段是否适合投资的信息所发生的一切费用,期权价值主要来源于在分阶段投资过程中,由于各种市场与政策信息的明确与完整,投资者更容易决策是否可以进行下一步投资。

3. 停启期权

某发电项目在运营过程中遇到了许多困难，例如但随着省电力体制的改革以及省其他发电厂的建成，省的电量分配格局发生了较大变化。2003 年，项目公司与省电力集团间的最低购电量 5500 小时被省计委减为 5100 小时；获准电价也由 1998 年的 0.41 元/千瓦时变为 0.32 元/千瓦时。购电量的减少与电价的大幅降低都使得项目的正常运营变得举步维艰。面对这些由于市场需求变化产生的风险，如何将损失降到最低成为投资者考虑的关键。停启期权则将是一个不错的选择。如若在恶劣的市场环境，继续运营电厂的损失大于停止运营的损失，则可选择停止运营。待市场环境好转，停止运营的损失大于继续运营电厂的损失时，选择继续运营。

期权的拥有者是项目公司，期权费用是停止或启动运营所需额外支付的员工工资、设备维护费等的总和，期权价值的主要来源是投资者对项目的熟悉度与对当下市场环境的正确判定。

4. 增长期权

投资者与政府部门合作发起某项目时，在前期的可行性研究中对市场需求预期时，为了争取更多的好处，往往会较为保守地进行估计。例如采用 BOT 项目某市地铁 4 号线，在投资估算时预计每日客流量约为 50 多万人次，但其运营后，实际的客流量远远超过原本的估计。客流量远超预期就代表该项目具有增长期权的价值。该案例中增长期权价值的大小与客流量的增长率、波动率有关。

该增长期权的拥有者是项目公司，期权价值主要来源于早期对客流量的保守估计与当下客流量的波动上升。

5. 延迟期权

延迟期权又可以叫作等待期权。使用延迟期权不仅可以延迟投资，也可以是延迟项目的部分运营。部分大型基础设施项目如高速公路的修建，在政府与项目公司签订特许协议的时候就已经规定了项目的规模。因此，无论市场环境如何，项目公司都必须完成规定规模的高速公路，但修建时间却是可以与政府协调的。

建设某大型高速公路要求建设六个车道，但经过调研发现，运营前五年，四个车道就能满足需求。在这种情况下，项目公司有两种选择：选择一，先完成规定规模的工程，但前五年只开放四车道，后两车道根据运营期后车流量的情况适时开放；选择二，先修建四车道，待四车道运营后，再根据车流量情况决定修建后两车道的时间。这两种方案都是投资者通过延迟开放运营或是延迟修建的方法来减少对市场需求不足所带来的损失，这种选择延迟的权利称为延迟期权。

期权的拥有者是投资者，期权费用是延迟开放所发生的道路保养费或是延迟修建所产生的建筑人员的工资等费用，期权价值的来源是在延迟期内，获得信息的相对充足及投资者对这些信息的有效分析与决策。

11.3.5 市场竞争风险

1. 担保期权

在某大桥案例中，项目公司为了避免在特许经营期内出现类似项目的竞争，便在与政府签订的《专营权协议》中，要求政府承诺保证项目公司自经营之日起的九年内，从二环路及二环路以内城市道路进出的机动车辆都必须经过大桥，同时保证在专营权有效期限内，不产生车辆分流的现象。为了防范除以上现象之外的原因对公司造成的严重影响，《专营权协议》还约定，在专营经营的前九年，如果因为其他原因导致项目公司通行费收入严重降低或通行费停收，项目公司有权要求市政府提前收回专营权并给予一定的补偿。这种为避免类似项目竞争要求政府给予保证的行为可以认为实施了担保期权。

期权的拥有者是项目公司，背书人是政府，期权的费用是项目公司为获得政府的保证与补偿，期权价值主要来源于项目公司对未来政策与市场环境的判断。

2. 放弃期权

某大桥案例中，在特许经营期的第七年，大批车流量被新修建通行的市二环路三期吸收，造成项目公司的收入急剧下滑，并由此造成5亿多元人民币的亏空。在与市政府多次交涉无果后，项目公司最终通过法律手段和上级政府的协调放弃了该项目。

通过该案例，可以认为项目公司在遭受类似项目竞争风险的威胁下，可以选择放弃项目的权利，而这一权利也可称为放弃期权。放弃期权的拥有者是项目公司，期权费用是为使政府收回专营权所发生的一切费用，期权价值的来源是项目公司对大桥未来市场环境的有效判断。

11.4 PPP项目其他风险的实物期权识别

对部分非关键风险因素，本书通过与实际案例相结合的方式，分析以下几种风险。其他PPP项目非关键风险进行实物期权识别时可以参考。

11.4.1 完工风险

以止损期权为例。

PPP项目多数需修筑实体工程，所以完工风险就不可避免地存在。完工风险不仅仅是指完工时间的不准时，也可是指完工质量的不达标。为减少完工风险带来的损失，投资者对于项目中不是很擅长修建的部分，往往会采取分包的形式转移该风险。例如，四川省某高速公路的某段，投资者是广州A有限公司，该公司主要以房地产开发为主，以投资基础设施为辅。虽然具有投资高速公路的经验，但在对于修筑高速公路的部分技术还不够精湛。所以，某段高速公路中的长险道和桥梁就需要分包给具有更多经验的桥梁险道公司修筑。这部分分包工程就可以采用交钥匙模式，签订协议，将完工风险转移给分包商。如若发生完工风险，则由分包商承担主要损失，而项目公司的损失主要是分包给分包商的部分利润。这种牺牲部分利益选择将风险转移的权利可以看作止损期权。

该案例中期权的拥有者是投资者组成的联合体，期权的背书人是分包长险道和桥梁建设的分包商，期权费用就是转移风险时牺牲掉的利益，期权价值的来源将是项目公司对修筑高速公路技术的充分认识和对各方面信息的充分吸收与判断。

11.4.2 费用支付风险

以放弃期权为例。

1999年，某市政府与A公司共同发起BOT项目——污水处理厂。该项目由A公司出资

2.7亿元人民币。2000年，代表政府的市排水公司与A公司签署《合作企业合同》，并成立B污水处理有限公司。同年下旬，市政府制定《污水处理专营管理办法》（以下简称《管理办法》）。该《管理办法》成为该项目成立与运营的基础。2000年年底，项目建设完成并正式运营。项目从2000年至2002年年初运营正常。但从2002年年中开始，市排水公司开始拖欠A公司污水处理费。2003年2月28日，市废除《管理办法》，同年3月，市排水公司开始停止向污水处理厂支付污水处理费。截至2003年10月，拖欠费用达到9700万元人民币。在多次协商无果的情况下，A公司将市政府告上法庭，但一审结果对A不利。对此，双方处于僵持状态。直到2005年，市回购污水处理厂，回购资金为2.8亿元人民币，并分三次支付。该案例中，代表政府的市排水公司根据相关政策拖欠与停止支付污水处理费。在费用支付风险发生的情况下，A公司首先采取法律手段索取赔偿，但终无结果。最后，A公司选择放弃项目，撤走资金，要求政府回购，回购资金大于起初的投资金额。这一选择在最大程度上帮助A公司将费用支付风险所带来的损失降到最低。而这种选择放弃项目的权利就是行使了放弃期权。

期权的拥有者是项目公司，背书人是政府，期权费用是项目公司使得政府最终回购所发生的一切费用，期权价值来源于项目公司对当前与今后项目市场和政策环境的准确判断。

11.4.3 公众反对风险

以放弃期权为例。

2007年，A公司与美国B公司组成的联合体C公司投资了BOT项目某自来水D厂。该项目的中标水价是1.4元/立方米，随着经济的发展，这一水价不但不能达到投资者的预期收益，而且还出现水价低于成本的现象。为了获取收益，投资者不得不提高水价。但根据我国《价格法》和《政府价格决策听证办法》的规定，要调整水价的要求一度受到公众的阻碍与政策的拖延。对此，美国B公司为了保护其利益采取了从D厂撤资的行动，这一行动就是行使了放弃期权。

期权的持有者是美国B公司，期权费用是美国B公司为撤出投资所发生的一切费用，期权价值来源于美国B公司对项目所处社会环境的正确认识与决策。

11.4.4 不可抗力风险

以放弃期权为例。

20世纪90年代中期，某电厂采用BOT模式，该电厂项目的总投资为7.15亿美元，100%由中标人出资。中标人是由西方某著名跨国能源投资公司，其自行出资1.781亿美元，剩余资金主要通过国际融资方式解决。该电厂项目开始进展很顺利，后因国际政治形势突变。原本愿意给该项目贷款的银行纷纷重新退却，从而中标人所成立的项目公司的融资变得不可行，某省政府依照协议收回项目，至此项目失败。在该案例中，某省政府选择了放弃该项目，这种选择的权利就是放弃期权。

期权的持有者是某省政府，费用是迫使外国投资者放弃该项目所发生的一切费用，期权价值的主要来源是该省政府对当下政治环境及社会环境的正确认识。

11.5 风险应对措施

11.5.1 风险回避

　　风险回避就是以一定的方式中断风险源，使其不发生或不再发展，从而避免可能产生的潜在损失，即当项目风险潜在威胁发生可能性太大，不利后果也太严重，又无其他策略可用时，主动放弃项目或改变项目目标与行动方案，从而避免可能产生的潜在损失。采用风险回避这一对策时，有时需要做出一些牺牲，但较之承担风险，这些牺牲比风险真正发生时可能造成的损失要小得多。例如，某承包商参与某建设工程的投标，开标后发现自己的报价远远低于其他承包商的报价，经仔细分析发现，自己的报价存在严重的误算和漏算，因而拒绝与业主签订施工合同。虽然这样做将被没收投标保证金或投标保函，但比承包后严重亏损的损失要小得多。在某些情况下，风险回避是最佳对策。

　　风险回避是一种必要的、有时甚至是最佳的风险对策，但应该承认这是一种消极的风险对策。如果处处回避，事事回避，其结果只能是停止发展，直至停止生存。因此，应当勇敢地面对风险，这就需要适当运用风险回避以外的其他风险对策。

11.5.2 风险利用

　　风险利用是指项目参与者通过承担某些风险而获得相应的回报。风险和收益往往是共生的，即风险中往往蕴藏着获利的可能，这便有了利用风险的可能性。但不是所有风险都值得利用，在利用风险前需要衡量承担风险可能获利的大小和需要付出的代价，以及该风险是否超过自己的风险承受能力。如果代价大于收益，那么风险就没有利用的价值；如果代价超过自己的风险承受能力，即使收益很大，也不能强行承担。是否利用该风险还取决于项目参与者的风险偏好。当决定利用某种风险时，风险承担者需要制定详尽的风险应对措施和具体行动方案。因为风险具有两面性，在利用风险过程中应密切监控风险的变化，不能掉以轻心。

　　需要说明的是，因为PPP项目存在着诸多风险，而这些风险经常相互联系相互影响，上面所说的代价与收益不能局限于该种风险而言，而应该放入整个项目的代价与收益中衡量。只要对整体项目来说，收益是大于代价的，那该风险就有利用的价值。如果所有的项目参与者承担该风险的代价都大于收益，那么应该将该风险让予有相对优势的参与者承担。

11.5.3 风险自留

　　风险自留是指将风险留给自己承担，是从企业内部财务的角度应对风险。风险自留与其他风险对策的根本区别在于，它不改变建设工程风险的客观性质，即既不改变工程风险的发生概率，也不改变工程风险潜在损失的严重性。风险自留可分为非计划性风险自留和计划性风险自留两种类型。

　　计划性风险自留至少要符合以下条件之一才应予以考虑：

　　（1）别无选择。有些风险既不能回避，又不可能预防，且没有转移的可能性，只能自留，这是一种无奈的选择。

　　（2）期望损失不严重。风险管理人员对期望损失的估计低于保险公司的估计，而且根据自己多年的经验和有关资料，风险管理人员确信自己的估计正确。

（3）损失可准确预测。此处仅考虑风险的客观性。这一点实际上是要求建设工程有较多的单项工程和单位工程，满足概率分布的基本条件。

（4）企业有短期内承受最大潜在损失的能力。由于风险的不确定性，可能在短期内发生最大的潜在损失，这时，即使设立了自我管理型基金或有母公司为后盾，仍不足以弥补损失，需要企业从现金收入中支付。对于建设工程的业主来说，与此相应的是要具有短期内筹措大笔资金的能力。

（5）投资机会很好（或机会成本很大）。如果市场投资前景很好，则保险费的机会成本就显得很大，不如采取风险自留，将保险费作为投资，以取得较多的投资回报。即使今后自留风险事件发生，也足以弥补其造成的损失。

（6）内部服务优良。如果保险公司所能提供的多数服务完全可以由风险管理人员在内部完成，且由于他们直接参与工程的建设和管理活动，从而使服务更方便，质量在某些方面也更高，在这种情况下，风险自留是合理的选择。

11.5.4 风险转移

风险转移是进行风险管理的一个十分重要而且有效的手段，是指当有些风险不可避免且必须要直接面对，而超出项目主体的承受能力并且其又无法有效地承担时，风险转移则是一种非常有效的选择。因此，在风险转移措施中，签订合同和项目参保是最有效的方案。

合同转移是指通过签订相关合同，将风险转移给其他参与者。主要形式有：①分包，即签订分包合同，把较大的风险转移给非保险业方；②通过买卖契约，租赁或出售，将风险转移给其他单位；③开脱责任合同，即通过合同，风险承担者将免除承受损失的责任。

项目参保是指将共同分配的风险以及项目主体无法控制的风险转移给保险公司。PPP项目的风险参保是通过某种保险方式将一些风险带来的损失，以及应对风险的权利和责任都转移给了保险公司。风险转移本身并不能消除风险，而只是将管理风险的责任移交给了保险公司，PPP项目主体则不再直接面对这些被转移的风险。转移的风险通常是指自然灾害风险或不可抗力风险，还有一些其他的风险。可能存在于PPP项目中的保险种类主要包括：

1）建筑工程一切险：承保建筑过程中的损失。
2）工程延误完工险：承保因工程延误而造成的利息支付和固定开支的损失。
3）机器损坏险：承保各类运行的机器设备损害造成的损失。
4）营业中断险：承担因事故致使运营中断而带来的损失和利息支付。
5）不可抗力险：承保项目运营过程中因发生不可抗力因素所带来的损失。

11.5.5 风险控制

在风险规避措施中，风险控制是基础设施PPP项目主体规避风险的一种积极主动的策略。风险控制就是减少或消灭风险事件发生的可能性，PPP项目风险主要从预防损失和减少损失两个方面来应对。预防损失方案主要作用在于减少或清除损失发生的概率，而减少损失方案在于遏制损失向前发展以及降低损失的严重性，使项目主体损失最小化。通常来说，合理的风险控制方案是将预防损失方案和减少损失方案统一结合运用。

1. 私营部门对风险的控制措施

从上述风险分担中可知，私营部门主要承担的是基础设施 PPP 项目建设运营过程中出现的风险，私营部门在承担这些风险时，要及时发现和控制，尽量使产生的损失最小，主要从以下三个方面着手：

（1）建立和完善退出机制，中途放弃某些影响较大导致项目失败的风险。

（2）培训项目建设团队成员，提高他们的建设、运营和技术水平，同时加强其风险识别与风险应对能力的培养。

（3）制定相关风险管理制度，任命管理经理，负责项目风险识别、分析与控制，主动提高其抗风险能力。

2. 公共部门对风险的控制措施

公共部门主要分担的风险是国家层次的风险，包括政治风险和法律风险等。因此，政府部门在应对基础设施 PPP 项目带来的风险时，结合产生的风险可以从下面三个方面对风险进行控制，使风险损失最小化：

（1）政府部门建立相对独立的规制机构，防止基础设施市场化中的腐败。

（2）健全相关法律制度，建立公共资源的价格机制和分配机制以及加强公共监督等。

（3）制定有效政策及鼓励措施，促进国内外民营资本参与对基础设施项目的建设投资，形成风险共担、利益共享的 PPP 合作模式。

11.6 示例——A 市污水处理厂项目

本小节针对 A 市污水处理厂经营权转让项目进行风险分析与评估，该污水处理厂最终于 2007 年 9 月以 TOT 方式将经营权转让给了联合体（B 控股集团有限公司、C 公司联合体）。该项目也成为 A 市政公用事业改革水务版第一个运作成功的项目。

1. 项目背景

随着 A 市社会经济的持续发展，人们对城市环境质量有了更高要求。A 市为创建国家环境模范城市，必须逐步提高污水集中处理率。同时，为解决 A 市主城区水系水质的严重污染问题，急需建设针对性的纳污、处理工程，因此一个新的污水处理系统建设被列入 A 市主城环境治理规划的首批项目。

为加快城市污水处理领域市场化改革的步伐，进一步提高污水处理行业的管理和运营水平，市城建集团在报请市政府批准后，采用国际化招商的方式将污水处理厂经营权进行公开招商。污水处理厂经营权转让项目通过《新华日报》、A 市产权交易中心、中国水网和 A 市城市建设投资控股（集团）有限责任公司网站同时发布招商公告，以 TOT 方式面向国内外水务投资者公开转让城北厂未来 30 年的经营权。

2007 年 9 月，A 市城建集团下属全资子公司 D 公司及 A 市市政公用局分别与中选投资人 B 公司、C 公司联合体签订了《经营权转让协议》及《污水处理服务协议》。获得污水处理厂 30 年特许经营权。

该污水处理厂位于 A 市某区，服务范围 38 平方公里，规划服务人口 76 万人，设计处理能力 30 万立方米/日。2001 年 10 月开工建设，2003 年 9 月建成试运营，2004 年 9 月正式运营，日处理污水约 20 万立方米。该厂占地面积约 11.4 公顷，采用一体化活性污泥法处理工艺，关键设备从国外引进。

2. 项目交易结构

在这一交易项目中，主要参与方是 A 市政府、A 市城建集团、联合体和招商代理。特许权的授予、运作权和管理权的转移是这一交易最重要的内容，污水处理有限公司是承担特许经营的实体，该交易结构具有的特点有：

1）特许权的授权主体是政府或经政府授权的监管部门（如 A 市市政公用局），而非资产拥有方——市城建集团。

2）特许权授予对象是最后中标的投资方组建的项目公司（特许经营方），而不是单个投资者或投资联合体。

3）市城建集团代表市政府向项目公司购买污水处理服务，并支付相应的污水处理费。交易结构如图 11-5 所示。

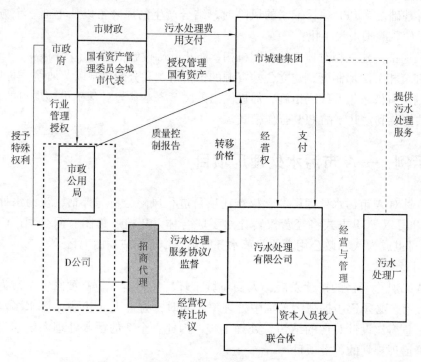

图 11-5　项目交易结构

3. 协议中的关键条款

（1）特许经营期长度。根据《国家计委、建设部、国家环保总局关于推进城市污水、垃圾处理产业化业发展的意见》（计投资〔2002〕1591 号）的要求，污水处理项目的最长特许经营期为 30 年。在这一交易中，由于前期的大量投资和相对长期的回收期限，特许经营期设定为 30 年。

（2）污水处理量和费用。在这一项目中，污水处理量是另一个必须考虑的重要因素，它需政府和特许经营方双方认真协商确定。处理量主要受处理覆盖范围和污水来源两个因素影响，前一因素主要由系统服务面、网管状况和系统处理状况等因素决定。由于这一处理厂已经建成并且开始运作，因此，上述因素早已固定，特许经营方无法改变控制。在这一问题上，服务于整个系统的网管设施最初计划分阶段铺设，并且在一定时期内，污水收集能力将逐渐达到预先设计的水平。

污水来源主要有居民生活污水、工业污水和降雨，在案例分析中基本容量以日为单位计算，由于工厂服务范围是固定的，因此生活污水量比较恒定，但降雨量在不同的季节会有所不同。因此实际处理量将会在旱季和雨季之间有所波动，所以年处理量的计算应该基于天数和相应的旱季和雨季处理量来确定。这里把降雨量的波动率设定为期权标的波动率。

为了降低特许经营方的现金流波动幅度市城建集团在收支协议中保证了最低处理量，如图11-6所示。在这一协议中，如果实际处理量低于最低保证量，政府将在正常费率水平上补偿实际处理量与最低保证量之间的收益差。处理量在最低保证量和上限之间时，所有处理量将按实际费率支付。处理上限通过过去的处理量记录确定（后文中将称为"正常上限"）。最后，如果处理量超出了正常上限水平，支付将分为两段：正常上限水平以下的部分以正常费率付费；高出正常上限的处理量将以调整费率支付。调整费率设定为0.22元/立方米。

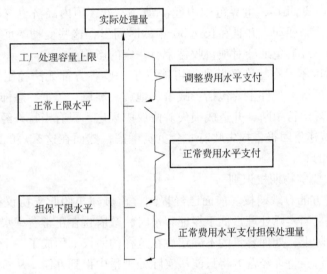

图11-6 资费和定价方案

当然，在特许经营期，由于通货膨胀、劳动力、动力、化学制剂和其他资源成本的波动，污水处理成本也将随之波动。在这一交易中，协议中已明确载明费率可以每年协商调整一次。

（3）设备更新和置换。由于很多设备的生命周期无法达到30年，因此必须在特许经营期的某些年份进行设备更新。

一般来讲，设备更新费用可以由资产所有方负担或特许经营方负担。实际安排情况将对最初转移价值和最终残值有影响。在这一项目中，由特许经营方负担设备更新，在特许期期末，政府将不用对设备残值支付任何费用。

4. 特许经营方面临的主要风险因素

这里并没有将所有风险列出，只是列出了该项目中的几个关键风险问题，和其他风险一起，按照新风险管理框架进行分析和制定应对方案。

（1）政府支付违约。根据合同规定，费用将由政府通过市城建集团支付给特许经营方。然而费率会因政府从最终用户端收集的费用量不同而不同。因此，当政府面临服务预算赤字时，特许经营方将面临被拖欠处理费用的危险。政府的这些赤字可能是由于大量无法收集费用的用户或坏账引起的。

（2）污水处理量。污水处理量是特许经营方必须考虑的一个重要因素，这一变量的大小对费率和转移价格都有影响。然而污水处理量是很难估算的，因为它受气候条件影响。在这一交易中，有一个政府担保的最低收支协定，因此这一风险在一定程度上有所减轻。

（3）运营成本变化。在整个特许经营期，劳动力、动力、化学制剂和其他资源成本的成本可能上涨。根据合同协定，费率将会每年协商调整一次，这将有助于减轻运行成本膨胀。然而，虽然调整费率可以在一定程度上减轻运营成本风险，但并没有一个用以衡量这一协商结果对各方是否公平的标准（因此，这一因素在接下来的实物期权分析中将不予考虑）。

（4）更新再投资。在特许经营期的不同阶段，为了保持处理厂运行效率和污水处理质量，必须在一定阶段对一些设备进行更新或置换。这些费用（和相应的成本风险）将由特许经营方承担。同时，根据合同规定，在特许经营期结束后，特许经营方不能得到任何残值分配。

（5）税收波动。近几年，世界范围内经济动荡不安，国内经济也忽冷忽热，伴随着国家财政税收政策也频繁变动，并且在长达30年的时间里，这些变动幅度可能更大，却又很难精确预测，从而不可避免地会对项目收益率有一定的影响。

（6）不可抗力因素。在特许经营期，可能发生一些各方都无法控制的意外事件。根据协议规定，这些不可抗力事件主要包括：战争、地震、飓风、罢工、恐怖事件等。这些事件将不可避免地使工厂运行中断，并造成损失。协议中规定，只有当特许经营方在这类事件发生的10日内向市城建集团报告损失政府才会负责考虑，然而在这么短的时间内做出很好的损失评估是非常难的。

5. 项目中的主要实物期权识别

（1）特许经营方的看跌期权。前面已经提到，市城建集团收支协议有保证特许经营方的最低处理量协定。当实际处理量低于保证容量时，政府将在正常费率水平上弥补特许经营方的收入差额。实际上，处理容量的不确定性在这样的协议下形成了一个看跌期权——如果没有政府的补偿支付，特许经营方将只能从实际处理量中得到补偿。从特许经营方的角度来看，这一看跌期权增加了这一项目的价值。

（2）政府方的看涨期权。在污水处理费用设计中，协议载明：如果实际处理量超过"正常上限"，费用支付将分为两部分，上限水平之下的处理量以正常费率支付，之上的以调整费用支付，这一调整费用比正常费用低。通过对高于上限处理量的费用限制，政府可以在超出上限巨大的情况下避免超额支付和特许经营方的超额利润。这实际上代表了政府方的一个看涨期权——在处理量超出正常阈值的情况下，政府有权要求降低费用。

（3）特许经营方的放弃期权。根据合同规定，现有设备必须在第13年更新。所以在这一案例中，特许经营方可以把项目分为两个阶段：13年运营时段和接下来的17年运营时段。在第13年，特许经营方可以根据前12年的运营状况和未来17年经济预测决定是否对项目资产进行更新。如果评估价值为正，特许经营方将投资更新，继续运营；如果为负，特许经营方可以放弃这一项目，拒绝设备更新投资，解除合同。这一分阶段策略给予了特许经营方一种形式的放弃期权。

运用实物期权进行PPP项目分析时，首先要对项目中存在的主要风险因素进行分析，然后对案例中可能存在的实物期权进行识别，在PPP项目中引进实物期权的价值不可忽略。

第 12 章 PPP 项目产品价格影响因素分析

12.1 简论

PPP 项目实施时的特许经营有利于吸引社会资本,降低政府财政压力,提高政府的资金使用效率。但公共项目产品的公共品和自然垄断性的属性,使得在对公共项目产品进行定价时,必须要兼顾政府、公众、企业三方的利益。

根据传统的经济学理论,对于竞争性私人产品,市场价格应定在使市场需求与供给均衡相平衡的点。PPP 项目多为公共设施,由于公共产品的必需性,采用市场定价会大大提升公众的生活成本,降低公众的生活质量,因此政府必须进行价格管制,不能只是凭市场进行决定。但进行价格管制又不能保证项目公司正常的投资、运行及维护成本的回报。如果以免税或者补贴的方式弥补企业的亏损,由于成本属于企业的微观信息,政府不能全面熟知企业的成本,使企业多报成本支出,会加重政府负担,反而不利于经济的发展。

PPP 产品的价格多为特许价格,是特许权人与特许权受让人在特许经营协议中共同制定的关于 PPP 项目所提供产品/服务的价格,随项目的实施进行动态调整,是特许协议中非常重要的一部分内容。PPP 项目产品的定价是一个极其复杂的问题,除了需要考虑价值与供求状况等一般因素外,政治、社会、市场、特许期等因素也都会对 PPP 项目产品的价格产生影响。由于不同时期特许经营方式的不同,关于 PPP 项目产品定价的影响因素也不尽相同,对其影响因素进行分析对特许价格的制定有着至关重要的影响,因此,熟悉 PPP 项目产品价格的影响因素,掌握如何定价 PPP 项目产品,就显得尤为重要。

12.2 PPP 项目特许价格

PPP 项目的整个生命周期中,特许价格的制定是最为核心、最为困难的部分。由于城市基础设施涉及利益相关方众多,影响其特许定价的因素较多,在本节中首先分析特许价格的构成要素,再对影响特许价格的因素进行分类并分析。

12.2.1 特许价格构成要素

1. 特许期

特许期指的是项目公司拥有的特许协议中规定的特许权利的期限,是特许协议的法律期限,包括对建设期和运营期不同的时间安排。特许期作为一项时间和经济的指标,是衡量特许经营权价值的重要标准之一,直接决定了项目的建设商、运营商和政府之间风险分担的方式,也直接影响项目投资回报的大小。

可将特许期定义为

$$T = T_B + T_O$$

式中　T_B——项目的建造期；

　　　T_O——运营期。

T_B 和 T_O 的约束条件为

$$T_B \leqslant T_{B\max}$$
$$T_O \leqslant T_{Oe}$$
$$\mathrm{NPV}_C (1 + R_{\min}) \leqslant \mathrm{NPV}_{(T_O = t)} \leqslant \mathrm{NPV}_C (1 + R_{\max})$$

式中　$T_{B\max}$——项目最大允许建造期，通常由政府部门根据项目的规模、难易程度等因素确定；

　　　T_{Oe}——PPP 项目的设计经济运营寿命，通常来说城市基础设施项目的设计经济运营寿命最低为 50 年；

　　　$R_{\min}$——PPP 项目公司（特许权受让人）可接受投资回报率的最小值；

　　　$R_{\max}$——政府（特许权人）或公众可接受投资回报率的最大值；

　　　NPV_C——项目建造的总成本现值；

　　　$\mathrm{NPV}_{(T_O = t)}$——运营期 $T_O = t$ 时项目收益净现值。

显然，满足上式的所有特许期都是合理的。在确定性分析中，通过净现值计算确定投资回收期，再依据投资回报率确定特许期 T，特许期与项目净现值 NPV 的关系如图 12-1 所示。

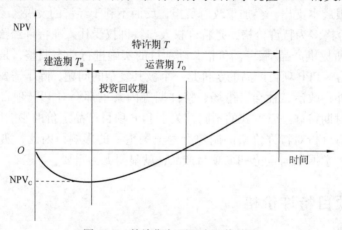

图 12-1　特许期与项目净现值关系

从投资者的角度看，希望项目的建造期 T_B 越长越好，其盈利的数额就会越多；从运营者的角度看，则希望项目的运营期 T_O 越长越好，从而获得更多利润。但建设期的延长将导致项目收入净现值的减小，要实现投资收益目标就会需要比预定的运营期更长的时间，特许期 T 则会相应延长。因此，从政府的角度出发，希望特许期 T 越短越好，这样便可尽早收回对 PPP 项目的所有权。综上所述，特许期的确定受政府、私营部门多方面影响，且确定最优的特许期能够让政府和项目的建设商、运营商都获得最佳利益，从而达到"共赢"的局面。

2. PPP 项目的成本

PPP 项目的成本是其定价基础，成本越高，则与之对应的特许价格越高。PPP 项目的成本应包括建设成本和运营成本两个部分，在定价前应当对成本进行严格的审核，合理确定成

本支出项目以保证每项之处都符合标准。将成本定义为

$$C = C_B + C_O$$

式中　C_B——项目的建设成本；

　　　C_O——运营成本。

城市基础设施PPP项目建设成本的投入是根据建设的总预算加上利息所确定的，大致分为两个阶段投入：项目建设期间，需要投入征地拆迁费、工程建设费、安装工程费、基本预备费等成本；项目运营期间，需要投入相关设施的维修、改造费用。运营成本主要包括相关管理费用、折旧、财务费用、税费等。

从投资者的角度看，希望建设成本所占比例越少越好，以节省成本更多从而获得更多盈利；从运营者的角度看，则希望运营成本所占总成本比例越少越好，从而获得更多利润。总成本越高，所需要的收费水平则越高，因此从政府和公众的角度出发，希望以最低的总成本为公众提供最好的公共服务，从而获得最大的社会效益。因此，同时考虑到PPP项目众多利益相关者的共同利益，定价所参考成本应当是社会平均成本，并非个别成本。

3. 预期投资收益率

预期投资收益率是吸引建设商、运营商的另外一个重要标准。正常情况下，建设商和运营商参与PPP项目所得的投资收益除收回股本投资和归还银行贷款外还能够得到合理的利润，以实现投资回报的最大化。假设项目的预期投资收益率为R，I为投资者期望的项目收益，则I必须满足以下条件：

$$I \geqslant CRT$$

式中　C——PPP项目的成本；

　　　T——其特许期。

运营商的经营水平、所在行业的行业平均收益率，以及所在区域的经济发展水平对预期投资收益率都有很大影响，因此预期投资收益率是一个难以确定的因素。项目的成本、特许期、预期投资收益率是相互影响的。本质上讲，PPP项目设立的特许期、公众可支付水平、政府补贴、贷款利率等目的就在于调整项目的投资收益率，以实现PPP模式"风险共担、利益共享"的优势，并使PPP项目的各参与方实现共赢。预期投资收益率分为静态和动态两种，静态投资收益率并不考虑资金的时间价值，而动态投资收益率是在考虑资金时间价值的基础上进行计算的，本书所提到的预期投资收益率均为后者。同时，预期投资收益率R的大小应遵循以下原则：最大不高于特许权人或公众能够接受的最高投资回报率，最小不低于项目特许权受让人可接受的最低投资回报率。

4. 公众可接受水平

公众可接受水平是由公众支付能力和公众需求共同决定的，考虑的是PPP项目所能带来的社会效益。公众需求量是确定收费的重要标准之一，需求量受到PPP项目所在地区经济发展水平的影响，两者是相辅相成的。公众并不关心基础设施的投资者、投资资金的来源及建设成本的高低，他们考虑的是使用城市基础设施为自己带来的收益以及自己的支付能力，因此公众是否选择使用基础设施的另外一个直接决定性因素是公众的实际支付能力。当PPP项目所在地区经济水平较高时，公众的需求量和其实际支付能力也相应较高，项目的投资收益也较高，反之，项目的收益则较低。

当PPP项目投入使用后，使用者对价格的认可是决定其盈利程度的关键，公众可接受

的价格水平将最终决定项目的收益，进而影响项目的特许期长短。公众可接受水平与预期投资收益率、成本、特许期之间的关系如图 12-2 所示。

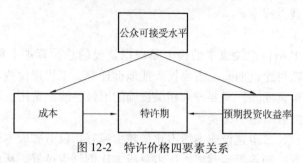

图 12-2　特许价格四要素关系

12.2.2　特许价格影响因素

1. 影响城市基础设施 PPP 项目价格的因素

根据上文对 PPP 项目特许价格要素的分析，本书将影响城市基础设施 PPP 项目的因素分为三类：一般环境因素因素、具体环境因素、项目自身因素。一般环境因素是指可能影响组织的宏观条件，在这里主要包括经济条件、政治/法律条件、技术条件；具体环境因素是指那些对管理者的预测和行动产生直接影响并与实现组织目标直接相关的要素，在这里主要包括政府、公众、私营部门；项目自身因素在这里是指那些受各方面条件综合影响且不容易划分到各种大类中去的影响因素，而这些因素和项目自身的具体特征又紧密相关。

2. 特许价格要素和影响因素之间的关系

特许价格要素和这些影响因素之间的相互关系如图 12-3 所示。

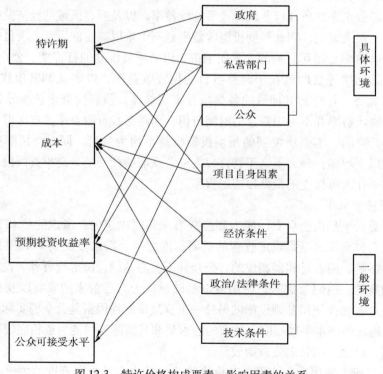

图 12-3　特许价格构成要素—影响因素的关系

12.3 PPP 项目价格的影响因素

12.3.1 经济条件

经济条件是指会对 PPP 项目的成本、收益产生直接影响的外部宏观经济因素。经济条件的变化将会增加 PPP 项目现金流和市场价值的不稳定性。在一个良好的经济条件下,开发运行 PPP 项目的成功率要比在恶劣经济条件的成功率高很多。若政府对项目所处经济条件,如通货膨胀率、汇率等风险有所保证,将会吸引更多私营部门的参与,从而制定更有力的特许价格。根据经典案例分析,影响经济条件的价格因素主要包括贷款利率、物价指数、汇率、所在区域经济发展水平等,见表 12-1。

表 12-1 经济条件影响因素经典案例

影响因素	经典案例
贷款利率	深广高速公路
物价指数	印度大博电厂项目
汇率	深圳沙角 B 电厂
所在区域经济发展水平	曼谷高速公路

12.3.2 政治/法律条件

由于参与方众多,PPP 项目的法律结构相当复杂,因此,完善的法律制度是 PPP 项目实施的必要支撑,稳定的政治条件是 PPP 项目得到政府支持的必要条件。政治/法律条件的稳定与否意味着 PPP 项目是否能顺利实施,并获得预期收益。政治/法律条件的不稳定与不完善,会导致 PPP 项目的成本增加、收入降低,增加项目收益的不确定性,进而对特许价格产生负面影响。通过文献梳理和经典案例分析,影响政治/法律条件的价格因素主要包括腐败风险、税收政策、监管机制的完善程度、健全的法律法规,见表 12-2。

表 12-2 政治/法律条件影响因素的经典案例

影响因素	经典案例
腐败风险	台湾高雄捷运
税收政策	曼谷高速公路、印度政府电厂
监管机制完善程度	深圳沙角 B 电厂、马来西亚公司合作排污项目
健全的法律法规	上海大场水厂、延安东路隧道

12.3.3 技术条件

技术条件主要是指项目设计、建设期间采用的技术是否具有先进性、实用性及可靠性。技术条件对于项目是否具有可行性以及可操作性会产生很大的影响。PPP 项目的全生命周期中,设计阶段是处理技术与经济的关键环节,对项目的后续所有活动都存在不可忽视的影响。根据文献梳理和经典案例分析,影响技术条件的价格因素主要包括项目评估体系的国际化程度、设计施工水平等。设计施工水平的经典案例见表12-3。

表12-3 技术条件影响因素的经典案例

影响因素	经典案例
设计施工水平	武汉过江大桥、台湾金融大楼

12.3.4 政府

PPP项目的产品/服务不同于一般商业项目的产品/服务,政府部门作为PPP项目的发起人之一,在PPP项目中承担了非常重要的角色,主要包括为项目提供支持、进行合作与监督。政府在PPP项目中强力有效地介入,不仅能保证为私营部门提供很好的支持,更能保证风险的合理分配、资金的有效利用。此外,政府直接决定了政策的稳定性及连续性,在特许价格的制定中占有举足轻重的地位。根据文献梳理和经典案例分析,影响政府的价格因素主要包括定价机制、政府补贴、政府信用、项目目标、政策稳定性及连续性、投资额、政企关系,见表12-4。

表12-4 政府影响因素的经典案例

影响因素	经典案例
定价机制	苏州轨道交通
政府补贴	天津双港垃圾焚烧发电厂
项目目标	印度大博电厂
政策稳定性及连续性	上海大场水厂、泰国曼谷高速公路项目
投资额/政企关系	北京地铁4号线

12.3.5 私营部门

私营部门的参与直接决定了项目的建设、运营状况,私营部门的选择不仅对项目的成败关系重大,也将是决定PPP项目特许价格的重要因素。一个优秀的私营合作伙伴应具有优秀的经营管理经验,在保证PPP项目顺利实施的同时,还能更有效地控制项目成本、促进技术和经济的发展。根据文献梳理和经典案例分析,影响私营部门的价格因素主要包括项目质量、提供产品/服务水平、运营成本、投资回报率、有吸引力的财务建议等,见表12-5。

表12-5 私营部门影响因素的经典案例

影响因素	经典案例
项目质量	英法海底隧道
提供产品/服务水平	香港迪士尼主题公园
运营成本	北京鸟巢、英国Fazakeley监狱和Bridgend监狱
投资回报率	北京京通公路、泰国曼谷高速公路项目
有吸引力的财务建议	鑫远闽江四桥

12.3.6 公众

PPP项目的最终目的就是为公众提供良好的产品/服务，进而保证国家或地区社会经济活动的正常进行。PPP项目所提供产品/服务的价格必须在公众的可支付能力之内，才能保证PPP项目的存在及运营的意义。根据文献梳理和经典案例分析，影响公众的价格因素主要包括公众支付能力、公众需求变化，见表12-6。

表12-6 公众影响因素的经典案例

影响因素	经典案例
公众支付能力	香港迪士尼乐园
公众需求变化	杭州跨海大桥、鑫远闽江四桥

12.3.7 项目自身因素

由于公共产品本身的特殊性，这些影响因素无法归结于外部环境中的某一类中，且这些因素由于项目的不同存在差异性，如项目的特许期等。项目的自身因素往往对PPP项目特许价格的制定有着直接而重要的影响。根据文献梳理和经典案例分析，项目自身因素主要包括项目唯一性、特许期等，见表12-7。

表12-7 项目自身影响因素的经典案例

影响因素	经典案例
项目唯一性	英法海峡险道、香港迪士尼乐园
替代因素	杭州跨海大桥
项目特许期	北京地铁4号线
项目承受风险程度	印度大博电厂

12.4 示例——香港迪士尼乐园

1. 项目概述

香港迪士尼乐园应1997年金融危机而生，1999年12月与美国华特迪士尼公司签协议，项目内容包含土木及基础设施工程、主题公园工程、配套及服务设施工程。

第一阶段共11个标段，总计合约额约为70亿港元。土木及基础设施施工5个标段，合49.6亿港元；主题公园4个标段，合9.5亿港元；酒店工程2个标段，合11亿港元。中国建筑工程（香港）有限公司（以下简称中国建筑）共计中标5个标段，合计合约额为46.96亿港元。

香港迪士尼乐园土木及基础设施一期工程，占地面积为5488450平方米，是继香港新机场后的又一大型工程项目；工程原合约总额为20.86亿港元（完工结算时工程造价约为28亿港元）；工程开竣工日期为2001年10月24日至2005年4月14日；顾问工程师为茂盛（亚洲）工程顾问有限公司。

一期主要工程内容为：填海工程、地盘平整、雨水疏导系统、排污系统、灌溉系统、供水系统、公众水上康乐活动中心、道路工程、园艺工程。

香港迪士尼乐园土木及基础设施工程二期合约金额为 13.8 亿港元（完工决算时工程造价约 14.1 亿港元）；开竣工时间为 2002 年 8 月至 2005 年 6 月；顾问工程师为茂盛（亚洲）工程顾问有限公司。

二期主要工程内容为：原财利船厂建筑物清拆，对附近一带已被污染的泥土采用先进环保技术进行净化处理，在旧海床附近的填海区做地址强化工作，再填泥至预定高度，然后在上面建造 2 公里长的竹篙湾支路等，造斜坡保护工程、造长土堤，并种植树木、灌木及进行绿化，移植一棵超过 50 年的大树，建造雨水渠排水箱和污水渠、迪士尼乐园酒店、迪士尼好莱坞酒店。

2. 工程特点

（1）工程规模大：规模大、合约额大、工程量大。

1）250 万平方米的地基及基础。

2）处理 8 万平方米的污染泥。

3）修建 20 公里的道路、桥梁和 1 公里长的加筋土挡土墙。

4）在全砂质地基上修建 13 万平方米的人工湖和水上娱乐中心。

5）种植 1000 多个品种的花草树木。

6）生产花泥 210 多万平方米。

（2）工程专业种类繁多，工序复杂。

（3）质量要求特别高：

1）对污染土中的二噁英的净化处理标准，10 倍于美国环保署《固体肥料及紧急指令 92004-26》。

2）花泥要求也非常高，在全世界范围采集，筛选出最佳标准，再按此执行。

3）有些项目既有"硬标准"，又有"软标准"。

（4）工期紧。开工时间不同，但均需在总工期的 44 个月内完成；每个月须完成 1.3 亿港元的工作量，高峰期的工作量最高时超过 4 亿港元；无雨水期补偿，意味着无工期补偿；工程延期罚款金额巨大，超限一天最高罚款 292 万港元，累计计算，无上限。

（5）合约条款苛刻：

1）合约条款依据的蓝本是多个合约版本的综合，如 FIDIC、ICE、AIA 等。

2）合约要求苛刻。花泥及化肥原料要符合 40 多项检测指标；在绿化方面，对从未有过的品种树干的粗细、树高、树胆的扩张度、树冠的形状比例提出了要求；要进行预养殖，适应本土环境的才能在工地栽培；迪士尼特点的装饰性设计，还有彩色混凝土都非本地常见，要规范应用本地、英国、美国标准。

（6）合约中的特别条款十分"特别"。

（7）合约关系复杂。香港政府有关业务部门（如土木工程署）、顾问公司（茂盛（亚洲）工程顾问有限公司）、美国华特迪士尼公司（驻地盘代表）及"有关人士"均可向总承建商发指令，且均须执行。

3. 对总承建商的要求

（1）资质和经验：①香港政府公共承建商认可名册商；②过去五年内，曾在香港或海外承接和实施完成一个以上单价不少于 2 亿港元的大型道路工程合约以及单价不少于 5000

万港元的大型地盘平整合约。另外要求审查承建商在建工程的详细资料，评估承建商的管理资源能力。

（2）综合能力：①组织管理能力；②专业技术能力。

（3）财务能力：①有足够的营运资金；②须有在建工程合约额的10%的现金作为日常流动资金；③有良好的财务状况；④信贷能力强，包含企业内部筹措资金和银行出具信贷证明两个方面。

（4）社会信誉：①同业主的关系如何；②关于恶意索赔，"恶意索赔"是指承建商专门依赖索赔去改善经营成本的行为和做法，如立项不实（张冠李戴、无中生有）、夸大数额、方式方法不良等；③社会影响；④社会形象。

（5）国际视野：①有同国际企业，尤其是一流企业长期合作的经验和体会；②已建立起国际合作关系；③有大批国际化人才。

4. 中国建筑的策略和投标组织机构

中国建筑的策略如图12-4所示。

（1）竞标策略：积极参与、独立竞标、关键项目、志在必得。

（2）管理策略：集中管理、分类实施。项目责任为重，风险控制为先。

（3）组织策略：领导牵头整合公司内部一切资源，整合社会资源，组成精干、高效、能力强、水平高的项目管理团队实施项目管理。

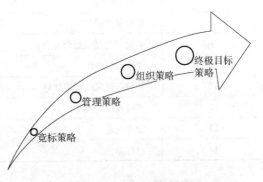

图12-4　中国建筑的策略

（4）终极目标策略：占领建筑品牌高端市场。扩大公司市场份额，增强公司社会知名度和影响力，提高企业的盈利能力和市场竞争力。

中国建筑的投标组织结构如图12-5所示。

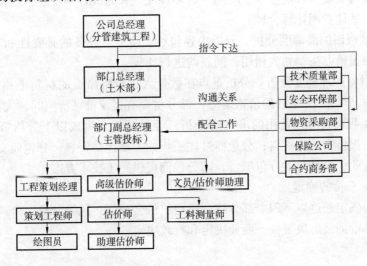

图12-5　中国建筑的投标组织机构

5. 投标总价表

投标总价见表 12-8。

表 12-8 投标总价

序 号	项目名称	报价/万港元	备 注
1	工程师费用（顾问公司驻工地人员的全部费用）	8016	
2	总承建商的开办费	15680	
3	人工及机械费用	21549	
4	主要材料费	41359	
5	主要工程项目分包费用	128173	
6	临时工程费用（技术措施费）	2731	
7	工程直接费	217508	
8	保险费和税务费	7993	
9	利润（包括上级管理费）	10875	
10	业主预留费用	20059	
11	物价指数风险费用调整	−2934	
12	风险费用的调整	−8108	
13	商业决定	—	
14	投标总价	245393	

6. 标价准确度分析

标价准确度分析按照以下程序进行：项目开办费的分析；对机械费用的准确度分析；主要材料的准确度分析；主要工程项目分包费用的准确度分析。

（1）项目开办费的分析。项目开办费中的约 70% 用于管理人员的薪金、福利支出，故对项目的组织架构设置审查是重点。增加一名环保经理和高级合约经理；办公用具、行政车辆调用不新购；其他费用计算合理。

（2）对机械费用的准确度分析。分析内容包括：购买新设备的必要性和对成本的影响；购新成本的分摊报销办法；如为租用，同新购进行比较。

（3）主要材料的准确度分析。分析重点在数量大、价格昂贵的材料上；已出示过往 12 月的价格，并预测未来 12 个月的价格走势；部分材料有再议价减价空间，大部分符合现状。

（4）主要工程项目分包费用的准确度分析。经过分析，生成以下分析资料：同一项目三个以上分包商报价及分析资料；分包商过往三年的表现评估资料；分包商实力考核分析资料；重要的和专业技术性强的分包项目，需分包商提供施工技术方案。

7. 最后投标总价的确定

最后总价的确定通过以下四个部分综合决定：机会分析；风险分析；合约条款对投标价的影响；投标总价的最后决策——商业决定和行政决定。

第 13 章 项目产品定价

13.1 项目产品定价简论

在经济生活中，人们使用的产品包括私人产品和公共产品。这些产品也可以根据竞争性和排他性来进行分类。竞争性的含义是产品被一部分人使用就会影响到另一部分人的使用，即产品被某人使用时就会减少其他人使用机会的特性。排他性是指产品在使用过程中被某人或某一部分人所专有，即产品具有限制他人任意使用的特性。

PPP 项目的产品在通常情况下都属于公共产品。在实际经济活动中，公共产品可以被分为两类：具有完全非竞争性和非排他性的纯公共产品，如国防、外交、公共安全等；具有一定非竞争性和非排他性的准公共产品，如水务、电力等。纯公共产品通常由政府单独主导，实行政府定价，在多数情况下采取免费的方式提供。由于大部分准公共产品都同时具有公共产品和私人产品的特性，因此准公共产品的提供可以采取政府和市场共同提供的模式，即 PPP 模式，或者，通过收益原则来确定公共产品的价格。

一般来说，价格是项目产品价值的货币表现，是供需双方博弈选择的结果。通过项目产品价格的变化，使得生产与需求相互节制，从而优化资源配置。利用价格机制来实现资源配置是市场经济最基本的功能之一。在供需双方信息充分的情况下，市场经济中的价格机制可以对产品的供求关系做出准确的反应，从而无须外部干预。公共产品具有外部性的特点，使得供需双方信息不对称。在这种情况下，如果没有有效的产品定价机制对市场进行干预，听任价格由市场供需关系调节，就会造成加重政府财政负担和损害民众利益的后果。因此，项目产品的定价应是对风险的合理分担和对收益的合理分配，最终实现项目经济效益与社会效益的双赢。

13.2 政府规制定价区间

在 PPP 项目中，利益相关者主要有产品的提供者和监管者（政府）、产品的生产者（社会资本）和产品的使用者（公众）。政府、社会资本和公众对于 PPP 项目的定价都有着各自不同的目标：政府希望通过 PPP 项目定价为社会提供质量可靠、数量充足的公共产品，促进本地区的经济发展，从而使得项目的社会效益最大化；社会资本希望通过 PPP 项目定价收回成本，获得稳定和丰厚的投资回报，为企业带来最大化的利润；而公众则希望 PPP 项目定价能够让自己在得到优质产品的前提下支付最小的使用成本。由于项目定价往往并不能同时满足以上的三个目标，因此为了实现政府、社会资本和公众三方利益的平衡，政府通常会为项目产品定价设置价格上限和价格下限的约束。定价区间可以在保障社会资本最基本投资回报的同时，避免了社会资本获得超额收益而损害政府和公众的利益。

在项目的实施过程中，社会资本作为项目的具体建设方和运营方，往往可以凭借信息优势以产品成本上升为由，要求提高价格，或者增加政府补贴。因为项目各方存在的信息不对称问题，所以"在市场经济中，每个理性经济人都会有自利的一面，其个人行为会按自利的规则行为行动；有一种制度安排，使行为人追求个人利益的行为，正好与企业实现集体价值最大化的目标相吻合"，这就是激励相容原则。根据激励相容原则，政府通常会采取激励性定价的方式，将使用者付费和绩效付费（政府补贴）相结合。在产品定价机制上采取更灵活的市场化运行模式，使政府补贴从产品定价中分离开来。因此项目的收入由公众所支付的费用（使用者付费）和政府补贴两部分组成。

13.3 项目的成本

由建设期成本和运营期成本两部分组成。假设项目的总成本为 C，建设期成本为 k，运营期产品数量为 q，单位运营成本为 c，即

$$C(q) = k + cq$$

因此，整个项目中的单位成本为 $c = C(q)/q$，即

$$c = \frac{k+cq}{q} = \frac{k}{q} + c$$

为了保障社会资本的最基本投资回报，项目的收入应大于或等于项目总成本。设项目收入为 R，政府补贴为 S，即

$$R(q) + S(q) \geq C(q)$$

由于项目中各方信息不对称问题的存在，政府无法获得项目产品成本的确切数值，所以政府根据先验概率设定项目产品成本的取值区间为

$$[c_0, c_1]$$

假设项目产品在运营阶段的收费为 v，即项目产品定价。即

$$v = \frac{R(q)}{q}$$

由此可得，产品定价加政府补贴大于或等于单位成本，即

$$v + s \geq \frac{k}{q} + c$$

求解得

$$v \geq \frac{k}{q} + c - s$$

设政府规制的定价上限为 M，下限为 m，定价区间为 $[m, M]$。将项目产品成本区间 $[c_0, c_1]$ 代入公式，即可求得政府规制定价区间的函数表达为

$$[m, M] = \left[\frac{k}{q} + c_0 - s, \frac{k}{q} + c_1 - s\right]$$

13.4 不同市场需求状态下公共产品定价及定价权配置

根据宋波、徐飞的《不同需求状态下公私合作制项目的定价机制》一文中的研究成果，

总结了三条在不同市场需求状态下的公共产品定价规则：①当公共产品供给市场上消费者的最低支付意愿大于政府规制的定价上限时，即 $v_{\min} > M$ 时，市场对于项目提供的公共产品为高需求状态，政府规制定价上限为 M，这样政府或社会福利获得剩余的收益，即 $v - M$，在这种情况下的公共产品市场定价为 $v = M$。②当公共产品供给市场上消费者的最低支付意愿处于政府规制的定价区间内时，即 $m \leq v \leq M$ 时，市场对于项目提供的公共产品为中等需求状态，公共产品按市场供需进行交易，由社会资本自行按照市场定价，但政府不给予任何补贴，即 $S = 0$。③当公共产品供给市场上消费者的最低支付意愿小于政府规制的定价下限时，即 $v_{\max} < m$ 时，市场对于项目提供的公共产品为低需求状态，为了保障社会资本的最基本投资回报，政府应该为社会资本给予相应的补贴，即 $S = m - v$。

假定公共产品市场需求是不确定的，而市场上消费者愿意支付的价格为 $v = [m, M]$，令 $\text{PS}(v)$ 为支付价格等于 v 时的生产者剩余，消费者剩余为 $\text{CS}(v)$，政府的最大化目标函数为

$$\max \int [\text{CS}(v) + \alpha \text{PS}(v)] f(v) \mathrm{d}v$$

$$\text{s.t.} \int u(\text{PS}(v)) f(v) \mathrm{d}v \geq u(0)$$

式中　α——政府将项目的剩余价值计入社会福利的比重，$\alpha < 1$；
$u(0)$——社会资本参与 PPP 项目的机会成本或保留效用。

令 $R(v)$ 表示价格在 v 时的项目收入，$S(v)$ 表示价格在 v 时的政府补贴，C 表示项目成本，则生产者剩余为

$$\text{PS}(v) = \int [R(v) + S(v) - C] f(v) \mathrm{d}v$$

令 E 表示项目产生的外部效用，λ 表示政府的资金成本，$\lambda > 0$，则消费者剩余为

$$\text{CS}(v) = \int \{[v - R(v) - (1 + \lambda) S(v)] + E + \lambda [v - R(v)]\} f(v) \mathrm{d}v$$

在高需求市场状态下 $v_{\max} > M$，即 $S(v) = 0$，则政府的优化问题为

$$\max \int \{[v - R(v) - (1 + \lambda) S(v)] + E + \lambda [v - R(v)] + \alpha [R(v) + S(v) - C]\} f(v) \mathrm{d}v$$

$$\text{s.t.} \begin{cases} \int u(R(v) - C) f(v) \mathrm{d}v \geq u(0) \\ 0 \leq R(v) \leq v \\ S(v) = 0 \\ v = \dfrac{1}{b}(a - q) > M \end{cases}$$

求解得

$$v = \frac{\alpha c - \dfrac{a}{b}(1 + \lambda - \alpha)}{2\alpha - (1 + \lambda)} > M$$

在高需求市场状态下，市场上的消费者对公共产品的支付意愿明显高于政府规制的价格上限，为了避免社会资本获得过高的收益，政府对公共产品进行规制定价，使得社会资本损失了部分生产者剩余，而政府或市场消费者将获得更高的社会福利或消费者剩余。

在中等需求市场状态下 $m \leq v \leq M$，即按照市场自由交易，设市场需求函数为 $q = a - bv$，在这种情况下，政府不需要对社会资本方有任何补贴，即 $S(v) = 0$，则社会资本的优化问题为

$$\max \int [R(v) - C] f(v) \mathrm{d}v$$

$$\text{s. t.} \begin{cases} 0 \leq R(v) \leq v \\ S(v) = 0 \\ m \leq v \leq M \end{cases}$$

求解得

$$v = \frac{1}{2}\left(\frac{a}{b} + c\right)$$

在中等需求状态下，由于政府补贴为零，公共产品市场消费价格满足如下参与约束条件（IR）：

$$v \geq c + \frac{k}{q} = c + \frac{2k}{a - bc}$$

在中等需求状态下，社会资本可以根据自身利润最大化，即满足生产者剩余最大化的前提下进行项目产品定价。公共产品在市场上的最终定价与政府规制的价格上下限无关。

在低需求市场状态下 $v_{\min} < m$，市场按照消费者的支付意愿进行交易，政府根据市场价格与规制定价的价格下限之间的差价进行补贴。假设政府在支付过程中的资金损失比例为 ξ。补贴金额为 $S(v) = \int_0^q (m - v) \mathrm{d}q$，则政府的优化问题为

$$\max \int \{[v - R(v) - (1 + \lambda)(1 + \xi) S(v)] + E + \lambda [v - R(v)] + \alpha [R(v) + S(v) - C]\} f(v) \mathrm{d}v$$

$$\text{s. t.} \begin{cases} \int u(R(v) + S(v) - C) f(v) \mathrm{d}v \geq u(0) \\ 0 \leq R(v) \leq v \\ S(v) = \int_0^q (m - v) \mathrm{d}q \\ v < m \end{cases}$$

求解得

$$v = \frac{[(1 + \lambda)(1 + \xi) - \alpha] m - (1 + \lambda - \alpha) \frac{a}{b} + \alpha c}{(1 + \lambda) \xi + \alpha} < m$$

政府对公共产品价格规制的下限的范围即

$$\frac{(1 + \lambda - \alpha) \frac{a}{b} + \alpha c}{1 + \lambda - 2\alpha} < m$$

由于政府需要保障社会资本的最基本投资回报，所以在市场上消费者的支付意愿低于政府规制的公共产品价格下限时，政府需要对社会资本的生产者剩余损失提供补贴。若政府的资金成本增大，政府规制的定价区间下限将会降低，以减小政府需要向社会资本支付的补贴金额。若政府将社会资本生产者剩余纳入社会福利水平的比例增加，则会提高政府规制的定

价区间下限。因为公共产品市场生产者剩余的提高将大于市场上消费者剩余的降低，从而导致社会福利水平的提高。其机理如下：

通过在低需求状态下的公共产品定价表达式对政府将项目的剩余价值计入社会福利的比重 α 求偏导数判断其单调性，可得

$$\frac{\partial m}{\partial \alpha} = \frac{(1+\lambda)\left(c+\dfrac{a}{b}\right)}{(1+\lambda-2\alpha)^2} > 0$$

因为公共产品市场生产者剩余的提高将大于市场上消费者剩余的降低，导致总体社会福利水平的提高，所以随着社会资本生产者剩余纳入社会福利水平的比例 α 的增加，政府将会提高公共产品价格规制的下限。

根据政府对 PPP 项目规制的定价区间的下限 $m = \dfrac{k}{q} + c_0$，可得

$$m = \frac{\{[(1+\lambda)(1+\xi)-\alpha](a-bc_0)+\alpha(a-c)\}}{2[(1+\lambda)(1+\xi)-\alpha]b} + \frac{\sqrt{\{[(1+\lambda)(1+\xi)-\alpha](a-bc_0)+\alpha(a-c)\}^2 - 4[(1+\lambda)(1+\xi)-\alpha](2\alpha-\lambda)bk}}{2[(1+\lambda)(1+\xi)-\alpha]b}$$

因此政府公共部门在公共产品市场低需求状态时需要向社会资本提供的补贴为

$$\begin{aligned}
S(v) &= \int_0^q (m-v)\,\mathrm{d}q \\
&= \Bigg\{\frac{[(1+\lambda)(1+\xi)-\alpha](a-bc_0)+\alpha(a-c)}{2[(1+\lambda)(1+\xi)-\alpha]b} + \\
&\quad \frac{\sqrt{\{[(1+\lambda)(1+\xi)-\alpha](a-bc_0)+\alpha(a-c)\}^2 - 4[(1+\lambda)(1+\xi)-\alpha](2\alpha-\lambda)bk}}{2[(1+\lambda)(1+\xi)-\alpha]b} - \\
&\quad \frac{[(1+\lambda)(1+\xi)-\alpha]m-(1+\lambda-\alpha)\dfrac{a}{b}+\alpha c}{(1+\lambda)\xi+\alpha}\Bigg\} \\
&\quad \Bigg\{\frac{\alpha(a-bc)-[(1+\lambda)(1+\xi)-\alpha](mb-a)}{(1+\lambda)\xi+\alpha}\Bigg\}
\end{aligned}$$

通过对以上三种需求状态下的公共产品定价分析，可以发现在公共产品市场上消费者的支付意愿以及政府规制的定价区间范围都与项目运营期的成本呈正相关。无论是通过市场自行定价还是通过政府规制定价区间，公共产品的价格都是在该产品成本的基础上确定的。在高需求和低需求市场状态下，公共产品定价都与政府将社会资本生产剩余纳入社会福利水平的比例呈正相关；在中等需求市场中，公共产品定价完全由社会资本自行确定，社会资本只考虑自身的生产者剩余最大化，因此最终的产品价格与生产者剩余纳入社会福利水平的比例无关。

13.5 博弈定价模型

博弈论又被称为对策论，是指一些个人或团体，在面对其他个人或团体时，在一定的环境条件，在一定的规则下，同时或先后，一次或多次，从各自允许选择的行为或策略中进行

选择并加以实施，各自取得相应结果的过程。任何一个博弈都具备如下三个要素：①博弈参与者，每个博弈参与者都需要独立且统一决策、行动和承担后果，都需要在考虑到对手行为的前提下，做出最有利的策略性选择；②策略，即博弈参与者各自选择的战略或行为，在多数情况下可以以一个集合的形式表示；③收益，对应于各个博弈参与者的每一组可能的决策选择，都应该有一个结果表示该策略组合下各个博弈方的得失，收益包括了与博弈结果相关的所有方面，既包括货币报酬，也包括博弈参与者关于结果的心理感受。在通常情况下，博弈的要素还包括进行博弈的次序、博弈参与者有关博弈的信息和均衡，即使得每个博弈参与者的策略是对其他博弈参与者的最优反应。

根据萨瓦斯（E. S. Savas）的定义，公私合作制的本质就是要发挥公共部门和私营部门各自的禀赋优势，进行相互合作的制度安排。通过PPP模式，在政府和社会资本之间长期的合作博弈中，形成稳定的"纳什均衡"。在PPP项目中，如果项目产品定价偏高，将会损害公众的利益，而公众使用量减少将导致PPP项目收益降低；如果项目产品的定价偏低，社会资本将无法实现盈利，政府需要对项目进行补贴，从而加重财政负担。

以城市交通基础设施项目为例，对于PPP项目博弈定价模型的构建，首先建立模型的基本前提如下：

前提一：博弈参与者政府、社会资本和公众都是完全理性的。

前提二：项目产品的定价都以追求自身利益最大化为目标。

前提三：各个博弈参与方的信息是非对称的。

假设A为社会资本的固定成本，$\text{Mar}(T)$为边际成本；政府并不清楚关于成本的具体数值，但有一个先验的概率分布，即

$$\text{Mar}(T) \in [T_1, T_2]$$
$$\text{prob}(T = T_1) = v, \text{prob}(T = T_2) = 1 - v$$
$$A \in [A_1, A_2]$$

假设最终产品定价为P，产品需求量为q，公众的消费者剩余为

$$\text{CS}(P) = \int_0^q P(q) \mathrm{d}q - P(q) \times q$$

假设产品的总需求为Q，则企业的利润为

$$U = (P - \text{Mar}(T)) \times Q(P)$$
$$U_{\min}(P) = (P_{\min} - T_1) \times Q(P_{\min}) - A_1$$
$$U_{\max}(P) = (P_{\max} - T_2) \times Q(P_{\max}) - A_2$$

政府对社会资本的补贴为S，令$O = U + S$；政府的资金成本为λ，补贴权重为α，且$\alpha \in [0, 1]$。参照Armstrong和Sappington在2004年的研究成果，在政府资金成本大于零的情况下，政府的预期效用值为

$$(\text{CS} - (1 + \lambda)S) + \alpha O$$

因此博弈定价模型为

$$\max f = v[\text{CS}(P_{\min}) + (1 + \lambda)U(P_{\min}) - (1 + \lambda - \alpha)O_{\min}] + (1 - v)[\text{CS}(P_{\max}) + (1 + \lambda)U(P_{\max}) - (1 + \lambda - \alpha)O_{\max}]$$

$$\text{s.t.} \begin{cases} O_{\min} \geq O_{\max} + \Delta T \times Q(p_{\max}) - \Delta A \\ O_{\min} \geq O_{\min} - \Delta T \times Q(p_{\min}) + \Delta A \\ O_{\min}, O_{\max} \geq 0 \end{cases}$$

约束条件分别为激励相容约束和参与约束的组合。

设 η 为需求价格弹性，令

$$\varphi = \frac{T}{\left(1 - \frac{\lambda\eta}{1+\lambda}\right)}$$

当无法预知固定成本和可变成本，且政府补贴的资金成本大于零时，根据博弈定价模型可以得到以下结论：

(1) 当 $\Delta A \in [\Delta T \times Q(\varphi_{\min}), \Delta T \times Q(\varphi_{\max})]$，最优产品定价即为拉姆齐定价。

(2) 当 $\Delta A > \Delta T \times Q(\varphi_{\max})$，对于高边际成本的产品定价即为拉姆齐定价，对于低边际成本的产品定价即低于拉姆齐定价。

(3) 当 $\Delta A < \Delta T \times Q(\varphi_{\min})$，对于低边际成本的产品定价即为拉姆齐定价，对于高边际成本的产品定价即高于拉姆齐定价。

拉姆齐定价即在收支平衡条件下最大消费者剩余以及企业至少收支平衡时得出的价格。拉姆齐定价方法在资源最优分配的同时也考虑投资者能够获得合理利润，由于不能实现帕累托最优，所以也成为次优定价方法。拉姆齐定价方法是以社会福利最大为目标，并且使经营者获得合理利润的定价方法。根据程高在《基于博弈理论的城市公共交通定价方法研究》一文中的观点，在非对称信息条件下的公共交通定价模型就是基于拉姆齐定价方法的博弈定价模型。

设 $\varepsilon = \frac{\mathrm{d}q}{\mathrm{d}p} \times \frac{p}{q}$ 为公共交通的服务需求弹性，$r = \frac{\lambda+1}{\lambda}$ 为拉姆齐指数，得到

$$\frac{P - \mathrm{Mar}T}{P} = \frac{\lambda+1}{\lambda} \times \frac{1}{\varepsilon} > 0$$

设 $\mathrm{Mar}(R)$ 为公共交通的边际收益，由此公众消费剩余最大时的定价为

$$P = \frac{\mathrm{Mar}(T)}{1 - \frac{r}{\varepsilon}} = \frac{\varepsilon \times \mathrm{Mar}(R)}{\varepsilon - 1}$$

13.6 基于合同设计及风险收益对等的 PPP 项目定价模型

PPP 项目合同是指由项目实施机构和选中的社会资本方或其项目公司就基础设施及公共服务类项目签订的具有法律约束力的文件。社会资本方通过签订 PPP 项目合同而得到在一定时期及特定区域内从事特定的经营、维护等业务并依法收取相关费用的权利。PPP 项目的合同约定通常都具有一定的排他性。为了防止出现价格垄断的情况，PPP 项目合同的条款在设计时，不能仅仅从社会资本方投入的成本和获取期望收益的角度进行定价，而需要在合同中对特许经营期限、政府补贴、投资回报率、项目公司资本结构、政府担保等条款进行一定的限制。因此在 PPP 项目中应该基于合同条款的设计来对项目产品定价。

根据 2014 年 12 月 30 日《财政部关于规范政府和社会资本合作合同管理工作的通知》（财金（2014）第 156 号）的附件《PPP 项目合同指南（试行）》中的规定，PPP 项目合同都应该包括以下主要条款：引言、定义和解释，项目的范围和期限，前提条件，项目的融资，项目用地，项目的建设，项目的运营，项目的维护，股权变更限制，付费机制，履约担

保，政府承诺，保险，守法义务及法律变更，不可抗力，政府方的监督和介入，违约、提前终止及终止后处理机制，项目的移交，适用法律及争议解决，合同附件等。

PPP模式是政府方和社会资本方在基础设施及公共服务领域建立的一种长期合作关系。根据《财政部关于进一步做好政府和社会资本合作项目示范工作的通知》（财金（2015）57号），项目合同期限原则上不低于十年。在PPP项目全生命周期内，通常由社会资本方负责承担项目的设计、建设、运营、维护等工作，并通过"使用者付费""政府付费"以及"可行性缺口补助"这三种付费机制来获得合理的投资回报；由政府负责项目产品的价格和质量监督，以保证公共利益最大化。而社会资本方实现投资盈利和政府方实现有效监管的基础就是基于项目合同条款的合理设计。

PPP项目产品相比于一般产品来说，具有垄断性、需求缺乏弹性以及管理的地域性等特点。为了防止社会资本方获得垄断利润并且促进社会资源优化配置，PPP项目产品的定价不能完全依靠市场机制决定。政府方应该对产品定价进行限制和管理，在保证社会资本方收回投资、获得合理投资回报率的同时，提高资源利用效率，降低资源流动成本，能够使消费者和生产者双方都感到公平。

按照马克思的生产价格理论，合理投资回报率应该是社会平均资本利润率。然而只有当资本在不同行业之间自由流动并达到平衡时，才会形成社会平均利润率。所以在PPP项目中如果仅仅考虑社会平均利润率或行业平均利润率进行定价，会造成定价与实际价值的偏离，无法实现项目效益的最大化。对于项目投资而言，合理的定价应当使资本收益率与其面临的投资风险相匹配。因此PPP项目产品的定价应该是在项目风险与收益对等的情况下进行的。

资本资产定价模型（CAPM）是测量系统风险率以及系统风险率如何影响投资收益率的有效方法，因此可以通过CAPM来计算基于风险和收益对等的合理投资收益率。根据CAPM，投资者在投资决策时应考虑项目的系统风险，期望的投资回报率要高于零风险的投资回报率，以此补偿其承担了这种项目风险而应得到的收益，即任何一种资产的必要回报等于无风险回报加上风险溢价。其计算公式为

$$K_E = R_f + \beta(R_m - R_f)$$

式中　K_E——资金成本，即项目的合理投资回报率；

　　　R_f——无风险投资收益率；

　　　R_m——市场平均投资收益率；

　　　β——包括行业风险、企业风险在内的特定投资方案资本投资风险系数。

整个项目合同期限分为建设期和运营期，假设项目在建设期只需支付利息，在运营期才偿还本金。在合同结束后整个项目将无偿移交给政府，因此项目残值为零。在不考虑政府补贴的情况下，项目投资年净收益的计算式为

$$B_t - C_t = [(P_t Q_t + Y_t)(1 - T_1) - C_{kt} - E_t R_t D_t - C_d](1 - T_2) + C_d - E_t A$$

式中　$B_t - C_t$——第t年时的净收益现值；

　　　P_t——单位产品在第t年时的价格；

　　　Q_t——第t年时的市场需求量；

　　　Y_t——第t年时的项目其他收入；

　　　T_1——销售税金及附加税率；

T_2——所得税税率；

C_{kt}——第 t 年时的经营成本；

E_t——第 t 年时的汇率；

R_t——第 t 年时的利率；

D_t——第 t 年年初的贷款余额；

C_d——折旧；

A——每年偿还的本金。

为了方便计算，假设每年的汇率和利率保持不变，即 $E_t = E$，$R_t = R$；每年的项目其他收入和经营成本保持不变，即 $Y_t = Y$，$C_{kt} = C_k$，项目贷款总金额为 D，即 $D_t = D - At$；项目运营期内每年通货膨胀率相等，初始价格为 P，设 $P_t = P(1 + \text{INF})^t$，通货膨胀率为 INF。代入后的公式为

$$B_t - C_t = \{[PQ_t(1 + \text{INF})^t + Y] \times (1 - T_1) + C_k - ER(D - At) - C_d\}(1 - T_2) + C_d - EA$$

项目运营期所取得的效益现值与费用现值的比值被称为效用费用比 BCR。当 BCR≥1，即效益现值大于费用现值时，项目在经济上才是合理可行的。因此在基于风险收益对等的定价模型中，取 BCR = 1，计算公式为

$$\text{BCR} = \frac{B}{C} = \frac{\sum_{t=1}^{T_C - T_0}(B_t - C_t)(1 + K_E)^{-1}}{C_0} = 1$$

式中 T_c——项目合同年限；

T_0——建设期年限；

C_0——建设期总投资。

根据 BCR = 1 可解得

$$P = \frac{C_0 + ER(1 - T_2)\sum_{t=1}^{T_C - T_0}\dfrac{D - At}{(1 + K_E)^t} - \{[Y(1 - T_1) - C_k - C_d](1 - T_2) + C_d - EA\}\sum_{t=1}^{T_C - T_0}\dfrac{1}{(1 + K_E)^t}}{(1 - T_1)(1 - T_2)\sum_{t=1}^{T_C - T_0}Q_t\left(\dfrac{1 + \text{INF}}{1 + K_E}\right)^t}$$

设 Q_t 为常量，令

$$\theta = (1 - T_1)(1 - T_2), \lambda = \sum_{t=1}^{T_C - T_0}\left(\frac{1 + \text{INF}}{1 + K_E}\right)^t$$

可得

$$P = \frac{C_0}{\theta\lambda Q} + \frac{ER(1 - T_2)\sum_{t=1}^{T_C - T_0}\left(\dfrac{D - At}{1 + K_E}\right)^t}{\theta\lambda Q} - \frac{\{[Y(1 - T_1) - C_k - C_d](1 - T_2) + C_d - EA\}\sum_{t=1}^{T_C - T_0}\dfrac{1}{(1 + K_E)^t}}{\theta\lambda Q}$$

P 即 PPP 项目产品价格，主要由三部分构成：

第一部分：$\dfrac{C_0}{\theta\lambda Q}$ 为项目的总投资分摊到单个项目产品的单价。

第二部分：$\dfrac{ER(1 - T_2)\sum_{t=1}^{T_C - T_0}\left(\dfrac{D - At}{1 + K_E}\right)^t}{\theta\lambda Q}$ 为项目运营期内的贷款利息决定的产品价格，

由于 PPP 项目的合同期限一般都比较长，贷款金额比较大，因此利息的偿还是影响产品定价的重要因素。

第三部分：$\dfrac{\{[Y(1-T_1)-C_k-C_d](1-T_2)+C_d-EA\}\sum_{t=1}^{T_C-T_0}\dfrac{1}{(1+K_E)^t}}{\theta\lambda Q}$ 为项目运营期内的项目其他收入、经营成本、折旧、汇率和贷款每年偿还本金等因素决定的产品价格。

基于合同设计及风险收益对等的定价模型，综合考虑了 PPP 项目合同中影响定价的经济因素和社会资本收回投资并获得期望利润两方面的情况。因此模型在项目实际操作中能够具有较好的现实意义和应用价值。

13.7 不同类型的城市交通基础设施 PPP 项目定价模型的选择

PPP 项目博弈定价模型是在项目成本符合一定的先验概率分布的基础上求得一个合适的产品价格，使得政府、社会资本以及公众的期望效用达到最大。基于合同设计及风险收益对等的项目定价模型是以项目合同为依据，根据风险收益对等原则，并估计项目投入和未来可能承担的风险后确定产品价格的方法。

博弈定价模型依赖于信息不对称情况下的信息获取。其优点是通过博弈定价模型制定出的价格能够在实现社会福利最大化的同时，使经营者也可以获得合理的利润，达到三方共赢的目标。但是在现有的许多项目中，并不能真正建立起长效的信息获取和披露机制，从而在定价过程中，公众处于弱势一方，权益无法得到有效保障。

基于合同设计与风险收益对等定价模型的优势在于充分考虑了社会资本方的投资回报和期望收益，能够更好地发挥社会资本方的积极性，从而提高项目产品质量，使公众受益。其缺点是政府方在与社会资本方界定风险收益时具有较大的主观性，从而在确定价格时存在一定的道德风险。

由于轻轨或地铁 PPP 项目属于准公共产品，具有极强的正外部性，如果按照风险收益对等模型定价，事实上将会使项目外部收益应该分担的成本由轻轨或地铁项目的乘客承担，使得采用该模型计算得出的价格会高于合理定价，所以在轻轨或地铁 PPP 项目中应该选择博弈定价模型为项目产品进行定价。与此同时，通过博弈定价模型计算得出的价格应当进一步考虑公众承受能力的影响、政府定价目标的影响以及政府财政补贴能力的影响。随着社会经济的不断发展和人民生活水平的不断提高，公众对于轻轨或地铁的需求也日益增长，在进行定价时需要对区域社会平均收入水平和消费支出状况等统计指标进行分析和处理，得出公众在交通费用支出方面的承受能力和需求趋势，从而修正博弈定价模型。2012 年 12 月 29 日发布的《国务院关于城市优先发展公共交通的指导意见》中，规定：综合考虑社会承受能力、企业运营成本和交通供求状况，完善价格形成机制，根据服务质量、运输距离以及各种公共交通换乘方式等因素，建立多层次、差别化的价格体系、增强公共交通吸引力。合理界定补贴补偿范围，对实行低票价、减免票、承担政府指令性任务等形成的政策性亏损，对企业在技术改造、节能减排、经营冷僻线路等方面的投入，地方财政给予适当补贴补偿。建立公共交通企业职工工资收入正常增长机制。

隧道或大桥 PPP 项目的定价与合同期限和未来交通量密切相关。对于合同条款的设计会对项目运营期的收益水平产生重要影响。由于未来交通量的预测存在较大的不确定性，所以当未来交通量的不确定性越大时，社会资本方就需要越高的风险溢价，项目产品的定价也就越高。因此，对于隧道或大桥 PPP 项目，在产品定价时采用基于合同设计与风险收益对等定价模型作为定价依据时，计算得出的定价将更趋合理。

13.8 示例

13.8.1 基于博弈定价模型的示例

1999 年年底，A 市轻轨工程正式全面开工，全长 18.6 公里，共设 18 座车站，概算投资约 43.2 亿元，2006 年 7 月，一、二期工程全部正式运行。根据统计数据显示，2005 年 A 市居民人均可支配收入为 10240 元，按交通费用占居民收入平均比例为 15% 计算，A 市居民人均全年交通费用为 1536 元，平均每日交通费用支出 4.2 元。公共交通占居民出行交通方式的比例约为 55.3%。A 市普通公交车的平均运价率在 0.1~0.2 元/公里。

令 P、$\text{Mar}(T)_i$、ε_i（$i = 1, 2$）分别表示高峰和非高峰时段的价格、边际成本、需求弹性系数。由拉姆齐定价公式 $P = \dfrac{\text{Mar}(T)}{1 - \dfrac{r}{\varepsilon}}$ 可得

$$\frac{(P_1 - \text{Mar}(T)_1)/P_1}{(P_2 - \text{Mar}(T)_2)/P_2} = \frac{\varepsilon_2}{\varepsilon_1}$$

式中 P_1——盈亏平衡时的价格；

P_2——平均定价。

对于轨道交通项目而言，其边际成本的变动很小，即 $\text{Mar}(T)_1 = \text{Mar}(T)_2 = \text{MT}$。根据项目可行性研究报告中的数据：$P_1 = 3.4$ 元，$\text{MT} = 0.8957$ 元，$\varepsilon_1 = -0.3893$，$\varepsilon_2 = -0.42$，代入公式解得 $P_2 = 2.81$ 元

即 A 市轻轨的平均定价为 2.81 元。

13.8.2 基于合同设计与风险收益对等定价模型的示例

CJ 隧道项目是 B 市首个完全采用 BOT 模式的重大基础设施项目。由某铁道建筑公司作为社会资本方，与 B 市交通集团、项目所在行政区国有资产经营有限公司共同出资组建项目公司来负责 CJ 隧道项目的投资、建设、运营和维护。项目总投资约 30 亿元，建设期 3 年，运营期 30 年。项目 2005 年开工。

根据标准定额中给出的交通运输行业 β 系数为 0.98，基准收益率为 3.21%，市场平均投资收益率为 9.90%，计算资金成本为

$$K_E = 3.21\% + 0.98 \times (9.90\% - 3.21\%) = 9.77\%$$

根据项目可行性研究报告提供的数据：

项目总投资 $C_0 = 309748$ 万元

隧道运营期内双向车流量 $Q_t \in [26000, 88977]$

项目其他收入 $Y = 1400$ 万元/年

工资及福利支出 420 万元/年，动力及照明支出 1241 万元/年，维修及养护支出 1074 万元/年，大修费用 1000 万元/年，管理费用 420 万元/年，保险费用 170 万元/年，经营成本为以上之和，即 $C_k = 4325$ 万元/年

折旧 $C_d = 10323$ 万元/年

销售税金及附加税率 $T_1 = 5.5\%$ [1]

所得税税率 $T_2 = 33\%$ [1]

通货膨胀率 INF = 3%

贷款利率 $R = 5.76\%$

汇率 $E = 1$，本项目不涉及外汇，因此汇率为 1

贷款本金 $D = 201336$ 万元

每年偿还本金 $A = 6711$ 万元

特许经营期 $T_c = 33$ 年

建设期 $T_0 = 3$ 年

将参数代入基于合同设计与风险收益对等的 PPP 项目定价模型中，得

$$P = 26.10 \text{ 元}$$

13.8.3 PPP 项目资产证券化定价因素影响和策略分析示例 [2]

2016 年 12 月 26 日，《国家发展改革委、中国证监会关于推进传统基础设施领域政府和社会资本合作（PPP）项目资产证券化相关工作的通知》发布，明确指出对运营满 2 年及以上且具有持续经营能力的基础设施和公共服务项目，可以选择开展项目资产证券化融资。PPP 模式除固有的相关优点外，也存在着前期投资大、合作周期长等矛盾，同时由于 PPP 项目回报期限较长，使社会资本方对投资回收的风险性心存疑虑。将 PPP 模式与资产证券化进行有机融合，既可以为基础设施项目建设开辟一条新的融资渠道，又可以为盘活存量投资找到出路，而研究和掌握 PPP 项目资产证券化的定价方法，则具有更强的现实意义。

1. PPP 项目资产证券化的关键是产品定价

PPP 项目资产证券化是以 PPP 项目未来可以产生的稳定的现金流为基础，组成资产池来发行一种资产支付凭证的过程。资产证券化可担保的资产为金融资产，采用公开发售给投资者这一方式来实现筹资，从而提高了 PPP 项目的流动性。结合南京城市污水处理费支持资产证券化的发行工作以及定价过程，我们还原出该项资产证券化产品运作的具体流程，如图 13-1 所示。

其中，一个关键步骤是对项目投资回收能力进行测算。在该资产证券化产品发行前，要对污水处理的价格进行测算。预计调价完成后，南京市的综合污水处理收费价格将上升 20% 左右。随着收费价格的提高，资产证券化产品到期本息支付能力也将有较高的提升，这就从根本上保障了投资者的资金安全。同时，以南京城建集团所属污水处理厂的未来四年污水处理收费收益权为基础资产，将未来年度可能产生的现金流以一定比例折算后作为募资

---

[1] 项目开工时为 2005 年，当时做定价预测时，取营业税税率 5.5%，所得税税率 33%。

[2] 资料来源：国家发改委、财政部 PPP 专家库双库专家，江苏现代资产投资管理顾问有限公司董事长兼现代研究院院长丁伯康；现代研究院院长郝中中。

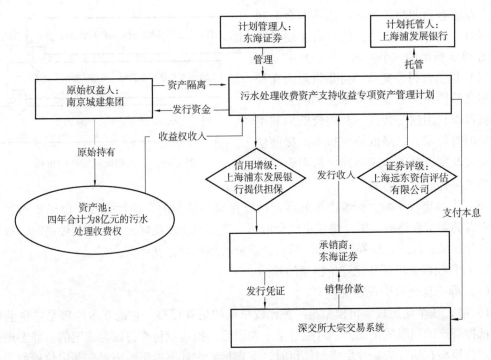

图 13-1 资产证券化流程图

额。发行规模为 7.21 亿元的专项计划收益凭证，共分为四期。依存续期限不同，将产品收益区间确定在 2.8% 至 3.9% 不等，充分考虑了项目资产在不同阶段的不同定价方式。

PPP 项目由于合作周期长、投资金额大、涉及利益方众多，因此在对其进行资产证券化过程中，应充分考虑其利率值、利率波动率、偿还期、提前偿付、资本市场状况等因素。只有根据真实数据对于价格的影响因素来建立模型，才能估算出相应的参数，最终达到合理的定价。

2. 影响 PPP 项目资产证券化定价的五大因素

PPP 项目资产证券化定价影响因素涉及宏观经济运行情况、微观指数变动等，根据其受影响的程度，图 13-2 列出了五个方面的主要影响因素。

（1）利率变化。利率变化是影响固定收益证券价格变动的主要因素，它对证券化定价的影响主要表现在三个方面：①利率变动会导致证券价格发生变化；②利率变化会影响证券利息收入再投资收益率的变化；③利率变化会影响现金流量的变化，进而影响投资者的收益。对于固定利率的证券，由于票面利率与市场利率存在差异，当市场利率变动时，证券价格也随之变动。

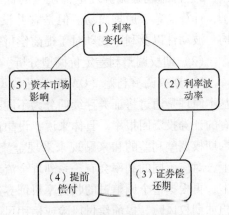

图 13-2 影响 PPP 项目资产证券化定价的五大因素

（2）利率波动率。利率波动率的上升和下降与证券的内含短期价值成正比，利率波动越高，证券内含价值越高，反之亦然。而证券本身的价值与证券内含短期价值成反比。

（3）证券偿还期。偿还期是指债务人在履行债务的过程中所规定的期限。以债券为例，债务人在债券到期时，就必须偿还本金和利息。同时，偿还期影响债券的价格主要是通过如图13-3所示的三个方面。

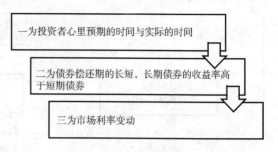

图 13-3　偿还期影响债券的价格

（4）提前偿付。提前偿付是借款人在贷款到期之前偿还部分或全部本金和利息。发行人就可以利用这一特征，利用较低的利率来代替旧有负债，以降低融资成本。提前偿付是通过改变资金的未来流向，从而影响证券价格的一种嵌入式的期权。

（5）资本市场影响。资本市场的运行状况是通过证券的流动性来改变市场价格。当市场投资者的需求旺盛时，资金供应量就会增加，进而流动性良好。证券流动性高时，投资者预期收益就低；反之，证券的流动性低时，投资者预期收益就会高。

3. PPP项目资产证券化定价模型的异同

（1）静态现金流折现定价模型。

1）静态现金流折现定价模型是一种比较早期的估算模型。它的基本原理是：提前偿付率与抵押资产的期限成正比，一旦超过某个期限后，提前偿付率将成为固定值。静态现金流折现定价模型在估计未来发生提前偿付时，不直接考虑利率的影响因素。其定价模型为

$$P = \sum_{t=1}^{N} \frac{CF_t}{(1+y)^t}$$

式中　P——证券的价格；

CF_t——未来t期的现金流；

y——投资者期望的收益率；

N——到期所经历的期数。

2）静态现金流折现定价模型的优缺点分析。静态现金流折现定价模型最大的优势在于，计算简单、原理简易。但是它并没有考虑到一些常见性的影响因素，如利率的期限结构、波动性以及利率变动对于提前偿付率的影响等。

（2）期权调整利差定价模型分析。

1）期权调整利差（OAS）定价模型。这是近期使用较多的一种定价模式。这种模式的基本原理是通过将证券存续期分为不同的阶段，来模拟量化证券持有者在不同的存续期内享有的证券投资回报率。具体来说，设想证券在每个阶段可能出现的情况，再以模拟利率与上一期权调整利差的和来贴现未来现金流，建立起一个树状现金流量模型。在每个利率枝权上，对应不同的利率会有一系列现金流。同时，得出的期权调整利差加到整个国库券收益率上，再根据这个调整过的收益率对证券进行定价，则得出的结果就包含了投资者因为需要承担如期权风险、提前偿付风险或信用风险等风险而需要的风险溢价。其模型为

$$P = \frac{1}{S} \sum_{s=1}^{S} \sum_{t=1}^{T} \frac{cf_t^s}{\prod_{i}^{t}(1+r_t^s OAS)}$$

式中　S——利率变动方式的数量；

cf_t^s——在第s种方式下第t期的现金流量；

r_t^s——在第 s 种方式下第 t 期的国库券利率;

P——可比证券的实际价格,可比证券通常是指具有相同期限或相同平均寿命的债券。

2）期权调整利差定价模型的优缺点。期权调整利差定价模型将利率的期限结构即利率的波动性较好地结合起来,运用了利率运动的动力学模型模拟了大量的利率运动轨迹,这使得结果能在很大程度上能反映真实情况。期权调整利差定价模型是当前使用较多的模型,但这种模型定价方法也有很多的不足,定价过程类似于暗箱操作：投资者输入假设,然后得出风险和收益的指标,这个计算过程根本看不到；而且模型对假设条件相当敏感,对于一些差别较大的证券定价效果不是很理想。

4. PPP 项目资产证券化定价方法

资产证券化产品的定价会受到很多因素的影响,所以在确定定价模型的时候应该把这些因素都考虑进去；为了使现金流折现数据更加准确,应模拟利率变动的路径,将不同利率路径下的现金流进行折现,求得平均值；将利率波动情况下 PPP 项目公司提前赎回的因素考虑进去,所以要减去期权的价格,即

PPP 项目资产证券化产品价格 = 未来现金流的折现值 – PPP 项目公司提前赎回的期权价值

接下来需要确定利率路径的构建,这里通过二叉树定价模型来进行利率路径的构建,如图 13-4 所示。图 13-5 为一具体示例。

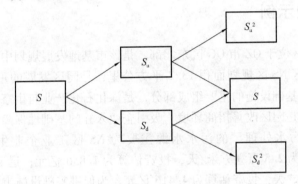

图 13-4 利率二叉树树形结构

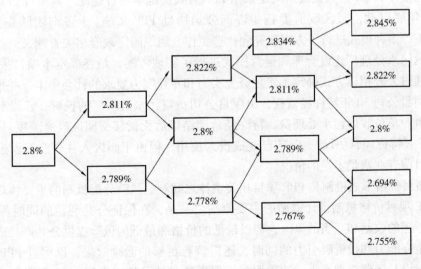

图 13-5 利率二叉树示例

5. PPP 项目资产证券化定价发展

PPP 项目资产证券化在中国的推出和实施，毕竟时间很短。无论是理论的研究和实际的操作方面，都存在许多迫切需要建立和完善的地方。现阶段，通过分析和运用期权调整利差定价模型，对 PPP 项目资产证券化进行参考性的定价，不仅可以得到 PPP 项目资产证券化产品在理论上的合理价格，同时，也可以客观了解 PPP 项目属性，PPP 项目大多属于基础设施和公共服务领域建设，因此盈利空间不能过大，但过低又不能调动民间资本参与的热情，该模型可以起到有效的对比和积极的参考作用。

由于 PPP 项目认证阶段很难估算到未来实际产生的现金流，同时项目协议又不可能对社会资本的收益做出固定回报安排，或给出明确的调整空间，这一系列的不确定因素，都将影响 PPP 项目的资产证券化定价，也不利于 PPP 项目进行资产证券化。因此，在不断分析和总结已有的 PPP 项目定价机制和实际结果的基础上，建立起一套更加科学化、合理化的 PPP 项目资产证券化弹性定价机制是非常必要的。当然，这需要根据不同的 PPP 项目实际情况、宏观经济发展状况、微观利率变动和资本市场发展现状，实时调整产品价格，做好资产证券化的合理定价工作，以保证 PPP 项目的顺利推进，保障社会资本的合理投资回报，保证 PPP 项目资产证券化工作的持续推进和健康发展。

13.9 价格机制示例

QG 石化工业园区位于 QZ 市 QG 区东北部，是该市基地发展规划中确定的石化基地先导区。QG 石化工业园区 NS 区规划面积 13.2 平方公里，是园区发展的重点区域。NS 区污水处理厂是工业区公用基础设施的重要组成部分，是深化石化产业与生态环境循环协调发展的重点基础设施项目，是园区改善招商环境、吸引企业入驻的基础性保障设施，对园区发展具有重要意义。NS 区污水处理厂的污水水源主要为 NS 区工业企业生产废水，近期工程（2012 年）建设规模为 2.5 万立方米/天，投资估算为 1.856 亿元；远期工程（2020 年）建设规模为 10 万立方米/天，投资估算为 4.416 亿元。为促进基础设施市场化发展，提高项目建设和运营效率，QG 区人民政府决定采用 PPP 方式实施本项目建设。本项目 PPP 实施工作自 2011 年年底启动，园区政府委托 J 咨询公司协助 PPP 实施。J 咨询团队先后对 BOT、BOO、TOT 等多种模式进行了方案研究和比选工作，组织园区政府相关管理人员对已建成石化工业区的污水处理厂建设管理和运营模式进行了实地考察，最终确定本项目采用 BOT 模式。项目通过公开招标方式确定了满足资金实力和专业实力要求的社会资本，并授予社会资本组建的项目公司 30 年特许经营权，由项目公司负责污水处理厂的投资、建设和运营，并向园区企事业单位收取污水处理费，特许经营期结束后无偿移交园区政府。项目于 2013 年 2 月签署了《特许经营协议》，目前已建成投入使用，但由于园区入驻企业建设进度和预期有差异，目前存在水量不足的情况。

PPP 项目价格形成机制是 PPP 项目相关主体之间利益风险分配机制的重要体现。城市公共服务 PPP 项目价格机制设计遵循的主要原则之一是，在保证公共利益的同时保证 PPP 项目公司有合理的收益和适当的风险，即以最低的价格和最低的风险提供公共产品或服务，在保证项目生存能力和投资吸引力的同时，还应该有足够的激励效果，以促进 PPP 项目公司提高项目建设和运营管理水平，改善服务，促进项目的可持续发展。QG 石化工业园 NS 区污水处理厂 BOT 项目价格机制设计即在这一原则指导下进行，结合园区和项目实际情况，本项目价格机制设计的主要做法和特点包括：根据服务对象确定付费模式，为规避风险采用两部制价格结构，竞争性定价和政府限价相结合，合理设计调价机制应对未来风险以及配套相关的支持政策。

1. 付费模式

付费模式依服务对象确定。NS 区污水处理厂主要处理的是，石化工业园区工业企业预处理后的工业污水，因此其主要服务对象为工业企业。工业企业为经营性单位，因此本 BOT 项目价格机制设计的基本原则之一是实现使用者付费，即制定的污水处理服务价格不但能够覆盖污水的实际处理成本，还要适当保证污水处理厂投资人的基本利益，实现污水厂的稳定安全运行和自身的可持续发展，为园区的环境建设提供基本保障。

2. 价格结构

采用两部制价格模式。QG 石化工业园区企业入驻进度直接影响了未来污水厂水量的多少。经测算，NS 区污水处理厂的水量对于污水处理服务单价最为敏感，也是项目风险控制的最关键因素。考虑到"园区发展，基础设施先行"的实际发展状态可能造成污水处理厂建设初期水量少、项目成本高、可持续性较差的实际情况，为降低污水处理厂的投资风险，保障项目的稳定运行，实现为园区发展提供基础设施保障的目标，本项目收费机制设计时采用了两部制价格模式，即污水处理服务单价由固定单价和计量单价两部分组成。

固定单价是指项目固定费用分摊形成的污水处理单价，计量单价是指项目和处理量相关的变动费用和项目利润等分摊形成的污水处理单价。污水处理厂按月向园区排污企业收取固定污水处理费和计量污水处理费。固定污水处理费按园区排污企业的计划排放污水量和固定单价计算收取（计划排放污水量由排污企业在入驻园区时与园区管委会签署的入园协议确定，入驻后每半年调整一次）；计量污水处理费按园区排污企业实际排放污水量和计量单价计算收取。同时，在企业计划排放污水量低于污水处理厂设计处理量规模的 60% 时，政府按企业计划排放量和污水处理厂设计处理量 60% 的差额和固定价格给予固定费用补贴。

此价格和收费模式充分考虑了园区发展进度严重影响污水处理量、投资人对污水处理厂处理水量不可控的实际情况。该机制的实质是对水量预测风险在政府和社会资本之间实现合理分担，即政府为保障园区投资发展基础条件而超前建设污水处理厂所产生的水量不足风险，由园区政府承担，而排污企业则需对自身企业污水排放量进行客观预测，相应的预测风险由企业承担，也可在一定程度上规避企业虚报排放量的行为。

3. 定价方式

竞争性定价和政府限价结合。PPP 项目初始定价引入竞争机制已是业内共识，通过竞争有利于减少政府或付费者负担，同时有利于发现价格，促进企业控制成本。在 NS 区污水处理厂污水处理费定价时，在充分调研行业成本和项目特点的情况下，最终采用了企业竞争性定价和政府限价相结合的定价模式。

竞争性定价体现在两个方面：①本项目投资人的选择采用了公开招标方式，标的为污水处理服务费单价；②政府方制定了"统一纳入市政管网污水排放标准"（简称为"纳管标准"），企业排放的污水不高于纳管标准的，按照投资人的投标报价缴纳污水处理费，企业排放的污水高于纳管标准的，不允许直接排入市政管网，但可以与污水处理厂协商采取单独建管接入污水处理厂的方案，并与污水处理厂协商制定污水处理计量单价。

在政府限价方面，考虑到园区污水 PPP 项目运营权的独占性和排他性，为保护园区企业，防止污水处理厂随意要价，故在政府方授予污水处理厂项目公司特许经营权时即约定了超过纳管标准的污水处理收费办法和收费标准上限价，即超过纳管标准的污水将根据污水超标程度按照相应比例提高计量单价；对于排污企业少量生活污水排入污水管网的，污水处理厂将与排污企业协商确定生活污水的收费标准，但最高不得超过计量单价的 50%。

政府限价制度也充分体现了政府在给予企业合理利润的基础上，利用企业追求高利润的自然属性，激励企业进行成本控制的思想。

4. 调价机制

由于项目的特许经营期限长达 30 年，考虑到经营过程中物价、标准、政策等变化的影响，需要在 PPP 合同协议中约定价格调价办法，包括调价因素、调价公式、调价管理程序等，以合理控制项目的运营风险。本项目污水处理服务固定单价和计量单价每两年调整一次，按成本权重法设计制定调价公式，对长期运营中物价变化对成本的运营进行调整，以公平补偿或调剂 PPP 项目公司的成本变化，调价因素主要包括人工费、动力费、药剂费和污泥处置费等。

5. 支持政策

结合本项目的特点，在充分研究项目相关单位间利益风险关系的基础上，为有效促进价格机制的实施和发挥价格杠杆作用，本项目采取了两项支持政策措施：

（1）制定了政府固定费用补贴政策。在 NS 区污水处理厂引入社会资本实施 PPP 时，QG 石化工业园区尚处于开发建设过程中，园区入驻企业的排放量远未达到其设计规模，入驻企业也在不断发展；而为改善园区配套设施状况，为园区进一步招商引资创造良好基础条件，促进园区发展，及时和适当超前建设污水处理设施势在必行。在此情况下，政府承担污水处理厂水量发展风险是合理和必要的。针对此情况，本项目设置了政府给予固定费用补贴的政策，即排污企业计划排放污水量低于污水处理厂设计处理量规模的 60% 时，政府按企业计划排放量和污水处理厂设计处理量 60% 的差额和固定价格给予污水厂固定费用补贴。经测算，在此政府补贴政策条件下，能够保证污水处理厂的投资回收和正常成本支出，能够保证污水处理厂的持续、稳定、安全运营。

（2）出台了《QG 石化工业区污水处理暂行管理办法》。园区管委会在本项目 PPP 实施启动之初即出台了《QG 石化工业区污水处理暂行管理办法》，规范园区政府对区内污水管理的行为和入驻企业的污水排放，明确了园区管委会、排污企业、污水处理厂 PPP 公司等相关方的基本权责利关系；该办法为本污水处理厂 PPP 价格机制的有效实施提供了有力保障。

本项目在建设过程中，项目公司根据园区企业的实际入驻进度调整优化了项目分期建设方案，降低了一期工程建设规模，以与园区污水量增长实际情况相适应。可见本项目在价格机制作用下，已有效激发社会资本采取措施控制风险的主动性和积极性，本项目 PPP 价格机制初显成效。

6. 项目点评

科学价格机制保障 PPP 项目落地。该项目价格机制设计的主要特点和亮点可总结为：根据服务对象确定项目付费者；适应项目适度超前建设的需要，采用两部制价格结构以减缓水量风险影响，充分利用社会资本准入环节以竞争性方式形成项目初始定价，合理设计项目长期运营期间的调价机制,以及为项目价格机制落地制定相关的政府配套管理措施。

　　与 QG 石化工业园 NS 区污水处理厂相似,目前国内在城市新区、各种开发区内规划建设的污水处理厂大量存在,这些污水处理厂的共同特点是因项目必须适度超前建设,在初期污水量少,而中远期污水量则直接受园区整体发展情况的影响,污水处理厂的处理水量对社会资本形成明显的风险因素。因此设计科学合理的价格机制,对于项目有效吸引社会资本、兼顾各方利益和风险分担公平、保障项目健康持续运营具有重大意义。QG 石化工业园 NS 区污水处理厂 PPP 项目价格机制设计为此类污水处理厂或类似基础设施项目价格机制设计提供了可借鉴的参考样本。

第14章 项目政府补贴和收益分配

14.1 PPP项目政府补贴和收益分配释义

与传统模式相比较，PPP项目最大的特点在于社会资本的参与，公共部门和私营部门之间取长补短，发挥各自的优势，弥补对方身上的不足，以最有效的方式为公众提供高质量的服务。PPP项目中，公私合作模式的成功开展离不开双方合理的风险分担和利益共享机制，而补贴机制则是公共部门和私营部门在合作过程中利益分配机制的重要组成部分。政府给予社会资本一定的投资补贴，是由于公共项目本身的经济属性决定其外部性往往大于其经济效益，从而导致公共项目普遍存在盈利能力差的特点。

14.1.1 PPP项目收益分配

PPP项目的执行过程就是利益相关者的利益分配以及其冲突、协调和实现的过程。其组织结构包含着复杂的关系网络，涉及多个独立的利益相关者，形成一个为特定公共基础设施项目服务的团体。成功的公私合营项目依赖于项目的合理利益分配，而项目融资模式的成功依赖于其利益相关者利益关系的协调。将项目收益在参与方之间进行合理的分配，是公私双方进行长期持续合作的保障，也是项目最优化管理的需求。

PPP项目在实施过程中涉及的利益相关者主要有政府、社会资本、银行等金融机构、用户、建设方、运营商、承包商、供应商等。PPP项目核心利益相关者所担任的角色不同，其利益诉求的出发点也各不相同。从理性人的角度来看，核心利益相关者都是为了通过一系列的行为实现自身利益最大化。因而，充分了解公共部门和私营部门的利益诉求，可以更好地协调双方的利益冲突，实现公平、合理的收益分配方案。

常用的收益分配模式有两种：产出分享模式和固定支付模式。产出分享模式是指参与合作的成员按一定的分配比例（系数）从合作最终的总收益中分得自己应得的一份收益，这是一种利益共享、风险共担的分配模式。固定支付模式是指一个成员（一般是盟主）根据其他成员承担的任务按事先协商好的酬金给其他成员从合作最终的总收益中支付固定的报酬（可以一次性支付，也可以分次支付），而盟主则享有合作的其余全部剩余，同时承担全部风险。由于PPP模式下，公共部门和私营部门之间经常是利益共享、风险分担，因此多采用产出分享模式。

14.1.2 PPP项目政府补贴

由于PPP项目本身所需承担的社会效应以及公共服务等职能，其大部分情况下盈利水平有限。当来源于项目使用者的付费小于社会资本或项目公司的成本回收和合理回报时，政府就需要提供相应的补贴，以补足项目公司的回报需求。补贴机制是政府完善利益返还机制、实现公共项目外部效应内部化的重要手段。公共项目公私合作的全过程按照项目建设程序，可分为以下基本阶段：合作谈判阶段、合作建设阶段和合作运营阶段。相应地，政府给予私营合作者补贴的模式分为建设期补贴和运营期补贴两种模式。建设期补贴模式是政府在建设期通过分担一部分投资额的方式进行补贴，这一部分建设投资一般不要求投资回报，或者要求的投资回报一般比较低；运营期补贴就是公共项目由私营部门出资建设，在项目的特许运营期内根据公共产品的需求状况进行补贴，其补贴的主要方式有税费的减免、原材料价格优惠和直接补贴、附加产业经营等方式。

此外，根据补贴的灵活性，还可以分为协定型补贴和动态型补贴两种模式。协定型补贴模式是指政府和私营企业在PPP协议中约定了政府给予补贴的具体金额以及补贴期限。动态型补贴模式与协定型补贴模式相比，优点在于通过将补贴金额与产出水平中的数量和质量进行挂钩，可以动态监控私营企业的项目管理和运营情况，促进合作方提高项目效率以获得更多的补贴来提高其项目整体回报率。但采用动态型补贴模式一方面要求政府财政部门对PPP项目设计进行重要项目参数的精细化管理，并在参数的基础上设定合理的支付标准，以及建立支付模型；另一方面，需要政府在项目投资和运营阶段，保持充分的精力投入到对项目的监管当中，这些都是不小的挑战。

14.1.3 常见的动态型补贴模式

常见的动态型补贴模式主要有以下三类：

1. 按照使用量进行补贴模式

在服务价格受到政府监管，而私营企业没有完全定价权的项目中，政府可以建立以使用量为基础、名义价格与平衡价格差额为补贴标准的补贴方式，对企业进行补贴。例如，在轨道交通行业，实施低于市场化水平的优惠票价或者一票制定价方式的情况下，政府可以采用影子票价，以每名乘客每次搭乘地铁作为基础，根据实际客流给予PPP投资人一定的补贴。

2. 采用可用性支付补贴模式

在这一模式下，政府根据PPP合作企业所提供设施是否达到约定可用状态及其可靠程度，对补贴金额和补贴时点进行计算。

3. 采用服务水平挂钩补贴模式

在这一模式下，PPP合作企业从政府获取的补贴与其所提供的服务水平和质量挂钩。政府和PPP合作企业在合同中约定基准服务水平或运营标准，以及其所对应的补贴金额。以此为基础，双方进而约定当PPP合作企业所提供的服务超过基准水平时，PPP合作企业可以从政府获得额外补贴；相反，当其所提供的服务低于基准水平时，投资人需要支付给政府处罚金或基础补贴的抵扣金额。

14.2 PPP项目收益分配和风险分配原则

14.2.1 收益分配原则

一般而言，PPP项目参与各方在项目开始实施之前就需要在合同或协议中对收益分配方案进行明确，然后在合作收益实现后再根据参与各方对项目收益的实际影响及贡献进行调整。收益分配方案一般需要遵循以下原则，如图14-1所示。

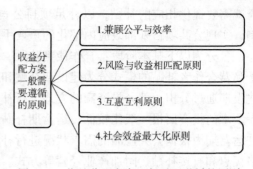

图 14-1　收益分配方案一般需要遵循的原则

1. 兼顾公平与效率原则

作为项目的合作参与方，由于双方的立足点不同，必定会在前期投入和后期收益分配时产生一定的分歧，只有秉持公平与效率的原则，才能让投入与产出得到相对的动态平衡，也才能够最大限度地调动参与方的积极性，提升管理和运营水平，增强运作效率。

2. 风险与收益相匹配原则

这即合作方在项目中的利益分配与其承担的风险相称。PPP 项目合作伙伴关系是建立在"风险共担、利益共享"的基础上，公私双方在商定利益分配方案时，既要考虑各利益相关者的资源投入情况，也要充分考虑对承担风险的合作伙伴给予一定的风险补贴，以增强合作积极性。

3. 互惠互利原则

PPP 项目合作伙伴关系得以形成的最主要原因是双方希望通过这种合作模式，达到"双赢"或"多赢"的目的。收益分配方案应在充分考虑公私双方预期投资收益的基础上，以不破坏合作伙伴关系为最低标准，以不损害参与各方的应得利益为基本准则，使各利益相关者的基本利益得到充分保障，从而形成一种互利互惠、合作信任的关系。

4. 社会效益最大化原则

在利益分配的过程中，应确保社会公共服务的价值最大化，避免任何因为不满分配方式，造成有损社会效益的破坏性行为。

14.2.2　风险分配原则

在考虑 PPP 项目收益分配的过程当中，不可绕过的是对其风险的讨论，在项目建设、运营过程中的各个环节，由于面对的风险因子不同，带来的双方博弈、责任承担、收益分配的模式也不尽相同。风险分配的过程中应当遵循的原则如图 14-2 所示。

1. 审慎性

因为 PPP 项目本身时间长、投资额度大、合同关系复杂，作为参与合作的公私双方，在承担相应风险的过程中应当做到优势互补，秉持谨慎的态度。

2. 伙伴关系定位

公私双方在进行项目合作的过程中，不可避免会存在一些认知上的误区。公共部门希望有效利用私营部门资金、管理和技术上的优势，弥补资金短板，提高项目效率，带来正外部性的经济效应，与此同时，也完全将项目风险转移；私营部门由于预知到项目中

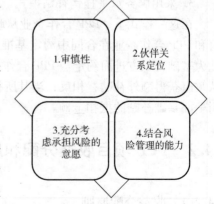

图 14-2　风险分配的过程中应当遵循的原则

潜藏的巨大风险，往往更乐意获得施工合同、销售合同而不愿意经营基础设施。这些错误的认知会带来不正确的心态，影响谈判进程。因此，公私双方应当明确 PPP 模式是一种长期伙伴关系，一种介于传统政府采购和完全私有化之间的融资方式，因此公共部门和私营部门承担的风险也应该因时因地而异。

3. 充分考虑承担风险的意愿

在面对风险的态度上，不同参与者由于本身的性格和主观意识不同，其风险偏好性和风险收益函数也不同，很难为外在因素所左右，因而表现出风险规避型或风险偏好型的特质。在分配风险时，要根据不同参与者的特质，充分考虑其承担风险的意愿。

4. 结合风险管理的能力

风险管理的能力主要取决于各方管理风险的经验、技术、人才和资源等，也受到风险发生时承担后果的能力影响，以及各方经济实力的影响。

14.3 城市基础设施 PPP 项目收益分配影响因素分析

影响 PPP 项目收益分配的因素众多，但总体来说有以下几个要点（见图 14-3）：

1. 总体收益额度

PPP 项目的总体收益额度是进一步进行收益分配的基础和前提。收益总额越大，合作各方的收益也会更多。总体收益额度取决于当期的市场需求情况、项目的整体运营状况、公私双方的投入付出程度。

2. 投资额度

资本的本性是逐利性。投资者在项目活动中的投入越大，期望获得的报酬也就越大。当 PPP 项目中各方对利益分配进行协商时，需要充分考虑其前期投入的资本额度，以及在项目进行过程中的消耗情况。在其他因素不变的情况下，参与方的获利应当与投资额度成正比。

图 14-3　PPP 项目收益分配要点

3. 风险分担量

在市场经济环境中，风险和收益是对等的，承担的风险越大，收益越高。同样，在 PPP 项目的利益分配中，承担风险多于另一方者，获得的收益应该更多。影响 PPP 项目风险的因素很多，取决于项目本身的特点、对项目融资模式的理解、双方承担风险的意愿，以及标准程序和合同文件的需求。

4. PPP 各方的效用函数

在 PPP 模式中，利益分配实质上是一个谈判协商的过程。双方通过相互让步，对利益分配方案进行调整，从而找到最佳的分配方案，双方都达到合理的满意度才能带来合作的成功，并使得利益分配起到激励的作用。

5. 达成合作的迫切程度

在利益分配谈判中，达成合作的迫切程度会影响谈判者谈判砝码的重量。更为迫切的一方通过谈判获得的收益将越少。一般来说，更期望从项目中获得即时收益和超额回报率的一方具有更加迫切的愿望参与和促成合作，但由于 PPP 项目自身的特点，其公共职能属性决定了合作迫切程度注定是利益和责任的博弈。

6. 合作中的技术创新

技术上的创新能够提高项目的资源利用效率，从而提高项目总体收益额度，进而增加合作各方的收益。在公共服务项目上，一点点技术的创新往往会对项目收益和运作效率带来极大的推动作用，改变市场整体的预期。但与此同时，伴随的成本增加也是收益分配过程中需要考虑的要素。

7. 对项目的贡献度

具体的公共服务项目在实施的过程中，人力、物力、财力等资源的分配情况直接决定了整个项目的运作效率和实施质量，因此在后期收益分配时，也应该充分考虑双方在项目运营过程中的努力程度。

8. 信用情况

作为一种依靠合同缔结的合作关系，缺乏第三方的强制性介入，项目的成功进行有赖于双方的信用水平，以及是否能够按照约定进行相应的资源投入，如期跟进项目进程，参与项目管理。同时，信用情况也会影响合作双方信息交流的充分性，进而对公私合作效率带来影响。

基于收益和风险的分配原则，综合考虑了收益分配模型的几种影响因素，下文将引入三种基本模型对收益分配的具体方式进行讨论。三种模型看待问题的角度各不相同，选择的切入口也各有弊益，其中最为常用的 Shapely 值借用特征函数表示合作中正效应所带来的额外收益，Nash 模型从合作双方能接受的最低收益出发利用函数最优值求得规划解，政府补贴模型是从项目总体收益分配的角度讨论了政府补贴的计算方法。考虑到论证的严谨性和实际的可操作性，还另外从合作双方的信用情况出发，探讨了信息不对称下的道德风险和逆向选择问题，为政府和私营部门合作过程中应选择的补贴模式提供了更多理论支撑和实践指导。三种模型能基本覆盖收益分配过程中所涉及的种种影响因子，彼此各有侧重，又相互补充，相互支持，在实践操作过程中，可以综合起来进行横向和纵向的比较。

14.4 基于 Shapely 值的 PPP 项目收益分配模型

14.4.1 Shapely 值的确定

Shapely 值方法是由 L. S. Shapely 于 1953 年提出的一种解决多人合作中收益分配问题的数学方法。这种方法假定新增加的合作人数不会带来效益的折损，只会发生更多的合作正效应，进而带动每一个合作个体的收益。也即各合作成员之间的任意组合，都会带来正的外部性，不考虑其中的对抗性因素，这样多人合作也就能达到最大化的效益。它的计算方法既不是平均分配，也不单单基于投资成本的比例，而是综合考虑了各个合作成员在联合创造效益过程中的诸多因素。Shapely 值是借助特征函数表达的一种复杂指标。

假设 n 个人合作，s 是其中的一个子集，则 $v(s)$ 是这样的特征函数，表示 s 在合作中的收益，满足：

$$v(\varphi) = 0$$

$$v(s) > \sum_{i \in s} v(i)$$

设 φ_i 为合作方 i 的收入，则根据 Shapely 定理可知

$$\varphi_i = \sum \frac{(|s|-1)!(n-|s|)!}{n!}[v(s) - v(s-i)]$$

其中，$[(v(s) - v(s-i))]$ [○] 表示成员 i 对合作的贡献，φ_i 表示修正前各合作方可获得的收益。

14.4.2 修正 Shapely 值

Shapely 值虽然避免了收益额度的平均分配，但仍需要进一步优化，将以上讨论的影响因素一一代入考虑，在原模型的基础上，将投资额度（比重）、风险分担量（系数）、合作迫切程度、贡献度[○]等对收益分配产生重大影响，且易于量化的因子，进行矩阵代换，并进行模型叠加运算，从而计算得到修正 Shapely 值，用于实际项目收益分配。用 a_{ij} 表示第 i 个合作成员关于第 j 个修正因素的测度值，则可建立以下量表，见表 14-1。

表 14-1 修正 Shapely 值

	1. 投资比重	2. 风险分担量	3. 合作迫切程度	4. 贡献度
1. 公共部门	a_{11}	a_{12}	a_{13}	a_{14}
2. 私营部门	a_{21}	a_{22}	a_{23}	a_{24}

得到收益分配的修正矩阵 A

$$\begin{pmatrix} a_{11} & a_{12} & a_{13} & a_{14} \\ a_{21} & a_{22} & a_{23} & a_{24} \end{pmatrix}$$

对 A 进行归一化处理，得到矩阵 B，假定这四个因素对最终收益分配的影响程度为系数向量 $\boldsymbol{\lambda} = (\lambda_1 \quad \lambda_2 \quad \lambda_3 \quad \lambda_4)^T$，则综合影响程度矩阵

$$(R_1 \quad R_2)^T = A\boldsymbol{\lambda}$$

则调整后各部门得到的实际收益为

$$v_i = \varphi_i + \left(R_i - \frac{1}{n}\right)v(s)$$

修正后的模型充分考虑了合作双方的投资比重、风险分担量、合作迫切程度和贡献度，是对现实情况下的合作情形更为准确的描述，也将更多实际的问题考虑了进去，得到的修正后的收益更加具有准确性、客观性、真实性。

14.4.3 各个参数的确定

1. 投资额度

在考虑投资额度的过程中，除了直接的资金投入，也不得不考虑其中蕴含的人力资源投入、技术手段支持、创新方法引入，这些要素都是广义的投资因子，会对最终项目收益起到

○ $v(s)$ 为 s 全集中的成员所带来的收益，$v(s-i)$ 为 s 中除去 i 的部分所带来的收益，两式相减得到成员 i 对合作的贡献。

○ 结合实践分析和经验判断，我们选择之前讨论中对合作谈判影响较为关键的四个因素进行模型的修正，并进一步通过矩阵分解、构造函数对这些因素进行量化分析。

一定程度的影响，因此在考虑收益分配时，也应该将合作方在各个维度上所倾斜的投入纳入计算过程当中。假设四个维度上的投入要素对总投资额的影响程度为 $r = (r_1 \quad r_2 \quad r_3 \quad r_4)$，$x_i$ 为公共部门在这一维度上的投资比重，y_i 为私营部门的投资比重，$x_i + y_i = 1$，则

$$(a_{11} \quad a_{21})^T = \begin{pmatrix} x_1 & x_2 & x_3 & x_4 \\ y_1 & y_2 & y_3 & y_4 \end{pmatrix} (r_1 \quad r_2 \quad r_3 \quad r_4)^T$$

2. 风险分担量

一般来说，合作项目的风险主要分为以下六类：市场风险、运营风险、系统风险、不可抗力风险、政策风险以及安全风险。而合作双方由于职能不同，在各自领域积累的经验有差异，因而在面对各个细分风险时的应对能力、反应速度也各有不同。在项目运营的过程中，根据双方的偏好和实际能力对风险进行合理的分摊，有利于充分发挥各自的比较优势，将风险控制在合理的范围之内，保证运营的高效性和持续性。同样，不同类别的风险对总风险分担量的向量为 $w = (w_1 \quad w_2 \quad w_3 \quad w_4 \quad w_5 \quad w_6)$，$a_i$ 为公共部门在某一风险上的分担量，b_i 为私营部门的分担量，$a_i + b_i = 1$，则

$$(a_{12} \quad a_{22})^T = \begin{pmatrix} a_1 & a_2 & a_3 & a_4 & a_5 & a_6 \\ b_1 & b_2 & b_3 & b_4 & b_5 & b_6 \end{pmatrix} (w_1 \quad w_2 \quad w_3 \quad w_4 \quad w_5 \quad w_6)^T$$

3. 合作迫切程度

由于 PPP 项目多是为社会服务的公用事业，多数情况下属于政府等公共部门的职能范畴，公共部门在合作过程中往往起到了引导性作用。私营部门逐利性的本质决定了它们的合作初衷和经营动机，因此在合作过程中往往是随利而动。而参与方的地位则直接决定了合作过程中的话语权和主动性。这里假设合作方与项目本身的职能距离为 d，项目收益对参与对象的吸引程度为 t，参与对象的地位为 m，构造函数 $h_i = \dfrac{1 + t_i}{(1 + d_i) m_i}$ 以此表示合作迫切程度⊖。函数 h_i 对应修正矩阵中的 $(a_{13} \quad a_{23})^T$，即

$$(a_{13} \quad a_{23})^T = (h_1 \quad h_2)^T = \left(\dfrac{1 + t_1}{(1 + d_1) m_1} \quad \dfrac{1 + t_2}{(1 + d_2) m_2} \right)^T$$

4. 贡献度

这里主要考虑在突发的风险事件下合作双方的投入程度。对贡献度的衡量可以参照以下步骤：①对突发状况的发生进行确认，并量化风险事件给项目带来的损失 l；②进一步确认公司双方在这一突发状况下，为了挽回其损失，促使项目顺利实施所进行的投入，包括人力、资金、技术等的沉没成本为 c_i；③量化由于公司双方投入，造成的损失挽回值 l'。

通过上述一系列的步骤，可以得出，在这次风险事件中，合作双方的贡献度各自为

$$g(i) = \dfrac{c_i}{\sum c_i}$$

⊖ 我们选择线性的正反比例函数来表示合作迫切程度和这几个变量之间的关系，随着项目吸引力的增大，合作方 i 的合作意愿正比例增大，考虑到 i 参与合作的反身性，我们选择 $1 + t_i$ 作为合作迫切程度的分子项表达；而随着项目职能距离的增大，合作迫切程度和合作意愿反向减小，同样地，考虑到反身性，我们选择 $1 + d_i$ 作为合作迫切程度的分母项表达；而随着参与对象地位的提升，其在合作过程中掌握了更多的主动权和话语权，可以不需要表现出迫切促成合作的意愿，也能占领博弈的制高点，因而 h_i 和 m_i 呈反比例函数的关系。

损失 l 为已发生的量，l' 为双方投入一定沉没成本之后所挽回的结果，因此在贡献度的表达式中不出现这些既成变量，而只反映在挽回损失的过程中双方投入的沉没成本的相应比例。函数 $g(i)$ 对应修正矩阵中的 $(a_{14} \quad a_{24})^T$，即

$$(a_{14} \quad a_{24})^T = (g(1) \quad g(2))^T = \left(\frac{c_1}{\sum c_i} \quad \frac{c_2}{\sum c_i}\right)^T$$

5. 系数 λ 的确认

由于在每个项目中，各个维度上对合作的公私双方在项目上的影响程度不同，我们赋值 λ 以量化这种影响，从而将每一次的收益分配对应到相应的投资额度、风险分担量、合作迫切程度、贡献度。λ 可借助专家打分法，通过匿名方式征求相关专家的意见，并对其进行统计、整理、分析和归纳等，综合其经验和主观判断，对难以进行定量分析的因素做出合理的估计，经多轮意见的征询、反馈和调整后，得出 λ 值。

14.4.4 实例分析

某地区是享受国家经济特区优惠政策的经济区域，该地区已于2010年建成某污水处理厂一期工程，二期扩建工程项目拟采用PPP模式建设，政府主管单位（E）在全球范围内进行项目招商，最后有两家相关的企业组成联合体（T）中标，由成立专门的项目组负责和T组建PPP项目公司形成合作联盟，负责该污水处理厂二期扩建工程项目的投资、建造、运营和维护。在合作联盟中，政府E以土地入股参与投资，并和PPP项目公司签订特许经营协议，期限20年（含项目建设期1年），期满后项目公司无偿将该污水处理项目移交给当地政府E。此外政府E还承诺相应政策下的税收优惠及协助审批等融资活动。而联合体T则负责除土地投资以外的其他所有投资、融资事宜。通过估算，该项目总投资8575万元，其中计划2575万元为合作联盟自筹资金，6000万元为金融机构贷款融资。合作联盟的项目收益 $V(E, T)$ 约为23335万元。如果不采用PPP模式建设项目，由公共机构自行负责建设、运营，由于缺乏专业公司的建设、运营经验和技术，项目的投入远比现在的要大，收益也较之前有滑落，根据以往情况测算出的项目收益 $V(E)$ 为5300万元。而在由联合体T单独投资完成项目时，由于缺乏政府在政策、特许经营权、税收方面的优惠政策，加上高昂的土地成本，项目的收益也会降低，经过财务评估测算，此时的项目收益 $V(T)$ 为14600万元。此例中，$n = 2$，$v(1, 2) = 23335$ 万元，$v(1) = 5300$ 万元，$v(2) = 14600$ 万元⊖，则根据公式

$$\varphi_i = \sum \frac{(|s|-1)!(n-|s|)!}{n!}[v(s) - v(s-i)]$$

得 $\varphi_1 = \frac{0! \times 1!}{2!} \times 5300 \text{ 万元} + \frac{1! \times 0!}{2!} \times (23335 \text{ 万元} - 14600 \text{ 万元}) = 7018 \text{ 万元}$

$\varphi_2 = \frac{0! \times 1!}{2!} \times 14600 \text{ 万元} + \frac{1! \times 0!}{2!} \times (23335 \text{ 万元} - 5300 \text{ 万元}) = 16318 \text{ 万元}$

以上 φ_1、φ_2 分别为未修正前公共部门和私营部门的收益分配，下面通过分解矩阵、构造函数的方法将影响因子代入考虑，对模型进行修正。

假设投资额度向量 $(r_1 \quad r_2 \quad r_3 \quad r_4)$ 为 $(0.5 \quad 0.3 \quad 0.1 \quad 0.1)$，公共部门比重

⊖ 其中，n 为2，分别代表公共部门和私营部门，$v(1, 2)$ 为公共部门和私营部门合作后的总收益，$v(1)$ 为公共部门单独完成项目时的收益，$v(2)$ 为私营部门单独完成项目时的收益。

$(x_1 \ x_2 \ x_3 \ x_4)$ 为 $(0.3 \ 0.5 \ 0.4 \ 0.5)$，则有

$$(a_{11} \ a_{21})^T = \begin{pmatrix} 0.3 & 0.5 & 0.4 & 0.5 \\ 0.7 & 0.5 & 0.6 & 0.5 \end{pmatrix}(0.5 \ 0.3 \ 0.1 \ 0.1)^T = (0.39 \ 0.61)^T$$

假设风险分担量向量 $(w_1 \ w_2 \ w_3 \ w_4 \ w_5 \ w_6)$ 为 $(0.3 \ 0.25 \ 0.1 \ 0.1 \ 0.1 \ 0.15)$，公共部门比重 $(a_1 \ a_2 \ a_3 \ a_4 \ a_5 \ a_6)$ 为 $(0.7 \ 0.4 \ 0.4 \ 0.5 \ 0.4 \ 0.6)$，则有

$$(a_{12} \ a_{22})^T = \begin{pmatrix} 0.7 & 0.4 & 0.4 & 0.5 & 0.4 & 0.6 \\ 0.3 & 0.6 & 0.6 & 0.5 & 0.6 & 0.4 \end{pmatrix}(0.3 \ 0.25 \ 0.1 \ 0.1 \ 0.1 \ 0.15)^T$$
$$= (0.53 \ 0.47)^T$$

假设公共部门职能距离 $d_1 = 0.2$，收益吸引程度 $t_1 = 0.2$，地位 $m_1 = 0.6$，则

$$(a_{13} \ a_{23})^T = (h_1 \ h_2)^T = \left(\frac{1+t_1}{(1+d_1)m_1} \ \frac{1+t_2}{(1+d_2)m_2}\right)^T = (1.67 \ 2.5)^T$$

假设双方在风险事件上的投入成本相当，则有 $c_1 = c_2$，

$$(a_{14} \ a_{24})^T = (g(1) \ g(2))^T = \left(\frac{c_1}{\sum c_i} \ \frac{c_2}{\sum c_i}\right)^T = (0.5 \ 0.5)^T$$

则矩阵 A 为

$$\begin{pmatrix} 0.39 & 0.53 & 1.67 & 0.5 \\ 0.61 & 0.47 & 2.5 & 0.5 \end{pmatrix}$$

对其进行归一化处理，得到 B 为

$$\begin{pmatrix} 0.39 & 0.53 & 0.4 & 0.5 \\ 0.61 & 0.47 & 0.6 & 0.5 \end{pmatrix}$$

假设收益分配的影响因子系数为 $(0.6 \ 0.3 \ 0.05 \ 0.05)$，则有

$$[R_1 \ R_2]^T = \begin{pmatrix} 0.39 & 0.53 & 0.4 & 0.5 \\ 0.61 & 0.47 & 0.6 & 0.5 \end{pmatrix}(0.6 \ 0.3 \ 0.05 \ 0.05)^T = (0.438 \ 0.562)^T$$

$\varphi_1 = 7017$，$R_1 = 0.438$，$\varphi_2 = 16318$，$R_2 = 0.562$，根据修正后的 Shapely 公式

$$v_i = \varphi_i + \left(R_i - \frac{1}{n}\right)v(s)$$

$$v_1 = 7018 + \left(0.438 - \frac{1}{2}\right) \times 23335 = 5571$$

$$v_2 = 16318 + \left(0.562 - \frac{1}{2}\right) \times 23335 = 17765$$

因此最优的收益分配方案应当为公共部门获得 5571 万元，私营部门获得 17765 万元。

14.5 Nash 模型

1. 模型概念、问题描述及假设

PPP 模式中参与收益分配谈判的双方分别是公共部门和私营部门，可以将公共部门和私营部门看作合作博弈的一个联盟，通过签署相关的合同达成可实施的协议，为提高联盟的总体收益额度而共同努力。其中，二者通过谈判、讨价还价，最终达成合理的分配方案，合理的分配方案即是合作博弈的解，而两个主体间对特定收益的分配问题就是 Nash 谈判模型。

基于此，在建模过程中，可以将收益额度假定为 1，v_1 和 v_2 分别表示谈判双方从项目中获得的利益分配额度，$v_1+v_2=1$。而谈判中各自的谈判底线，亦即双方能够接受的最低利润分配额度分别为 v_1^* 和 v_2^*，有 $v_1^*+v_2^* \leqslant 1$。谈判双方也都有各自的理想方案，用 (v_{11}, v_{12}) 表示公共部门的期望分配额度比例，(v_{21}, v_{22}) 表示私营部门的期望分配额度比例，满足 $v_{11}+v_{22} \geqslant 1$。

2. Nash 谈判模型

Nash 谈判模型属于完全信息条件下的收益分配博弈模型，它的基本假设如下：

（1）假设谈判中有两个参与者，集合 $N=\{1, 2\}$，每个参与人的可选策略为 T_i，则两个参与人的策略空间为 $T=T_1T_2$。

（2）参与者之间信息完全公开和共享，且双方都有极大的耐心，谈判过程中，收益不会因为时间的延长而减损。

（3）在任意的策略组合 t 下，每个参与者的效用 v_i 可量化，且可满足条件：$v_1+v_2=V$（在 v_1、v_2 为相对于总合作收益的比值时，$v=1$）。

（4）如果两个参与者合作破裂而未达成合作协议，以 (v_1^*, v_2^*) 表示这种情况下达到的效用组合。(v_1', v_2') 表示合作谈判的最终结果[①]。

Nash 模型则可表示为

若 $(v_1, v_2) \in T$，且满足 $v_1 \geqslant v_1^*$，$v_2 \geqslant v_2^*$，则

$\max g(v_1, v_2)=(v_1-v_1^*)(v_2-v_2^*)$ 存在唯一最优解 (v_1', v_2')

通过拉格朗日乘法函数得到此 Nash 谈判模型的均衡解为[②]

$$\begin{cases} v_1' = v_1^* + \dfrac{1}{2}(V - v_1^* - v_2^*) \\ v_2' = v_2^* + \dfrac{1}{2}(V - v_1^* - v_2^*) \end{cases}$$

3. PPP 模式的收益分配模型设计及求解

（1）引入谈判地位因子。由于谈判双方在博弈过程中的地位并不均等，谈判地位的差异可以直接影响利益分配的结果。根据风险和收益共担的原则，这里引入谈判地位因子 a_1 和 a_2，分别表示公共部门和私营部门在谈判中的地位，且满足 $a_1+a_2=1$。其中，根据前述关于 PPP 项目利益分配的影响因素，假设影响 a 大小的要素包括 PPP 项目中参与者的投资额度、风险分担量和合作迫切程度。它们之间的关系如下所示：

1）a 和参与者的投资额度成正比。

2）a 和参与者的风险分担量成正比。

3）a 和合作迫切程度成反比。

（2）对参与者效用进行函数表示。用 $h_1=\dfrac{v_1}{v_{11}}$ 和 $h_2=\dfrac{v_2}{v_{22}}$ 来表示两位参与者从项目中收获的效用。由于最终的利益分配 v_1' 不小于 v_1^*，v_2' 不小于 v_2^*，否则公私合作协议不能达成。当最终利益分配方案为 (v_1^*, v_2^*) 时，可得到公共部门和私营部门的最低效用分别为：

[①] 为了简化运算，这里我们选用的 v_1^*、v_2^*、v_1'、v_2' 均为相对于总合作收益的比值。

[②] 合作谈判的最终结果是使得合作各方的收益达到最优的状况，也即通过合作达到的收益比不合作下的收益的组合差值乘积最大的情况，换句话说，合作双方实际的收益组合要距离不合作下的收益组合尽可能远，我们这里用差值乘积这样一个函数式表达这种"距离"，并根据乘法原理求得此时最优解关于 (v_1^*, v_2^*) 和 V 的表达。

$h_1^* = \dfrac{v_1^*}{v_{11}}$, $h_2^* = \dfrac{v_2^*}{v_{22}}$。公共和政府的 Nash 谈判模型可以设计为对如下公式的求解：

$$\max g(v_1, v_2) = \left(\dfrac{v_1}{v_{11}} - \dfrac{v_1^*}{v_{11}}\right)^{a_1} \left(\dfrac{v_2}{v_{22}} - \dfrac{v_2^*}{v_{22}}\right)^{a_2}$$

对该式求解得到

$$\begin{cases} v_1' = v_1^* + \dfrac{a_1 v_{11}}{a_1 v_{11} + a_2 v_{22}}(V - v_1^* - v_2^*) \\ v_2' = v_2^* + \dfrac{a_2 v_{22}}{a_1 v_{11} + a_2 v_{22}}(V - v_1^* - v_2^*) \end{cases}$$

从右式可看出：第一部分亦即 v_i^* 为谈判者可以接受的最低利益分配额度，也是合作破裂或是双方不合作情况下所被动获得的收益，第二部分 $\dfrac{a_i v_{ii}}{a_1 v_{11} + a_2 v_{22}}(V - v_1^* - v_2^*)$ 为合作情况下的利益分配，$(V - v_1^* - v_2^*)$ 为除去合作者可接受的最低利益分配额度后的可分配利润，$\dfrac{a_i v_{ii}}{a_1 v_{11} + a_2 v_{22}}$ 则为综合考虑谈判者地位和效用值，同时充分考虑了双方的地位权重后，计算得到的分配系数。

4. 实例分析

沿用之前的案例，项目总收益额度为 23335 万元，在此基础上，对各自提出的分配方案和能接受的最低收益额度进行假设。谈判中，政府部门提出的收益方案为（7500 万元，15835 万元），最低接受收益为 6500 万元，私营部门提出的收益方案为（5335 万元，18000 万元），可接受的最低分配方案为 16000 万元。

（1）根据以上数据可得

$$(v_1^*, v_2^*) = \left(\dfrac{6500 \text{ 万元}}{23335 \text{ 万元}}, \dfrac{16000 \text{ 万元}}{23335 \text{ 万元}}\right) = (0.28, 0.69)$$

$$(v_{11}, v_{22}) = \left(\dfrac{7500 \text{ 万元}}{23335 \text{ 万元}}, \dfrac{18000 \text{ 万元}}{23335 \text{ 万元}}\right) = (0.32, 0.77)$$

（2）暂不考虑政府和私营部门的谈判地位和满意度，根据 Nash 模型

$$\begin{cases} v_1' = v_1^* + \dfrac{1}{2}(V - v_1^* - v_2^*) \\ v_2' = v_2^* + \dfrac{1}{2}(V - v_1^* - v_2^*) \end{cases}$$

可以得到

$$\begin{cases} v_1' = 0.28 + \dfrac{1}{2}(1 - 0.28 - 0.69) = 0.295 \\ v_2' = 0.69 + \dfrac{1}{2}(1 - 0.28 - 0.69) = 0.705 \end{cases}$$

（3）根据

$$\begin{cases} v_1' = v_1^* + \dfrac{a_1 v_{11}}{a_1 v_{11} + a_2 v_{22}}(V - v_1^* - v_2^*) \\ v_2' = v_2^* + \dfrac{a_2 v_{22}}{a_1 v_{11} + a_2 v_{22}}(V - v_1^* - v_2^*) \end{cases}$$

对政府和私营部门的谈判地位进行赋值，得到不同地位下的利益分配比例为

$$\begin{cases} v_1' = 0.28 + \dfrac{0.32a_1}{0.32a_1 + 0.77a_2}(1 - 0.28 - 0.69) \\ v_2' = 0.69 + \dfrac{0.77a_2}{0.32a_1 + 0.77a_2}(1 - 0.28 - 0.69) \end{cases}$$

赋值计算结果如表14-2所示。

表14-2　赋值计算结果

(a_1, a_2)	(0.3, 0.7)	(0.4, 0.6)	(0.5, 0.5)	(0.6, 0.4)	(0.7, 0.3)
(v_1', v_2')	(0.285, 0.715)	(0.287, 0.713)	(0.289, 0.711)	(0.292, 0.708)	(0.295, 0.705)

综上，在纳什均衡的条件下，政府分配所得的收益应为6884万元，私营部门分配所得为16451万元。当考虑政府和私营部门的谈判地位时，综合考虑投资额度、风险分担量和合作迫切程度，对谈判地位进行赋值，当谈判地位因子为（0.3，0.7）时，收益分配为（6650万元，16685万元）；当政府的谈判地位逐渐上升（这也是更符合实际情况的假设），谈判地位因子为（0.7，0.3）时，政府在合作谈判中的收益比重进一步上升，收益分配矩阵为（6884万元，16451万元）。

14.6　政府补贴模型

如前文所述，由于PPP项目自身承担的社会效应以及公共服务等职能，其大部分情况下盈利水平有限，项目公司需要来自政府的补贴，以满足回报需求，尤其是在项目使用者的付费小于社会资本或项目公司的成本回收时。这样的补贴机制是政府为了完善利益的一种返还机制，也是实现公共项目外部效应内部化的重要手段。其中，关键的问题是要合理确定补贴额度。补贴过少，社会资本或项目公司获得的利益不足，会以牺牲项目的服务水平或建设质量为代价；补贴过多，社会资本或项目公司获取超额利润，项目的服务水平及建设质量能够有保障，但是造成政府的支出过大，增加了财政负担，丧失了PPP模式物有所值的意义。因此，科学合理地确定政府补贴的金额有非常重要的意义。

1. 计算公式

按照《政府和社会资本合作项目财政承受能力论证指引》的要求，运营补贴支出应当根据项目建设成本、运营成本及利润水平合理确定，并按照不同付费模式分别测算。

对政府付费模式的项目，在项目运营补贴期间，政府承担全部直接付费责任。政府每年直接付费数额包括：社会资本方承担的年均建设成本（折算成各年度现值）、年度运营成本和合理利润。计算公式为

$$当年运营补贴支出数额 = \dfrac{项目全部建设成本 \times (1+合理利润率) \times (1+年度折现率)^n}{财政运营补贴周期（年）} + 年度运营成本 \times (1+合理利润率)$$

式中　　n——折现年数；

财政运营补贴周期——财政提供运营补贴的年数。

对可行性缺口补助模式的项目，在项目运营补贴期间，政府承担部分直接付费责任。政府每年直接付费数额包括：社会资本方承担的年均建设成本（折算成各年度现值）、年度运

营成本和合理利润，再减去每年使用者付费的数额。计算公式为

$$当年运营补贴支出数额 = \frac{项目全部建设成本 \times (1+合理利润率) \times (1+年度折现率)^n}{财政运营补贴周期（年）} +$$

$$年度运营成本 \times (1+合理利润率) - 当年使用者付费数额$$

2. 各项计算指标的分析

（1）合理利润率的确定。根据《政府和社会资本合作项目财政承受能力论证指引》的第十八、十九条，合理利润率应以商业银行中长期贷款利率水平为基准，充分考虑可用性付费、使用量付费、绩效付费的不同情景，结合风险等因素确定。在计算运营补贴支出时，应当充分考虑合理利润率变化对运营补贴支出的影响。

（2）项目全部建设成本。这是经政府财政和审计部门确认的全部项目建设投资，而且是PPP项目公司实际支出额。

（3）年度运营成本。官方文件中并未明确该指标是指PPP项目公司实际发生数还是指与中标社会资本的招标或谈判确定额。根据对公式原理的理解和文件思路，它应指代融资、管理、运营等各方面开支在内的谈判确定额。如果以未来项目公司的实际运营成本为调价基础，意味着项目公司经营效率越高、成本费用越低，其获得的政府补贴数额越低。这必然产生负向激励，导致项目公司没有动力去提升效率、降低成本，还可能虚列成本费用。而且实践中政府较难得到项目公司实际运营成本的数据（社会资本实际掌握日常经营管理权），所以这样不但操作不便，也起不到激励项目公司提高经营效率的作用，有违PPP发挥社会资本建设和运营效率与管理经验的初衷。

（4）当年使用者付费的数额。根据《政府和社会资本合作项目财政承受能力论证指引》的第二十条，PPP项目实施方案中的定价和调价机制通常与消费物价指数、劳动力市场指数等因素挂钩，会影响运营补贴支出责任。在可行性缺口补助模式下，运营补贴支出责任受到使用者付费数额的影响，而使用者付费的多少因定价和调价机制而变化。在计算运营补贴支出数额时，应当充分考虑定价和调价机制的影响。

（5）折现率的确定。根据《政府和社会资本合作项目财政承受能力论证指引》的第十七条，年度折现率应考虑财政补贴支出发生年份，并参照同期地方政府债券收益率合理确定。在讨论这些变量时，我们也将动态协议型补贴方式中的几种模式纳入了考量，当年使用者付费的数额背后体现的是项目的可用性和私营部门的服务水平，项目建设成本和年度运营成本是计算利润的关键数据，而利润又与项目产品与服务的使用量直接挂钩，因此在通过《政府和社会资本合作项目财政承受能力论证指引》进行补贴计算的同时，也综合考虑了动态协议型补贴按使用量、按可用性、按服务水平的几种衡量维度，是经得起实践推敲的实操性模型。

3. 实例计算

假设某地需要建设建筑面积8万平方米的廉租房，每套平均70平方米，共计1140套，简单装修，基本达到入住条件，另有1600平方米的商业店铺，预计总投资3亿元。如表14-3所示，PPP项目公司资本金占30%，为9000万元，需银行贷款21000万元，年利率为五年以上贷款基准利率4.9%。建设期两年2017年、2018年，运营期为2019—2026年，共八年。2017年贷款13000万元，2018年贷款8000万元。借款还款表见表14-4。

表 14-3 建设投资表　　　　　　　　　　（单位：万元）

项目	2017 年	2018 年	合计
贷款投资	13000	8000	21000
公司资本金	5000	4000	9000
建设总投资	18000.00	12000.00	30000.00

表 14-4 借款还款表　　　　　　　　　　（单位：万元）

项目	2017 年	2018 年	2019 年	2020 年	2021 年	2022 年	2023 年	2024 年	2025 年	2026 年
借款	13000	8000								
年还款			2625	2625	2625	2625	2625	2625	2625	2625
借款余额	13000	21000	18375	15750	13125	10500	7875	5250	2625	
年还利息	637	1029	1029	1029	1029	1029	1029	1029	1029	1029

根据当地当前物价及消费水平，预计 2019 年廉租房租金为 4.5 元/（月·平方米），物业费为 0.8 元/（月·平方米），商业店铺租金为 600 元/（年·平方米）。入住率达 95%，年收入预计：

房租收入：4.5 元/（月·平方米）×12 个月×8 万平方米×95% =410.4 万元。

物业费收入：0.8 元/（月·平方米）×12 个月×8 万平方米×95% =72.96 万元。

商业店铺租金收入：600 元/（年·平方米）×0.16 万平方米 =96 万元。

广告位收入：30 万元/年。

停车费：24 万元/年。

在不考虑增值税的情况下 2019 年收入合计 633.36 万元。以后每年收入预计会有 2.6% 的增幅。

2019 年运营成本预计 230 万元（不含应支付的利息）。以后每年运营成本会有 2% 的增幅。

合理利润率为五年期以上贷款基准利率 4.9%，年度折算率按略高于同期国债利率计算，为 4.5%。

所得税税率为 25%。按公式套入计算第一个运营年度（2019 年）的补贴支出 = $\frac{30000 \text{ 万元} \times 1.049 \times 1.045^1}{8}$ +230 万元×1.049 −633.36 万元 =3718.68 万元

各年的现金流量见表 14-5。

表 14-5 现金流量　　　　　　　　　　（单位：万元）

项目	2017 年	2018 年	2019 年	2020 年	2021 年	2022 年	2023 年	2024 年	2025 年	2026 年
政府补贴			3718.68	3892.02	4073.36	4263.05	4461.48	4669.06	4886.19	5113.31
年收入			633.36	649.83	666.72	684.06	701.84	720.09	738.81	758.02
年运营成本			230.00	234.60	239.29	244.08	248.96	253.94	259.02	264.20
运营期利息	637	1029	1029	1029	1029	1029	1029	1029	1029	1029
年折旧额			3750.00	3750.00	3750.00	3750.00	3750.00	3750.00	3750.00	3750.00

(续)

项　　目	2017 年	2018 年	2019 年	2020 年	2021 年	2022 年	2023 年	2024 年	2025 年	2026 年
年利润			-656.96	-471.75	-278.21	-75.97	135.37	356.21	586.98	828.13
所得税							33.84	89.05	146.75	207.03
税前现金净流量	5000	4000	-656.96	-471.75	-278.21	-75.97	135.37	356.21	586.98	828.13
税后现金净流量	5000	4000	-656.96	-471.75	-278.21	-75.97	101.53	267.16	440.24	621.10
税前内含报酬率		12.63%	税后内含报酬率 6.49%							

其中税后内含报酬率的计算如下：

$$\frac{CF_{建设期1}}{1+r} + \frac{CF_{建设期2}}{(1+r)^2} + \frac{CF_{运营期1}}{(1+r)^3} + \frac{CF_{运营期2}}{(1+r)^4} + \frac{CF_{运营期3}}{(1+r)^5} + \frac{CF_{运营期4}}{(1+r)^6} + \frac{CF_{运营期5}}{(1+r)^7} +$$

$$\frac{CF_{运营期6}}{(1+r)^8} + \frac{CF_{运营期7}}{(1+r)^9} + \frac{CF_{运营期8}}{(1+r)^{10}} = 0$$

计算出税后的内含报酬率为6.49%。考虑到目前短期理财产品的收益率大致为3.8%~4.5%，该例中的6.49%对社会资本会有不错的吸引力，也在地区政府的可承受能力范围内。

在进行现实分析的过程中，使用《政府和社会资本合作项目财政承受能力论证指引》中的公式计算政府补贴金额，也需要结合实际情况具体问题具体分析，充分考虑当地的经济发展状况、PPP项目风险大小、政府和社会资本双方对利益的诉求等多方面因素，对年度折算率、合理利润率进行合理的估算，要灵活地运用公式，综合考虑现实情况，科学、合理地服务于PPP项目。

4. 补贴模型补充探讨

目前关于PPP项目中政府补贴模型的理论讨论，主要考虑的是由于信息不对称产生的道德风险和逆向选择问题。由于投资环境、运作经营的有界性，公共部门并不能够对私营部门的运营情况进行实时有效的监管，以及对其实际的成本函数产生有效的认知，因而分发的补贴能否激发私营部门的积极性，使其努力程度恰好最大化项目整体收益，以及如何在补贴模型的构建过程中有效地规避道德风险和逆向选择问题，是我们需要考虑的重点。

（1）政府补贴模型中的道德风险问题。项目收益达到最大时，在固定补贴的模式之下，私营部门并不能享受到项目运营带来的绝大多数收益，即这种模式对经济效益增长的协同效应较弱。目前的理论讨论一般认为：①私营部门的努力程度与其主观的积极性成正相关的关系，而政府在其中扮演的角色相对较弱。诚然，政府可以通过前期竞标和商业谈判的过程挑选出管理效率更高、生产成本更优的私营部门，但并不能保证其在经营过程当中投入的努力程度达到使项目收益最优的程度。②固定补贴模式增大了项目运营过程中的道德风险问题。由于存在信息不对称，政府作为委托人对于委托方经营期间的成本信息无从得知。实际的情况通常是，私营部门的成本函数小于其告知政府部门的成本信息，在这种合作模式之下，PPP模式会损失一定的效率。

（2）政府补贴模型中的逆向选择问题。理论上在信息充分的情况下，政府对于私营部门的成本信息掌握充分，从而能够确定其成本函数究竟是多少，并根据这种信息确定合适的激励补贴，确保私营部门在项目中保持最佳努力水平。然而现实情况下，信息通常是不充分的，政府部门并不知道私营部门的成本函数。因此政府在项目中的补贴问题就转变成不完全信息条件下的规划问题。为了使政府收益最大化，对于成本次优类型的私营部门，其最佳努力程度一般低于完全信息条件下的努力程度，所以此时的政府补贴额度应当小于计算得到的补贴额度。

14.7 模型总结

至此，对收益分配和政府补贴过程中的三种模型进行了探讨，对PPP项目中的动态博弈情况进行了不同框架下的模拟。

基于Shapely值对多人合作进行拟合优化，在对Shapely值进行修正的过程中，充分考虑了收益影响因素：投资额度、风险分担量、合作迫切程度、贡献度的作用，对这些影响因素进行了二维的矩阵分解，其中包括了技术创新情况、政策风险、市场风险等可能对投资总收益产生影响的元素，从而更好地描述和指导现实。

Nash模型则更多的是从博弈论的角度，分析优化均衡解。在Nash模型中，创新性地表示出了各合作方的效用函数，进而寻求让项目各方达到各自最优满意程度的分配方法。引入的谈判地位因子作为投资额度、风险分担、合作迫切程度的综合指数，进一步对模型进行修正，相较于Shapely值的修正，是一种更为简化和直接的量化方式。

在补贴模型中，以《政府和社会资本合作项目财政承受能力论证指引》为基础，综合分析了PPP项目收益分配所涉及的各个变量的内涵，将年度折现率、合理利润率、使用者付费、建设成本、运营成本等因素代入公式进行系统的考虑，并结合实例进行了计算。考虑到PPP项目中合作各方的信用程度，我们又对该补贴计算模型进行了补充讨论，分别讨论了在信息充分和不充分的情况下政府应该进行的补贴策略，这里主要考虑的是使得项目收益最优化时的努力程度、私营部门真实和对外公布的成本函数。亦即从私营部门自身运营水平的角度，剖析了使得项目收益最优化的激励方式。

由此不难总结出，各种模型考虑的变量基本覆盖影响收益分配的影响因素，只是选择的主变量，或者说综合型变量不同，导致在实际运用过程中的侧重点不同，但本质上遵循的原则和基本的出发点都是一致的。在实践操作中，可以搭配使用，也可以结合具体情况中易获得的分析数据选择使用。

14.8 政府补贴模型示例

对部分政府付费或政府补贴的项目中每年政府付费或政府补贴等财政支出，财政部门应结合中长期财政规划统筹考虑，将其纳入同级政府预算，按照预算管理相关规定执行。下面为三个具体的例子。

政府补贴模式之一示例如图14-4所示。

（1）项目特点：项目预期盈利稳定，作为长期持有资产是非常优良的，而且是传统的BOT，是真正意义的PPP项目。

（2）法律文件：有发改委、财政批文，确保项目入PPP项目库。

（3）股权合作：政府授权企业与社会资本方均以真股形式合作。

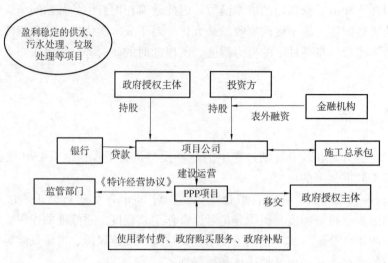

图 14-4　政府补贴模式之一示例

（4）收入预测：收费单价与收入预测是项目实施的前提条件，需与当地发改委相关部门充分协商确定收费价格政策，并需第三方专业公司提供收入预测数据。

（5）特许经营收入调整机制：特许经营期限长，运营效益受到多方面因素的影响，与政府监管部门达成科学、灵活的调整机制是成功实施项目的关键。

（6）投资退出方式：长期持有＋资产证券化。长期持有可获得稳定现金流，资产证券化符合监管鼓励范围，同时降低政府违约风险。

政府补贴模式之二示例如图 14-5 所示。

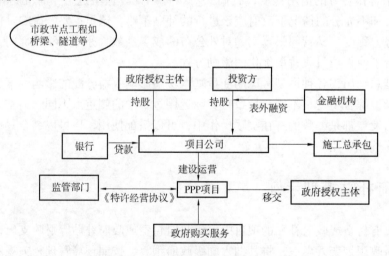

图 14-5　政府补贴模式之二示例

（1）项目特点：为市政交通节点性工程，如桥梁、隧道；项目后期需要比较专业的维护，政府违约风险较大；本身不具备产生现金流的功能。

（2）法律文件：有发改委、财政批文，确保项目入 PPP 项目库。

（3）项目收入：项目本身并不具备使用者付费等特征；政府以购买公共服务的形式，在 10～30 年内支付投资者投资成本＋合理回报。

（4）投资退出方式：长期持有＋资产证券化。长期持有可获得稳定现金流，资产证券化符合监管鼓励范围，降低政府违约风险。

政府补贴模式之三示例如图14-6所示。

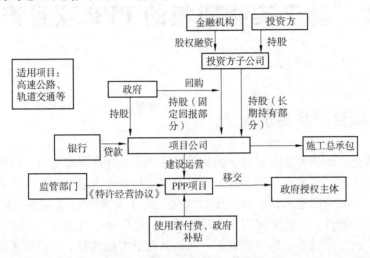

图14-6　政府补贴模式之三示例

（1）项目特点：项目多为高速公路、轨道交通等，投资体量巨大，投资回收期特别长，项目预期收益不稳定。

（2）项目股权：社会资本方以"真股＋假股"的形式与政府企业合作；假股部分政府企业回购，社会资本方收取固定回报，真股部分长期持有，一般情况而言，施工利润覆盖真股部分投资额。

（3）法律文件：有发改委、财政批文，确保项目纳入PPP项目名单；

（4）风险防范：假股部分需要有效的担保条件；投资协议及项目公司章程要充分维护社会资本方真股部分的投资权益。

另外，PPP模式可以和项目收益票据嫁接，项目收益票据有政策鼓励，期限长，更重要的可以促进政府履约。

第 15 章 基于实物期权的 PPP 项目产品定价

15.1 PPP 项目产品定价意义

PPP 项目顺利实施的关键因素之一就是对项目产品进行合理的定价。PPP 项目涉及多个利益相关者，各个利益相关者都有各自的定价取向，社会资本追求利润最大化，产品使用者追求高性价比，而政府则追求社会效益的最大化。由于 PPP 项目适用的领域和行业大多数都具有比较强的垄断性，因此如果仅仅通过市场来决定价格，社会资本方会依据边际效益等于边际成本原则决定项目产品数量和规模，从而获得最大化利润。市场均衡价格和数量不一定是长期平均成本的最低点，会导致福利损失。因此政府对项目产品进行定价的意义之一就是通过对价格采取管制，减少福利损失，尽可能使社会福利最大化。

15.2 PPP 项目特许价格影响因素的实物期权识别

实物期权的概念最早由斯特沃特·梅耶斯（Stewart Myers）于 1977 年提出，对于一个投资方案来说，其产生的现金流量所创造的利润来自于目前所拥有资产的使用，再加上一个对未来投资机会的选择。企业可有权利在未来以一定价格取得或出售一项实物资产或投资计划，所以实物资产的投资可以应用类似评估一般期权的方式来进行评估。由于其标的物为实物资产，因此将此性质的期权称为实物期权。影响 PPP 项目产品价格的因素可以分为五类（见图 15-1）：政治因素、法律因素、市场因素、金融因素和其他因素。

> 一是政治因素，包括政府信用和政府行为
> 二是法律因素，包括法律监管体系不完善、法律变更和税收政策调整
> 三是市场因素，包括竞争项目分流、市场需求波动和运营成本变化
> 四是金融因素，包括利率波动、汇率波动和通货膨胀
> 五是其他因素，包括项目投资额、预期投资收益率和特许期

图 15-1 影响 PPP 项目产品价格的五类因素

通过引入实物期权理论，对上述影响因素进行期权识别。对 PPP 项目产品定价产生影响的主要因素为市场需求波动、运营成本变化和通货膨胀。

（1）市场需求波动。市场需求的波动直接影响项目的收益情况。当市场需求变动过大，对 PPP 项目将产生非常大的影响，此时社会资本可以和政府签订特许协议，要求政府提供

最低需求担保。当项目市场需求降低到一定水平后，社会资本可以根据特许协议要求执行最低需求担保条款。社会资本所拥有的这种权利就是一种担保期权。当项目的市场需求旺盛而获得超额收益时，社会资本就可以和银行进行谈判，进行提前还款或改变还款方式等，从而降低项目成本。这种权利可以看作一种增长期权。当社会资本面对市场上的一些不确定因素时，有权根据市场的实际情况来决定是否推迟对项目的投资，即推迟期权。

（2）运营成本变化。原材料和劳务价格的变化会导致项目运营成本的波动，进而对项目收益造成影响。为了维持项目产品价格在运营期内的相对稳定，社会资本可以要求政府提供担保。当原材料和劳务价格的变化超过和政府商定的波动范围时，由政府对成本的变化进行补贴。

（3）通货膨胀。通货膨胀不仅能够影响项目的运营成本，同时也能够影响公众的购买力水平。当通货膨胀超过协议约定范围时，政府应该做出担保，允许社会资本可以通过对原有定价进行调整来弥补通货膨胀带来的损失，从而保证项目现金收入的稳定。

15.3 特许价格影响因素的期权评价模型构建

期权评价模型的构建基于对市场需求波动、运营成本变化和通货膨胀这三个主要价格影响因素的期权识别。

1. 市场需求波动

（1）担保期权。假设项目在第 k 年的市场需求为 Q_k，政府部门的担保需求量为 Q_{kg}，此时该担保期权的价值为第 k 年的最低担保收益 CF_{kg} 减去第 k 年实际需求量的收益 CF_k，如果项目在第 k 年的市场需求 Q_k 高于政府的最低担保需求 Q_{kg}，则社会资本选择不行使该期权，所以期权价值为 0。因此在市场波动中的担保期权价值 V_{RO} 为

$$\mathrm{CF}_{kg} = Q_{kg}P_k - (O_k + A_k + T_k)$$
$$\mathrm{CF}_k = Q_k P_k - (O_k + A_k + T_k)$$
$$V_{\mathrm{RO}} = S_k = \max\{\mathrm{CF}_{kg} - \mathrm{CF}_k, 0\}$$

式中　P_k——第 k 年的产品价格；

O_k——第 k 年的经营成本和维护费用；

A_k——债务费用；

T_k——第 k 年需要上缴的税收；

S_k——标的资产价值。

该模型假设只受单一影响因素，所以当社会资本行使担保期权后即处在一个无风险环境中。因此采取无风险利率 R_f，将 S_k 折现到项目起点，所以担保期权的价值 V_{RO} 为

$$V_{\mathrm{RO}} = \sum_{k=1}^{t_0+t_1} \frac{S_k}{(1+R_f)^k}$$

式中　t_1——项目的运营期；

t_0——项目的建设期。

（2）增长期权。当项目在第 h 年的需求增长旺盛，使得项目可以获得超额利润时，如果社会资本可以采取提前还款、缩短还款周期等方式降低成本，则此时社会资本就拥有一个增长期权。当项目的市场需求超过既定需求上限时，便可以使用该权利，增长期权价值

V_{RO} 为

$$V_{RO} = \sum_{k=t_0}^{t_2} A_k - \sum_{k=t_0}^{h} A_k$$

（3）放弃期权。若市场需求的变化导致项目的收益无法覆盖投入的成本，则社会资本有权放弃对项目的继续投资，假设此时项目的现值为 V，转让或放弃项目所得的价值为 C，则放弃期权的价值 V_{RO} 为

$$V_{RO} = \max\{C - V, 0\}$$

2. 运营成本变化

（1）担保期权。假设项目在第 k 年的运营成本为 C_k，政府部门担保的运营成本为 C_{kg}，若实际运营成本大于政府担保的运营成本，则社会资本可以对该年的产品价格 P_k 进行调整，调整后价格为 P_{kg}。如果项目在第 k 年的运营成本低于政府担保的成本，则社会资本选择不行使该期权，所以期权价值为 0。因此在运营成本变化中的担保期权价值 V_{RO} 为

$$CF_{kg} = Q_k P_{kg} - (O_k + A_k + T_k)$$
$$CF_k = Q_k P_k - (O_k + A_k + T_k)$$
$$V_{RO} = S_k = \max\{CF_{kg} - CF_k, 0\}$$

该模型同样假设只受单一影响因素，所以当社会资本行使担保期权后即处在一个无风险环境中。因此采取无风险利率 R_f，将 S_k 折现到项目起点，所以担保期权的价值 V_{RO} 为

$$V_{RO} = \sum_{k=1}^{t_0+t_1} \frac{S_k}{(1+R_f)^k}$$

（2）增长期权。当项目运营成本降低时，社会资本所拥有的增长期权价值等同于市场需求变动时的增长期权价值：

$$V_{RO} = \sum_{k=t_0}^{t_2} A_k - \sum_{k=t_0}^{h} A_k$$

3. 通货膨胀

这里主要体现为担保期权。项目所在地第 k 年的实际通货膨胀率为 I_k，与政府商定的担保通货膨胀率为 I_{kg}。当实际通货膨胀率超过担保通货膨胀率时，则社会资本可以对该年的产品价格 P_k 进行调整，调整后价格为 P_{kg}。如果项目在第 k 年的实际通货膨胀率小于政府担保的通货膨胀率，则社会资本选择不行使该期权，所以期权价值为 0。因此在通货膨胀中的担保期权价值 V_{RO} 为

$$CF_{kg} = Q_k P_{kg} - (O_k + A_k + T_k)$$
$$CF_k = Q_k P_k - (O_k + A_k + T_k)$$
$$V_{RO} = S_k = \max\{CF_{kg} - CF_k, 0\}$$

该模型同样假设只受单一影响因素，所以当社会资本行使担保期权后即处在一个无风险环境中。因此采取无风险利率 R_f，将 S_k 折现到项目起点，所以担保期权的价值 V_{RO} 为

$$V_{RO} = \sum_{k=1}^{t_0+t_1} \frac{S_k}{(1+R_f)^k}$$

4. 构建基于实物期权的 PPP 项目特许价格决策模型

从社会资本的角度考虑，项目产品价格应该满足项目公司在正常情况下能够收回投资成本和达到最低收益率，即

$$NPV \geqslant ER_E$$

式中　E——社会资本投资总额；

　　　R_E——预期的投资回报率。

在不考虑特许价格因素隐含的期权情况下，假设 NPV_1 为项目建设期投资总额的净现值，NPV_2 为项目运营期总运营收入的净现值，所以项目总收益净现值 NPV 为

$$NPV = -NPV_1 + NPV_2 = -\sum_{i=0}^{t_0} \frac{I_i}{(1+R_f)^i} + \sum_{i=t_0+1}^{t_i} \frac{CF_i}{(1+R_c)^i}$$

在项目建设期内，一般不需要考虑经营风险，因此折现时使用无风险利率 R_f。在项目运营期内，需要考虑经营风险，因此折现时使用项目基准收益率 R_c。代入公式 $NPV \geq ER_E$ 得到

$$-\sum_{i=0}^{t_0} \frac{I_i}{(1+R_f)^i} + \sum_{i=t_0+1}^{t_i} \frac{CF_i}{(1+R_c)^i} \geq ER_E$$

特许价格 P 的表达式为：

$$CF_i = Q_i P - C_i$$

式中　Q_i——第 i 年的需求量；

　　　C_i——第 i 年的运营成本。

进而得到

$$-\sum_{i=0}^{t_0} \frac{I_i}{(1+R_f)^i} + \sum_{i=t_0+1}^{t_i} \frac{Q_i P - C_i}{(1+R_c)^i} \geq ER_E$$

由于传统的投资评价方法没有考虑项目的不确定性及管理的灵活性，项目的测算价值小于实际价值，其中的差额即项目中所隐含期权的价值 V_{RO}，即

$$NPV' = NPV + V_{RO}$$

因此构建基于实物期权的 PPP 项目特许价格决策模型的表达式为

$$NPV' = NPV + V_{RO} = -\sum_{i=0}^{t_0} \frac{I_i}{(1+R_f)^i} + \sum_{i=t_0+1}^{t_i} \frac{Q_i P - C_i}{(1+R_c)^i} + V_{RO} \geq ER_E$$

15.4　PPP 项目定价原则和模式

1. 定价原则

规范 PPP 项目合理的定价机制，对促进社会资本参与政府公共服务、基础设施等工程项目投资具有十分重要的作用，科学、合理、规范制定 PPP 项目运营价格应主要把握以下几个方面的原则，如图 15-2 所示。

（1）依法合规、公开透明的原则。物价部门在核定 PPP 项目运营价格标准时，应该严格按《价格法》、价格管理行政法规和规范性文件规定履行价格管理职责，审定价费标准。不属于政府定价、政府指导价管理范围的基础设施、公共服务项目价格，要充分发挥市场的作用，交由市场来决定价格标准。实行市场调节价管理的 PPP 项目价格应由政府和社会资本方双方协商或市场竞价方式确定合理价格标准。物价部门在核定纳入价格管理范围的 PPP 项目价格

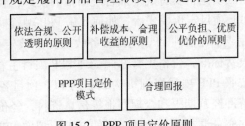

图 15-2　PPP 项目定价原则

标准时，除要依法依规履行定价成本监审、价格集体审议制度外，还应按程序组织价格听证，并广泛听取利益关联方、公众等各方面的意见，经综合平衡、统筹考虑，报经当地政府批准后公布执行。

（2）补偿成本、合理收益的原则。社会资本参与政府公共服务及基础设施工程项目投资建设，会首先考虑其投资的安全性，要能够收回投资，但仅仅只能收回投资，社会资本是不会有积极性参与政府公共服务及基础设施投资建设的，因此，在核定PPP项目运营价格标准时，既要考虑社会资本投资资本的安全回收，同时，也要在兼顾多方利益的前提下，合理确定社会资本的投资回报率，从而激励社会资本积极参与政府公共服务及基础设施项目投资。

（3）公平负担、优质优价的原则。物价部门核定PPP项目价格标准时除考虑服务优体现价格优的问题外，重点还应考虑公平负担问题，在公平负担问题方面，至少涉及三方面的公平：①社会资本方公平负担问题，社会资本方应公正公平、依法依规签订合约，公正公平依法依规按约定履行所应承担的责任、经营风险，并应获得的合理回报。②政府方应按约定公平负担应由政府方承担的政策制定、发展规划、市场监管、指导服务及其相应的法律、政策调整风险，以及最低需求负担、人力所不可抗的自然灾害造成的损失等。③用户负担公平问题必须要兼顾，社会资本方向使用者或用户收取的费用也要公平，应该是用户所能承受的范围，如果用户负担过重，用户就不会或减少使用项目提供的服务，项目的经营效益就不能充分发挥。

2. PPP项目定价模式

政府价格主管部门对城市基础设施服务价格定价方面主要采取的模式有成本定价（成本定价模式又分为平均成本定价法、边际成本定价法、两部制定价法和完全成本定价法）、差别定价、激励定价或上限定价、合理收益率（合理回报率）等定价模式。具体采用哪种模式的定价方法，从调查情况来看各地主要考虑当地经济发展水平、社会承受能力、PPP项目服务的市场供求状况，并兼顾PPP项目成本水平，在综合平衡各方面的因素基础上决定。目前，各地采用最多的定价模式是成本定价法中的边际成本加政府补贴定价法和两部制定价法。例如，广州市、厦门市等外省市城市地下综合管廊服务收费定价和我省老河口城市弱电管道沟服务收费定价均采取的是两部制定价法，即，一次性收取固定使用费（固定成本），每年再收取一定的年度运营费用（变动成本费用）。我市污水处理定价采用的是边际成本加政府补贴方式的定价模式，物价部门按污水处理厂设计处理能力和定价成本核定污水处理收费标准（政府回购服务的收费标准），如污水处理量达不到（超过）协议最低处量，差（超）额部门由政府给予适当补贴，同时，明确一定时限间隔的调价机制办法。

目前纳入政府价格主管部门管理的经营性或准经营性城市基础设施或公共服务PPP项目收费定价实行成本加合理回报的模式，合理回报率以同期银行贷款基准利率为准。明确了PPP项目定价模式后，如何实施PPP融资模式的项目定价程序呢？从各地定价实践看，经营性或准经营性PPP项目服务收费标准核定分两步走：①按规定拟定特许经营协议（合同）收费标准，价格主管部门受理PPP项目主管部门（或者项目公司）提出的定价方案要求后，按照PPP项目咨询机构编制的PPP项目咨询报告有关项目投资成本、运营费、风险论证、特许经营期限和合理回报等信息资料，经价格成本监审机构进行项目可行性成本预监审后，在充分调查外地收费水平的基础上拟定PPP项目协议收费标准。②制定PPP项目试运行收费标准。PPP 项目落地并初步建成拟试运行时，价格主管部门可根据项目公司的试行收费标准方案，按照有关规定，组织力量着手制定项目试运行收费标准，首先价格主管部门应按价格政策规定，确定是否需要组织项目服务收费标准听证，然后，按要求安排力量对 PPP 项目服务收费成本进行监审，因为项目还没有正式运行，所以价格主管部门应根据 PPP 项目主管部门或城市基础设施主管部门批准的项目可行性投资成本费用和运营费用标准，参照项目可研报告和项目工程设计投资概算资料，进行价格成本监审，最后，在广泛征求并听取利益相关方和项目公司意见的基础上，依据价格成本监审报告资料，考虑给予项目公司合理回报率的前提下，拟定合理的 PPP 项目报务收费标准。

15.5 定价示例

某高速公路项目，路线全长 98.775 公里，投资总额 502127 万元。项目分为南北两段。定价示例以南段为例进行分析，南段 1997 年 7 月开工，2002 年 7 月建成。南段的现金流量见表 15-1。

表 15-1　简易现金流量　　　　　　　　　　（单位：万元）

	项目	合计	建设期			运营期				
			1	2	3	4	5	…	23	24
1	现金流入	1299491				10701.56	23409.47	…	107548	111655
1.1	公路收费	1299491				10701.56	23409.47	…	107548	111655
1.2	其他收入	0								
2	现金流出	685039	43210	86419	86419	72927.23	4878.87	…	40062.5	41796.1
3	净现金流量	614452	-43210	-86419	-86419	-62225.7	18530.6	…	67485.7	69859

项目基准收益率为 6.71%，根据现金流量表数据，计算静态 NPV：

$$\text{NPV} = -\sum_{i=0}^{t_0} \frac{I_i}{(1+R_f)^i} + \sum_{i=t_0+1}^{t_i} \frac{CF_i}{(1+R_c)^i} = 87035.31 \text{ 万元}$$

对于收费高速公路而言，对于项目价值波动影响最为显著的因素是项目的车流量即市场需求。由于车流量不能为负值，所以假设项目的初始车流量符合对数正态分布，同时假设每年车流量增长率服从正态分布，设具体参数见表 15-2。

表 15-2　具体参数

参　数	初始交通流量	每年交通量增长率
分布类型	对数正态分布	正态分布
均值	350.30	6.94%
标准差	30.18	11.6%

假设项目在第 k 年的市场需求为 Q_k，小于政府部门的担保需求量 Q_{kg}，则可以将项目在第 k 年的价格 P_i 调整为 P_{ig}，由下列公式可计算出项目针对市场需求波动时担保期权的价值：

$$CF_{kg} = Q_k P_{kg} - (O_k + A_k + T_k)$$

$$CF_k = Q_k P_k - (O_k + A_k + T_k)$$
$$S_k = \max\{CF_{kg} - CF_k, 0\}$$
$$V_{RO} = \sum_{k=1}^{t_0+t_1} \frac{S_k}{(1+R_f)^k}$$

通过蒙特卡洛模型按照既定的分布函数和设定的参数对变量进行模拟，得到车流量担保后的简易现金流量表见表 15-3。

表 15-3　车流量担保后的简易现金流量

			建设期			运营期				
	项目	合计	1	2	3	4	5	…	23	24
1	现金流入	1299491				10701.56	23409.47	…	107548	111655
1.1	公路收费	1299491				10701.56	23409.47	…	107548	111655
1.2	其他收入	0								
2	现金流出	685039	43210	86419	86419	72927.23	4878.87	…	40062.5	41796.1
3	净现金流量	614452	-43210	-86419	-86419	-62225.7	18530.6	…	67485.7	69859
	担保利润						13401.18	…	47449.6	49098.5
	利润差额						0	…	0	0

项目车流量波动担保期权价值的均值为 1331.32 万元，标准差为 1556.14 万元，中值为 826.28 万元。该项目担保期权的价值取值为 826.28 万元。因此考虑市场需求波动担保期权价值后的项目价值为

$$NPV' = NPV + V_{RO} = 87035.31 \text{ 万元} + 826.28 \text{ 万元} = 87861.59 \text{ 万元}$$

通过试算法将特许价格代入基于实物期权的 PPP 项目特许价格决策模型：

$$NPV' = NPV + V_{RO} = -\sum_{i=0}^{t_0} \frac{I_i}{(1+R_f)^i} + \sum_{i=t_0+1}^{t_i} \frac{Q_i P - C_i}{(1+R_c)^i} + V_{RO} \geq ER_E$$

得到如下结果，见表 15-4。

表 15-4　试算法结果

特许价格/（元/公里）	0.65	0.64	0.63	0.62	0.61	0.60
NPV/万元	87035.31	80173.45	73311.59	66449	59587.87	52726.01
V_{RO}/万元	859.35	856.24	878.00	901.00	903.41	928.05
NPV'/万元	87894.66	81029.69	74189.59	67350.00	60491.28	53654.06
ER_E/万元	70298	70298	70298	70298	70298	70298

当 $P_1 = 0.62$ 元/公里，$NPV' < ER_E$；

当 $P_2 = 0.63$ 元/公里，$NPV' > ER_E$。

假设特许价格所对应的净值服从线性分布，则特许价格为

$$P = (P_2 - P_1) \times \frac{ER_E - NPV'_1}{NPV'_2 - NPV'_1} + P_1 = 0.624 \text{ 元/公里}$$

当考虑车流量担保期权时，社会资本能够接受的最低特许价格下限为 0.624 元/公里。

若不考虑车流量担保期权，通过基于合同设计与风险收益对等定价模型来计算最低特许

价格，公式为

$$P = \frac{C_0 + ER(1-T_2)\sum_{t=1}^{T_C-T_0}\frac{D-At}{(1+K_E)^t} - \{[Y(1-T_1) - C_k - C_d](1-T_2) + C_d - EA\}\sum_{t=1}^{T_C-T_0}\frac{1}{(1+K_E)^t}}{(1-T_1)(1-T_2)\sum_{t=1}^{T_C-T_0} Q_t\left(\frac{1+INF}{1+K_E}\right)^t}$$

根据项目可行性报告提供的数据：

项目总投资 $C_0 = 288064$ 万元

运营期内车流量 $Q_t \in [16720, 17460]$

项目其他收入 $Y = 0$ 万元/年

经营成本 $C_k = 925$ 万元/年

折旧 $C_d = 13143$ 万元/年

销售税金及附加税率 $T_1 = 5.5\%$ [⊖]

所得税税率 $T_2 = 33\%$ [⊖]

通货膨胀率 $INF = 2\%$

贷款利率 $R = 8\%$

汇率 $E = 1$，本项目不涉及外汇，因此汇率为1

贷款本金 $D = 262870$ 万元

每年偿还本金 $A = 12517$ 万元

特许经营期 $T_C = 21$ 年

建设期 $T_0 = 3$ 年

经计算得到

$$P = 0.939 \text{ 元/公里}$$

通过比较可知不考虑车辆担保期权时的价格会大于考虑车辆担保期权时的价格。当产品定价考虑担保期权后，社会资本承担的风险相对会减小，因此所能承受的最低特许价格也将相应减小。

⊖⊖ 取项目当时的税率，有兴趣的读者可参考现在的税率等进行计算。

第16章 项目绩效全面评价

16.1 绩效、绩效管理、绩效评价释义

16.1.1 绩效释义

(1) 绩效 (Performance) 的含义。"绩效"一词来源于西方管理学,是"绩"与"效"的合成。"绩"就是成绩、业绩,是指是否按期完成了预先设定的目标和任务,主要反映量的结果;"效"就是效率、效益,是指完成任务的效率、资金使用的效益、预算支出的节约等,主要反映质的成果。它的原意是指表现和成绩,如图16-1所示。

从管理学角度来看,绩效是成绩与成效的综合,是一定时期内的工作行为、方式、结果及其产生的客观影响,可以定义为"个人、团队或组织从事一种活动所获取的成绩和效果"。一般来说,只要有活动,就会有结果,即绩效。

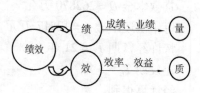

图 16-1 绩效含义示意图

(2) 绩效的内涵。绩效的内涵比成绩效益、效率的内涵更为广泛,所指的不单纯是一个政绩层面的概念,也不仅仅是工作态度、工作过程的范畴,它包括资源支出成本、支出效率、经济性和效果性、政治稳定、社会进步、发展前景等内涵。

(3) 绩效的表现形式及特征。绩效的表现形式多种多样,主要体现在工作效率、工作成果的质量和数量、工作效益三个方面。从工作结果的角度,绩效表现为活动的业绩,包含目标的完成情况;从活动过程角度看,绩效表现为工作效率和效果、实施人员的态度和品行、所采用的方式方法等。其特征有多因性、多维性和动态性。多因性是指绩效的优劣受到主观、客观多种因素的影响,多维性是指绩效可分解为多个维度,动态性是指绩效是不断变化的。

(4) PPP项目绩效。PPP项目绩效就是一定时期内PPP项目运营、管理所产生的量的结果和质的结果。PPP项目绩效包括效果、效率、组织成员的满意度。例如,2002年固安县引进战略投资者华夏幸福基业股份有限公司,采用PPP运作模式,开发建设新城镇。政企合作十多年,固安县人均GDP增长了4倍,财政收入增长了24倍,成功跻身"2014中国县域成长竞争力排行榜"50强,位列"中国十佳开发竞争力县"排行榜第2位,获得了各方的普遍满意,该项目的成果和产生的影响,就是该PPP项目的绩效。

16.1.2 绩效管理释义

绩效管理始于绩效评价。传统的绩效评价是一个相对独立的系统,通常与组织中的其他

背景因素相脱离，例如组织目标和战略、组织文化、管理者的承诺和支持等，而这些背景因素对于成功地实施绩效评价是非常重要的。

所谓绩效管理，是指各级管理者和员工为了达到组织目标而采取的制定目标、检查实际工作、衡量工作业绩、根据业绩进行奖罚和制订未来计划的一系列综合管理活动。

各级管理者和员工通过共同参与绩效计划制订、绩效辅导沟通、绩效考核评价、绩效结果应用、绩效目标提升的持续循环过程，持续提升个人、部门和组织的绩效。

按管理主体来划分，绩效管理可分为两大类：一类是激励型绩效管理，侧重于激发员工的工作积极性，比较适用于成长期的企业；另一类是管控型绩效管理，侧重于规范员工的工作行为，比较适用于成熟期的企业。

16.1.3 绩效评价释义

1. 绩效评价的含义和内容

所谓绩效评价（Performance Appraisal），是指运用数理统计、运筹学原理和特定指标体系，对照统一的标准，按照一定的程序，通过定量、定性对比分析，对项目一定经营期间的经营效益和经营者业绩做出客观、公正和准确的综合评判。绩效评价包括的内容有经济性、效率、效能、可获得性、公众知晓程度、可预测性、民主性、公平性等，根据待评价项目的性质和评价目的，选择适合的评价内容构建评价体系。

在实际应用中，绩效评价主要围绕"3E"进行：①经济性（Economy），指投入成本的降低程度；②效率（Efficiency），指一种活动或一个组织的产出与其投入之间的比率，最常用的效率指标就是劳动生产率和单位成本；效能（Effectiveness），指产出对最终目标的实现所做的贡献大小，即项目的实际效果，例如，居住满意度等。

2. PPP项目的绩效评价

就结果而言，PPP项目的绩效评价不仅仅是对其主要经济效益进行评价，还要对其提供物品或服务的公平性（Equity）进行评价，所以PPP项目的绩效评价围绕"4E"进行，即经济性（Economy）、效率（Efficiency）、效能（Effectiveness）、公平性（Equity）。就过程来说，它包括投入是否满足经济性要求，过程是否合规、合理，项目本身与环境资源之间是否能协调并可持续发展，如图16-2所示。

在PPP项目评价上，私营部门侧重项目工期、成本、质量的考核，忽视了项目的社会效益；而国家发改委稽察办对政府投资项目的统计，是从政府投资角度，对项目的投资控制率、质量满意度等进行审查，不将私营部门的利益纳入其中。这两种角度都不利于反映项目的真实执行状况。PPP项目所追求的是资源的有效配置，最终实现公平与效率的完美结合。在对PPP模式进行评价时，如果单纯采用对政府公共部门或对企业的评价办法或评价指标体系，将会导致许多误差。因为对公私合作PPP项目评价的要求是公平与效率的兼顾，其难度在于能否找到一个合理的平衡点，或者说找到

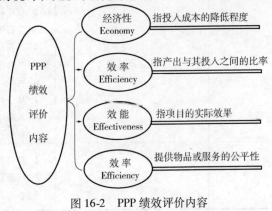

图16-2 PPP绩效评价内容

一个平衡点所应取值的范围。

3. PPP 项目绩效评价的步骤

一般的 PPP 项目绩效评价遵循下列步骤：

（1）设定绩效目标。绩效评价是一种管理方法，是对企业或项目过去经营或运营结果好坏的一个综合评价。PPP 项目绩效评价一般是指在 PPP 项目正式投入运营一段时间后，对运营结果进行考评，看看项目运营效果是否符合当初各方的目标要求。因此，设定 PPP 项目的绩效目标是绩效评价的首要步骤。

1）总体目标、分目标。PPP 绩效目标分为总体目标和分目标，总体目标就是 PPP 项目运营所要达到的最终总体经济效益目标和社会效益目标，例如，一个垃圾处理项目，设计每年处理垃圾 20 万吨，实现年经济效益 2000 万元，全市城乡环境卫生、水质明显改善，全市城乡生活垃圾收集清运全覆盖、压缩转运全封闭、焚烧发电资源化、监督管理数字化、建筑垃圾再利用，这些即为该垃圾处理项目的总体目标。分目标就是按一定的方法将 PPP 项目总体目标分解成一个个小目标，可以按时间段来分，也可以按子项目来分。

2）利益相关方的目标。需要特别指出的是，由于 PPP 项目有其特殊性，存在众多利益相关方，包括政府方、社会资本方和社会公众方等，因此 PPP 项目的总体目标由各个利益相关方的分目标总和构成，具体示例见表 16-1。

表 16-1　不同利益相关方的 PPP 项目目标示例

序号	利益相关方	绩效目标
1	政府方	1. 工程项目有可靠的质量 2. 项目成本达到预算 3. 可以提供高质量的公共服务和产品 4. 项目及时完工或提前完工 5. 解决了公共财政方面的紧缺与压力 6. 为社会提供更为迅速、便捷和廉价的公共产品与服务 7. 降低全生命周期的成本 8. 将风险转移给私营部门 9. 促进区域型经济发展 10. 提高技术水平，获得技术转移 11. 获得项目税收，共享项目盈利
2	社会资本方	1. 可以获得政府财政资助，获得财政补贴、减税等优惠政策 2. 获得政府支持，享有稳定的政策和法律环境 3. 工程项目有可靠的质量 4. 项目成本达到预算 5. 项目及时完工或提前完工 6. 可以提供高质量的公共服务和产品 7. 从公共项目服务中获得稳定可靠的项目收益 8. 培养项目运营人才，提高项目管理水平 9. 获得社会公众支持，创造和谐稳定的社会环境
3	社会公众方	1. 获得可靠、廉价的公共服务和产品 2. 获得就业机会，增加收入 3. 获得更加优美的环境和洁净的空气

要使得PPP项目获得成功，关键是要制定目标策略以最大可能满足各方利益相关方的需求和目标，对利益相关方产生激励作用，从而实现PPP项目的总体目标。

（2）收集和保存运营数据。PPP项目在运营过程中，项目的各个子系统产生了各种各样的数据和信息，客观上记录了项目运营的过程和结果。因为数据种类繁多，信息量大，所以平时就需要及时统计、整理、归类并妥善保存和备份，这是绩效评价的基础工作。数据的准确和完整是绩效评价有效的前提条件。

（3）选择评价主体。绩效评价涉及数理统计、运筹学、定量和定性分析、法律等专业，是一项专业性很强的工作，所以在制定实施方案前选定独立的专业中介机构是明智之举，聘请专业的中介咨询机构，如咨询公司、会计师、律师等，协助或主导绩效评价是非常必要的。当然，也可以先进行自我评价。

开展绩效评价的中介机构应该有具备项目全过程的管理能力和较强的专业技术能力，有丰富的PPP项目操作经验和业绩，能根据经验对项目全过程绩效目标做出科学合理的评价。2016年10月24日的《国家发展改革委关于印发〈传统基础设施领域实施政府和社会资本合作项目工作导则〉的通知》（发改投资〔2016〕2231号）和2014年12月2日的《国家发展改革委关于开展政府和社会资本合作的指导意见》（发改投资〔2014〕2724号）均规定：可以委托第三方专业机构进行评价。

（4）制订评价实施方案。绩效评价实施方案是绩效评价工作的纲领性文件。由项目实施方牵头，会同政府方，在专业机构的协助下制作完成。

（5）实施评价。按照评价实施方案，由相应的专业人员具体进行评价。

（6）出具评价报告。评价结束后，评价人员应针对评价过程、使用的评价方法、得出的评价结果编写出评价报告，提出具体的意见和建议。

综上所述，PPP项目绩效评价步骤如图16-3所示。

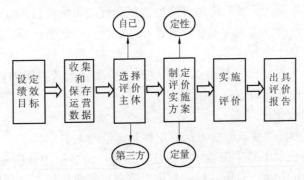

图16-3　PPP项目绩效评价步骤

4. PPP项目的绩效评价实施方案

（1）组织形式。PPP项目实施方是绩效评价的责任方，所以PPP项目公司一般是绩效评价的组织方。以项目公司为主导，成立由政府方、专业中介结构参与的绩效评价工作小组，确定各自的分工和职责。

（2）评价时点。为提高工作效率，对绩效评价工作时间进行针对性分段，包括开始的时间、阶段性成果的时间和结束的时间等。

（3）评价依据。PPP绩效评价工作应当遵循有关法律和国家发改委、财政部制定的PPP

有关法规。PPP项目合同是绩效评价的基础文件，因为合同规定了PPP项目应当达到的绩效目标和标准，所以PPP合同是绩效评价的重要依据。

（4）评价方式。有自我评价和委托第三方评价两种。PPP绩效评价比较复杂，涉及多个专业，因此委托第三方专业机构实施评价，评价结果比较可靠，而且比较客观。

（5）评价对象。根据绩效评价的目的需要，绩效评价的评价对象或范围包括PPP项目整体绩效评价、项目局部绩效评价以及单项绩效评价。

（6）评价内容。不同类别和性质的PPP项目有不同的评价内容，不同的PPP合同对绩效评价的内容有不同要求。总体来说，PPP绩效评价的内容就是利益相关者关心的指标和涉及项目本身的指标之和：

1）涉及项目的指标：①规划、设计合理性；②施工质量；③符合预算程度；④运营、维修成本；⑤经济效益性；⑥产品或服务的质量；等等。

2）涉及政府方的指标：①政策支持度；②税收优惠；③政治稳定性；④法律环境；⑤政府补贴；⑥政府融资支持度；等等。

3）涉及项目公司的指标：①运营方的资金实力；②管理能力；③PPP项目运营经验；④良好的内部团队气氛；⑤规章制度的完整性和较强的执行力；⑥技术创新能力；等等。

4）涉及社会公众方的指标：①公众满意度；②公众就业机会；③环境保护友好度；等等。

5）涉及PPP项目合同的指标：①合同文件体系的公正公平性；②风险转移和利益共享的合理性；③合同实施的有效性；④投资回报时间点安排的合理性；⑤价格调整机制的合理性；⑥争议解决方式的便捷性；等等。

将上述指标赋予一定的分值和权重，就构成了绩效评价指标体系。

（7）评价方法。绩效评价方法是指为了能够客观准确地评价PPP项目绩效而采取的一系列评价技术、方法和工具。绩效评价方法的选择会直接影响项目绩效评价结果的真实性和有效性，同时选择的评价方法也应具有针对性和可行性。PPP项目绩效评价的常用方法可分为定性评价方法和定量评价方法。

（8）评价结果运用。评价结果可以用作政府支付项目运营费用的依据，或者PPP项目公司用以改进项目管理和项目运营的依据。

5. PPP项目的绩效评价方法

一般来说，PPP项目的绩效评价方法有定性和定量两大类。

（1）定性评价方法。不是采用数学的方法，而是评价者运用分析和综合、比较与分类、归纳和演绎等逻辑分析方法，对所获得的数据、资料进行思维加工，利用自己的知识、经验和判断对评价资料做"质"的分析，并直接对评价对象做出定性结论的价值判断。定性评价强调观察、分析、归纳与描述。

根据财政部的《PPP物有所值评价指引（试行）》的规定，定性评价指标包括PPP项目全生命周期整合程度、风险识别与分配、绩效导向与鼓励创新、潜在竞争程度、政府机构能力、可融资性六项基本评价指标。

（2）定量评价方法。定量评价方法是通过数学计算得出评价结论的方法，是指按照数量分析方法，从客观量化角度对科学数据资源进行的优选与评价。定量评价方法为人们提供了一个系统、客观的数量分析方法，结果更加直观、具体，是评价科学数据资源的发展方向。定量评价方法的缺点是量化标准过于简单和表面化、统计方法存在技术上的缺陷等。

6. PPP 项目的绩效定性评价程序

（1）收集整理绩效评价资料。为了深入了解被评价企业项目的绩效状况，应当通过问卷调查、访谈等方式，充分收集并认真整理 PPP 绩效评价的有关资料。

（2）聘请咨询专家。根据所评价企业的行业情况，聘请 PPP 绩效评价咨询专家，组成专家咨询组，并将被评价项目的有关资料提前送达咨询专家。

（3）召开专家评议会。组织咨询专家对企业的 PPP 绩效指标进行评议打分。

（4）形成定性评价结论。汇总 PPP 绩效定性评价指标得分，形成定性评价结论。

如果说定量评价关注"量"并且侧重定量描述，那么定性评价则关注"质"并且侧重定性描述。因而，定性评价是更具有现代人本思想和发展性评价的理念。但是，定性评价的缺点是目标人群不具有代表性，主观成分很大，因此结果模糊笼统，弹性较大，难以精确把握。

7. PPP 项目的绩效定量评价程序

（1）提取评价基础数据。PPP 绩效评价的基础数据资料主要包括项目提供的会计决算报表及审计报告、关于经营管理情况的说明等资料，应以经社会中介机构或内部审计机构审计并经核实确认的项目财务报表为基础提取评价基础数据。

（2）基础数据调整。为确保评价基础数据的真实、完整和合理，在实施评价前应当对评价期间的基础数据进行核实，按照重要性和可比性原则进行适当调整。

（3）评价计分。根据调整后的评价基础数据，对照相关评价标准值，利用综合绩效评价软件或手工进行评价计分。

（4）绩效评价结果。按照规定的权重和计分方法，计算 PPP 项目综合绩效评价总分，并根据规定的加分和扣分因素，得出 PPP 项目综合绩效评价最后得分，根据最后得分确定 PPP 项目的综合绩效评价结果。

8. 社会资本方项目前期需要做的工作

作为 PPP 项目社会资本方，为确定绩效评价目标，应当在项目前期进行如下工作：

（1）与政府方进行充分沟通，了解政府方的期望目标，断定 PPP 项目运营结果最终能否满足政府的期望值。

（2）进行社会实地调查（包括问卷调查），了解公众对项目的实际需求，项目是否符合公众利益，能否有办法解决公众关心的问题。

（3）在项目前期进行可行性研究，主要从技术和经济的角度论证项目的可行性。在此基础上，制定切实可行的经济目标，作为项目运行过程中绩效评价的标杆标准。

在有些 PPP 项目中，根据项目运作模式的特点，政府方往往要求按绩效评价的结果来支付社会资本方的报酬，因此应事先在 PPP 项目合同中约定具体的绩效指标。绩效指标约定越细、越具体，越可计算和衡量，那么将来争议和矛盾就会越少。

9. PPP 项目绩效评价的法规要求

关于 PPP 项目绩效评价的一些法规要求如下：

（1）PPP 项目实施过程中，应加强工程质量、运营标准的全程监督，确保公共产品和服务的质量、效率和延续性。

（2）鼓励推进第三方评价。鼓励第三方对公共产品和服务的数量、质量以及资金使用效率等方面进行综合评价，评价结果向社会公示，作为价费标准、财政补贴以及合作期限等调整的参考依据。

（3）项目实施结束后，可对项目的成本效益、公众满意度、可持续性等进行后评价，评价结果作为完善 PPP 模式制度体系的参考依据。

（4）PPP 项目合同中应包含 PPP 项目运营服务绩效标准。项目实施机构应会同行业主管部门，根据 PPP 项目合同约定，定期对项目运营服务进行绩效评价，绩效评价结果应作为项目公司或社会资本方取得项目回报的依据。

（5）项目实施机构应会同行业主管部门，自行组织或委托第三方专业机构对项目进行中期评价，及时发现存在的问题，制定应对措施，推动项目绩效目标顺利完成。

16.2 项目全生命周期的价值管理

16.2.1 价值管理

1. 价值管理的定义

价值管理（Value Management，VM）是从价值分析（Value Analysis，VA）和价值工程（Value Engineering，VE）发展而来的系统化应用技术，是提高项目建设效率、降低成本的一种现代管理技术。对价值管理的定义可以分为三类，以价值为基础，分别从管理的结果、过程、过程和结果三个角度进行定义，见表 16-2。

表 16-2　价值管理的定义

类型	学者	时间	主要观点
以结果定义	Ronte	1999 年	价值管理是一个管理框架，该框架可用于计算业绩，更重要的是用于控制公司业务，从而为股东创造出较高的长期价值并满足资本市场和产品市场的要求
	Christophe & Ryals	1999 年	价值管理是一种新的管理方法，关注于真正的价值而不是账面利润，只有当公司收入在弥补了投资人的全部成本之后仍有剩余，公司才创造了价值
	Simms	2001 年	价值管理本质上是一种管理方法，其实质是通过产生超过资本成本的收益来最大化股东价值
以过程定义	Boulos Haspeslagh &Noda	2001 年	价值管理是一种全面的管理手段，包含了重新定义的目标、重新设计的结构和体系、更新了的战略和经营程序以及修补了的人力资源实践。以价值为基础的管理不是一个速成的方案，而是一条需要坚持和投入的道路
	高杰	2005 年	价值管理是公司战略规划与实施、财务与治理优化的整合管理模式。价值管理的目标是股东价值最大化，公司价值的源泉是公司的现金流量，价值管理的模型主要包括公司战略模块、公司理财模块和公司治理模块，价值管理强调以过程为导向

(续)

类　型	学　者	时　间	主　要　观　点
以过程定义	何瑛	2005 年	价值管理作为一种新型的管理理念和管理模式,要求公司以价值最大化为目标安排组织人员能力及组织绩效、市场营销及顾客价值感、运营能力及流程改善、财务绩效等各项活动
以过程和结果共同定义	Amold	1998 年	价值管理是一种管理方法,其主要目的是最大化股东的财富。公司的目标、体制、战略、分析技术、业绩计量和文化都紧紧地围绕着股东财富最大化这一目标而展开
	KPMG	1999 年	价值管理是一种以股东价值创造为公司哲学核心的管理方法。最大化股东的财富引导着公司的战略、结构和程序,并决定管理者的报酬方式和业绩的监控方法

2. 价值管理的内涵

对于 VM 内涵的理解，Brian R. Norton 认为："VM 是一种系统化的、多专业的研究活动，通过项目的功能分析，用最低的全生命周期成本最好地实现项目的价值。"Brian R. Norton 认为，VM 研究的时间范围应该进一步拓宽，即包括价值规划（Value Planning，VP）、价值工程（VE）、价值分析（VA）。VM 中的价值是研究对象的功能与成本即费用的相对比值。VM 中价值概念的建立，有助于评价研究对象的经济效益，完善研究对象费用和功能的匹配。

3. 价值管理中 VP、VE、VA 的关系

VP、VE、VA 的思想和方法是一致的，但其时间范围不同。在项目决策阶段和方案设计阶段的 VM 称为价值规划（VP），项目施工阶段的 VM 称为价值工程（VE），在项目运营阶段的 VM 则称为价值分析（VA）。尽管其思想、方法一致，但 VP、VE、VA 的研究内容和重点是不同的：VP 的目的是研究应该造什么；而 VE 的目的是研究如何造；VA 则是对项目实施结果的分析和评价。VM 是 VP、VE、VA 的总和，也是一个统称，即 VM 是指全生命周期过程的研究活动，三者关系如图 16-4 所示。

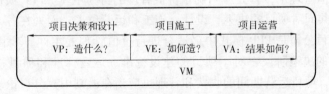

图 16-4　VP、VE、VA 关系图

从 VM 和 VE 的分析中可以看出，尽管 VM 与 VE 的思想和方法是一致的，但是，二者在研究时间、研究内容、研究范围和参与研究的人员等方面存在着明显的差异，VM 比 VE 拓宽了。VE 总是假定研究问题是确定的，又是超越时间而静止的；假定委托人在根本上是一致的，目标是固定的、明确的、以功能为基础，能通过单一尺度的建筑经济成本模型进行决策支持。VM 是群体决策支持的一种应用，注重集体的智慧。它除了强调真实、准确的数

据，更强调群体的决策过程，例如，建筑设计涉及设计者、业主代表、经济专家等，显然是一种群体活动。因此，可以说 VE 是 VM 的一个特例。

二者的联系是 VE 是 VM 的一个主要组成部分，VM 是对 VE 的发展：由设计、施工阶段向前延伸到项目决策阶段，向后延伸到项目的运营阶段，研究内容包括对项目功能和目标的分析、评价和论证，而且这一发展对提高项目的投资价值及控制成本是非常重要和有效的。

4. VM 在实际应用中应该关注的环节

（1）信息收集与任务确定。VM 需要建立包括各主要参与方在内的研究小组，收集相关成本数据、工艺流程等相关信息，然后对其进行整理归类。

（2）成本分析。信息收集整理完成后，研究小组就需要对信息进行分析，确定成本的来源，影响成本的因素有哪些，成本动因是什么，找出哪些是增值成本，哪些是非增值成本。因为非增值成本在项目的全生命周期中都会存在，所以在项目的全生命周期中都需要进行 VM。

（3）功能分析。成本分析完成后，需要对项目功能进行分析，然后通过成本分解结构，将成本分配到每个必要的功能中去。当问题的研究接触到问题的本质时，就会产生创造力。

（4）价值创造。对于价值创造，研究人员要跳出原有由多年的培训、文化、习惯和社会背景等所形成的熟悉的环境，以崭新的方式看待所面对的问题。

（5）评价与提交。经过前面几个环节的研究分析，研究人员将新观点或方案与旧有的进行比较，看哪些地方需要改进，哪些不需要。将原有项目的价值与由研究小组提出的新方案项目的价值进行比较，最后由决策者做出最终选择。

16.2.2 PPP 项目全生命周期价值管理的主体及利益相关者

PPP 项目全生命周期价值管理（Life Cycle Value Management）是 PPP 项目产品在全生命周期内达到社会或企业的最大价值而采用的一系列的管理过程，是全生命周期管理与价值管理的有机结合，全生命周期追求的基本目标涉及进度、质量、投资、安全、职业健康和环境各方面，价值管理是其中的一部分。

1. PPP 项目价值管理的主体

在 PPP 项目的价值管理中，首先应当确定价值管理的行为主体。PPP 项目中公私双方共担风险，共享利润，共同对项目的决策、设计、施工和运营负责，而处在各方核心地位的就是 PPP 项目公司，项目公司是 PPP 模式中最适合进行价值管理的主体。项目公司一方面需要深入参与 PPP 项目的决策阶段，对于项目的建设标准、运营标准和项目移交标准，需要与公共部门进行讨论，项目运营期间的收费和管理也应当在谈判中充分讨论。公私双方都会参与项目公司的组建，双方的利益都会得到体现，因此项目公司集中了利益相关方的利益和需求。因此由项目公司负责项目的价值管理最合适不过。

2. PPP 项目全生命周期涉及的利益相关者

PPP 项目作为多方利益的综合体，交汇渗透了各方利益要求，这些利益要求由于各自的独立性，必然存在各种利益的矛盾和冲突。此外，PPP 项目还具有强大的外部性，其价值的实现在于以最优的资源配置有效地满足项目利益相关者的需求。利益相关者模型如图 16-5 所示。

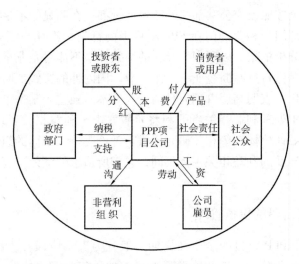

图 16-5 利益相关者模型

PPP 项目的全过程涉及项目发起与确立、合作者的选择、资金的筹措、设计、施工、运营和维护等诸多方面和环节。整个过程中涉及的参与方有政府的公共部门（为项目公司提供特许权，最终可能拥有项目）、私营部门（项目公司的主要股东）、项目公司、债权人（主要是银行和金融机构）、用户（产品/服务购买者）等。此外，还有为项目提供保险的保险公司，以及承包商、供应商、咨询机构和顾问公司、公众等。不同阶段的利益相关者见表 16-3。

表 16-3 不同阶段的利益相关者

决策阶段	设计阶段	施工阶段	运营阶段	移交阶段
中央政府/地方政府的有关机构、参与投标的私营部门、咨询中介公司、项目周边社区、公众和用户媒体、非政府组织、研究结构	中央政府/地方政府的有关机构、中标的私营部门、咨询中介结构、金融机构、设计方、施工方、项目周边社区、公众和用户媒体、非政府组织、研究结构	中央政府/地方政府的有关机构、特许权授予者、咨询中介机构、设计方、施工方、供应商、项目周边社区、公众和用户媒体、非政府组织、研究结构	中央政府/地方政府的有关机构、特许权授予者、投资方、咨询中介机构、设计方、施工方、项目维护方、运营商、项目周边社区、公众和用户、媒体、非政府组织、研究结构	中央政府/地方政府的有关机构、特许权授予者、投资方、咨询中介机构、审计单位、项目周边社区、公众和用户媒体、非政府组织、研究结构

在 PPP 模式下，各利益相关者的关系既表现为利益相关者自身的追求和所受约束的双重性，也表现为各利益相关者之间错综复杂的制约关系。公共部门要求确保 PPP 项目按时按质按量完成，社会资本寻求与风险匹配的投资回报，而用户的目标是享受 PPP 项目的产品和服务，并支付合理的价格。由于在有限的资源分配中的利益驱动，各个目标之间既存在一定的冲突和矛盾，需要进行协调和交易，又彼此互相依赖。这就需要对利益相关者进行管理，关键是在利益相关者之间建立一种平衡关系和制约机制，从而形成一个互惠、稳定的一体化系统。

PPP 项目除了追求与一般企业相同的利润外，还必须承担一定的社会以及环境责任。完全按照私人企业或完全按照政府公共部门的绩效评价都存在明显的不足。利益相关者理论为我们理顺了政府公共部门、私营部门在PPP项目中的行为、责任与绩效收益的不同主体之间的关系，并提供了分析框架。以利润为导向的绩效体系不能对企业承担社会责任的绩效进行公正的评价，尤其是像自然垄断企业、公用事业。国内外的实践证明企业经理报酬与企业绩效之间关系开始弱化，表明高层管理人员的行为并不是独立于某一个企业或服从于某一个利益相关者，而是处于处理利益相关者的利益矛盾之中。利益相关者理论为分析PPP项目的评价主体、设计绩效评价体系等相关研究提供了理论支持。不同的组织或实体由于本身性质特征，以及由此所涉及的利益相关主体不同，它们所追求的绩效维度也不同，绩效评价指标的设计也就不同。

16.2.3　PPP项目各阶段的价值管理

从项目本身而言，PPP项目的全生命周期一般分为五个阶段：①决策阶段；②设计阶段；③施工阶段；④运营阶段；⑤移交阶段。对应的价值管理也应分五个阶段进行细化落实，如图16-6所示。

图16-6　PPP项目全生命周期的五个阶段

1. PPP项目决策阶段的价值管理

决策阶段的价值管理主要由公共部门完成，主要任务是项目的选择和可行性研究。在项目任务书前期，主要明确项目的价值目标，确定项目的实施方向，例如项目的类型、选址、项目的技术经济指标等。因而此阶段的价值管理应着重于如何挑选合适的项目、在什么地点实施、希望项目实现怎样的功能、达到什么样的经济指标等这些方面，为项目的实施奠定良好的基础。

与其他项目不同，对于PPP项目，除确定项目的类型、地点，进行经济技术指标评价外，还要对项目的公私合营可行性进行分析评估，包括对PPP项目对私人资本的吸引力、私人资本的实力、私人资本的风险承受能力等方面进行综合评价。

2. PPP项目设计阶段的价值管理

设计阶段的价值管理对于产品最终价值的实现具有重大的意义，成本节约的最大可能阶段就在设计阶段。随着设计工作的进一步开展，产品的构成进一步明确，成本可以优化的空间越来越小，同时优化的限制越来越多。因此，在设计阶段进行价值管理，能够更好地发挥设计的创造性，满足社会需要、使价值转化为设计因素，并能大幅度提高投资经济效益。

在初步设计阶段，主要考虑设计思路是否满足顾客的要求及设计产品的功能要求。其中的价值规划过程包括的内容有评价指标设定、指标功能打分、指标功能系数计算、功能成本系数计算。而在施工图设计阶段，以建筑产品为例，价值管理关注的重点包括：各种装置和线路；详细工程设计；详细施工设计；机械系数；装饰的建筑设计；施工材料；草拟明细表；协调、审查及核对；最终工作详图及说明。

3. PPP 项目施工阶段的价值管理

施工阶段在建筑产品价值形成过程中占有极为重要的地位，是将物化劳动和活劳动转化为产品的使用功能和价值。同时施工阶段相对于设计阶段来说，是一个比较漫长的阶段。虽然施工阶段对总造价的影响程度较小，但通过施工阶段的价值管理，可以检查设计阶段的价值管理效果，提高设计的水平和质量，提高产品的使用功能和使用价值，进而提高产品的整体价值。在传统的目标管理模式下，质量、成本、进度这三大目标往往会顾此失彼。进行价值管理可以弥补这方面的不足，价值管理从功能分析入手，强调的是产品功能的提高和成本的合理降低的有机结合，符合可持续发展和循环经济的思想，促进资源的合理节约。

施工阶段的价值管理主要关注以下几点：施工招标过程价值管理；施工组织设计价值管理；结构选型和工程选材价值管理；施工机械选择价值管理；施工方案选择价值管理。

4. PPP 项目运营阶段的价值管理

运营阶段在产品全生命周期中占据的时间最长，一般特许经营时间为 20 年以上，运营期要占到 90% 以上。在这漫长的周期里，产品充分发挥着本身的使用价值和功能，同时投入的运营和维修费用也非常巨大，因此价值管理的意义十分重大。但是产品在该阶段的价值管理目前发展十分缓慢，一般在维修方案或设备更新方案的选择、拆除重建或折旧利用的比较中进行价值管理，如果是商业建筑，还可能会在商业模式选择上应用价值管理。在运营阶段，PPP 项目公司负责项目的日常运营、维护、维修和翻新，靠政府补贴和市场化运作获得收益。在该阶段的价值管理强调日常财务和融资计划的创新，以有效降低财务和融资成本，注重相关运营设施的选用和维护。价值管理团队通过数据收集、实际使用价值考察，进行比较和分析，来总结产品实施经验和教训，有利于新的产品目标和价值的设定，达到为产品增值的效果。

5. PPP 项目移交阶段的价值管理

移交阶段价值管理的关键在于对 PPP 项目的价值评估，建立相应的评价体系，为今后改进 PPP 项目的准备、决策、管理、监督等创造条件，并为提高 PPP 模式的投资效益提出切实可行的对策措施。另外，此阶段的价值管理可在此管理基础上提出 PPP 项目在移交之后的处理方法和后期运营的关键点。

16.3　PPP 项目的绩效评价模型

16.3.1　绩效评价理论

1. 国内外 PPP 项目绩效评价理论对比研究

由于 PPP 项目的特殊性和复杂性，PPP 项目的绩效评价不仅仅要对其主要经济效益进行评价，还要对其提供公共物品或服务的公平性进行评价，国内外对 PPP 项目的绩效评价研究理论很多，包括平衡计分卡理论、关键绩效指标和项目成熟度模型等，有些一般的绩效评价理论也可适用于 PPP 项目的绩效评价，可作为下一步研究的基础，见表 16-4。

2. PPP 项目绩效评价指标确定的方法

根据以往经验，可用于 PPP 项目绩效评价指标确定的方法主要有五种：基准标杆法、成功关键分析法、策略目标分解法、平衡计分卡法和 VFM 评价指引法，见表 16-5。

3. PPP 项目常用的绩效评价方法

PPP 项目常用的绩效评价方法见表 16-6。

表 16-4 国内外可用于 PPP 项目绩效评价的理论对比分析

绩效理论	提出者	定义	特点	优点	缺点	适用范围
挣值法（EVM）理论	美国国防部	是一种比较项目实际与计划之间差异的方法，又称为偏差分析法。根据计划、时间、质量、成本等方面的差异情况，可以对项目中剩余的任务进行预测、调整和控制	挣值法有三个基本参数：计划值（PV 或 BCWS）；实际值（AC 或 ACWP）；挣值（EV 或 BCWP）。一般有四个评价指标：成本偏差（CV）；进度偏差（SV）；成本绩效指数（CPI）；进度绩效指数（SPI）。两个预测指标：项目完工时的预测成本（EAC）；项目完工尚需成本（ETC）	1. 用货币量来衡量 2. 用三个基本值进行评价，准确把握项目成本、进度的发展趋势，有利于计划调整 3. 每个工序完成之前分析偏差，根据挣值法提供的信息加强对外部因素的监控，有利于管理人员采取正确的工作措施	1. 注重整体分析而忽略项目内部工作间挣值法的应用 2. 可能导致项目执行组织为了获得更多挣值，将难度大的工作后做	适用性广
平衡计分卡（BSC）	哈佛大学教授 Robert Kaplan 和诺顿咨询公司总裁 Norton	以企业的战略和远景规划为前提建立的，对企业从服务客户、财务、内部过程、创新与学习等方面进行评价，再加上若干子指标建立的综合指标体系	服务客户主要评价企业如何为客户主要创造价值；财务状况主要评价企业如何在创造价值的同时控制成本；内部过程主要是指为了满足客户需求，并将成本控制在预算范围内，评价企业应在哪些过程中完成超越；创新与学习主要评价企业能否持续改进和创造价值	四个方面指标落脚到财务指标上，有利于统一评价，有助于衡量、培植和提升组织核心能力，是长期的，可持续发展的评价制度，且应用范围广	1. 四个层面的因果关系无法从绩效考核指标上体现出来，导致因果关系设置不严密 2. 指标的选择和权重分配较难，实施成本高 3. 不适用于做决策	适用于财务类指标的确定；适用于组织的战略目标能够战略层层分解的企业，对战略进行评价
项目成熟度模型（PMM）	Ibbs 教授和其助手 Kwark 在 CMM 基础上提出	是针对项目过程和组织的评价体系，对工程项目管理能力进行等级划分，将项目管理能力定义为五个等级：简单化、程序化、系统化、集成化以及最优化	该模型考虑了成熟度与项目管理九大知识领域，而且考虑了成熟度与项目管理过程的关系，后一等级相比于前一等级在项目管理能力方面有所突破	1. 覆盖面广，综合性强 2. 理论化程度较高 3. 根据过程域的描述情况，评判所属等级，评价简单	1. 指标的针对性不强 2. 可操作性的指标太少 3. 评价主要调查的工作量大	主要适用于项目管理领域或成项目驱动型的企业

（续）

绩效理论	提出者	定义	特点	优点	缺点	适用范围
关键绩效指标（KPI）	英国应用广泛的一种绩效评价体系	立足于项目最终战略目标，确定战略实现的有利因素，通过对组织内部流程的输入端、输出端的关键参数进行设置、取样、计算、分析，把企业的战略目标分解为可操作的工作目标，进而明确项目关键绩效，最终通过考核并改进关键绩效管理的基础	KPI是对战略目标的分解；是对重点经营活动的衡量而不是对所有操作过程的反映。常用的方式包括：①基于公司内部导向法的KPI，通过选择业内最佳流程作为基准未牵引本项目或本项目提升绩效；②依托于平衡计分卡基础之上的KPI，考核指标涉及财务和非财务类；③依托关键成功因素法和历史成功经验类，通过提炼历史成功经验和要素进行重点绩效监控，并展开模块化分析	1.目标明确，有利于公司战略目标的实现 2.提出了客户价值理念 3.有利于组织利益与个人利益达成一致	1.指标比较难以界定 2.会使考核者误入机械的考核方式 3.并不是针对所有岗位都适用 4.指标要随着公司战略目标的发展而调整	适用于公司远景、战略、整体效益可以分解的绩效评价
工程项目费用/进度绩效灰色整体预测模型	丰景春	从合同项目、业主、承包商三个方面进行费用/进度指标的评价	对三大方面的费用/进度指标从业主计划值（BCWS）、预算指标（BCWP）和实际值指标（ACWP）进行评价，充分完善了工程项目费用及进度控制体系	1.针对工程建设项目的费用和进度进行绩效评价，针对性强，建立了指标体系和评价模型 2.评价量化程度高	适用范围窄	基于合同的工程建设项目关于进度和费用的绩效评价
工程绩效评价模式	贺长青	从"进度控制""预算执行率""行政作业""工程质量""环境影响"五个方面发展了19个指标进行绩效评价	该模式将预算支出与进度达成率两项量化比值加以整合，建立整体性预算/进度评价模型	1.比单一的预算或进度评价指标提供更全面的信息 2.可判定在实际执行时，预算/进度的绩效以及之间的合理性	缺乏整体的系统性	一般工程项目

(续)

绩效理论	提出者	定义	特点	优点	缺点	适用范围
以 VFM 为导向的 KPI 体系反概念模型	袁竞峰	采用 KPI 从 PPP 项目中提炼归纳识别出 48 个重要的 PPP 项目绩效指标，其中 31 个指标更为重要	1. 以 VFM 为导向，可以反映 PPP 项目的执行效率、效能、经济性和伙伴关系的波动 2. 强调 PPP 项目特有的决策阶段的影响	1. 包含反映了利益相关者需求的动静态指标 2. 结合了目标管理和量化考核的思想	对于指标如何评价未做说明	适用于 PPP 项目
基于 SEM 方法的 PPP 项目绩效的影响因素模型	孙慧	提出了 9 个测量 PPP 项目绩效的关键指标，并识别出可能对 PPP 项目绩效产生影响的 3 个主要影响因素和 18 个可供测量的子因素，从而构建了 PPP 项目绩效影响因素模型	该模式综合考虑政府部门、私企机构、监管部门及社会公众等利益目标，考虑因素较为全面；该模型以 PPP 项目的评价主体构作为第三方监管机构	1. 考虑因素全面 2. 通过结构方程模型 (SEM) 分析每个指标对于绩效的影响程度，体系科学性强	通过调查问卷进行数据收集，问卷发放对象对于结果有一定的影响	适用于 PPP 项目

表 16-5 确定绩效评价指标的方法

方法	定义	特点	优点	缺点	适用范围
基准标杆法	将行业中领先企业的关键指标作为基准与自身进行评价、比较，通过分析这些标杆企业的绩效形成原因，找出自己在绩效管理方面的不足，并在此基础上建立本企业可持续发展的关键业绩标准及绩效改进方法	有助于提高企业绩效并持续改进	很难对其进行改进应用在项目上寻找最优秀的项目数据非常有难度	适用于各公司制定绩效指标
成功关键分析法	寻找项目的关键成功因素，再对关键成功因素层层分解从而选择绩效评价指标，建立绩效评价指标体系	通过对少数几个关键因素的研究，识别、管理和控制来实现绩效评价，管理简单，针对性强	难点在于关键成功因素的识别	适用范围广，不仅可以用于企业，也可以应用于项目

（续）

方法	定义	优点	缺点	适用范围
策略目标分解法	先确定企业的战略目标，然后通过业务和计划进行分析，对战略方案和计划进行排序，分别建立企业的价值驱动因素，层层分解出企业中创造的价值驱动因素，层层分解从而选择考核的绩效指标，建立绩效评价体系	从战略角度出发，评价结果用于企业的绩效提升	对于PPP项目，很多因素不能用价值衡量，如质量、安全、公私合作关系等	主要用于企业，适用于财务类指标的确定
平衡计分卡法	通过财务、内部经营过程、客户、学习与成长四个方面指标之间的相互驱动的因果关系实现绩效考核、改进等目标	四个方面指标落脚到财务指标上，有利于统一评价	四个层面的考核指标无法从绩效考核指标上体现出来，导致因果关系设置不严密	适用于财务类指标的确定
VFM评价指引法	从全生命周期来衡量价格是否最优，的性价比是否最高三个层面进行评价，综合经济、社会效益考虑	1. 目标性强 2. 专门对PPP项目的规定	—	适用于PPP项目

表16-6 PPP项目常用的绩效评价方法

评价方法	定义	优点	缺点	适用范围
模糊综合评价法	根据模糊数学的隶属度理论把定性评价转化为定量评价，即用模糊数学对受到多种因素制约的事物或对象做出一个总体的评价	1. 将定性问题定量化 2. 结果清晰，系统性强 3. 评价值具有直接的物理含义	1. 不能解决评价指标间相关造成的评价信息重复问题 2. 指标权重人为确定，具有主观随意性 3. 评语等级数的多少、评语等级量化方法都会影响到评价结论	适用于主观和客观指标的综合评价以及各种非确定性问题的解决
层次分析(AHP)法	把研究的复杂问题看作一个大系统，与决策有关的元素分解成目标、准则、方案等层次，在此基础上进行定性和定量分析	1. 具有系统性 2. 简洁实用 3. 所需要的定量数据信息较少	1. 不能为决策提供新方案 2. 定量数据较少，定性成分多，不易令人信服 3. 指标过多时数据统计量大，且权重难以确定 4. 特征值和特征向量的精确求法比较复杂	1. 适用于多目标决策 2. 用于求解层次结构或网络结构的复杂评价系统的评价问题 3. 用于地区经济发展方案比较、科学技术成果评比等

（续）

评价方法	定义	优点	缺点	适用范围
功效函数法	对每一项评价指标确定一个满意值和不允许值，以满意值为上限，以不允许值为下限，计算各指标实现满意值的程度，并以此确定各指标的非均衡性。可以进行手工打分，也可以利用计算机处理，从而评价研究对象的综合状况	1. 从不同侧面对评价对象进行计算评分 2. 充分反映指标完成确定的标准 3. 可以进行手工打分，也可以利用计算机处理，有利于评价体系的推广应用	1. 单项得分的满意值和不允许值不容易确定，且没有确定的标准 2. 有可能对指标评价不全面	1. 将功效函数法引入财务综合分析中，用来弥补加权平均法的缺陷 2. 进行业绩评价，使企业中不同的业绩因素得以综合
逻辑框架分析（LFA）法	是目前国际组织采用的一种设计、计划和评价的方法	1. 将因果关系转换为目标关系，有利于提高规划与设计水平 2. 方便政府和项目多个投资方联络 3. 为决策者提供客观的信息 4. 有利于行业部门的对比研究	1. 需要详尽的数据 2. 有可能忽视了实际可能发生的变化	应用于项目策划设计、风险分析、评价、实施检查、监测评价和可持续性分析中，已成为一种通用方法
加权评分法	将指标数值实际值与标准值进行对比后，再乘上权重求和，得到绩效	简便易算	1. 未能区分指标的不同性质 2. 不能动态地反映企业发展的变动状况 3. 忽视了权重作用的区间规定性	适用于绩效评价时的计算
数据包络分析（DEA）法	DEA是使用数学规划模型比较决策单元之间的相对效率，通过对输入和输出多个决策单元（DMU）相对综合效率的数量指标，对决策单元做出评价	1. 可用于评价多投入和多产出的决策单位的绩效 2. 具有单位不变性 3. DEA的权重由数学规划产生，不受主观因素影响	1. 要应用比较高深的数学知识，在企业界一时难以推广 2. 没有从企业内部挖掘影响竞争力的因素 3. 易受到极值的影响	适用于多投入多输出的复杂系统
主成分分析法	是一种利用降维的思想，在损失很少信息的前提下把多个指标转化为几个综合指标的多元统计方法，通常把转化生成的综合指标称为主成分	1. 可消除评价指标之间的相关影响 2. 可减少指标选择的工作量 3. 容易抓住主要矛盾，使问题得到简化，提高分析效率 4. 计算规范，便于计算机操作	主成分的解释含义在维中带有模糊性	1. 用于对系统运营状态做出评价 2. 应用于经济效益、经济发展水平、生活水平、生活质量竞争力、生活水平、生活质量的评价研究上

16.3.2 关键绩效指标及其识别方法

意大利经济学家帕累托认为，在任何特定的群体中，重要的因子往往只占少数，而不重要的因子往往占多数，只要控制重要的少数，即能控制全局，反映在数量比例上，大体就是2∶8，这就是著名的经济学原理——"二八原理"。企业在价值创造的过程中，每个部门和每一位员工80%的工作任务是由20%的关键行为完成的，抓住20%的关键，就抓住了主体。

关键绩效指标（Key Performance Indicator，KPI）方法正是基于帕累托"二八原理"产生的一种绩效评价和管理方法。KPI 从企业工作流程的关键成功因素中提炼和归纳出若干具有强烈目标导向性的、最具有代表性的、易量化操作的绩效评价指标体系，并以此为基础构建绩效评价模式。

KPI 起源于英国建筑业。在 1998 年发表的《重新思考建筑业》和 2002 年发表的《加速变革》两个重要报告中，都着重强调了工程绩效评价与改进的重要性，甚至还制定了全年度绩效改进的具体目标：成本减少 10%，工期缩短 10%，预测能力增加 20%，质量缺陷减少 20%，安全事故减少 20%，生产率提高 10%，利润率提高 10%。在此基础上，英国有关研究机构制定了实现上述目标的关键绩效指标，如：①项目按时完成；②成本控制在预算范围内；③远离质量缺陷；④高效率；⑤有良好的效益；等等。

KPI 方法具有以下作用：①以组织的发展目标来确定部门和个人的绩效指标，使得 KPI 不仅成为激励和约束企业和员工的一种机制，还要发挥 KPI 的战略导向作用；②通过企业战略目标的层层分解，使得各级目标（包括团队和个人目标）不会偏离组织战略目标；③及时发现需要改进的领域，并及时反馈给部门和个人；④KPI 的输出就是绩效评价的标杆，要求 KPI 紧紧围绕 PPP 项目的绩效目标，充分体现 VFM 的要求。

"二八原理"为绩效考核指明了方向，即考核工作的主要精力要放在关键的结果和关键的过程上。于是，所谓的绩效考核，一定放在关键绩效指标上，考核工作一定要围绕关键绩效指标展开。

确定关键绩效指标有一个重要的 SMART 原则。SMART 是五个英文单词首字母的缩写：

（1）S 代表具体（Specific），是指绩效考核要切中特定的工作指标，不能笼统。

（2）M 代表可度量（Measurable），是指绩效指标是数量化或者行为化的，验证这些绩效指标的数据或者信息是可以获得的。

（3）A 代表可实现（Attainable），是指绩效指标在付出努力的情况下可以实现，避免设立过高或过低的目标。

（4）R 代表现实性（Realistic），是指绩效指标是实实在在的，可以证明和观察。

（5）T 代表有时限（Time-bound），是指要注重完成绩效指标的特定期限。

为方便分析，这里将 PPP 项目分为项目准备阶段、项目采购阶段、项目建设阶段、项目运营阶段和项目移交阶段。每个阶段有不同的影响项目成功的关键成功因素（Critical Success Factor，CSF），如图 16-7 所示。

下面以某项目为例，介绍项目各阶段的 CSF 及其 KPI。

（1）项目准备阶段。在此阶段，首先要分析项目的必要性和可行性，比较不同的项目方案，即通过 VFM 值与 PPP 值的比较，对项目所处的政治、经济、法律环境进行分析。在此阶段的 PPP 项目的 CSF 和 KPI 见表 16-7。

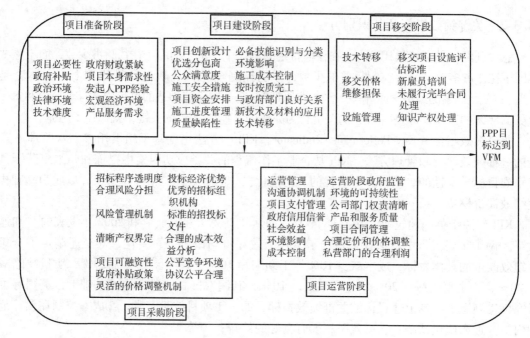

图 16-7 PPP 项目 CSF 识别

表 16-7 项目准备阶段 PPP 项目的 CSF 和 KPI

序号	CSF	KPI
1	项目的必要性	可行性研究、项目产品/服务需求分析
2	项目资金价值	VFM
3	稳定的政治法律环境	政治稳定性
		当地政府信用和办事效率
		政策支持
		法律法规健全、公平
4	良好的经济环境	宏观经济发展水平
		地区经济发展水平
		当地居民收入/消费水平
5	金融市场	证券市场融资可能性/成本
		银行贷款可能性/成本
6	项目投资人 PPP 经验	曾经运营类似项目
7	政府补贴/付费	有无补贴
		是否政府付费

对上述关键因素进行分析，可以降低项目的风险，提高项目的可行性，有利于 PPP 项目投资人决策。

（2）项目采购阶段。在此阶段，有政府主导 PPP 项目招标投标，公开公平、规范有效的程序将大大提高效率，减少企业不必要的浪费。投资者要获得项目的特许权，就需要有一定的实力和经验，投标各方面符合要求。此阶段的关键指标见表 16-8。

表 16-8 项目采购阶段的 CSF 和 KPI

序 号	CSF	KPI
1	竞争性招标投标	招标程序公开、公平、公正
		组织科学、合规
		招标代理富有经验
2	招标投标文件	文件规范清晰
		文本完整、合规
3	技术先进性	技术先进可靠
		设计新型
4	项目收费水平	合理可接受
5	项目合作方的实力	经济实力雄厚
		企业资质符合要求
		团队整齐、运作经验丰富
6	项目融资方案	融资方案可行、结构合理
7	经济指标测算	测算客观可行
8	PPP 项目协议公平合理性	双方地位平等
		产权界定清晰
		风险分担公平合理
		特许权期限合理
9	限制性竞争	政府是否给予限制性保护

（3）项目建设阶段。项目方获得特许经营权后，主要在政府的监督下，围绕工程建设进行工作，涉及从工期、质量、成本控制的一些关键指标，见表 16-9。

表 16-9 项目建设阶段的 CSF 和 KPI

序 号	CSF	KPI
1	良好的工期管理	承包商的技术能力
		图样设计规范清晰
		进度管理控制水平
2	与政府关系	有效及时的沟通协调能力
		项目审批效率
		应急公关能力
3	施工管理水平	质量监督体系健全
		施工程序标准化水平
		安全措施落实到位
4	成本控制水平	预算精细合理
		原材料采购市场化
		材料进出库保管台账化
		节约奖励措施
5	环境影响评价	实时环境检测
		施工污染物管控

（4）项目运营阶段。建设施工结束后，项目进入正式的运营阶段。各方都在关注项目是否能够正常有效运营，生产出合格的公共产品，或提供合格的公共服务，实现项目的预期经济效益。此阶段的 CSF 和 KPI 见表 16-10。

表 16-10　项目运营阶段的 CSF 和 KPI

序　号	CSF	KPI
1	政府支持	政府资金或融资支持
		税收减免、补贴安排
		配套设施落实及时
		处理突发事件
2	政府监督	及时处理公众投诉
		监督措施合理
3	项目运营良好	运营技术可靠性
		运营经验丰富
		员工培训
4	经济效益良好	成本控制合理
		生产效率高
		合理灵活的价格调整机制
		收益率符合约定
5	产品服务满意度	提供高质量的产品/服务
		价格合理可以接受
		公众满意度
6	社会影响	安全健康、环境友好
		解决公众需求
		解决社会就业

（5）项目移交阶段。PPP 项目合同到期后，社会资本方应当根据约定将项目移交给政府方，项目移交阶段的 CSF 和 KPI 见表 16-11。

表 16-11　项目移交阶段的 CSF 和 KPI

序　号	CSF	KPI
1	移交标准明确性	合同约定标准明确
		项目绩效评价结构结果
2	移交范围	列出财物明细
		文件清单
		技术转移
		知识产权
3	项目运营状况	评价结果
4	移交程序	成立移交工作组
		制定时间表
5	维修保证	维修担保约定明确
		维修服务措施保障

上述 CSF 和 KPI 只是大概罗列，不同的项目有不同的影响项目成功的关键因素和指标。作为项目的实施人，如果能抓住关键因素和指标，就能抓住项目的大局。

下面以我国水污染防治为例，说明 PPP 绩效评价的内容和要求。《财政部、环境保护部关于推进水污染防治领域政府和社会资本合作的实施意见》（下称《实施意见》），规定了 PPP 绩效评价工作规范体系。

（1）评价内容。《实施意见》从两个层面提出推进绩效评价工作：①在专项资金层面，全面推进水污染防治专项资金支持项目绩效评价，从专项资金使用角度，对资金使用情况、项目实施情况、取得成效等进行追踪问效。②在 PPP 项目实施层面开展绩效评价，从项目公共属性角度，对 PPP 项目实施过程中提供的产品及服务质量和标准等开展评价。

（2）评价对象。水污染防治项目绩效评价应在财政部门推行的 PPP 项目有关文件的要求下规范开展。《财政部关于推广运用政府和社会资本合作模式有关问题的通知》提出，PPP 项目绩效评价重点从绩效目标实现程度、运营管理、资金使用、公共服务质量、公众满意度等方面开展。水污染防治 PPP 项目绩效评价包括三个层面：①项目日常运行过程中的绩效监控。重点对项目的关键绩效指标进行评测，如项目污染物减排量、河道水体水质改善程度等，以绩效监控结果作为政府购买服务费用支付依据，同时通过绩效监控加强项目运营的监管。②项目阶段性的绩效评价。在项目日常运行绩效监控基础上，每隔 3~5 年开展一次阶段性绩效评价，对阶段目标实现程度、公共产品和服务的数量和质量、资金使用效率、运营管理、可持续性、公众满意度等方面进行综合评价，以评价结果提升项目实施、公共产品和服务供给的质量和效率。③项目实施完毕后开展项目整个实施周期绩效评价。对项目的总体目标实现程度、成本效益、可持续性等进行评价，评价结果作为完善 PPP 模式制度体系的参考依据。

（3）评价主体。水污染防治 PPP 项目的绩效评价主体首先是政府部门，具体可以是政府指定的负责 PPP 项目实施的单位，由其负责对 PPP 开展绩效评价。《实施意见》提出将服务使用者纳入评价主体，建立服务使用者与政府共同参与的综合性评价体系。《实施意见》提出积极推广第三方绩效评价，可将绩效评价的具体工作委托给独立的第三方单位承担，以保证绩效评价结果客观、公正。

（4）结果运用。绩效评价的目的不在于评价本身，而是评价结果如何应用。绩效评价最重要的功能之一是"反馈调节"。因此，水污染防治 PPP 项目绩效评价应建立相应的结果应用机制，可包括以下几方面：

首先，绩效评价结果应依法对外公开，接受社会监督，鼓励公众参与对项目的监管，切实提高项目实施水平和效益。

其次，将绩效评价结果作为 PPP 项目的财政补贴、收费标准、合作期限等重要内容调整的依据，可通过合同约定具体调整条件和方式，保证公共利益最大化。

此外，对于国家设立的水污染防治专项资金或社会设立的环境保护基金，应建立项目绩效与专项资金或基金分配相挂钩的机制。对于实施绩效良好的项目，专项资金或基金予以优先支持；对于已获支持但实施绩效不理想的项目，酌情采取暂停支持、追回资金等惩罚措施。

以建设工程为例，PPP项目是特殊的建设项目，不仅仅向项目所有人提供建设产品，更为重要的是提供服务或产品至运营阶段，而在项目最开始阶段私营部门的介入程度也大大超过了传统的建设模式，由于PPP项目采用公私合作的方式建设公共项目并提供公共产品和服务，因此PPP项目比一般的建设模式更需要价值管理，以提高PPP项目的绩效水平，为社会提供更大的福利。

PPP建设项目的终极产品大多是向社会提供各种用途的建筑物，因而建筑项目的价值管理简单来说就是以建筑物为载体向社会提供高价值的产品或服务。对于PPP项目的建筑产品的绩效评价，不仅仅是质量、成本和时间的简单综合，还需要考虑其他因素，例如人文、环境、经济、美学和安全等因素。从PPP项目的角度来说，应当考虑所有利益相关者或者关键利益相关者期望的实现程度，根据利益相关者的期望实现程度来衡量价值的大小。

16.3.3 PPP项目绩效考核的流程

本书中PPP项目的绩效考核主要从考核主体确定、计划阶段、辅导阶段、评价阶段和反馈阶段这五个阶段进行，如图16-8所示。

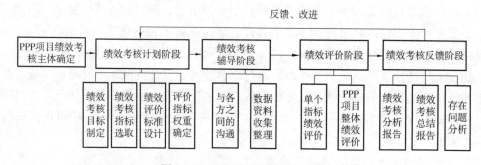

图16-8 PPP项目绩效考核流程

（1）PPP项目绩效考核主体确定。即确定PPP项目绩效由谁考核的问题。PPP项目的绩效考核主体可以是政府，由政府对私营部门的产品或服务质量进行考核，从而实现约束和管控；考核主体也可以是项目公司或者各参与方，进行自评或者他评，从而实现对PPP项目的管理和改进。

（2）PPP项目绩效考核计划阶段。主要包含的工作是绩效目标的制定、绩效评价指标的选取、绩效评价标准的设计、绩效评价指标权重的确定等，在实施中结合具体要考核的项目进行深入分析，使得考核更加贴近项目实际。PPP项目绩效考核的计划可以是一个动态的过程，随着PPP项目的进展而不断调整。

（3）PPP项目绩效考核辅导阶段。这个阶段衔接PPP项目绩效考核计划和评价阶段，由于需要不断地进行各方之间的沟通交流，并对PPP项目实施过程中的相关数据进行收集、记录等，该阶段占用的时间最长。PPP项目的监督部门要公布PPP项目的信息，私营部门需要不断加强内部管理，全面、科学地收集整理数据、文件、资料，确保数据的真实性。在此阶段的两个关键词是绩效监控和绩效辅导沟通。

1）绩效监控是指考核者始终关注项目的各项活动，以保证项目按计划进行，并纠正各种偏差的过程。在绩效监控阶段,考核者要完成两项任务:一是通过持续不断的沟通对被考核者的工作给予支持,并修正工作与目标之间的偏差;二是记录工作过程的关键绩效或绩效数据,为绩效考核提供信息。客观的结果数据可以从信息系统中提取,而那些行为数据则要靠平时的记录。

2)绩效辅导沟通的作用在于能够前瞻性地发现问题并在问题出现之前解决,还在于能将考核者与被考核者紧密联系在一起,经常就存在和可能存在的问题进行讨论,共同解决问题,排除障碍,达到共同进步和共同提高,实现高绩效的目的。

(4) PPP项目绩效评价阶段。利用计划阶段设定的绩效目标、绩效评价指标、绩效评价标准等对辅导阶段收集到的数据进行评价。为保证绩效评价的科学合理性,需要采取科学的绩效评价方法,对每个指标的实施情况和设定的标准进行对比分析,从而对每个指标进行评价,可以通过绩效评价模型得到PPP项目的整体绩效评价结果。

(5) PPP项目绩效考核反馈阶段。该阶段是绩效管理取得成效的关键,目的是促进PPP项目绩效的改进和绩效考核指标体系的不断完善。管理者应当将绩效结果及时反馈给PPP项目公司,对PPP项目绩效评价阶段获得的考核结果进行分析,尤其对得分低的指标进行研究分析,找出问题所在,并提出相应的改进措施,形成绩效考核报告,将其反馈回PPP项目的绩效考核计划阶段,帮助项目公司查找产生良好绩效和不良绩效的原因,并制定改进的措施和方法促进评价体系的不断完善。PPP项目的绩效考核后四个过程通常被看作一个循环,如图16-9所示,通过循环,不断促进绩效考核水平的提升。

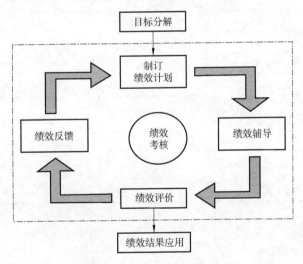

图16-9 绩效考核流程循环

16.3.4 PPP项目绩效考核的模板

为了使得PPP项目绩效考核实现操作上的模板化、统一化,这里设计了针对底层指标的考核表以及所有绩效考核指标的结果汇总表,见表16-12和表16-13。同时为了定期审查,设计了月度(季度)绩效考核表,见表16-14。

表 16-12　PPP 项目底层指标绩效考核表

底层指标	考核因素（或考核方面）	绩效目标	评价标准	评价得分（或评价等级）	参考依据
绩效评价指标 1	影响因素 1				
	影响因素 2				
	⋮				
	影响因素 n				

评价意见

评价者（签字）

评价日期：　　年　月　日

审核意见

审核者（签字）

审核日期：　　年　月　日

表 16-13　PPP 项目绩效考核结果汇总表

底层指标得分（等级）	底层指标权重	二级指标得分（等级）	二级指标权重	绩效评价结果
S_{11}	w_{11}	$F_1 = S_{11}w_{11} + S_{12}w_{12} + \cdots + S_{1m}w_{1m}$	W_1	$P = F_1W_1 + F_2W_2 + \cdots + F_mW_m$
S_{12}	w_{12}			
⋮	⋮			
S_{1m}	w_{1m}			
S_{21}	w_{21}	$F_2 = S_{21}w_{21} + S_{22}w_{22} + \cdots + S_{2m}w_{2m}$	W_2	
S_{22}	w_{22}			
⋮	⋮			
S_{2m}	w_{2m}			
⋮	⋮	⋮	⋮	
S_{n1}	w_{n1}	$F_n = S_{n1}w_{n1} + S_{n2}w_{n2} + \cdots + S_{nm}w_{nm}$	W_m	
S_{n2}	w_{n2}			
⋮	⋮			
S_{nm}	w_{nm}			

评价意见

评价者（签字）

评价日期：　　年　月　日

审核意见

审核者（签字）

审核日期：　　年　月　日

表 16-14　PPP 项目月度（季度）绩效考核表

考核指标	月度（季度）计划目标	指标权重	考核标准	考核办法	评价得分		
					自评	上级评分	结果
指标 1							
指标 2							

(续)

考核指标	月度（季度）计划目标	指标权重	考核标准	考核办法	评价得分		
					自评	上级评分	结果
⋮							
指标 n							
月度（季度）绩效评价总分合计：							

评价意见：

评价者（签字）

评价日期：　　年　月　日

审核意见：

审核者（签字）

审核日期：　　年　月　日

16.4　PPP 项目绩效全面评价示例

本章节以 S 市污水厂网一体化 PPP 项目的绩效考核为例，对项目绩效全面评价进行研究。

1. 项目背景

（1）区域现状。《S 市中心城区污水工程规划》中提出远期规划污水处理能力达到 66.5 万立方米/日，远期新建污水管网 396.79 公里。而区域内现有 A 污水处理厂一期一阶段（0.625 万立方米/日）、B 污水处理厂一期（12 万立方米/日）、C 污水处理厂一期（2.5 万立方米/日）三个存量项目，在建的 B 污水处理厂二期（12 万立方米/日）即将完工，再加上停建的 D 污水处理厂一期（2 万立方米/日），急需新建的 A 污水处理厂二期（规模待定），以及 2015 年应急启动的 A 污水处理厂一期二阶段（0.625 万立方米/日），远远小于远期规划污水处理能力。区域内的存量污水管网（含雨污合流管网及泵站）共 586.79 公里，但存量污水管网权属分散，分属十余个产权及管理主体。

（2）存在问题。包括：①污水规划方案滞后于污水厂网建设实际，造成污水设施建设不系统、布局不合理的现状。②污水设施产权及管理主体多元，市、区两级分离管理体制不顺畅，缺乏专业化管理机制。③污水设施运营维护管理不到位，污水管网现状情况不明，技术设备缺乏，部分污水管网无人负责维养。④污水设施建设管理资金短缺，资金使用结构不合理，人工成本占用比例过高，运营维护费用不足。⑤污水设施运营维护监管机制尚未建立，缺乏专门的绩效考核标准和考核办法。

（3）PPP 运作目标。S 市污水厂网一体化 PPP 项目是 2014 年财政部公布的 30 个示范项目之一。采用 PPP 模式，S 市污水厂网一体化项目将整合政府投资建设或运营管理的污水处理厂、配套污水管网及污水泵站（含雨污合流管网），以及 PPP 项目合同约定的未来新增或续建的厂、网设施，交由社会资本与市城投公司组建的项目公司投资、建设、运营和管理，实现污水全收集、全处理。S 市污水厂网一体化项目实施后，可以实现规划区范围内存量污水处理设施的统一运营管理、增量污水处理设施的统筹规划建设、技术可行前提下污水收集管网的连通和动态调水等，达到污水处理设施整合建设和运营管理的规模效益及协同效应，改善 S 市水环境和生态环境。具体目标包括：短期目标是在 3~5 年内基本实现建成区范围内污水全收集、全处理系统；长期目标是污水收集与处理系统运营能力显著提升，运营效率大幅优化，城市建设与环境保护协调发展。

2. 项目基本情况

（1）所属行业：污水收集、污水处理。

（2）项目性质：存量+增量。

（3）运作方式：区域特许经营，TOT+ROT+BOT。

（4）合作期限：30年，期满无偿移交。

（5）项目范围：180平方公里规划区范围+山口片区+海口片区（已实施PPP项目运作除外）。

（6）合作内容：在合作期限内，项目公司拥有本项目范围内的除存量特许经营项目外的存量及增量污水厂网（含雨污合流管网及污水泵站）的区域特许经营权，具体负责本项目的规划优化、投资、融资、建设、运营维护及移交。项目公司在享有本项目范围内排他性经营权的同时须按规划和政府方指令履行普遍服务义务。

（7）投资规模：存量资产经营权6.886亿元（污水处理厂2.36亿元+污水管网4.526亿元），近期增量投资待定，中远期增量投资待定。

（8）项目特点。特点如下：①项目范围大——180平方公里规划区域范围；②涉及项目类型多——存量项目、续建项目、新建项目；③运作方式多样——TOT（存量项目）、ROT（续建项目）、BOT（新建项目）。

3. 项目交易结构

项目交易结构如图16-10所示。

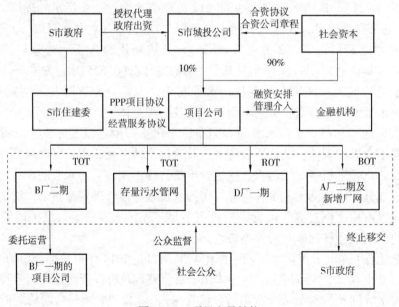

图16-10 项目交易结构

（1）项目参与主体。

1）项目实施机构——S市住建委。

2）政府方出资代表——S市城投公司。

3）中选社会资本——P公司。

(2) 注册资本。项目公司注册资本结构见表 16-15。

表 16-15 项目公司注册资本结构

出资主体	股比	出资额度/万元	出资方式
市城投公司	10%	300	货币
P 公司	90%	2700	货币

同时本项目涉及存量污水处理厂及管网的经营权转让，根据《企业国有产权转让管理暂行办法》中关于经营权转让价款的相关规定："转让价款原则上应当一次付清。如金额较大、一次付清确有困难的，可以采取分期付款的方式。采取分期付款方式的，受让方首期付款不得低于总价款的 30%，并在合同生效之日起 5 个工作日内支付；其余款项应当提供合法的担保，并应当按同期银行贷款利率向转让方支付延期付款期间利息，付款期限不得超过 1 年。"

(3) 项目资本金比例。本项目的资本金比例为投资总额的 30%。尽管按照固定资产投资项目关于资本金和投资总额的占比要求，最低是 20%，但实际上资本金比例越高，越能体现投资方对该项目的信心，对于金融机构来讲一般要求该比例达到 30%。同时本项目涉及存量污水处理厂及管网的经营权转让，根据《企业国有产权转让管理暂行办法》中关于经营权转让价款的相关规定，本项目的资本金为投资总额的 30%。

(4) 委托运营——特殊化的设计安排。B 污水处理厂二期与 B 污水处理厂一期之间除生化池、曝气池以及沉淀池外，大部分设施为共用设施，很难界定一期和二期之间的责任，故设计安排 B 污水处理厂二期由项目公司委托给 B 污水处理厂一期的项目公司运营。

4. 项目合同体系

第一层次为由市住建委、市城投公司、中选社会资本等主体之间签署的一揽子 PPP 项目协议体系，包含 PPP 项目协议作为主合同，运营服务协议、合资合同、合资公司章程为主要附件，其他附件包括污水厂网考核指标及考核办法及其他支撑性文件等。

第二层次为由项目公司和本项目推进过程中的各有关主体签署的协议体系，包含 B 污水处理厂二期委托运营协议、规划设计合同、融资协议及担保合同、施工承包合同、保险合同等。

5. 项目监管结构

项目监管机构如图 16-11 所示。

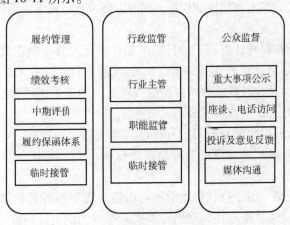

图 16-11 项目监管结构

6. 存量项目处置

存量项目处置的方式有提前终止、吸收和切割三种，本项目采用切割的方式进行处置。

7. 回报机制及保障

（1）回报机制。

项目回报机制如图 16-12 所示。

图 16-12　项目回报机制

本项目是无最终使用者付费的市政基础设施项目，采用"政府付费"的回报机制，对于污水处理厂的建设、运营服务，政府方根据出水水质标准及污水处理厂运营质量，向项目公司支付污水处理服务费（含 TOT 对价）。对于污水管网，按照"基于可用性的绩效合同"模式，由政府方向项目公司购买本项目可用性以及为维持本项目可用性所需的运营维护服务，即政府根据绩效考核情况向社会资本支付污水管网可用性服务费（含 TOT 对价）和污水管网运维服务费。

（2）保障。将政府购买服务付费义务纳入跨年度财政预算。

1）人大决议：S 市人大常委会通过决议，将污水处理服务费、污水管网可用性服务费和运维服务费纳入跨年度财政预算。

2）财政函件：根据人大常委会决议，将本项目政府购买服务付费纳入跨年度财政预算，并根据相关协议安排按时足额支付。

8. 核心边界条件

（1）业务范围。该项目涉及规划、投融资、建设、运营、维护，是对区域内污水处理厂及管网的全生命周期整合。同时合作区域内除已经进行市场化运作的污水处理厂及雨水管网泵站外，授予项目公司的是一个排他性的经营权，例如，区域内未来海绵城市或综合管廊需要的管网铺设，均在此项目的业务范围内，但此约定不限制政府方有自行进行投资、建设运营及维护的权利。当然项目公司享有排他性的权利，同时即要求社会资本方需履行普遍服务的义务。

（2）资产权属。

1）存量资产。所有权转让有利于项目资产抵押担保融资，但在终止移交时会因视同销售而产生流转税；存量资产产权主体多元、归集困难，债权债务关系不明晰。基于以上原因，同时由于金融机构对收益权质押融资接受程度高，因此采用经营权转让方式。相关土地使用权以无偿使用的方式提供给项目公司。

2）新增投资。所有权归项目公司所有符合"谁投资，谁拥有"的原则，有利于项目资产抵押担保融资，但会导致新增投资与存量资产权属不一，尤其在涉及"房地一体"的新增投资（如提标改造等）时。

3）雨水管网及泵站。由于存在雨水管网与雨污合流管网连通的情况，可能导致雨水冲击污水处理厂、防洪排涝效果不佳、管网普查遗漏等方面的责任划分难题，同时雨污管网独立管理也会加大运营维护成本，可考虑将雨水管网及泵站交由项目公司委托运营（资产转让会导致标的规模过大，造成财政负担）。但政府方将面对防洪排涝指挥调度力度下降、大量相关人员需要安置等方面的挑战。

（3）设置保证水量。每个污水处理厂第 1 个经营年的保证水量为其设计处理能力的 60%，第 2 个经营年的保证水量为设计处理能力的 75%，第 3 个经营年至合作期满的保证水量均为设计处理能力的 90%。

（4）付费及调价。

1）污水处理服务费：

①实测水量与保证水量比较，同时采用超进水价和欠进水价机制。

②每 2 年随中期评估调整一次，调价项包括电价、平均工资、化学品出厂价格指数，以及三者的权重。

2）污水管网可用性服务费：除新增投资导致的可用性服务费增加外，不予调整。

3）污水管网运维服务费：

①依据 CPI 变化情况，每 2 年调整一次。

②对于管网全面普查后发现的采购文件中确定的存量管网长度与实际长度之间的误差，按误差比例调整运维服务费金额。

（5）新增投资。

1）投资额按工程量清单计价的控制价下浮不少于 5%（实际为 7%）计量，运营成本按历史成本监审结果而定。

2）投资回报率按竞争结果（不少于 5 家）或 5 年期及以上银行贷款基准利率上浮 30%（少于 5 家）计量。

（6）绩效导向——产出说明。

1）污水处理厂：①出水水质：一级标准 A；②城镇污水处理厂运营质量评价标准：设置 5 档得分区间，对应 5 个付费比例（80%~100%），连续两次不合格，启动违约条款。

2）污水管网可用性：①给水排水管道工程施工及验收规范和条文说明；②经政府方验收合格。

3）污水管网运维：①《污水管网运营维护绩效考核指标》；②维护质量和管理质量 2 个考核维度→56 个检查项目→61 项三级检查要求。

（7）履约保函体系。履约保函体系见表 16-16。

表 16-16 履约保函体系

条　款	投资竞争保函	支付履约保函	建设履约保函	运维履约保函	移交履约保函
提交主体	社会资本	项目公司	项目公司	项目公司	社会资本
提交时间	递交首轮响应文件之前	签署 PPP 项目协议的同时	领取施工许可证之前或同时	退还支付履约保函之前	最后一个经营年开始前或提前终止协议签署同时
退还时间	项目公司提交支付履约保函后	项目公司支付经营权转让价款后	竣工验收后	项目公司提交移交履约保函后	移交完毕且质量保证期满后
受益人	实施机构	实施机构	实施机构	实施机构	实施机构
保函金额	500 万元	经营权转让价款的 5%	工程量清单计价的控制价的 5%	2000 万元	前 6 个月的政府购买服务付费总额

（8）调整衔接边界。

1）污水管网移交质保：全面普查（3个月一次）+首次清淤（与全面普查同时进行，至少10个月一次）+免责期（首次清淤后6个月）。

2）人员安置：政府方负责调整工作岗位及职责，项目公司不承接。

3）B厂二期：二期不具备单独运营的可行性，由项目公司委托一期项目公司运营。付费方式为：政府方→项目公司→一期项目公司。

4）中水回用：政府方拥有出水处置权，未来如需进行中水回用改造，则由政府方与项目公司另行协商相关投入分担机制和收益分享机制。

9. 采购程序设计

（1）采购方式选择。

1）依据：《中华人民共和国政府采购法》《中华人民共和国政府采购法实施条例》；《政府和社会资本合作项目政府采购管理办法》；《政府采购竞争性磋商采购方式管理暂行办法》及《财政部关于〈政府采购竞争性磋商采购方式管理暂行办法〉有关问题的补充通知》。

2）本项目属于政府购买服务项目，由于其技术复杂或者性质特殊，且不能确定详细规格或者具体要求，因此采用竞争性磋商。

（2）采购程序。采购程序如下：

市场测试→资格预审→采购文件发售及保密→首轮响应及竞争性磋商→确定边界技术条件→二次响应及综合评审→确认谈判。

1）市场测试：先后进行4轮市场测试，有近20家社会资本参与。

2）资格预审：9家社会资本提交资格预审申请，8家通过资格预审。

3）采购文件发售及保密：7家社会资本购买了采购文件，对涉及国家安全和秘密的文件采取了保密措施。

4）首轮响应及竞争性磋商：3家社会资本递交了首轮响应文件，与9人磋商小组进行技术方案的竞争性磋商。

5）确定边界技术条件：技术方案分为4档，A档进入规划专题会议，综合确定技术边界条件。

6）二次响应及综合评审：首轮响应中的技术方案得分（9%）直接计入综合评审总分，最后报价分值占30%。

7）确认谈判：按综合评审得分高低排序进行确认谈判，限定确认谈判时间。

（3）资格预审条件。

1）合规性：依法成立并有效存续的境内外企业法人；具备《中华人民共和国政府采购法》第二十二条第一款规定的条件。

2）净资产：截至2014年12月31日，经审计的企业净资产不低于人民币伍亿元整（或等值外币，下同）。

3）业绩经验：

①在中国大陆地区至少有一个设计处理能力不低于10万立方米/日（含）且已投入运营一年及以上的城市污水处理厂建设（投资建设或自行建设）及运营业绩。

②在中国大陆地区建设（投资建设或自行建设）或运营的城市污水处理厂的设计处理

能力总和不低于 40 万立方米/日（含）。

③至少有一个城市污水（含雨污合流）管网建设（投资建设或自行建设）或运营业绩。

④在上述业绩中，拥有的项目公司股权比例均不低于 70%（含）。

4）联合体：

①本项目接受联合体投资，联合体成员不得超过 3 家，联合体各成员不得再以自己的名义单独或加入其他联合体参加资格预审。

②联合体各成员必须按资格预审公告附件 1《资格预审申请文件》中规定的格式签订联合体协议，明确联合体牵头方和参与方，以及各成员的主要权利和义务，其成员构成、股权出资比例、职责分工等主要条款在联合体通过资格预审后不得改变。

③联合体资格认定：联合体各成员均应符合上述合规性条件；联合体各成员的净资产按其在联合体中的股权出资比例进行加权平均计算，作为联合体的净资产条件；联合体的业绩经验为各成员业绩经验的合计，但联合体牵头方须单独满足"业绩经验"的①和②条要求，且在未来项目公司中的股权出资比例不得低于 40%（含）。

5）外商投资限制：根据《外商投资产业指导目录（2015 年修订）》^㊀，城市人口 50 万以上的城市燃气、热力和供排水管网的建设、经营属于"限制外商投资产业目录"，要求中方控股。本项目中，非中方股东在未来项目公司中拥有的股权比例不得高于或等于 50%。

（4）可实质性变动内容。

1）财务方案：新增投资控制价下浮率、新增投资回报率确定机制。

2）技术方案：初步规划方案、污水管网运维绩效考核指标及考核办法。

3）管理方案：污水管网普查机制（普查周期、风险机制）。

（5）技术方案磋商。所有通过资格预审且首轮响应文件未被拒绝的社会资本均可以参加磋商。磋商小组所有成员集中与单一社会资本分别进行磋商，磋商内容限定为《响应文件第三分册：技术方案》，但响应文件的其他部分内容可以作为磋商的依据。

磋商报告应根据实质性响应与否的判断结果和磋商打分排名（若社会资本磋商得分相同，按照磋商小组成员少数服从多数的原则投票决定排名）将全部响应文件分为四档：

A 档为实质性响应采购文件，且技术方案磋商得分排名前 4 位的响应文件，该等社会资本在综合评分中可获得 9 分。

B 档为实质性响应采购文件，技术方案磋商得分排名未能进入前 4 位的响应文件，但响应程度较高，该等社会资本可在综合评分中获得 6 分。

C 档为实质性响应采购文件，技术方案磋商得分排名未能进入前 4 位的响应文件，且存在多处明显缺陷，该等社会资本可在综合评分中获得 3 分。

D 档为未实质性响应采购文件的响应文件，按无效响应处理并告知该社会资本，该社会资本不得继续参与后续采购程序。

磋商结束后，采购人将组织技术方案为 A 档的社会资本在规划专题会议上背对背匿名汇报技术方案，但该汇报结果仅为采购人确定实质性变动内容之目的。磋商小组将根据采购文件和磋商情况向所有实质性响应的社会资本（A、B、C 档）发出实质性变动通知，并要求其在规定时间内重新提交响应文件和提交最后报价。

㊀ 现此目录已废止。

A、B档技术方案的知识产权归采购人所有,采购人将在采购结束后向该等社会资本中未能中选的社会资本支付每家(联合体按1家计算)人民币20万元的技术方案编制费用。

(6)竞争性磋商报价标的。包括污水处理服务费基本单价、年度污水管网可用性服务费、年度污水管网运维服务费三部分,同时商务报价不含流转税,并明确价低者满分,但最后报价超过最高限价或低于成本价的,为无效报价。

10. 项目采购结果

2015年11月,S市厂网一体化PPP项目采购社会资本方成交结果公示,确定P公司为社会资本方,成交价格为年度政府购买服务付费金额6265万元。

11. 设计该PPP项目的绩效考核指标体系并确定权重

本案例中对于PPP项目的绩效考核指标参考KPI方法和关键成功因素进行识别,对项目从立项、建设到运营、移交全过程进行全面、全方位的指标识别。专家从"项目环境""财务能力""内部控制管理""各方满意度"和"创新与成长"几个方面重点研究,各位专家采用层次分析法确定每个指标的权重系数,通过对每位专家的结果进行加权平均,获得权重系数表,见表16-17。

表16-17 绩效评价指标体系及权重系数统计表

一级指标	权重	二级指标	权重	三级指标	权重
项目环境	0.0911	外部环境	0.25	政治环境	0.25
				法律环境	0.75
		内部环境	0.75	承诺和责任分担	0.22
				设计及建造复杂程度	0.22
				对PPP模式的理解与掌握程度	0.56
财务能力	0.2726	盈利能力	0.4799	投资回报率	0.1047
				总资产报酬率	0.2583
				净资产收益率	0.637
		偿债能力	0.1215	流动比率	0.2
				资产负债率	0.6
				已获利息倍数	0.2
		运营能力	0.1215	总资产周转率	0.75
				营运指数	0.25
		发展能力	0.2771	资本积累率	0.75
				市场增长率	0.25
内部控制管理	0.0911	资金价值管理	0.0482	资金价值	1
		有效的沟通协调	0.0882	沟通有效率	1
		成本费用管理	0.2142	成本控制率	0.637
				成本费用降低率	0.1047
				较低的融资费用	0.2583

(续)

一级指标	权重	二级指标	权重	三级指标	权重
内部控制管理	0.0911	质量管理	0.2284	工程质量抽检优良率	0.5
				产品质量抽检合格率	0.5
		进度控制管理	0.0882	工程返工停工次数	0.25
				项目进度完成率	0.75
		风险管理	0.2284	风险分配比例	0.637
				风险规避能力	0.1047
				风险转移能力	0.2583
		安全措施与管理	0.0629	安全事故发生次数	1
		政府监管	0.0416	监督程序落实度	0.75
				公众投诉解决率	0.25
各方满意度	0.2726	政府部门满意度	0.2	政府对社会效益的满意度	0.2926
				政府对环境效益的满意度	0.1553
				政府对项目质量的满意度	0.5067
				政府对公私合作关系的满意度	0.0455
		私营部门满意度	0.2	私营部门获得合理利润的满意度	0.637
				私营部门对风险分配的满意度	0.2583
				私营部门对公私合作关系的满意度	0.1047
		社会公众满意度	0.6	公众对产品服务质量的满意度	0.6
				公众对社会效益的满意度	0.2
				公众对环境效益的满意度	0.2
创新与成长	0.2726	工程创新	0.0753	设计创新水平	0.2
				工程材料的创新水平	0.2
				施工技能创新水平	0.6
		运营创新	0.0383	服务创新水平	0.25
				管理技术创新水平	0.75
		人力资本	0.1588	员工培训投入比例	0.75
				知识型员工吸收率	0.25
		社会效益	0.3638	项目区域居民收入水平提高率	0.4286
				项目区域就业机会的增加	0.4286
				项目对扶贫脱贫的贡献程度	0.1428
		环境效益	0.3638	资源合理分配利用程度	0.4286
				废物排放量控制	0.1428
				资源再利用可能性	0.4286

12. 绩效评价方法的确定

相对于不同的 PPP 项目,可以采取等级打分或者其他形式的绩效评价,本案例中由专家直接打分,每个指标为百分制,最后层层汇总,计算获得整个项目评价期的绩效得分。

13. 专家评价并进行评价数据的汇总

在 PPP 项目结束或者相应的评价期,组织评价专家小组对项目的绩效进行评价,一般评价小组不少于五人,首先采用前文的底层指标绩效考核模板对表 16-17 中每个三级指标进行评价,表 16-18 为一位专家对"政治环境"这个底层指标的打分示例,以此类推对每个指标进行评价,最后将所有专家对每个指标的评价结果进行汇总,如表 16-19 所示。

表 16-18 "政治环境"底层指标绩效考核表

底层指标	考核因素	绩效目标/分	评价标准	评价得分/分	参考依据
政治环境	政治安定度	15	1. 社会的政治系统保持动态的有序性和连续性 2. 没有全局性的政治动荡和社会骚乱,政权不发生突发性质变	14	相关政策
	当地技术能力	15	1. 当地是否有足够的技术人员满足项目的需求 2. 技术人员的能力整体水平是否达到项目的标准	12	技术人员持证上岗情况汇总
	当地劳动力结构与供需情形	20	1. 劳动力结构是否平衡 2. 劳动力的供求关系是否稳定,在近期是否有巨大的供求关系变动等	18	劳动力供求分析报告
	当地社会及文化状况	15	当地是否有浓厚的文化氛围,文化是否对当地群众的生活具有重要的影响,该文化对项目的实施是否有冲突等	14	社会调查报告
	当地原材料、设备等的取得情况	20	1. 当地是否具备项目所需要的材料、设备 2. 当地的原材料、设备等是否满足项目要求 3. 价格方面的优惠情况 4. 质量方面的保障程度等	16	市场调研报告
	当地金融制度及资金调度情况	15	1. 当地金融制度对项目是否有限制 2. 项目公司从当地进行融资的困难程度等	14	金融制度规定、相关银行政策等

评价意见:88 分,"政治环境"良好

评价者(签字)张三

评价日期:2015 年 11 月 20 日

审核意见_____

审核者(签字)_____

审核日期:___年___月___日

表 16-19　PPP 项目绩效考核结果汇总表

三级指标	权重	指标得分/分	二级指标	权重	二级汇总/分	一级指标	权重	一级汇总/分	绩效得分/分
政治环境	0.25	89	外部环境	0.25	89	项目环境	0.0911	88.835	89.4744
法律环境	0.75	89							
承诺和责任分担	0.22	90	内部环境	0.75	88.78				
设计及建造复杂程度	0.22	87							
对 PPP 模式的理解与掌握程度	0.56	89							
投资回报率	0.1047	95	盈利能力	0.4799	91.5567	财务能力	0.2726	87.3288	
总资产报酬率	0.2583	94							
净资产收益率	0.637	90							
流动比率	0.2	85	偿债能力	0.1215	82.8				
资产负债率	0.6	79							
已获利息倍数	0.2	92							
总资产周转率	0.75	81	运营能力	0.1215	82.75				
营运指数	0.25	88							
资本积累率	0.75	79	发展能力	0.2771	84				
市场增长率	0.25	99							
资金价值	1	80	资金价值管理	0.0482	80	内部控制管理	0.0911	88.13	
沟通有效率	1	94	有效的沟通协调	0.0882	94				
成本控制率	0.637	92	成本费用管理	0.2142	91.5881				
成本费用降低率	0.1047	93							
较低的融资费用	0.2583	90							
工程质量抽检优良率	0.5	76	质量管理	0.2284	77.5				
产品质量抽检合格率	0.5	79							
工程返工停工次数	0.25	90	进度控制管理	0.0882	89.25				
项目进度完成率	0.75	89							
风险分配比例	0.637	90	风险管理	0.2284	92.0733				
风险规避能力	0.1047	95							
风险转移能力	0.2583	96							
安全事故发生次数	1	98	安全措施与管理	0.0629	98				
监督程序落实度	0.75	86	政府监管	0.0416	86.5				
公众投诉解决率	0.25	88							

(续)

三级指标	权重	指标得分/分	二级指标	权重	二级汇总/分	一级指标	权重	一级汇总/分	绩效得分/分
政府对社会效益的满意度	0.2926	92	政府部门满意度	0.2	91.3927	各方满意度	0.2726	90.9234	89.4744
政府对环境效益的满意度	0.1553	91							
政府对项目质量的满意度	0.5067	91							
政府对公私合作关系的满意度	0.0455	93							
私营部门获得合理利润的满意度	0.637	90	私营部门满意度	0.2	92.0244				
私营部门对风险分配的满意度	0.2583	95							
私营部门对公私合作关系的满意度	0.1047	97							
公众对产品服务质量的满意度	0.6	90	社会公众满意度	0.6	90.4				
公众对社会效益的满意度	0.2	89							
公众对环境效益的满意度	0.2	93							
设计创新水平	0.2	89	工程创新	0.0753	91.4	创新与成长	0.2726	90.8340	
工程材料的创新水平	0.2	92							
施工技能创新水平	0.6	92							
服务创新水平	0.25	96	运营创新	0.0383	97.5				
管理技术创新水平	0.75	98							
员工培训投入比例	0.75	87	人力资本	0.1588	85.25				
知识型员工吸收率	0.25	80							
项目区域居民收入水平提高率	0.4286	97	社会效益	0.3638	95.0002				
项目区域就业机会的增加	0.4286	94							
项目对扶贫脱贫的贡献程度	0.1428	92							
资源合理分配利用程度	0.4286	91	环境效益	0.3638	88.2864				
废物排放量控制	0.1428	78							
资源再利用可能性	0.4286	89							

14. 评价结果简析

评价结果简析如图 16-13 所示。

(1) 该项目具有良好的环境。在地方关于特许经营权的法规等法律政策下,项目建设和运营能够很好地开展,当地技术人员、劳动力市场、社会文化氛围等都有利于 PPP 项目的开展。在项目初始谈判中,公私双方严谨慎重,建立了良好的风险及责任分担机制,项目管理人员和实施人员具有良好的职业素养、经验丰富,极大地促进了项目的成功。

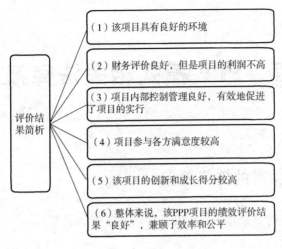

图 16-13 评价结果简析

(2) 财务评价良好,但是项目的利润不高。因为项目受到政府管控,污水收费低于该市目前的居民污水收费,但是后期运营收费及时,项目得以顺利实施。

(3) 项目内部控制管理良好,有效地促进了项目的实行。政府对私营部门的信用度有效减少了投资的政策风险和融资成本,而且项目公司通过优化资源配置降低了工程成本。在内部控制管理中,质量管理得分较低,应作为后期重点改进优化的对象。

(4) 项目参与各方满意度较高。虽然在项目的实施过程中,可能影响了周围的居民生活,但是该项目的实施有效地带动了周边地区的就业情况,并且最终优化了周围的环境。整体来说,政府部门、私营部门和社会公众较为满意。

(5) 该项目的创新和成长得分较高,获得了良好的社会和环境效益,在该项目的实施过程中所用到的新材料、新技术、创新的管理方式和运营模式可以作为成功经验指导下次实践。

(6) 整体来说,该 PPP 项目的绩效评价结果"良好",兼顾了效率和公平,对之后的工作有一定的指导意义。

第 17 章 PPP 模式相关法律及其应用

17.1 PPP 法律关系的构成要素

PPP 法律关系构成的要素是主体、客体、内容（权利义务）。

1. 主体

法律关系的主体就是指法律关系的参加者，包括自然人、法人、组织和国家（具体由国家的职能部门或国家指定的组织参与）。在 PPP 模式中，项目参加者至少有政府或政府指定的部门或组织、项目公司、项目发起人、银行或银团（债权人）、保险公司、产品购买者或接受服务者以及承担设计、建设和经营的有关公司等。其法律主体及其关系如图 17-1、图 17-2 所示。

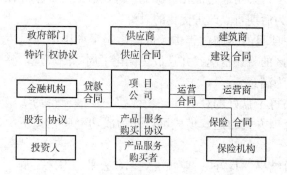 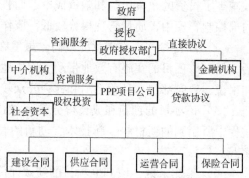

图 17-1　PPP 模式的法律主体及其关系示意图（一）　　图 17-2　PPP 模式的法律主体及其关系示意图（二）

2. 客体

所谓法律关系的客体，就是法律关系参加者（主体）之间的权利义务所指向的对象，见表 17-1。

表 17-1　法律关系的客体

物	指可被人们控制并具有经济价值的生产资料和消费资料	例如，PPP 项目中的建筑材料、建筑设备、建筑物、基础设施等
	货币作为一般等价物，也可以作为法律关系的客体	例如，PPP 项目中的咨询费、设计费、勘察费、施工费、使用费等
行为	指人的有意识的活动，在 PPP 项目的法律关系中，多表现为完成一定的工作	例如，勘察设计、施工安装、监理服务等
智力成果	指通过人的智力活动所创造出来的精神成果，包括知识产权、技术秘密等	例如，PPP 项目的设计成果保护和归属问题，施工中涉及的施工方法专利、商业秘密保护等

3. 内容

法律关系的内容就是指法律关系主体之间具体的法律权利和法律义务。

（1）法律权利。法律权利是指权利主体依法享有的行为自由与控制，表现为权利人的外在行为，而这一外在行为是受到一定限度和范围的限制。超越这个限度和范围，法律不但不保护，还可能构成违法行为。

（2）法律义务。法律义务是指义务主体依法应当承担的行为约束，表现为义务人对权利人外在的作为或不作为，是为满足权利人的合法要求而做出的行为。法律关系主体的义务履行也是有限度的：①资格限度。实际履行义务的主体资格应依法成立，必须具备履行义务的行为能力。②时间限度。实际履行义务的主体一般而言都是有一定时效或时间界限的。如果超过时效或时间界限，就会导致免责，义务就不复存在了。③利益限度。在现实生活中，权利主体不可能无限度地永远享有社会利益，义务主体也不可能无限度地永远承担社会的不利和损害，无限度地要求义务主体对国家、社会或他人无限制地尽义务，而漠视义务人的正当权利和公平正义原则。正如权利人依法享有权利时，必须履行相应的义务；义务人在履行义务时，也同样有自己的权利。

PPP 法律主体及其权利义务见表 17-2。

表 17-2 PPP 法律主体及其权利义务

序号	主体	PPP 项目中的主要权利义务
1	政府部门（政府或者政府授权的部门或组织）	通常是 PPP 项目的发起人，需要对项目的可行性进行分析，并组织项目招标，对投标的私营企业进行综合衡量，确定最终的项目开发主体并授予其特许经营权，提供相关政策及融资协助等支持
2	私营部门/社会资本	在发起人为政府部门的 PPP 项目中，与政府或者政府授权部门的投资机构合作成立 PPP 项目公司，投入的股本形成公司的权益资本。在私营部门作为发起人的 PPP 项目中，负责在投标前召集 PPP 项目公司成员以合同形式确定各自的出资比例和出资形式并组成项目领导小组负责 PPP 项目公司正式注册前的工作
3	项目公司（SPV）	PPP 项目的实施者，负责投标与谈判及从政府或授权机构获得建设和经营项目的特许权，负责项目从融资、设计、建设和运营直至项目最后的移交等全过程的运作，项目特许期结束，经营权或所有权转移时，PPP 项目公司清算并解散
4	国际金融机构、商业银行、信托投资机构等	在 PPP 项目公司或其参与者提供履约保函或担保函的前提下，向项目提供贷款，并通常要求 PPP 项目公司质押在银行的账户等
5	咨询服务公司	利用 PPP 项目方面丰富的经验和案例，为 PPP 项目其他参与方提供项目运作的指导和咨询意见，主要工作包括组织尽职调查，设计基础设施 PPP 项目方案，设计项目交易结构和招商程序，设定边界条件、遴选标准等，建立财务模型并进行商业预测分析，编制招商文件，组织实施招标或竞争性谈判等公开竞争性招商程序，参与商务谈判及协助签订项目特许经营协议等
6	其他参与方	包括设计单位、保险公司、运营公司、建设单位、材料供应商等，从各自的专业角度出发提供专业意见，在 PPP 模式运作过程中发挥重要的作用

4. PPP 法律关系的发生、变更与消灭

法律关系并非永恒不变，而是处于不断地发生、变更与消灭之中，是一个动态的过程。引起法律关系发生、变更与消灭的条件有两个：一是法律规范，二是法律事实。两者互为条件，缺一不可。

（1）法律规范

法律规范的产生、存在与消灭是引起法律关系发生、变更与消灭的前提条件、先决条件和法律依据。如果没有相应的法律规范，就不可能产生相应的法律关系。眼下我国还没有制定专门的 PPP 法律，PPP 项目中的有关法律关系只能借助于其他法律规定来确定，因此在 PPP 项目的具体执行过程中产生了一定的矛盾和冲突。

（2）法律事实

法律事实指的是能够引起法律关系发生、变更与消灭的客观情况或特定现象。法律事实是一种客观存在的外在化的现象，并且是由法律规定的，与法律有关联性。例如，日月星辰运行是客观现象，虽然与人们的生活有着密切的关系，但是它与法律并不存在关联性，并不具有法律意义，因此它就不是法律事实。法律事实可分成两种：①法律事件。所谓法律事件，就是指具有法律意义的不以当事人的意志、思想为转移而发生的并能引起法律关系发生、变更或消灭的客观事实或现象。例如泥石流、地震、海啸、台风等自然现象的发生势必会引起法律关系。②法律行为。法律行为是以法律关系的主体意志、意思为转移的。例如，PPP 项目中私营部门愿不愿意承接该项目是由投资人的意志所控制的，如果愿意，则与政府授权部门签订合同，形成合同关系。在合同履行过程中，当事方积极主动的履约行为、恶意的违约行为，都能引起 PPP 合同法律关系的发生、变更与消灭。

17.2 国内的 PPP 法律法规举例

1. 我国目前的 PPP 相关法律法规体系

（1）法律效力及其层次。法律效力是指国家制定和颁布的规范性法律文件的效力，包括法的效力和法的效力范围。我国法律位阶见表 17-3。

表 17-3 我国法律位阶

序 号	法 律	制定/修改机构
1	宪法	全国人民代表大会
2	基本法律	全国人民代表大会
3	普通法律	全国人大常委会
4	行政法规	国务院
5	地方法规	地方人大/常委会
6	行政规章	国务院各部委

（2）PPP 有关的法律、法规和规章汇编（表 17-4 至表 17-11）。

表 17-4　与 PPP 有关的国家法律

序　号	名　　称	施 行 时 间
1	《中华人民共和国土地管理法》	1987.01.01
2	《中华人民共和国公司法》	2006.01.01
3	《中华人民共和国城市房地产管理法》	1995.01.01
4	《中华人民共和国商业银行法》	1995.07.01
5	《中华人民共和国担保法》	1995.10.01
6	《中华人民共和国公路法》	1998.01.01
7	《中华人民共和国建筑法》	1998.03.01
8	《中华人民共和国价格法》	1998.05.01
9	《中华人民共和国招标投标法》	2000.01.01
10	《中华人民共和国合同法》	1999.10.01
11	《中华人民共和国政府采购法》	2003.01.01
12	《中华人民共和国港口法》	2004.01.01
13	《中华人民共和国行政许可法》	2004.07.01
14	《中华人民共和国物权法》	2007.10.01
15	《中华人民共和国城乡规划法》	2008.01.01
16	《中华人民共和国企业国有资产法》	2009.05.01
17	《中华人民共和国保险法》	2009.10.01
18	《中华人民共和国预算法》	1995.01.01
19	《中华人民共和国环境保护法》	2015.01.01

表 17-5　国务院发布

序　号	名　　称	施 行 时 间
1	《中华人民共和国土地管理法实施条例》（国务院令第 256 号）	1999.01.01
2	《建设工程质量管理条例》（国务院令第 279 号）	2000.01.30
3	《建设工程安全生产管理条例》（国务院令第 393 号）	2004.02.01
4	《收费公路管理条例》（国院院令第 417 号）	2004.11.01
5	《国务院关于调整固定资产投资项目资本金比例的通知》（国发〔2009〕27 号）	2009.05.25
6	《国务院关于鼓励和引导民间投资健康发展的若干意见》（国发〔2010〕13 号）	2010.05.07
7	《国务院办公厅关于鼓励和引导民间投资健康发展重点工作分工的通知》（国办函〔2010〕120 号）	2010.07.22
8	《国务院办公厅转发发展改革委、卫生部等部门关于进一步鼓励和引导社会资本举办医疗机构意见的通知》（国办发〔2010〕58 号）	2010.11.26
9	《国务院办公厅转发发展改革委、财政部、交通运输部关于进一步完善投融资政策促进普通公路持续健康发展若干意见的通知》（国办发〔2011〕22 号）	2011.04.24

（续）

序号	名称	施行时间
10	《中华人民共和国招标投标法实施条例》（国务院令第613号）	2012.02.01
11	《国务院关于加强城市基础设施建设的意见》（国发〔2013〕36号）	2013.09.06
12	《国务院办公厅关于政府向社会力量购买服务的指导意见》（国办发〔2013〕96号）	2013.09.26
13	《城镇排水与污水处理条例》（国务院令第641号）	2014.01.01
14	《国务院办公厅关于加强城市地下管线建设管理的指导意见》（国办发〔2014〕27号）	2014.06.03
15	《国务院办公厅关于支持铁路建设实施土地综合开发的意见》（国办发〔2014〕37号）	2014.07.29
16	《国务院关于近期支持东北振兴若干重大政策举措的意见》（国发〔2014〕28号）	2014.08.08
17	《国务院关于加强地方政府性债务管理的通知》（国发〔2014〕43号）	2014.09.21
18	《国务院关于深化预算管理制度改革的决定》（国发〔2014〕45号）	2014.09.26
19	《国务院关于创新重点领域投融资机制鼓励社会投资的指导意见》（国发〔2014〕60号）	2014.11.06
20	《中华人民共和国政府采购法实施条例》（国务院令第658号）	2015.03.01
21	《国务院办公厅转发文化部等部门关于做好政府向社会力量购买公共文化服务工作意见的通知》（国办发〔2015〕37号）	2015.05.11
22	《国务院办公厅转发财政部、发展改革委、人民银行关于在公共服务领域推广政府和社会资本合作模式指导意见的通知》（国办发〔2015〕42号）	2015.05.22
23	《国务院关于进一步做好城镇棚户区和城乡危房改造及配套基础设施建设有关工作的意见》（国发〔2015〕37号）	2015.06.25

表17-6 部委联合发布

序号	名称	施行时间
1	《建设部、国家发展和改革委员会、财政部、中国人民银行严禁政府投资项目使用带资承包方式进行建设的通知》（建市〔2006〕6号）	2006.01.04
2	《发改委、财政部、交通运输部关于进一步完善投融资政策促进普通公路持续健康发展若干意见的通知》（国办发〔2011〕22号）	2011.04.24
3	《国土资源部、财政部等关于加强土地储备与融资管理的通知》（国土资发〔2012〕162号）	2012.11.05
4	《财政部、国家税务总局关于公共基础设施项目享受企业所得税优惠政策问题的补充通知》（财税〔2014〕55号）	2014.07.04
5	《财政部、国家发展改革委、民政部、全国老龄工作委员会办公室关于做好政府购买养老服务工作的通知》（财社〔2014〕105号）	2014.08.26

(续)

序 号	名 称	施行时间
6	《国家发展改革委、民政部、财政部、国土资源部、住房和城乡建设部、国家卫生计生委、中国人民银行、国家税务总局、国家体育总局、中国银行业监督管理委员会关于加快推进健康与养老服务工程建设的通知》（发改投资〔2014〕2091号）	2014.09.12
7	《财政部、民政部、工商总局关于印发〈政府购买服务管理办法（暂行）〉的通知》（财综〔2014〕96号）	2014.12.15
8	《财政部、住建部关于开展中央财政支持地下综合管廊试点工作的通知》（财建〔2014〕839号）	2014.12.26
9	《财政部、住房和城乡建设部、水利部关于开展中央财政支持海绵城市建设试点工作的通知》（财建〔2014〕838号）	2014.12.31
10	《财政部、国家发展改革委、住房和城乡建设部关于印发〈污水处理费征收使用管理办法〉的通知》（财税〔2014〕151号）	2014.12.31
11	《民政部、国家发展改革委、教育部、财政部、人力资源和社会保障部、国土资源部、住房和城乡建设部、国家卫生计生委、中国银行业监督管理委员会、中国保险业监督管理委员会关于鼓励民间资本参与养老服务业发展的实施意见》（民发〔2015〕33号）	2015.02.03
12	《财政部、住房和城乡建设部关于市政公用领域开展政府和社会资本合作项目推介工作的通知》（财建〔2015〕29号）	2015.02.13
13	《国家发展改革委、国家开发银行关于推进开发性金融支持政府和社会资本合作有关工作的通知》（发改投资〔2015〕445号）	2015.03.10
14	《国家发展改革委、财政部、水利部关于鼓励和引导社会资本参与重大水利工程建设运营的实施意见》（发改农经〔2015〕488号）	2015.03.17
15	《财政部、环境保护部关于推进水污染防治领域政府和社会资本合作的实施意见》（财建〔2015〕90号）	2015.04.09
16	《财政部、交通运输部关于在收费公路领域推广运用政府和社会资本合作模式的实施意见》（财建〔2015〕111号）	2015.04.20
17	《财政部、国土资源部、住房城乡建设部、中国人民银行、国家税务总局、银监会关于运用政府和社会资本合作模式推进公共租凭住房投资建设和运营管理的通知》（财综〔2015〕15号）	2015.04.21
18	《国家发展改革委办公厅、财政部办公厅、水利部办公厅关于开展社会资本参与重大水利工程建设运营第一批试点工作的通知》（发改办农经〔2015〕1274号）	2015.05.19
19	《国家发展改革委、财政部、国土资源部、银监会、国家铁路局关于进一步鼓励和扩大社会资本投资建设铁路的实施意见》（发改基础〔2015〕1610号）	2015.07.10
20	《中国银监会、国家发展和改革委员会关于银行业支持重点领域重大工程建设的指导意见》（银监发〔2015〕43号）	2015.08.10
21	《国家发展改革委、保监会关于保险业支持重大工程建设有关事项的指导意见》（发改投资〔2015〕279号）	2015.09.24

表 17-7 发改委发布

序号	名称	施行时间
1	《国家计划委员会关于实行建设项目法人责任制的暂行规定》（计建设〔1996〕673号）	1996.01.20
2	《天然气基础设施建设与运营管理办法》（发改委令第8号）	2014.04.01
3	《国家发展改革委关于发布首批基础设施等领域鼓励社会投资项目的通知》（发改基础〔2014〕981号）	2014.05.18
4	《国家发展改革委关于开展政府和社会资本合作的指导意见》（发改投资〔2014〕2724号）	2014.12.02
5	《国家发展改革委办公厅关于印发城市地下综合管廊建设专项债券发行指引》的通知（发改办财金〔2015〕755号）	2015.03.31
6	《基础设施和公用事业特许经营管理办法》（发改〔2015〕25号）	2015.04.25
7	《国家发展改革委关于切实做好〈基础设施和公用事业特许经营管理办法〉贯彻实施工作的通知》（发改法规〔2015〕1508号）	2015.07.02
8	《国家发展改革委办公厅关于印发〈绿色债券发行指引〉的通知》（发改办财金〔2015〕3504号）	2015.12.31
9	《国家发展改革委关于印发〈传统基础设施领域实施政府和社会资本合作项目工作导则〉的通知》（发改投资〔2016〕2231号）	2016.10.24

表 17-8 财政部发布

序号	名称	施行时间
1	《财政部关于切实加强政府投资项目代建制财政财务管理有关问题的指导意见》（财建〔2004〕300号）	2004.09.16
2	《政府采购非招标采购方式管理办法》（财政部令74号）	2014.02.01
3	《财政部关于推广运用政府和社会资本合作模式有关问题的通知》（财金〔2014〕76号）	2014.09.23
4	《财政部关于印发政府和社会资本合作模式操作指南（试行）的通知》（财金〔2014〕113号）	2014.11.29
5	《财政部关于政府和社会资本合作示范项目实施有关问题的通知》（财金〔2014〕112号）	2014.11.30
6	《财政部关于规范政府和社会资本合作合同管理工作的通知》（财金〔2014〕156号）	2014.12.30
7	《财政部关于印发〈政府采购竞争性磋商采购方式管理暂行办法〉的通知》（财库〔2014〕214号）	2014.12.31
8	《政府和社会资本合作项目政府采购管理办法》（财库〔2014〕215号）	2014.12.31
9	《财政部关于推进地方盘活财政存量资金有关事项的通知》（财预〔2015〕15号）	2015.02.17
10	《财政部关于印发〈地方政府一般债券发行管理暂行办法〉的通知》（财库〔2015〕64号）	2015.03.12

(续)

序号	名称	施行时间
11	《财政部关于印发〈地方政府专项债券预算管理办法〉的通知》（财预〔2015〕83号）	2015.04.02
12	《财政部关于印发〈政府和社会资本合作项目财政承受能力论证指引〉的通知》（财金〔2015〕21号）	2015.04.07
13	《财政部关于运用政府和社会资本合作模式推进公共租赁住房投资建设和运营管理的通知》（财综〔2015〕15号）	2015.04.21
14	《财政部关于进一步做好政府和社会资本合作项目示范工作的通知》（财金〔2015〕57号）	2015.06.25
15	《财政部关于实施政府和社会资本合作项目以奖代补政策的通知》（财金〔2015〕158号）	2015.12.18
16	《财政部关于在公共服务领域深入推进政府和社会资本合作工作的通知》（财金〔2016〕90号）	2016.10.11
17	《财政部关于印发〈政府和社会资本合作项目财政管理暂行办法〉的通知》（财金〔2016〕92号）	2016.10.20

表17-9 住建部发布

序号	名称	施行时间
1	《建设部关于培育发展工程总承包和工程项目管理企业的指导意见》（建市〔2003〕30号）	2003.02.13
2	《市政公用事业特许经营管理办法》（建设部令第126号）	2004.05.01
3	《住房和城市建设部关于印发进一步鼓励和引导民间资本进入市政公用事业领域的实施意见的通知》（建城〔2012〕89号）	2012.06.08
4	《住建部关于进一步推进工程总承包发展的若干意见》（建市设函〔2016〕93号）	2016.05.20

表17-10 中国银监会发布

序号	名称	施行时间
1	《银监会关于印发〈项目融资业务指引〉的通知》（银监发〔2009〕71号）	2009.07.27

表17-11 审计署发布

序号	名称	施行时间
1	《审计署关于印发〈政府投资项目审计规定〉的通知》（审投发〔2010〕173号）	2010.12.31

2. 关于PPP项目范围主体的相关规定

《国家发展改革委关于切实做好传统基础设施领域政府和社会资本合作有关工作的通知》（发改投资〔2016〕1744号）具体规定了PPP项目范围，主要包括以下四类主体，见表17-12。

表 17-12 PPP 项目范围四类主体

序 号	政府主体	具体职责
1	政府和社会资本合作中心（即 PPP 中心）	负责规划指导、融资支持、识别评估、咨询服务、宣传培训、绩效评价、信息统计、专家库和项目库建设等职责
2	项目实施机构及政府部门或事业单位	负责项目准备、采购、监管和移交等工作
3	融资平台公司	可作为政府代理机构、政府方出资人代表，负责项目具体管理等
4	其他国有控股主体	类似融资平台公司的职能

PPP 项目具有公益性特征，对社会资本合作伙伴必须提出严格的要求。合格的 PPP 项目社会资本合作主体的条件见 17-13。

表 17-13 合格的 PPP 项目社会资本合作主体的条件

1	信誉良好	投资人要有良好的银行资信、财务状况及相应的偿债能力；重合同、守信用，具有社会责任感
2	有建设、经营管理、运营维护同类工程的业绩、资质或经验	社会资本合作伙伴或其联合体要有良好的业绩与技术能力，必须具备相应的专业资质资格，经验丰富
3	资金充足，具有较强的财务与融资能力	具有良好的银行资信、财务状况、相应的偿债能力及同类项目成功的盈利模式和竞争模式
4	专业知识与技术力量雄厚	具备专业的 PPP 人才、技术人才、财经人才与管理人才团队
5	设备配置等要素实力良好	拥有专业的设备及完成服务所需的其他要素资源
6	质量安全管理体系完善	近三年内没有发生过重大生产安全和质量事故，主动防范的意识强、措施得力，合规性较好。具有独立法人资格，能遵从合同合法合规运营

17.3 PPP 项目操作全流程及法律文件

根据《财政部关于推广运用政府和社会资本合作模式有关问题的通知》（财金〔2014〕76 号），为保证政府和社会资本合作项目实施质量，2014 年 11 月 29 日，《财政部关于印发政府和社会资本合作模式操作指南（试行）的通知》（财金〔2014〕113 号）发布，将 PPP 项目的操作流程分为项目识别、项目准备、项目采购、项目执行、项目移交五个阶段，PPP 项目所涉的法律关系和全套法律文件也分别体现在这五个阶段之内。PPP 项目的全部操作流程如图 17-3 所示。

由于 PPP 项目参与主体众多，法律关系、交易结构复杂，涉及投融资、特许经营、招标投标、建设施工、政府采购、预算等的众多法律门类，因此，分阶段列出有关文件，厘清有关法律关系，可以帮助掌握 PPP 项目全局，指导和保证项目的顺利实施。

根据上述五个阶段分析，PPP 项目涉及以下主要文件，见表 17-14。

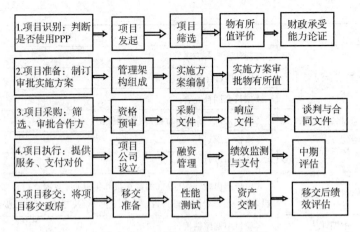

图 17-3 PPP 项目的全部操作流程

表 17-14 PPP 项目涉及的有关文件汇总

项目阶段	工作内容		涉及文件
项目识别阶段	项目发起		《项目建议书》
	项目筛选	新建、改建项目	《新建、扩建项目可行性研究报告》
			《新建、扩建项目产出说明》
			《存量项目初步实施方案》
		存量项目	《存量项目公共资产历史材料》
			《存量项目产出说明》
			《存量项目初步实施方案》
	物有所值评价		《项目物有所值评价报告》
	财政承载能力论证		《财政承载能力论证报告》
项目准备阶段	《项目实施方案》		
项目采购阶段	资格预审		《资格预审文件》
			《资格预审公告》
			《资格预审申请人须知》
			《资格预审申请》
			《资格预审评审报告》
	采购文件		《采购邀请》
			《竞争者须知》
			《采购方式说明》
			《采购程序说明》
			《相应文件编制要求》
			《项目合同草案》
	响应文件		《竞争性磋商公告》
			《补遗文件》
			《竞争性磋商相应文件》
			《采购需求方案》
			《采购需求方案评审报告》

(续)

项目阶段	工作内容	涉及文件
项目采购阶段	谈判与合同文件	《确认谈判备忘录》
		《PPP项目合同》
		《项目合同补充合同》
项目执行阶段	项目公司设立	《股东协议》《公司章程》《履约保函》
	融资管理	《融资方案》
		《融资担保》
	绩效检测与支付	《项目产出绩效指标》(编制季报和年报)《政府支付台账》《政府综合财务报告》《项目合同修订报告》《项目争议解决报告》《项目提前终止报告》
	中期评估	《项目中期评估报告》
项目移交	移交准备	《移交资产清单》
		《移交补偿方案》
	性能测试	《移交资产评估报告》《资产性能测试报告》《法律过户和管理权移交手续》
	移交后绩效评估	《项目绩效评价报告》

鉴于国务院、财政部和发改委等主管部门所发布的PPP法规不统一，各个法规的侧重点也不尽相同，要求也有差别，因此项目操作流程也不尽相同，需要的文件也会有所差别。

17.4 PPP项目的基本合同体系

17.4.1 概述

PPP模式法律主体的权利义务由相关PPP合同文本进行约定，并形成比较复杂的法律文本体系，见表17-15。

表17-15 PPP项目的基本合同体系层次

合同体系	解决问题	合同文本
基础交易合同体系	主要解决商务层面事宜	包括项目建设相关合同、项目运营管理相关合同和供应合同及产品销售合同等法律文本，例如施工承包合同、运营服务合同、原材料供应合同、产品或服务采购合同、保险合同等
融资合同体系	主要解决资金安排、资本层面事宜	包括SPV章程和股东间协议等SPV设立文件，主要涉及合作方作为股东在公司层面的权利义务及决策机制，例如：投资合作协议、股东合同，还包括贷款合同和担保合同等
PPP项目合同	通过该合同，项目公司取得项目特许经营权	这是PPP法律文本最为重要的内容，在PPP文本体系中具有协调机制性质，是PPP模式能够有效吸引私人资本并成功运行的关键

财政部《政府和社会资本合作模式操作指南（试行）》中规定：合同体系主要包括PPP

项目合同、股东合同、工程承包合同、运营服务合同、原料供应合同、产品或服务采购合同、融资合同和保险合同等。

（1）PPP项目合同。PPP项目合同是政府方与社会资本方依法就PPP项目合作所订立的民事商业合同，约定政府方与社会资本方之间项目风险的分配，明确双方合作条件和权利义务关系，约定争议解决以及退出机制，确保项目全生命周期内的顺利实施。PPP项目合同是其他合同产生的基础，也是整个PPP项目合同体系的核心。

（2）股东合同。在政府方选定社会投资方后，大多数都会成立项目公司，便于操作和管理。股东合同由项目公司的股东签订，用以在股东之间建立长期的、有约束力的合约关系。项目投资人订立股东合同的主要目的在于设立项目公司，由项目公司负责项目的建设、运营和管理，因此项目公司的股东可能会包括希望参与项目建设、运营的承包商、原料供应商、运营商、融资方等主体。在某些情况下，为了更直接地参与项目的重大决策、掌握项目实施情况，政府也可能通过直接参股的方式成为项目公司的股东（但政府通常并不控股和直接参与经营管理）。在这种情形下，政府与其他股东相同，享有作为股东的基本权益，同时也需履行股东的相关义务，并承担项目风险。

股东合同除了包括规定股东之间权利义务的一般条款外，还可能包括与项目实施相关的特殊规定。以承包商作为项目公司股东为例，承包商的双重身份可能会导致股东之间一定程度的利益冲突，并在股东合同中予以反映。需要特别注意的是，《传统基础设施领域实施政府和社会资本合作项目工作导则》第十六条规定：除PPP合同另有约定外，项目公司的股权及经营权未经政府同意不得变更。

（3）工程承包合同。项目公司一般只作为融资主体和项目运营管理者而存在，本身不一定具备自行设计、采购、建设项目的条件，因此可能会将部分或全部设计、采购、建设工作委托给工程承包商，签订工程承包合同。项目公司可以与单一承包商签订总承包合同，也可以分别与不同承包商签订合同。承包商的选择要遵循相关法律法规的规定。但是，《传统基础设施领域实施政府和社会资本合作项目工作导则》第十八条规定：工程建设成本、质量、进度等风险应由项目公司或社会资本方承担。政府方及政府相关部门应根据PPP项目合同及有关规定，对项目公司或社会资本方履行PPP项目建设责任进行监督。由于工程承包合同的履行情况往往直接影响PPP项目合同的履行，进而影响项目的贷款偿还和收益情况，因此，为了有效转移项目建设期间的风险，项目公司通常会与承包商签订一个固定价格、固定工期的"交钥匙"合同，将工程费用超支、工期延误、工程质量不合格等风险全部转移给承包商。此外，工程承包合同中通常还会包括履约担保和违约金条款，进一步约束承包商妥善履行合同义务。

（4）运营服务合同。根据PPP项目运营内容和项目公司管理能力的不同，项目公司有时会考虑将项目全部或部分的运营和维护事务外包给有经验的专业运营商，并与其签订运营服务合同。由于PPP项目的期限通常较长，在项目的运营维护过程中存在较大的管理风险，可能因项目公司或运营商管理不善而导致项目亏损，因此，项目公司应优先选择资信状况良好、管理经验丰富的运营商，并通过在运营服务合同中预先约定风险分配机制或者投保相关保险来转移风险，确保项目平稳运营并获得稳定收益。

（5）原料供应合同。有些PPP项目在运营阶段对原料的需求量很大，原料成本在整个项目运营成本中占比较大，同时受价格波动、市场供给不足等影响，又无法保证能够随时在公开市场上以平稳价格获取，继而可能会影响整个项目的持续稳定运营，例如燃煤电厂项目中的煤炭。因此，为了防控原料供应风险，项目公司通常会与原料的主要供应商签订长期原料供应合同，并且约定一个相对稳定的原料价格。在原料供应合同中，除上述一般性条款外，通常还会包括"照供不误"条款，即要求供应商以稳定的价格、稳定的质量品质为项目提供长期、稳定的原料。

(6) 产品或服务采购合同。在 PPP 项目中，项目公司的主要投资收益来源于项目提供的产品或服务的销售收入，因此保证项目产品或服务有稳定的销售对象，对于项目公司而言十分重要。根据 PPP 项目付费机制的不同，项目产品或服务的购买者可能是政府，也可能是最终使用者。以政府付费的供电项目为例，政府的电力主管部门或国有电力公司通常会事先与项目公司签订电力购买协议，约定双方的购电和供电义务。此外，在一些产品或服务购买合同中，还会包括"照付不议"条款，即项目公司与产品的购买者约定一个最低采购量，只要项目公司按照最低采购量供应产品，不论购买者是否需要采购该产品，均应按照最低采购量支付相应价款。

(7) 融资合同。从广义上讲，融资合同可能包括项目公司与融资方签订的项目贷款合同、担保人就项目贷款与融资方签订的担保合同、政府方与融资方和项目公司签订的直接介入协议等多个合同。其中，项目贷款合同是最主要的融资合同。在项目贷款合同中，出于贷款安全性的考虑，融资方往往要求项目公司以其财产或其他权益作为抵押或质押，或由其母公司提供某种形式的担保或由政府做出某种承诺，这些融资保障措施通常会在担保合同、直接介入协议以及 PPP 项目合同中予以具体体现。《传统基础设施领域实施政府和社会资本合作项目工作导则》第十八条规定：PPP 项目融资责任由项目公司或社会资本方承担，当地政府及其相关部门不应为项目公司或社会资本方的融资提供担保。

(8) 保险合同。由于 PPP 项目通常资金规模大、生命周期长，负责项目实施的项目公司及其他相关参与方通常需要对项目融资、建设、运营等不同阶段的不同类型的风险分别进行投保。通常可能涉及的保险种类包括财产险、货物运输险、工程一切险、针对设计或其他专业服务的执业保险、针对间接损失的保险、第三者责任险等。

(9) 其他合同。在 PPP 项目中还可能会涉及其他合同，例如与专业中介机构签署的投资、法律、技术、财务、税务等方面的咨询服务合同。

PPP 项目基本合同体系构成如图 17-4 所示。

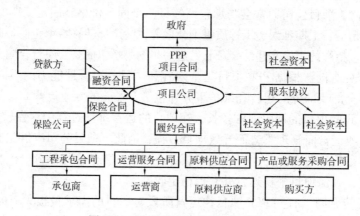

图 17-4 PPP 项目基本合同体系构成

17.4.2 PPP 项目合同

有鉴于 PPP 模式实践中法律文本体系的模糊，2014 年 11 月 26 日，《国务院关于创新重点领域投融资机制鼓励社会投资的指导意见》（国发〔2014〕60 号）发布，并采用财政部对 PPP 的定义"政府和社会资本合作"，将 PPP 模式定位为一种创新的投融资模式，更强调 PPP 项目合同的重要性，并要求政府有关部门制定管理办法，尽快发布标准合同范本，由此规范合作关系保障各方利益。《政府和社会资本合作模式操作指南（试行）》从 PPP 项目识别、准备、采购、执行、移交各环节操作流程等方面提出操作层面的具体要求。《国家发展改革委关于开展政府和社会资本合作的指导意见》和《政府和社会资本合作项目通用合同指南》从 PPP 模式的遵循原则、适用范围、模式选择、工作机制、项目流程与管理、政策保障、合同管理等方面提出具体指导意见。《传统基础设施领域实施政府和社会资本合作项目工作导则》对 PPP 项目的操作规范进行了进一步的细化，对 PPP 项目合同的有关问题进行了明确规定。

1. 对 PPP 项目合同中政府的认知

PPP 项目合同是 PPP 项目一系列文件中最重要的法律文件之一。但是，人们对 PPP 合同性质的认知存在某些分歧。

有专家学者认为，政府在 PPP 项目的实施过程中具有双重身份，应当将 PPP 项目特许权的授予与 PPP 项目合同的订立和履行分阶段、分别看待，这样比较方便正确认识和理解 PPP 合同。PPP 项目特许权被授予之前，政府需要进行一系列的前置行政审批手续，包括提出项目实施方案、进行可行性评估，通过招标、竞争性谈判等竞争方式，最终将特许权授予符合条件的特许经营者。在这期间政府扮演的是一个行政管理者的角色，行使行政管理职能。在确定特许经营者之后，才进入了 PPP 合同的订立和履行阶段，即政府作为合同一方与社会资本一方就如何建设、运营和移交 PPP 项目进行平等的谈判。尽管在 PPP 项目合同中规定，政府对项目享有监督检查权，但其监督检查权的行使应以不妨碍项目正常运营为前提，《基础设施和公用事业特许经营管理办法》第二十七条就规定了这一点。

2. PPP 项目合同的内容及签订合同时注意的事项

PPP 项目合同相当于当事人之间的法律文件，对当事人具有约束力。《政府和社会资本合作模式操作指南（试行）》明确指出：项目合同是最核心的法律文件。

针对 PPP 项目，发改委和财政部各自发布了指导性的合同指南。发改委的《政府和社会资本合作项目通用合同指南》相比于财政部的《政府和社会资本合作模式操作指南（试行）》原则规定而言，对项目合同的规定更为具体，并具有可操作性，其 PPP 模式的项目合同共设置 15 个模块、86 项条款，适用于不同模式合作项目的投融资、建设、运营和服务、移交等阶段，具有较强的通用性。所有模式项目合同的正文都应包含总则、合同主体、合作关系、项目前期工作、收入和回报、不可抗力和法律变更、合同解除、违约处理、争议解决，以及其他约定 10 个通用模块，其他模块可根据实际需要灵活选用。

为方便理解 PPP 项目合同，把 PPP 项目合同的框架描述成一个进入、操作和退出的过程，分三个阶段：①"进入"，包括谁有资格进入、进入之前应该做什么。②"操作"，即合同的履行执行过程，包括双方的权利义务，如何建设、运营和移交，如何取得回报等。③"退出"，即合同到期、终止、违约时的退出机制，争议如何解决等，如图 17-5 所示。

图 17-5 "进入""操作""退出"

一个良好周全的 PPP 项目合同是一本约束合同当事人的小法律文件，可以大大降低和防范风险，为解决问题提供方案，保证双方的权利和项目的顺利进行。

17.5 国外有关国家的 PPP 法律示例

17.5.1 英国 PFI/PPP 法律

1. 英国 PFI 概念

PFI 是 Private Finance Initiative 的缩写，中文直译意思为"私人融资动议"。英国保守党政府的财政大臣 Norman Lamont 在他的 1992 秋季报告（Autume Statement）中宣布 PFI，目的是通过长期的合同安排将私营部门资源（资金和管理经验）引入基础设施及公共服务部门。在 PFI 模式下，由私营部门融资建造基础设施，基础设施建成后由私营部门负责 25 年或 30 年运营提供公共服务，由用户付费或者政府付费。由于这种方式在公共领域引入了市场竞争机制和私营部门的专业技能以及资金优势，因而能够使公共部门更加"物有所值"地提供公共服务。政府通过 PFI 模式，保证公共服务的提供更有效率及更省费用。2000 年之后，为进一步促进私营部门参与公共服务，英国政府正式引入 PPP 的概念，用以涵盖所有私营部门参与提供公共服务或物品，PFI 即是其中的一种类型。二十几年来，公私伙伴关系在英国取得了巨大的成功，在英国大多数公私合伙项目是采取 PFI 来进行的。英国在同私营部门以伙伴合作提供公共基础服务及体制创新方面一直保持着引导者（领先）地位，无论从实施的项目数量、涉及的项目金额还是成功的项目经验来说，均遥遥领先世界其他国家。自 1992 年正式实施 PFI 以来至 2010 年 2 月，英国共完成 667 个项目的签约，共涉及 560 亿英镑，其中大部分项目已经完成融资并进入试运营阶段。

英国特色的 PFI 模式将政府的关注点从基础设施本身转移到了公共服务本身（有别于发展中国家使用 BOT 模式吸引外资最终要取得基础设施所有权），英国政府追求的是物有所值，直接购买服务而对直接运营基础设施不再感兴趣。正是由于长达 25～30 年的特许期，公共部门的关注点从基础设施本身转移到了公共服务本身，这个转变是英国特色 PFI 项目的基本特点。

PFI 在许多行业都得到广泛的运用。在"用户最终付费项目"比如公路或桥梁上使用；在"政府购买服务项目"比如为老人提供住宿及日常照顾服务，及监狱的设计融资建造运营上使用；处于"用户最终付费项目"及"政府购买服务项目"之间的项目可以由公共部门和私营部门组成联营体，这种项目合同对公私双方的要求就更高，合同结构更复杂。

除了使用 PFI 这种模式外，英国还有其他的公私合伙模式（广义 PPP），包括比如外包（Outsourcing）、私有化（Privatization）、公私组成联营体（Joint Venture between Private and Public）、政府所有承包商运营（GOCO）。在英国，设计施工（DB）也是 PPP，设计施工

(DB)一体化的总承包模式已经被英国人认为属于"传统"或"常规"模式。

2. 英国 PFI/PPP 政策法律概况

尽管英国在 PFI/PPP 领域处于世界领先地位，但是英国并没有针对 PFI/PPP 的专门立法，而是将其作为政府采购合同的一种方式纳入到政府采购法律体系中进行规制。政府采购法律主要规定了设定 PFI/PPP 项目目标和标准所必须遵守的规范以及甄选私营部门合作伙伴的招标投标程序事宜。除了法律规定以外，财政部制定的政策也对公共部门采用 PFI/PPP 具有约束力。政府部门采用 PFI/PPP 方式时除了遵守政府采购法律的有关规定外，就法律未明确规定的部分还需要遵守财政部的有关政策。英国的 PFI/PPP 法律制度主要包括《2006 年公共合同法》（*Public Contracts Regulations* 2006）和《2006 年公用事业单位合同法》（*Utilities Contracts Regulations* 2006）两部政府采购法，以及之后的《2007 公共合同法和公用事业单位合同法修订》《2009 年公共合同法修订》和《2009 年公用事业单位合同法修订》。

2004 年 3 月 31 日，欧盟颁布了《新欧盟政府采购指令》，进一步确立了透明、非歧视和竞争性采购等原则。根据欧盟该指令，英国国会于 2006 年 1 月 9 日通过了《2006 年公共合同法》，针对 PFI/PPP 等特别复杂的项目首次引入了竞争性谈判程序，这是英国 PFI/PPP 法律制度的核心。竞争性谈判制度适用于公共机构进行限额以上特别复杂合同的采购行为：①公共机构包括英国的政府部门、地方政府部门、上议院及下议院，以及诸如火警机构、警察局等行使公共职能的部门；②特别复杂项目包括技术上的复杂性和金融、法律上的复杂性，并且这些复杂性不是抽象的标准，而必须结合具体政府采购机构的能力来确定。

除了法律规定外，英国财政部作为 PFI/PPP 的主管机构也颁布了大量的指引进行政策层面的规范和引导，如：①《公共财务管理》（*Managing Public Money*）；②专门针对 PFI 项目的指引，见表 17-16。③PFI 项目的标准化合同（Standardization of PFI Contracts）。

表 17-16 专门针对 PFI 项目的指引

第一部分	物有所值指引（section 1- Value for Money Guidance）
第二部分	实施小组指引（Section 2- Operational Task Force Guidance）
第三部分	金融指引（Section 3- Finance Guidance）
第四部分	财政部工作小组指引（Section4- Treasury Taskforce Technical Notes）
第五部分	一般性指引（Section 5- General Guidance）

3. 英国特色 PFI 标准化合同文本

英国特色 PFI 项目是严格按照 PFI 系列文件运作的，特别是英国 PFI 标准化合同。1999 年 7 月，英国财政部颁布了《PFI 合同标准化》（第 1 版）；2002 年 9 月，颁布第 2 版；2004 年 4 月，颁布第 3 版；2007 年 3 月，颁布第 4 版；2012 年 12 月，出台《PF2 合同标准化（草稿）》（*Standardization of PF2 Contracts（Draft）*），PFI 升级为 PF2。英国出版标准化合同的初衷或者目的是：①促进对标准 PFI 项目可能遭遇主要风险的共同理解；②在同样项目上保持定价及条款的一贯性；③降低协商谈判的时间和成本，PFI 标准化合同提供给项目参与方所能遵从的标准条款，尽量降低需要协商的范围。PFI 标准化合同明确了公共部门及私营部门风险分担的标准模式、原则、主要合同条款，保证公共部门购买到合格的服务，最终达到物有所值最大化。

4. 英国 PFI/PPP 主管部门

1992年提出PFI后，为了尽快推广，1993年政府在财政部下专门设立私人融资工作组（Private Finance Panel）和私人融资办公室（Private Finance Office）。1997年根据Bates爵士的建议，英国政府成立了财政部特别工作小组（Treasury Taskforce），该小组在PPP的标准化方面做了很多重要工作，并且出版了应用于PFI型项目的指导方针，提高了这些项目的实际效率。1999年，根据Bates爵士的建议，英国政府成立了一个长期机构英国伙伴组织（Partnerships UK）接替特别工作小组的工作。Partnerships UK专门服务于公共部门的PPP项目，与公共部门共担风险、共享项目收益。工作小组解散后，根据Gershon爵士的建议接替其政策方面并作为PFI政策的主要制定者、实施者和监督者的是政府商务管理局（Office of Government Commerce）。政府商务管理局的相关工作包括制定和传播关于采购管理、程序管理、项目管理、服务管理和风险管理方面最佳的行动指南。这样以英国财政部为核心的政府采购体系基本形成。

5. 英国特色PPP模式之PFI操作步骤

PFI项目在公共部门授予私营部门PFI项目合同前的操作步骤如图17-6所示。

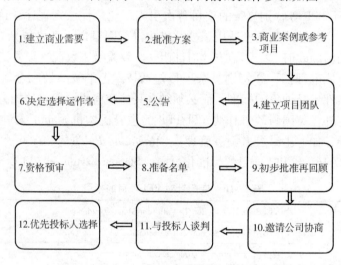

图17-6 英国特色PPP模式之PFI操作步骤

17.5.2 美国PPP法律

美国没有统一的PPP法律，PPP相关法规散见于联邦立法和州立法之中。根据联邦制下的权力分配，PPP在实施中主要适用相关的州立法。20世纪80年代和90年代，为了在不提高税收的前提下向不断增长的人口提供公共服务，美国政府开始采用PPP方式。但与大多数国家一样，PPP对于美国并不是新生事物，美国很久以前就在使用各种形式的PPP。大部分的交通、水利及其他的公共服务最初都是由私营部门与联邦、州或地方政府共同建设的，只是没有将这种方式进行系统的理论研究和实践总结。19世纪60年代建立的横贯美国大陆的铁路就是一个政府与私营铁路公司合作的成功案例（Richard Norment, 2002）。美国传统上认为PPP是项目融资的一个子类别。项目融资的核心概念在于通过合同进行风险分担，并通过结构性融资安排对项目现金流在不同参与者之间进行分配，使得项目在无追索或有限追索的前提下获得可融资性。

随着PPP概念的提出，美国在引入私营部门参与公共服务方面取得了进一步发展，PPP项目的数量增长迅速。对于为何采用PPP来提供公共服务，美国与其他国家考虑的因素基本一致，同时也具有一些自己的特点。将这些原因从主到次排序依次为：节约成本，政府工作人员和专业知识的缺乏，缺少政府政治领导能力的支持，提高灵活性，增加创新，提高效率，获得高质量的服务。

作为落实金融危机中美国政府和国会大力促进和推动PPP模式相关政策的立法，2009年美国通过了《美国复苏和再投资法案》（American Recovery and Reinvestment Act）（下称《复苏法案》）。《复苏法案》所支持的PPP项目必须为"待建工程"。法案要求资金在到位后120天或180天之内即投入PPP项目。因此，《复苏法案》主要为已经构成公私合作关系的、完成了设计方案而急需资金的在建项目或待建项目提供支持。

因美国PPP项目更多地涉及州和地方政府，因此项目采购适用各州的政府采购法律。虽然不尽相同，但大部分州的采购法律对PPP项目从法定采购程序中进行了豁免。对于受PPP项目促进法律调整的项目，州采购法一般设立特别程序，以满足项目的特殊需要。对于采购PPP项目的合作方，各州一般要求通过包括招标投标在内的竞争性程序进行选择，并对招标、评议和选择程序做出具体规定。各州要求信息披露公开透明，在广泛流通的媒介上进行公布。

2007年《外国投资与国家安全法案》将关键基础设施纳入国家安全审查范畴。关键基础设施包括现实存在的或虚拟的系统或资产，这些系统或资产对美国尤为重要，如遭到破坏或无法正常工作将对美国国家安全造成严重影响。其他与项目审批有关的立法包括2001年《爱国者法案》和2002年《国土安全法案》。两法案在9·11事件之后开始实施，对与关键基础设施相关的行业做出了保护性规定。

为进一步鼓励PPP项目的开展实施，美国对联邦税法进行了修正。参与PPP项目的私营部门可以发行免税私人活动债券，对项目进一步融资。私营部门在PPP项目的收费权需服从于公共利益；政府部门会通过确定初始价格、限定最高年增幅等方式对收费进行限制。根据美国宪法，私营部门不得随意向不缴费用户进行惩罚性收费，也不得因用户经济困难而停止提供必要的公共服务，以保障公众使用公共产品和服务的基本权利。

除特定的联邦法律以外，美国PPP项目主要适用各州的法律。合同可以约定选择适用哪个州的法律，但必须与项目有密切联系。

17.5.3 韩国PPP法律

韩国是除日本外的亚洲少数几个拥有较为完善PPP立法的国家，历经十余年的变迁，PPP法案几经修订，形成了独具特色的韩国PPP法律体系。韩国发展部下属的"韩国公私基础设施投资管理中心"（Public and Private Infrastructure Investment Management Center of Korea）负责公私合作基础设施投资。

1. 民资投资法律演进

韩国的民资投资制度的发展历史大致可以分为四个阶段。

（1）第一阶段是1968—1994年，这一阶段的制度主要以个别法（例如《公路法》《港口法》等）的散发性推进为主。由于缺乏统一法律制度的保障，韩国民间资本进入基础设施领域的意愿并不强烈，1991年仅为2000亿韩元左右。

（2）第二阶段是1994—1998年，这一阶段，韩国政府对相关的法律法规做了全面修订。例如，1994年颁布首部PPP法——《私人资本参与社会间接资本投资促进法》（Act on Promotion of Private Capital into Social Overhead Capital Investment, Act No. 4773）。这一阶段的民间投资情况因市场条件不成熟及政府消极作用导致推进业绩不佳。受1997年亚洲金融危机的影响，韩国经济遭到重创，政府资金急剧减少，投资能力下降，政府遂于1998年修订PPP法案，更名为《私人投资基础设施法》（Act on Private Investment in Infrastructure, Act No. 5624），确定了该法案的优先效力，废除一些对私人资本的限制，促进私人资本在韩国城镇化中发挥更大的作用。

（3）第三阶段是1999—2004年，在这一阶段，为了进一步激发民间资本的活力，政府进行了一系列积极支援。

（4）第四阶段则是2005年至今，2005年韩国第二次修订PPP法案，将其更名为《民间参与基础设施法》（Act on Private Participation in Infrastructure, Act No. 7386），同时进一步将民资投资的领域从道路、铁路等生产设施扩大到学校、医院等生活设施，并导入租赁型（Build-Transfer-Lease，BTL）事业方式。在推行民资投资的20年间，截至2014年年底，韩国民资投资总额约100万亿元，折合人民币约5600亿元，总共签订了677个项目协议。

2. 韩国PPP模式

在1994年韩国PPP法刚出台时，政府明确界定了BTO、BOT和BOO三种模式，并规定交通、供水等10个重要领域必须采用BTO模式，对燃气、公交等18个次要或经营性强的领域可以使用BOT和BOO模式。这种限制导致韩国1994年PPP项目遭到冷遇，在政府于1994年公布的452个项目中，只有不到1/3的项目得到私人参与，顺利完成的只有少数。1998年韩国PPP法修改后，废除了在某些领域强制使用BTO模式的规定，2005年韩国开始学习英日模式，对PPP法案第二次修改，开始引入BTL模式。此后，韩国的PPP项目逐渐增加，这其中主要运用收益性（BTO）和租赁型（BTL）两种模式。

（1）BTO模式。BTO模式主要依靠使用者付费来收回投资成本。当项目建设完工后，项目的所有权将会转移至政府部门，特许经营者拥有运营设施的权利并获得投资回报。该模式适合运用于道路、轨道、海港等项目，不论损失与收益，皆由民间资本100%承担，政府不进行任何财政支援，风险相对较大，投资回报率也相对较高。这一模式目前总共签订了225个项目，投资总额约71.5万亿元，折合人民币约4004亿元，占比71.5%。

（2）BTL模式。BTL模式是通过政府支付设施租赁费回收投资。在项目完成之后，设施的所有权转移至政府。该模式适用于学校、住房、下水管渠、福利设施等项目，项目风险较低，回报率也相对较低。自2008年金融危机后，韩国民间投资事业发生停滞，韩国政府开始从多角度摸索活性化方案。在这一阶段，BTO-rs（危险分散型）、BTO-a（损益共享型）等相继投入使用。在BTO-rs模式中，政府与民间资本的损失与收益均是各占一半。政府负担部分的投资费用以及运营费用，这一模式在2014年的收益率为5%~6%左右。这一模式主要用于铁路、轻轨等建设领域。在BTO-a模式中，民间资本的风险得以进一步降低。这一模式为民间资本设置了30%的止损点，超过30%时，财政将对民间资本予以支援。同时，政府与民间资本的利益比为7:3。2014年，这一模式的收益率在4%~5%左右。这一模式主要用于环境事业。

3. 依据发起者的不同，韩国PPP的分类

（1）"政府立项招标项目"（Solicited Projects）：由政府发现潜在的PPP项目并且主动寻

找特许经营者。

（2）"企业主动建议型项目"（Unsolicited Projects）：企业向政府提议开发的那些有较高市场需求却因为政府预算限制而被搁置的项目。

17.6 案例：工业污水集中处理工程PPP项目特许经营协议

工业污水集中处理工程PPP项目特许经营协议如图17-7所示。

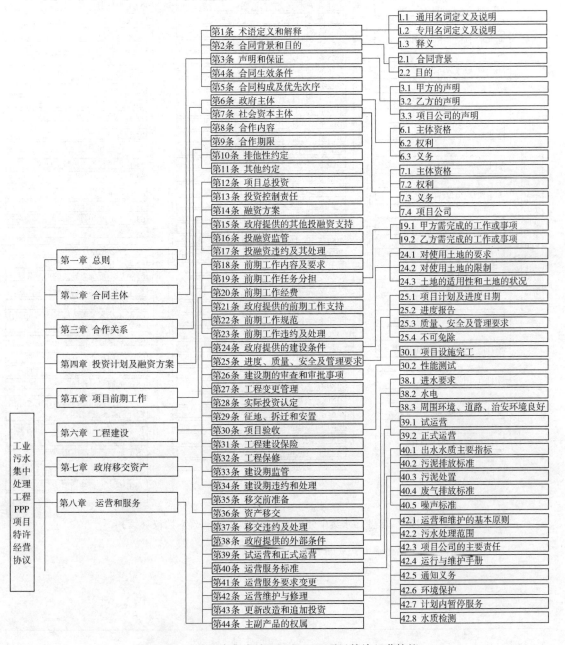

图17-7 工业污水集中处理工程PPP项目特许经营协议

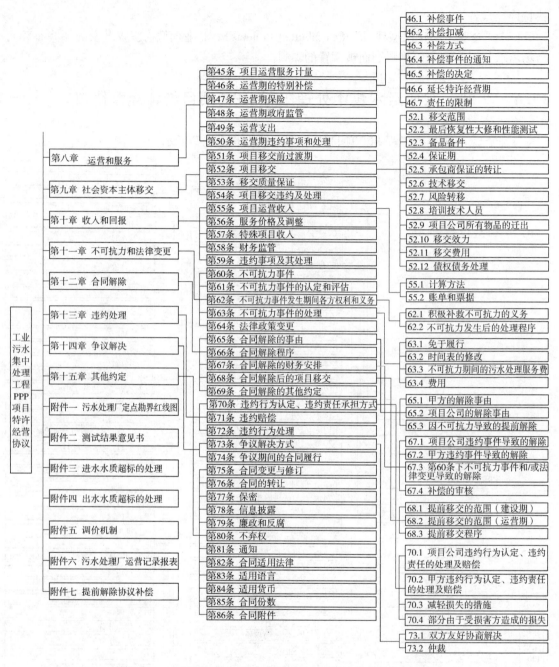

图 17-7 工业污水集中处理工程 PPP 项目特许经营协议（续）

附 录

附录 A 政府和社会资本合作模式操作指南（试行）

A.1 《政府和社会资本合作模式操作指南（试行）》要点

《政府和社会资本合作模式操作指南（试行）》要点如附图 1 所示。

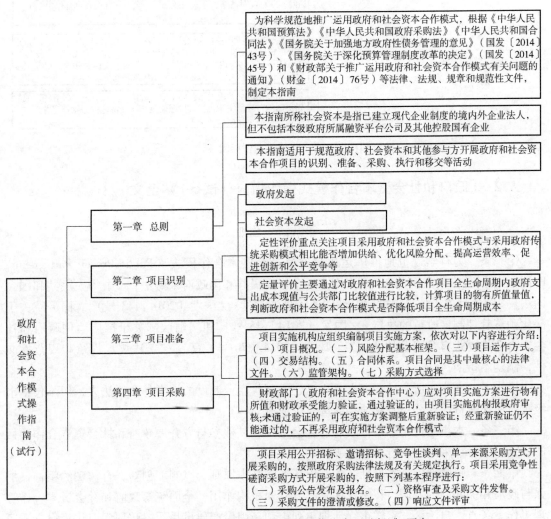

附图 1 《政府和社会资本合作模式操作指南（试行）》要点

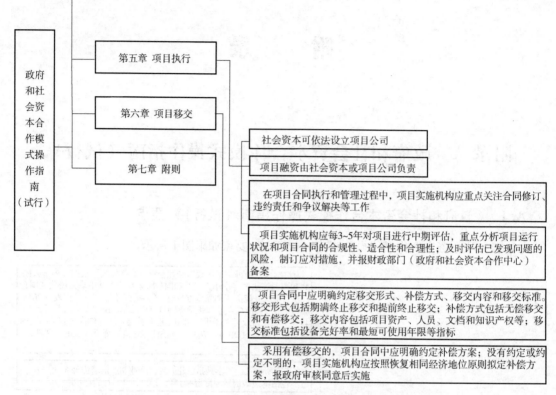

附图1 《政府和社会资本合作模式操作指南（试行）》要点（续）

A.2 《政府和社会资本合作模式操作指南（试行）》全文

第一章 总则

第一条 为科学规范地推广运用政府和社会资本合作模式（Public-Private Partnership，PPP），根据《中华人民共和国预算法》《中华人民共和国政府采购法》《中华人民共和国合同法》《国务院关于加强地方政府性债务管理的意见》（国发〔2014〕43号）、《国务院关于深化预算管理制度改革的决定》（国发〔2014〕45号）和《财政部关于推广运用政府和社会资本合作模式有关问题的通知》（财金〔2014〕76号）等法律、法规、规章和规范性文件，制定本指南。

第二条 本指南所称社会资本是指已建立现代企业制度的境内外企业法人，但不包括本级政府所属融资平台公司及其他控股国有企业。

第三条 本指南适用于规范政府、社会资本和其他参与方开展政府和社会资本合作项目的识别、准备、采购、执行和移交等活动。

第四条 财政部门应本着社会主义市场经济基本原则，以制度创新、合作契约精神，加强与政府相关部门的协调，积极发挥第三方专业机构作用，全面统筹政府和社会资本合作管理工作。各省、自治区、直辖市、计划单列市和新疆生产建设兵团财政部门应积极设立政府和社会资本合作中心或指定专门机构，履行规划指导、融资支持、识别评估、咨询服务、宣传培训、绩效评价、信息统计、专家库和项目库建设等职责。

第五条 各参与方应按照公平、公正、公开和诚实信用的原则，依法、规范、高效实施政府和社会资本合作项目。

第二章 项目识别

第六条 投资规模较大、需求长期稳定、价格调整机制灵活、市场化程度较高的基础设施及公共服务类项目，适宜采用政府和社会资本合作模式。政府和社会资本合作项目由政府或社会资本发起，以政府发起为主。

（一）政府发起。财政部门（政府和社会资本合作中心）应负责向交通、住建、环保、能源、教育、医疗、体育健身和文化设施等行业主管部门征集潜在政府和社会资本合作项目。行业主管部门可从国民经济和社会发展规划及行业专项规划中的新建、改建项目或存量公共资产中遴选潜在项目。

（二）社会资本发起。社会资本应以项目建议书的方式向财政部门（政府和社会资本合作中心）推荐潜在政府和社会资本合作项目。

第七条 财政部门（政府和社会资本合作中心）会同行业主管部门，对潜在政府和社会资本合作项目进行评估筛选，确定备选项目。财政部门（政府和社会资本合作中心）应根据筛选结果制定项目年度和中期开发计划。对于列入年度开发计划的项目，项目发起方应按财政部门（政府和社会资本合作中心）的要求提交相关资料。新建、改建项目应提交可行性研究报告、项目产出说明和初步实施方案，存量项目应提交存量公共资产的历史资料、项目产出说明和初步实施方案。

第八条 财政部门（政府和社会资本合作中心）会同行业主管部门，从定性和定量两方面开展物有所值评价工作。定量评价工作由各地根据实际情况开展。定性评价重点关注项目采用政府和社会资本合作模式与采用政府传统采购模式相比能否增加供给、优化风险分配、提高运营效率、促进创新和公平竞争等。定量评价主要通过对政府和社会资本合作项目全生命周期内政府支出成本现值与公共部门比较值进行比较，计算项目的物有所值量值，判断政府和社会资本合作模式是否降低项目全生命周期成本。

第九条 为确保财政中长期可持续性，财政部门应根据项目全生命周期内的财政支出、政府债务等因素，对部分政府付费或政府补贴的项目，开展财政承受能力论证，每年政府付费或政府补贴等财政支出不得超出当年财政收入的一定比例。通过物有所值评价和财政承受能力论证的项目，可进行项目准备。

第三章 项目准备

第十条 县级（含）以上地方人民政府可建立专门协调机制，主要负责项目评审、组织协调和检查督导等工作，实现简化审批流程、提高工作效率的目的。政府或其指定的有关职能部门或事业单位可作为项目实施机构，负责项目准备、采购、监管和移交等工作。

第十一条 项目实施机构应组织编制项目实施方案，依次对以下内容进行介绍：

（一）项目概况。项目概况主要包括基本情况、经济技术指标和项目公司股权情况等。基本情况主要明确项目提供的公共产品和服务内容、项目采用政府和社会资本合作模式运作的必要性和可行性，以及项目运作的目标和意义。经济技术指标主要明确项目区位、占地面积、建设内容或资产范围、投资规模或资产价值、主要产出说明和资金来源等。项目公司股权情况主要明确是否要设立项目公司以及公司股权结构。

（二）风险分配基本框架。按照风险分配优化、风险收益对等和风险可控等原则，综合考虑政府风险管理能力、项目回报机制和市场风险管理能力等要素，在政府和社会资本间合理分配项目风险。原则上，项目设计、建造、财务和运营维护等商业风险由社会资本承担，法律、政策和最低需求等风险由政府承担，不可抗力等风险由政府和社会资本合理共担。

（三）项目运作方式。项目运作方式主要包括委托运营、管理合同、建设—运营—移交、建设—拥有—运营、转让—运营—移交和改建—运营—移交等。具体运作方式的选择主要由收费定价机制、项目投资收益水平、风险分配基本框架、融资需求、改扩建需求和期满处置等因素决定。

（四）交易结构。交易结构主要包括项目投融资结构、回报机制和相关配套安排。项目投融资结构主要说明项目资本性支出的资金来源、性质和用途，项目资产的形成和转移等。项目回报机制主要说明社会资本取得投资回报的资金来源，包括使用者付费、可行性缺口补助和政府付费等支付方式。相关配套安排主要说明由项目以外相关机构提供的土地、水、电、气和道路等配套设施和项目所需的上下游服务。

（五）合同体系。合同体系主要包括项目合同、股东合同、融资合同、工程承包合同、运营服务合同、原料供应合同、产品采购合同和保险合同等。项目合同是其中最核心的法律文件。项目边界条件是项目合同的核心内容，主要包括权利义务、交易条件、履约保障和调整衔接等边界。权利义务边界主要明确项目资产权属、社会资本承担的公共责任、政府支付方式和风险分配结果等。交易条件边界主要明确项目合同期限、项目回报机制、收费定价调整机制和产出说明等。履约保障边界主要明确强制保险方案以及由投资竞争保函、建设履约保函、运营维护保函和移交维修保函组成的履约保函体系。调整衔接边界主要明确应急处置、临时接管和提前终止、合同变更、合同展期、项目新增改扩建需求等应对措施。

（六）监管架构。监管架构主要包括授权关系和监管方式。授权关系主要是政府对项目实施机构的授权，以及政府直接或通过项目实施机构对社会资本的授权；监管方式主要包括履约管理、行政监管和公众监督等。

（七）采购方式选择。项目采购应根据《中华人民共和国政府采购法》及相关规章制度执行，采购方式包括公开招标、竞争性谈判、邀请招标、竞争性磋商和单一来源采购。项目实施机构应根据项目采购需求特点，依法选择适当的采购方式。公开招标主要适用于核心边界条件和技术经济参数明确、完整、符合国家法律法规和政府采购政策，且采购中不做更改的项目。

第十二条　财政部门（政府和社会资本合作中心）应对项目实施方案进行物有所值和财政承受能力验证，通过验证的，由项目实施机构报政府审核；未通过验证的，可在实施方案调整后重新验证；经重新验证仍不能通过的，不再采用政府和社会资本合作模式。

第四章　项目采购

第十三条　项目实施机构应根据项目需要准备资格预审文件，发布资格预审公告，邀请社会资本和与其合作的金融机构参与资格预审，验证项目能否获得社会资本响应和实现充分竞争，并将资格预审的评审报告提交财政部门（政府和社会资本合作中心）备案。项目有3

家以上社会资本通过资格预审的，项目实施机构可以继续开展采购文件准备工作；项目通过资格预审的社会资本不足3家的，项目实施机构应在实施方案调整后重新组织资格预审；项目经重新资格预审合格社会资本仍不够3家的，可依法调整实施方案选择的采购方式。

第十四条　资格预审公告应在省级以上人民政府财政部门指定的媒体上发布。资格预审合格的社会资本在签订项目合同前资格发生变化的，应及时通知项目实施机构。资格预审公告应包括项目授权主体、项目实施机构和项目名称、采购需求、对社会资本的资格要求、是否允许联合体参与采购活动、拟确定参与竞争的合格社会资本的家数和确定方法，以及社会资本提交资格预审申请文件的时间和地点。提交资格预审申请文件的时间自公告发布之日起不得少于15个工作日。

第十五条　项目采购文件应包括采购邀请、竞争者须知（包括密封、签署、盖章要求等）、竞争者应提供的资格、资信及业绩证明文件、采购方式、政府对项目实施机构的授权、实施方案的批复和项目相关审批文件、采购程序、响应文件编制要求、提交响应文件截止时间、开启时间及地点、强制担保的保证金交纳数额和形式、评审方法、评审标准、政府采购政策要求、项目合同草案及其他法律文本等。采用竞争性谈判或竞争性磋商采购方式的，项目采购文件除上款规定的内容外，还应明确评审小组根据与社会资本谈判情况可能实质性变动的内容，包括采购需求中的技术、服务要求以及合同草案条款。

第十六条　评审小组由项目实施机构代表和评审专家共5人以上单数组成，其中评审专家人数不得少于评审小组成员总数的2/3。评审专家可以由项目实施机构自行选定，但评审专家中应至少包含1名财务专家和1名法律专家。项目实施机构代表不得以评审专家身份参加项目的评审。

第十七条　项目采用公开招标、邀请招标、竞争性谈判、单一来源采购方式开展采购的，按照政府采购法律法规及有关规定执行。项目采用竞争性磋商采购方式开展采购的，按照下列基本程序进行：

（一）采购公告发布及报名。竞争性磋商公告应在省级以上人民政府财政部门指定的媒体上发布。竞争性磋商公告应包括项目实施机构和项目名称、项目结构和核心边界条件、是否允许未进行资格预审的社会资本参与采购活动，以及审查原则，项目产出说明，对社会资本提供的响应文件要求，获取采购文件的时间、地点、方式及采购文件的售价，提交响应文件截止时间，开启时间及地点。提交响应文件的时间自公告发布之日起不得少于10日。

（二）资格审查及采购文件发售。已进行资格预审的，评审小组在评审阶段不再对社会资本资格进行审查。允许进行资格后审的，由评审小组在响应文件评审环节对社会资本进行资格审查。项目实施机构可以视项目的具体情况，组织对符合条件的社会资本的资格条件，进行考察核实。采购文件售价，应按照弥补采购文件印制成本费用的原则确定，不得以营利为目的，不得以项目采购金额作为确定采购文件售价的依据。采购文件的发售期限自开始之日起不得少于5个工作日。

（三）采购文件的澄清或修改。提交首次响应文件截止之日前，项目实施机构可以对已发出的采购文件进行必要的澄清或修改，澄清或修改的内容应作为采购文件的组成部分。澄清或修改的内容可能影响响应文件编制的，项目实施机构应在提交首次响应文件截止时间至少5日前，以书面形式通知所有获取采购文件的社会资本；不足5日的，项目实施机构应顺延提交响应文件的截止时间。

（四）响应文件评审。项目实施机构应按照采购文件规定组织响应文件的接收和开启。评审小组对响应文件进行两阶段评审：第一阶段：确定最终采购需求方案。评审小组可以与社会资本进行多轮谈判，谈判过程中可实质性修订采购文件的技术、服务要求以及合同草案条款，但不得修订采购文件中规定的不可谈判核心条件。实质性变动的内容，须经项目实施机构确认，并通知所有参与谈判的社会资本。具体程序按照《政府采购非招标采购方式管理办法》及有关规定执行。第二阶段：综合评分。最终采购需求方案确定后，由评审小组对社会资本提交的最终响应文件进行综合评分，编写评审报告并向项目实施机构提交候选社会资本的排序名单。具体程序按照《政府采购货物和服务招标投标管理办法》及有关规定执行。

第十八条　项目实施机构应在资格预审公告、采购公告、采购文件、采购合同中，列明对本国社会资本的优惠措施及幅度、外方社会资本采购我国生产的货物和服务要求等相关政府采购政策，以及对社会资本参与采购活动和履约保证的强制担保要求。社会资本应以支票、汇票、本票或金融机构、担保机构出具的保函等非现金形式缴纳保证金。参加采购活动的保证金的数额不得超过项目预算金额的2%。履约保证金的数额不得超过政府和社会资本合作项目初始投资总额或资产评估值的10%。无固定资产投资或投资额不大的服务型合作项目，履约保证金的数额不得超过平均6个月的服务收入额。

第十九条　项目实施机构应组织社会资本进行现场考察或召开采购前答疑会，但不得单独或分别组织只有一个社会资本参加的现场考察和答疑会。

第二十条　项目实施机构应成立专门的采购结果确认谈判工作组。按照候选社会资本的排名，依次与候选社会资本及与其合作的金融机构就合同中可变的细节问题进行合同签署前的确认谈判，率先达成一致的即为中选者。确认谈判不得涉及合同中不可谈判的核心条款，不得与排序在前但已终止谈判的社会资本进行再次谈判。

第二十一条　确认谈判完成后，项目实施机构应与中选社会资本签署确认谈判备忘录，并将采购结果和根据采购文件、响应文件、补遗文件和确认谈判备忘录拟定的合同文本进行公示，公示期不得少于5个工作日。合同文本应将中选社会资本响应文件中的重要承诺和技术文件等作为附件。合同文本中涉及国家秘密、商业秘密的内容可以不公示。公示期满无异议的项目合同，应在政府审核同意后，由项目实施机构与中选社会资本签署。需要为项目设立专门项目公司的，待项目公司成立后，由项目公司与项目实施机构重新签署项目合同，或签署关于承继项目合同的补充合同。项目实施机构应在项目合同签订之日起2个工作日内，将项目合同在省级以上人民政府财政部门指定的媒体上公告，但合同中涉及国家秘密、商业秘密的内容除外。

第二十二条　各级人民政府财政部门应当加强对PPP项目采购活动的监督检查，及时处理采购活动中的违法违规行为。

第五章　项目执行

第二十三条　社会资本可依法设立项目公司。政府可指定相关机构依法参股项目公司。项目实施机构和财政部门（政府和社会资本合作中心）应监督社会资本按照采购文件和项目合同的约定，按时足额出资设立项目公司。

第二十四条　项目融资由社会资本或项目公司负责。社会资本或项目公司应及时开展融资方案设计、机构接洽、合同签订和融资交割等工作。财政部门（政府和社会资本合作中心）和项目实施机构应做好监督管理工作，防止企业债务向政府转移。社会资本或项目公司未按照项目合同约定完成融资的，政府可提取履约保函直至终止项目合同；遇系统性金融风险或不可抗力的，政府、社会资本或项目公司可根据项目合同约定协商修订合同中相关融资条款。当项目出现重大经营或财务风险，威胁或侵害债权人利益时，债权人可依据与政府、社会资本或项目公司签订的直接介入协议或条款，要求社会资本或项目公司改善管理等。在直接介入协议或条款约定期限内，重大风险已解除的，债权人应停止介入。

第二十五条 项目合同中涉及的政府支付义务，财政部门应结合中长期财政规划统筹考虑，纳入同级政府预算，按照预算管理相关规定执行。财政部门（政府和社会资本合作中心）和项目实施机构应建立政府和社会资本合作项目政府支付台账，严格控制政府财政风险。在政府综合财务报告制度建立后，政府和社会资本合作项目中的政府支付义务应纳入政府综合财务报告。

第二十六条 项目实施机构应根据项目合同约定，监督社会资本或项目公司履行合同义务，定期监测项目产出绩效指标，编制季报和年报，并报财政部门（政府和社会资本合作中心）备案。政府有支付义务的，项目实施机构应根据项目合同约定的产出说明，按照实际绩效直接或通知财政部门向社会资本或项目公司及时足额支付。设置超额收益分享机制的，社会资本或项目公司应根据项目合同约定向政府及时足额支付应享有的超额收益。项目实际绩效优于约定标准的，项目实施机构应执行项目合同约定的奖励条款，并可将其作为项目期满合同能否展期的依据；未达到约定标准的，项目实施机构应执行项目合同约定的惩处条款或救济措施。

第二十七条 社会资本或项目公司违反项目合同约定，威胁公共产品和服务持续稳定安全供给，或危及国家安全和重大公共利益的，政府有权临时接管项目，直至启动项目提前终止程序。政府可指定合格机构实施临时接管。临时接管项目所产生的一切费用，将根据项目合同约定，由违约方单独承担或由各责任方分担。社会资本或项目公司应承担的临时接管费用，可以从其应获终止补偿中扣减。

第二十八条 在项目合同执行和管理过程中，项目实施机构应重点关注合同修订、违约责任和争议解决等工作。

（一）合同修订。按照项目合同约定的条件和程序，项目实施机构和社会资本或项目公司可根据社会经济环境、公共产品和服务的需求量及结构等条件的变化，提出修订项目合同申请，待政府审核同意后执行。

（二）违约责任。项目实施机构、社会资本或项目公司未履行项目合同约定义务的，应承担相应违约责任，包括停止侵害、消除影响、支付违约金、赔偿损失以及解除项目合同等。

（三）争议解决。在项目实施过程中，按照项目合同约定，项目实施机构、社会资本或项目公司可就发生争议且无法协商达成一致的事项，依法申请仲裁或提起民事诉讼。

第二十九条 项目实施机构应每3~5年对项目进行中期评估，重点分析项目运行状况和项目合同的合规性、适应性和合理性；及时评估已发现问题的风险，制订应对措施，并报财政部门（政府和社会资本合作中心）备案。

第三十条　政府相关职能部门应根据国家相关法律法规对项目履行行政监管职责，重点关注公共产品和服务质量、价格和收费机制、安全生产、环境保护和劳动者权益等。社会资本或项目公司对政府职能部门的行政监管处理决定不服的，可依法申请行政复议或提起行政诉讼。

第三十一条　政府、社会资本或项目公司应依法公开披露项目相关信息，保障公众知情权，接受社会监督。社会资本或项目公司应披露项目产出的数量和质量、项目经营状况等信息。政府应公开不涉及国家秘密、商业秘密的政府和社会资本合作项目合同条款、绩效监测报告、中期评估报告和项目重大变更或终止情况等。社会公众及项目利益相关方发现项目存在违法、违约情形或公共产品和服务不达标准的，可向政府职能部门提请监督检查。

第六章　项目移交

第三十二条　项目移交时，项目实施机构或政府指定的其他机构代表政府收回项目合同约定的项目资产。项目合同中应明确约定移交形式、补偿方式、移交内容和移交标准。移交形式包括期满终止移交和提前终止移交；补偿方式包括无偿移交和有偿移交；移交内容包括项目资产、人员、文档和知识产权等；移交标准包括设备完好率和最短可使用年限等指标。采用有偿移交的，项目合同中应明确约定补偿方案；没有约定或约定不明的，项目实施机构应按照恢复相同经济地位原则拟定补偿方案，报政府审核同意后实施。

第三十三条　项目实施机构或政府指定的其他机构应组建项目移交工作组，根据项目合同约定与社会资本或项目公司确认移交情形和补偿方式，制定资产评估和性能测试方案。项目移交工作组应委托具有相关资质的资产评估机构，按照项目合同约定的评估方式，对移交资产进行资产评估，作为确定补偿金额的依据。项目移交工作组应严格按照性能测试方案和移交标准对移交资产进行性能测试。性能测试结果不达标的，移交工作组应要求社会资本或项目公司进行恢复性修理、更新重置或提取移交维修保函。

第三十四条　社会资本或项目公司应将满足性能测试要求的项目资产、知识产权和技术法律文件，连同资产清单移交项目实施机构或政府指定的其他机构，办妥法律过户和管理权移交手续。社会资本或项目公司应配合做好项目运营平稳过渡相关工作。

第三十五条　项目移交完成后，财政部门（政府和社会资本合作中心）应组织有关部门对项目产出、成本效益、监管成效、可持续性、政府和社会资本合作模式应用等进行绩效评价，并按相关规定公开评价结果。评价结果作为政府开展政府和社会资本合作管理工作决策参考依据。

第七章　附则

第三十六条　本操作指南自印发之日起施行，有效期3年。

第三十七条　本操作指南由财政部负责解释。

附件1　政府和社会资本合作项目操作流程图

政府和社会资本合作项目操作流程图如附图2所示。

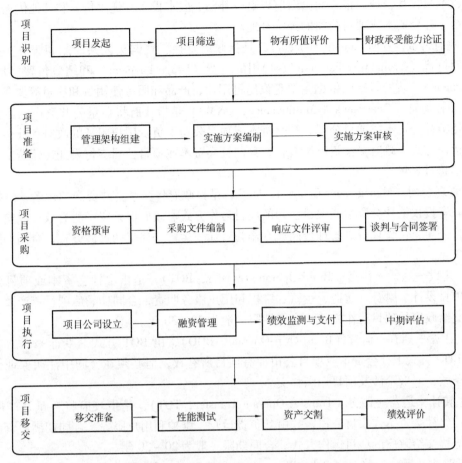

附图2 政府和社会资本合作项目操作流程图

附件2 关键名词解释

1. 全生命周期（Whole Life Cycle），是指项目从设计、融资、建造、运营、维护至终止移交的完整周期。

2. 产出说明（Output Specification），是指项目建成后项目资产所应达到的经济、技术标准，以及公共产品和服务的交付范围、标准和绩效水平等。

3. 物有所值（Value for Money，VFM），是指一个组织运用其可利用的资源所能获得的长期最大利益。VFM评价是国际上普遍采用的一种评价传统上由政府提供的公共产品和服务是否可运用政府和社会资本合作模式的评估体系，旨在实现公共资源配置利用效率最优化。

4. 公共部门比较值（Public Sector Comparator，PSC），是指在全生命周期内，政府采用传统采购模式提供公共产品和服务的全部成本的现值，主要包括建设运营净成本、可转移风险承担成本、自留风险承担成本和竞争性中立调整成本等。

5. 使用者付费（User Charge），是指由最终消费用户直接付费购买公共产品和服务。

6. 可行性缺口补助（Viability Gap Funding），是指使用者付费不足以满足社会资本或项目公司成本回收和合理回报,而由政府以财政补贴、股本投入、优惠贷款和其他优惠政策的形式,给予社会资本或项目公司的经济补助。

7. 政府付费(Government Payment),是指政府直接付费购买公共产品和服务,主要包括可用性付费(Availability Payment)、使用量付费(Usage Payment)和绩效付费(Performance Payment)。政府付费的依据主要是设施可用性、产品和服务使用量和质量等要素。

8. 委托运营(Operations & Maintenance,O&M),是指政府将存量公共资产的运营维护职责委托给社会资本或项目公司,社会资本或项目公司不负责用户服务的政府和社会资本合作项目运作方式。政府保留资产所有权,只向社会资本或项目公司支付委托运营费。合同期限一般不超过8年。

9. 管理合同(Management Contract,MC),是指政府将存量公共资产的运营、维护及用户服务职责授权给社会资本或项目公司的项目运作方式。政府保留资产所有权,只向社会资本或项目公司支付管理费。管理合同通常作为转让—运营—移交的过渡方式,合同期限一般不超过3年。

10. 建设—运营—移交(Build-Operate-Transfer,BOT),是指由社会资本或项目公司承担新建项目设计、融资、建造、运营、维护和用户服务职责,合同期满后项目资产及相关权利等移交给政府的项目运作方式。合同期限一般为20~30年。

11. 建设—拥有—运营(Build-Own-Operate,BOO),由BOT方式演变而来,二者区别主要是BOO方式下社会资本或项目公司拥有项目所有权,但必须在合同中注明保证公益性的约束条款,一般不涉及项目期满移交。

12. 转让—运营—移交(Transfer-Operate-Transfer,TOT),是指政府将存量资产所有权有偿转让给社会资本或项目公司,并由其负责运营、维护和用户服务,合同期满后资产及其所有权等移交给政府的项目运作方式。合同期限一般为20~30年。

13. 改建—运营—移交(Rehabilitate-Operate-Transfer,ROT),是指政府在TOT模式的基础上,增加改扩建内容的项目运作方式。合同期限一般为20~30年。

附录B S市水业公司部分股权转让项目分析

1. 项目概况

S市水业公司(下称"水业公司")于2005年注册成立,是S市自来水集团有限公司(下称"自来水集团")的全资子公司,注册资本126582万元,经营范围为集中式供水,以工业用水为主。以2007年3月31日为评估基准日,资产评估值为20.42亿元,负债6.19亿元。自来水集团对水业公司的49%国有股权向社会进行公开转让,以吸引社会资本参与S市政公用设施投资建设。水业公司49%股权评估值约6.98亿元,挂牌价为9亿元。

2. 运作模式

(1)以改制方式引资。自来水集团报经S市国资委批准,以评估后的水业公司净资产价值乘以转让股权的比例,并考虑合理溢价,确定转让49%股权基准价为人民币9亿元,与股权受让方组建产权多元化的有限责任公司(称"合营公司")。S市政府(或其授权机构）与合营公司签署特许经营协议，授予合营公司在营业区域内经营自来水业务的特许经营权，期限30年。期满后，合营公司原有供水区域内的全部资产无偿移交给政府或政府指定机构，并确保资产完好、满足正常供水要求。水业公司股权改制如附图3所示。

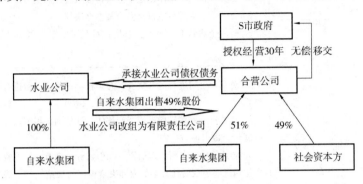

附图3　水业公司股权改制示意图

（2）职工安置方案。为帮助扩大就业，进入合营公司的员工增加至900人，即在水业公司原有680人的基础上，由自来水集团根据合营公司生产经营管理工作需要，适时安排220人进入合营公司。

1）对于同意进入合营公司的在岗职工，经双方协商一致，与合营公司签订劳动合同，并且原在自来水集团的工作年限与合营公司的工作年限连续计算；对于不同意进入合营公司的在岗职工，采取办理自谋职业、重新安排工作岗位、回自来水集团待岗三种方式。

2）水业公司原不在岗职工与在岗职工采取相同的办法，与合营公司签订新的劳动合同，并享受原待遇。

3）合营公司成立前已办理正式退休的人员，由自来水集团负责管理；合营公司成立后正式退休的人员由合营公司负责管理。

4）工伤职工按照相关规定妥善安置。

（3）债权债务处理方案。合营公司承继水业公司的全部债权债务（包括或有负债和责任），及因水业公司正常经营活动本身发生的且依法应当由水业公司承担的任何债务和责任。

3. 引入社会资本的实施过程

整个招商引资工作分三个阶段进行，如附图4所示。

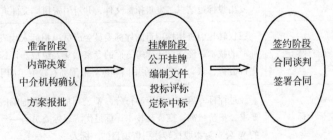

附图4　招商引资工作三个阶段

（1）准备阶段：前期准备工作。包括三个环节，见附表1。

附表1　前期准备工作

序　号	工作内容	具体程序和工作
1	内部决策	1. 引资方自来水集团制定水业公司股权转让引资方案 2. 召开董事会进行审议，做出董事会决议 3. 听取企业职工代表大会意见，对职工安置等事项经职工代表大会审议通过
2	专业机构确认	1. 对水业公司进行清产核资，并委托会计师事务所进行全面审计，做出审计报告 2. 聘请资产评估机构进行资产评估，评估结果报市国资委备案，并确定挂牌底价，做出评估报告 3. 聘请律师事务所，对引资方和引资标的企业的主体资格、国有资产产权登记情况、股权转让方案的内部决策程序与决策结果、保护职工权益和债权人利益的措施、维护国有产权转让收益的措施等，进行合法性判定，并出具法律意见书
3	股权转让引资方案报批	股权转让引资方案及其他相关文件经政府相关主管部门（市公用事业办公室、建设管理委员会、国资委、发改委、财政局、国土局、劳动和社会保障局等）审核批准

（2）挂牌阶段：引资标的挂牌交易及招标，见附表2。

附表2　引资标的挂牌交易及招标

序　号	工作内容	具体程序和工作
1	公开挂牌	本项目股权转让引资标的于2007年6月26日至7月23日在S市产权交易中心公开挂牌。挂牌后，咨询机构协助自来水集团进行全球招商，并对意向投资人进行必要的调查，帮助引资方深入了解意向投资人的信誉、实力和经验以及其投资意愿等。同时，咨询机构安排意向投资人对引资标的进行必要的尽职调查
2	编制招标文件	在挂牌期间，共有三家意向投资人在S市产权交易中心申请办理意向受让登记手续。在通过挂牌征集到合格意向社会资本方后，咨询机构着手编制引资招标系列文件，包括招标文件、特许经营协议、股权转让协议、产权交易合同、合资合同及公司章程等。挂牌截止后，国信招标及时向三家意向投资人发出投标邀请书，发售招标文件，并对引资招标文件进行澄清和答疑
3	投标与评标	股权转让引资招标项目的评标委员会成员由招标人代表和从专家库中随机抽取的技术、经济、法律等方面的专家共9人组成。评标专家对投标人文件进行分析，认为W公司在中国和世界范围拥有较突出的水务业绩
4	定标中标	经过评标专家综合评审和打分，W公司最大限度地响应了引资招标文件的要求，报价最高，商务和技术评标最优。评标委员会一致推荐综合评标最优的W公司为本股权转让引资项目的中标人

（3）签约阶段：组织谈判并签署合同，见附表3。

附表3 组织谈判并签署合同

序 号	工作内容	具体程序和工作
1	谈判并签署合同	本次股权转让引资项目在中标通知书发出4个工作日内，自来水集团与W公司完成所有合同的谈判工作，并于2007年9月5日举行签字仪式，双方签署股权转让协议、产权交易合同、合资合同及公司章程等
2	合同内容	合资合同约定，自来水集团与W公司以51%∶49%的股份设立合资公司。S市政府通过自来水集团实现政府和社会资本合作，总计利用社会资本总金额达30.9亿元（其中49%的股权转让价款为21.8亿元）

4. 文件及合同体系

（1）自来水集团起草的股权转让引资方案（S市政府批准）。
（2）自来水集团内部的董事会决议。
（3）自来水集团职工代表通过的决议。
（4）聘请中介机构出具的审计报告、评估报告和法律意见书。
（5）自来水集团与S市产权交易中心签订的产权交易合同。
（6）招标文件。
（7）中标通知书。
（8）自来水集团与中标公司签署的股权转让协议、合资合同及公司章程。
（9）自来水集团与中标公司签订的特许经营协议。

5. 项目引资运作特点

（1）以企业为主体运作。S市政府授权自来水集团代表政府运作，在政府有关部门的指导下进行，各专业咨询顾问（产权、法律、财务）较早介入配合提供专业服务，对股权转让引资方案进行全面论证，充分发挥各方优势。

（2）建立项目财务模型。牵头咨询机构建立针对性较强的财务模型对标的资产进行价格估算，与资产评估机构的评估结果进行比较，找出差异并分析原因，并建立可用来校核投资人的报价，了解投资方的运营管理能力，找出其不合理的假设和前提，在后续谈判中加以纠正，掌握谈判的主动权。

（3）公布引资合同文本。在投标文件中就公布了涉及的主要合同文本条款，并将对于合同条款的接受和响应程度作为选择意向投资人的标准之一。由于在拟定合同文本时做了扎实的工作，招标投标双方均充分理解各自的权利和责任，极大地提高了后续引资合同的谈判效率，维护了政府和社会资本方的利益。

（4）设定科学的边界条件。股权转让引资项目的边界条件，包括出让股权比例、合营期限和特许经营期限、期满后资产处置、财务安排等，均是项目核心内容。在发布招商引资公告的同时公布边界条件，要求投资人必须响应边界条件，并做出不得进行实质性变更的承诺。进入合同谈判阶段时，边界条件条款自然转为不可谈判条款。

（5）科学制定评标办法。评标办法不应仅以投标报价作为唯一因素，而应采用综合评价法，将以下因素考虑在内：合同价款支付时间，对合营公司可持续发展的支持，投资人对合同文本的响应程度，投资人的技术、运营能力以及资金实力和信誉等。

（6）借鉴价值。

1）通过向社会资本转让国有公司部分股权的方式实现了政府和社会资本合作，不仅有利于国有企业改制，实现国有企业产权多元化，发展混合所有制经济，拓宽融资渠道，提升国有经济的实力和控制力，而且对存量国有资产采取PPP模式引进社会资本，通过引进跨国公司参与投资，可引进国外先进技术，促进企业提升管理水平和运行效率。

2）实行全市统一水价，不针对合资公司单独定价或调价，最大限度地维护公共利益。

6. 小结

（1）目前我国PPP30多年的历程中，发展趋势屡有反复，特别是近年来各部门密集出台政策文件，在一定程度上推动了PPP的发展，但也存在诸多问题。主要有：①模式不清晰，对于不同PPP模式的实施流程和管理要求认识模糊；②标准不明确，对于符合哪些要求和条件的项目才可以实施PPP规定不明确，导致"假PPP"乱象，增加了财政压力和社会风险；③程序不衔接，新设评估和审批程序依据不足，与固定资产投资管理程序不衔接，增加企业负担；④政策不协调，尽管2016年7月7日国务院常务会议已经明确PPP部门职责分工，但政策文件与部门职责分工不协调的现象仍然存在；⑤制度不配套，现行有关法律法规还不适应PPP实践需求；⑥对政府履约的约束不够，影响民间资本进入的信心和意愿；⑦对社会资本授权不足，相关权利收益登记质押难度大，不利于社会资本融资。我国相关立法需要有针对性地解决上述问题。

（2）建立兼顾竞争性和灵活性的采购规则。由于PPP项目安排较为复杂，对采购程序也有特殊要求。我国《政府采购法》和《招标投标法》在制定时，并没有考虑到PPP需求。根据《政府采购法》，政府采购应当使用财政性资金，而PPP项目特别是特许经营项目可能不涉及财政性资金使用，或者财政性资金仅作为项目补贴而非购买合同的对价；政府采购的法定主体是国家机关、事业单位和团体组织，而PPP的政府方主体可能是政府授权的国有企业，如地方政府投资平台公司等。在采购规则方面，PPP项目因其复杂性，要求采购程序较为灵活，允许双方充分谈判磋商，而现行招标规则禁止招标过程中进行实质性谈判；PPP项目采购考虑的因素较为多元，既有价格因素，更重要的是私营部门合作方的专业技术能力和管理经验等，而《政府采购法》规定的竞争性谈判程序明确要求最低价中标，不适应PPP项目的多元化评价要求。单一来源采购等因为竞争性不足，更加不适用于PPP项目采购。因此，PPP项目采购无法简单适用《政府采购法》和《招标投标法》。我国PPP领域立法时应当对采购规则做出慎重考虑，与《政府采购法》和《招标投标法》做好衔接，如难以在立法条文中具体规定采购规则，则应当在做出原则规定、突出竞争性的前提下，授权有关部门另行制定具体采购规则，以适应PPP项目特殊采购需求。

（3）构建多元化争议解决机制。我国目前对于PPP协议性质在制度上和学术界存在争议，众说纷纭，这在一定程度上也影响了争议解决途径的设计。最高法院关于行政诉讼法的司法解释将特许经营协议界定为行政协议，而财政部有关政策文件中将PPP协议界定为民事协议。从国际经验来看，法国将PPP协议（包括特许经营协议和合伙合同）界定为行政合同，但法国有发达的行政法体系，界定为行政协议可以实现对公私双方权益的统筹平衡和有效保护。就我国而言，缺乏完整的行政协议体系，简单将特许经营等PPP协议界定为行政协议，强调了政企双方的不平等地位，增加了民间投资和外资进入的顾虑；在发生纠纷时，无法通过仲裁进行专业高效的裁决。从实践情况而言，PPP协议既有行政因素，也有民事因素，在立法时还是应当强调双方主体的平等性，实现对公共利益和投资者合法权益的统筹保护。涉及政府行政权力行使的，允许通过行政复议、行政诉讼等方式解决争议；对于民商事行为，仍应当允许通过仲裁、民事诉讼等方式解决争议。

（4）增强相关法律衔接。PPP 项目涉及领域广、流程环节多，项目周期长、参与主体多，与现行多部法律在规制内容上可能出现交叉。为适应 PPP 发展需求，立法应当与现行法律法规做好衔接，避免出现法律冲突。例如，PPP 协议的性质和争议解决有关规定，既要体现协议当事各方的平等地位，促进争议解决方式高效多元，也要与《行政诉讼法》关于特许经营协议争议可以提起行政诉讼的规定相衔接；PPP 协议不是《合同法》规定的合同类型，但其主要内容框架应当与《合同法》做好衔接；PPP 项目融资应当与《商业银行法》《担保法》等做好衔接，明确商业银行在项目融资中的角色定位，明确特许经营权及项目收益可以质押等；PPP 项目土地使用应当与《土地管理法》做好衔接，明确获取土地的方式、性质，以及土地融资的渠道等；交通、环保等行业领域的 PPP 项目管理还应当与《公路法》《收费公路管理条例》《环境保护法》等行业领域法律法规做好衔接等。

附录 C PPP 模式项目社会资本同政府协议指导文本示例（S 市 PPP 通行协议指导文本）

第 1 章 总则

按照相关法律、法规、标准和规范的要求，根据 _____（根据项目具体情况，简单介绍本协议签署的目的、原则和法律依据），经 S 市人民政府授权，本协议由 _____（部门）（被授权人）（下称"甲方"）

地址：_____

被授权代表：_____

职务：_____

与 _____（下称"乙方"）

注册地点 _____

注册号：_____

法定代表人：_____

职务：_____

国籍：_____

于 ____ 年 ____ 月 ____ 日在 S 市签署。

鉴于：

（1）S 市人民政府决定以特许经营的方式实施 _____ 项目（以下简称"项目"）。该项目已于 ____ 年 ____ 月 ____ 日获得 _____ 人民政府或有关部门的批准，或者纳入 _____ 规划。（批文或规划见附件 _____。）

（2）_____（甲方）于 ____ 年 ____ 月至 ____ 年 ____ 月对 _____ 项目遵循公开、公平、公正和公共利益优先的原则，经过 _____，确定由 _____

（乙方）承担本项目的建设。

双方在此达成如下条款：

第 2 章　术语定义

第 1 条　术语定义

1.1　术语详细定义

在本协议中，下述术语具有下列含义：

项　　目	指_____项目，建设规模为_____，建设地点为_____
本协议	指甲方与乙方之间签订的本特许经营协议，包括附件_____至附件_____，以及日后可能签订的任何本特许经营协议之补充修改协议和附件，上述每一文件均被视为并入本协议
生效日期	约定的协议生效日期
法律适用	指适用所有的中国法律、法规、规章和政府部门颁布的所有技术标准、技术规范以及其他所有的强制性要求
法律变更	指：a. 在本协议签署之后，本协议适用的法律被修改、废除或重新解释以及新颁布的任何法律；或者 b. 甲方的任何上级政府部门在本协议签署日之后修改、批准的重要条件或增加的任何重要的额外条件。并且，上述任何一种情况导致：(i) 适用于乙方或由乙方承担的税收、税收优惠或关税发生任何变化；或 (ii) 对项目的融资、建设、运营维护和移交的要求发生的任何变化
工作日	指法定的工作日
投标保函	指投标人按照投标人须知与投标书同时提交的保函
土地使用权	由 S 市土地管理部门划拨给项目的土地使用权或通过招拍挂方式取得的土地使用权
土地使用权证明	指由 S 市土地管理部门核发的土地使用权证
批准	指根据本协议的规定，乙方为项目进行融资、建设、拥有、运营、维护和/或移交而需从政府部门获得的审批、审查、许可、登记、核准、核备、备案等
融资完成	指乙方与贷款人签署并递交所需的有效融资文件（包括满足或放弃该融资文件要求的获得首笔资金的每一前提条件），用以证明乙方为本项目获得举债融资所需的全部交易办理完毕，同时乙方应一并收到本协议和融资文件可能要求的股权投资人的认股书（或股权出资）
融资文件	指与项目的融资或再融资相关的贷款协议、保函、外汇套期保值协议和其他文件，但不包括：①与股权投资人的认购书或股权出资相关的任何文件；②与提供履约保函和维护保函相关的文件
开工日期	指颁布项目施工许可证之日，或按约定方式确定的日期： (a) 本协议生效后_____天，或_____ (b) _____年_____月_____日，或_____ (c) 其他条件
最终竣工日	指实质上完成项目施工并合格地通过交工验收后，在交工证书中标明的日期
开始商业运营日	指满足第 7.3 条的规定，项目视为开始商业运营之日
特许经营期	具有第 2.2 条规定的含义
履约保函	指乙方按照本协议第 3.3 条规定向甲方提供的保函
商业运营期或运营期	指自开始商业运营日起至特许经营期最后一日止的期间
经营收费	指甲方根据本协议就_____项目应向乙方承担支付的_____费用

收费单价	指_____
运营年	指运营期内任一公历年度期间，但第一个运营年的开始应自开始商业运营日开始，最后一个运营年的结束应在特许经营期的最后一日结束
运营月	指运营期内任一个公历月期间，但第一个运营月的开始应在开始商业运营日开始，最后一个运营月的结束应在特许经营期的最后一日结束
运营日	指运营期内每日从00:00时开始至同日24:00时结束的24小时期间
维护保函	指按照本协议第8.5条向甲方提供的保函
移交日	指特许经营期结束后的第一个工作日，或经双方书面同意的移交项目设施的其他日期
违约	指本协议签约任何一方未能履行其在本协议项下的任何义务，而且这种违约不能归咎于另一方违反本协议的作为或不作为或不可抗力等
违约利率	指违约当时适用的中国人民银行规定的一年期贷款利率加_____%
不可抗力	指不能预见、不能避免并不能克服的客观情况

1.2 其他

在本协议中：

（a）"元"指"人民币元"，为中华人民共和国法定货币。

（b）除本协议上下文另有规定外，"一方"或"各方"应为本协议的一方或各方；本协议或融资文件的各方均包括其各自的继任者和获准的受让人。

（c）所指的日、星期、月和年均指公历的日、星期、月、和年。

（d）所指的合同是指与该项目有关的所有合同和合同附件，并且在任何情况下均包括对该合同所做的补充或修改。

第3章　特许经营权

第2条　特许经营权

2.1　特许经营权

甲方按照有关法律、法规的规定授予乙方的在特许经营期内独家行使的权利，以使乙方进行_____（融资、建设、运营和维护）项目设施的建设并取得经营收费。

乙方的特许经营权在整个特许经营期内始终持续有效。

在特许经营期内，非经甲方同意，并仅限于本项目的融资担保所需，乙方不得擅自就本特许经营权及相关权益向任何第三方进行转让、出租、质押或其他任何处置。确因公共利益需要，出现_____情形时，甲方可以收回特许经营权、终止协议履行、征用实施特许经营的城市公用事业项目、指令项目公司提供公共产品或者服务，但应当按照约定（附件12、15）给予相应补偿。

2.2　特许经营期

除非依据本协议进行延长或第16条而终止，特许经营期应为_____年，自本协议生效之日起（或约定的某一时点，如开始运营之日）计算。（BOT、BOO模式包括准备期、建设期和运营期三个阶段）。特许经营期应根据项目特点、规模和运营方式等因素确定，最长不得超过30年。特许经营期结束，需要延长特许经营期限的，应重新签订协议。

第 3 条　声明和条件

3.1　甲方的声明

甲方在此向乙方声明，在生效日期：

（1）甲方已获 S 市人民政府授权管理本项目，有权签署本协议，并可以履行其在本协议项下的各项义务。

（2）甲方已经获得本协议附件_____列出的应在生效日期前获得的所有批准。

（3）如果甲方在此所做的声明被证实在做出时存在实质方面的不属实，并且该等不属实声明严重影响本协议项下项目的顺利进行，则乙方有权终止本协议。

3.2　乙方的声明

乙方在此向甲方声明，在生效日期：

（1）乙方是依据中华人民共和国法律正式成立的合法机构，具有签署和履行本协议、其他项目合同和融资文件的法人资格和权利。

（2）乙方已经获得本协议附件_____列出的应在生效日期前获得的所有批准。

（3）乙方应确保在特许经营期内的任何时候，在项目中的投资股本金数额高于或等于届时项目投资额的_____%。

（4）如果乙方在此所做的声明被证实在做出时存在实质方面的不属实，并且该等不属实声明严重影响本协议项下项目的顺利进行，甲方有权终止本协议。

3.3　履约保函

（1）建设期的履约保函。乙方注册登记并完成项目批准手续后_____个工作日内，应向甲方提交按照附件 10 的格式出具的履约保函。履约保函的金额为相应工程项目资本金的_____%，以保证乙方履行本协议项下有关设计和建设的义务。

（2）运营期的履约保函。乙方应在每个运营年的_____月_____日前向甲方交纳上一年度运营收入的_____%作为乙方在运营期的履约担保的组成部分，直到运营期的履约担保金额达到_____为止。履约保证金可专项用于项目的_____，最低额度应保持在_____以上。

3.4　融资完成

乙方应确保于生效日期后_____个工作日内实现融资完成，在融资完成后_____个工作日内向甲方书面确认融资完成，并交付所有签署的融资文件的复印件，以及甲方可能合理要求的表明融资完成已实现的其他证明文件。投资人承诺出资的项目资本金必须全部为其自有资金，注册成立项目公司后，以特许权质押等方式向银行或其他机构融资。甲方不能作为乙方融资活动的担保人，不能为乙方的融资活动承担任何风险和责任。

3.5　甲方的权利和义务

（1）授予乙方特许经营权。

（2）根据本协议的规定按时向乙方支付_____。

（3）在特许经营期内，协助乙方办理有关政府部门要求的各种与本项目有关的批准和保持批准有效。

（4）对乙方特许经营过程实施监管，包括产品和服务质量、项目经营状况和安全防范措施，以及协助相关部门核算和监控企业成本等。

（5）甲方本着尊重社会公众的知情权、鼓励公众参与监督的原则，有权及时将产品和服务质量检查、监测、评估结果和整改情况以适当的方式向社会公布。并受理公众对乙方的投诉，并进行核实处理。

（6）遇紧急情况，在可能严重影响公众利益的情况下，可依法对乙方进行临时接管。

3.6 乙方的权利和义务

（1）乙方在特许经营期内享有特许经营权。

（2）根据本协议的规定，乙方应在特许经营期内自行承担费用、责任和风险，负责进行项目的_____（融资、建设，以及项目设施的运营与维护）。

（3）按照本协议规定的方式取得_____（经营性收费或政府补贴）。

（4）接受政府部门的行业监管，服从社会公共利益，履行对社会公益性事业所应尽的义务和服务。

3.7 转让并移交（适用于TOT、TOO形式）

（1）特许经营权的转让。由甲方与乙方共同委托第三方评估机构，对项目资产总额、设施设备运行情况、债权债务关系等进行评估。达到_____条件，可进行特许经营权的转让并移交项目。

（2）项目的移交。甲方根据评估结果，将_____（包括运营、维护、权利和义务等）移交给乙方。

第4章 项目建设（BOT、BOO形式适用）

第4条 土地使用

4.1 土地使用权

在本协议生效后，以_____（视项目具体情况而定）形式由甲方向乙方提供或由乙方自行取得项目用地的土地使用权（以下简称"土地使用权"），并确保乙方在特许经营期内独占性地使用土地。

4.2 对使用土地的限制

无甲方事先书面同意，乙方不得将第4.1条项目土地用于项目之外的其他任何目的。

4.3 征地拆迁

甲方应协调好有关部门和单位，协助乙方进行本项目工程建设用地征地拆迁工作。征地拆迁的有关费用包括_____等由乙方承担。征地标准按照批复的初步设计概算的标准执行。

第5条 勘察与设计

5.1 设计要求

乙方应以本项目工程可行性研究报告中的推荐方案为依据，按照规定的技术规范和要求以及适用法律法规及审批程序，自行承担或依法选择确定有相应资质的设计单位进行本项目初步设计和施工图设计，并承担相应费用。

乙方应对由于乙方原因造成的本项目设计中的任何缺陷负责，甲方未对设计文件提出异议不应被视为对本协议项下其权利的放弃，或以任何方式解除乙方在本协议项下的义务，唯有第5.4条规定的情况除外。

5.2 审阅设计标准和技术规范

乙方已审阅过附件4规定的设计标准和技术规范。对设计文件中的任何错误、不一致、不明确或遗漏应在下一阶段工作中提出并给予纠正，否则造成的后果和一切费用应由乙方承担。

5.3 施工图设计

乙方应根据批准的初步设计和附件4中列明的设计标准和技术规范进行施工图设计，并提供给甲方或甲方委托的具有审查资质的专门机构进行建设前审查。如果在施工图设计中需要对初步设计进行重大变更，则应提出变更理由。乙方不得擅自修改设计标准和工程规模，有内容变更的施工图设计，必须经甲方批准方可以据此施工。如申报后＿＿＿＿＿＿＿日内甲方未书面拒绝，视为甲方同意该施工图的内容变更。

5.4 甲方的责任

只有在下列情况下，甲方应对设计中的错误负责：

（a）乙方认为甲方批复中部分内容错误，并书面通知甲方，在通知发出后＿＿＿＿＿＿＿日内甲方没有对该错误进行纠正。

（b）甲方在收到乙方有关错误的通知后，书面答复乙方按照原设计行事。

第6条 建设

6.1 乙方的主要义务

乙方应依照所有适用法律法规和建设程序以及本协议的要求，负责本项目设施的建设工程，并承担建设工程中应承担的费用和风险，包括：

（a）在本协议规定的开工日期或之前，开始工程建设，在本协议规定的竣工日期或之前竣工。

（b）进行施工前准备，及时提供所有必要的施工设施。

（c）根据适用法律法规和基本建设程序、批准的初步设计和施工图设计、所有适用的施工标准和规范及本协议的其他要求，自行承担或依法选择确定有相应资质的承包商进行项目施工建设。在施工工程中安装的所有设备必须是全新的，使用的所有材料必须经检验是合格的。

（d）依法选择确定有相应资质的监理公司进行项目建设施工的全过程监理，并承担相应费用。

（e）在项目建设过程中，乙方在签署、取得或完成各种合同、审批等文件后，应于＿＿＿＿＿＿＿个工作日内将相应的有关项目建设的文件之复印件报甲方备案。

（f）在工程建设完成后，按照本协议第6.8条的规定交付有关竣工图和技术资料。

6.2 甲方的主要义务

（a）在建设期内协助乙方办理有关政府部门所要求的批准和保持批准有效。

（b）给予属于甲方批准权限内的批准并保持批准有效。

6.3 质量保证和质量控制

在工程建设开始之前，乙方应建立健全质量保证体系、安全保证体系，制订和执行工程质量保证和质量控制计划，并在工程建设进度月报表中同时反映工程质量监控情况。

6.4 项目进度计划

6.4.1 项目计划：双方应根据附件6规定的进度计划履行其在本协议项下的建设义务。如果出现下列情况，附件6规定的进度计划日期的最后期限将延长或修改：①第11.1条所述的不可抗力事件；②由于第6.9条所述的发现文物使工程建设的实施延误；③由于甲方的违约而造成乙方的延误；④由于乙方的违约而造成甲方的延误。

6.4.2 进度日期的延长：当第11.1条不可抗力事件发生后，一方应在实际发生延误的_____个工作日之内，向另一方提出书面的延期要求，并说明该延期是已采取所有合理的措施后所无法回避的延期。收到延期要求的一方应积极同提出要求的一方就延期事项进行协商，并达成书面意见。如提出书面要求的一方在_____个工作日之内没有收到另一方对延期表示异议的书面意见，将被视为另一方对延期的要求已表示同意。

6.4.3 由于甲方的原因导致开始商业运营日的延误：如果由于甲方的违约造成开始商业运营日的任何延误，乙方应：

（1）提出附件6规定的进度计划日期做适当延长。

（2）有权获得延误的经济补偿，使乙方基本上恢复到该延误没有发生时相同的经济状况。其中经济补偿的金额为每日支付_____元（注：与6.4.4条件等同）。

（3）有权获得延长特许经营期，相应延长的特许经营期应不少于被延误的商业运营期。

6.4.4 乙方导致的竣工延误：如果因乙方的原因导致开始商业运营日的延误，则乙方应就发生的任何延误向甲方支付违约金。每延误一日，乙方应向甲方支付违约金额_____元。甲方可以从履约保函中兑取，直至履约保函全部兑取完。如果履约保函累计被兑取完毕或者违约金金额累计达到履约保函金额，甲方有权立即发出终止意向通知书。

6.5 进度报告

乙方每月应向甲方提交工程建设进度月报，该月报应反映已完成的和在建的建设工程进度和质量、预计完成工程的时间，如果进度和质量发生问题，应提出挽回的措施和计划。

6.6 甲方的监督和检查

6.6.1 对建设工程的检查：甲方有权在不影响工程施工的前提下，检查乙方进度和项目的质量控制检验方法及结果，以确认工程建设符合本协议规定的进度和质量要求。乙方应派代表陪同检查，提供检查工作的必要条件，若检查工作中涉及专有资料的保密问题，应按11.2条保密条款执行。

6.6.2 不符合质量和安全要求：如果工程建设不符合本协议的质量或安全要求，甲方可以就此向乙方提出警告。如果乙方在甲方通知后的合理时间内不能或拒绝修正缺陷，甲方有权停止施工，责成乙方进行整改，直到安全得到保证、缺陷得到修补、质量得到控制方可恢复施工。停工造成的损失由乙方承担。

6.7 不可免除

不论甲方是否监督、检查建设工程的任何部分，都不应视为放弃其在本协议下的任何权利，也不能免除乙方在本协议下的任何义务。

6.8 交付图样和技术资料

在竣工日之后_____个月内，乙方应向甲方提交下列资料：①_____份项目设施的全套施工和竣工图、竣工验收记录；

②_____份所有设备技术资料和图样的复印件（包括设备平面图、说明书、使用和维护手册、质量保证书、安装记录、测试记录、质量监督和验收记录）；

③_____份，甲方合理要求的与项目有关的其他技术文件或资料。

6.9 对考古、地质及历史物品的保护

如果乙方在项目建设运营和维护过程中，发现考古文物、化石、古墓遗址及具有考古学、地质学和历史意义的任何物品，乙方应及时通知甲方，并采取适当的保护措施，如果上述发现导致建设工程的延误，应按第6.4.2条执行，或双方按照第6.4.3条款中（2）条款进行协商延长特许经营期或予以经济补偿。

第7条　竣工

7.1　项目竣工验收

项目_____（时间范围内），乙方应按有关规定向政府有关部门申请进行项目的竣工验收。乙方应至少提前_____个工作日向甲方发出竣工验收的书面通知。甲方在接到通知后的_____日内派代表参加由乙方组织有关方面联合进行的竣工验收。如果甲方在收到通知后未参加竣工验收，则竣工验收可在甲方缺席的情况下按预定的时间进行，并将验收结果及时通报甲方。如果竣工验收部分或全部不合格，乙方应采取所有必要的改正措施补救不合格情况，并再次组织一次竣工验收，但应至少提前_____个工作日向甲方发出书面通知。乙方应对因不合格而导致的费用增加和工期延误承担全部责任。再次竣工验收不合格或部分不合格，乙方承担项目建设不合格的责任。如果在再次竣工验收结束后_____个工作日内验收结果已得到有关部门的认可，未发出有关不合格的书面通知，则视为项目设施竣工。

7.2　环保验收

乙方应在开始商业运营日之前，在合理日期内上报环保部门进行环保验收，同时报甲方。

7.3　申请运营

（1）乙方达到_____等条件后，应立即书面通知甲方，申请正式开始运营。

（2）甲方应自接到开始运营申请之日起_____个工作日内通知乙方是否同意开始运营。如不同意须同时陈述理由。如果不同意原因是由甲方造成的，甲方应在_____日内解决。如_____日内仍未能解决，甲方应及时通知乙方，乙方收到通知第_____日视为开始运营日。如甲方未于上述期限内发出同意或不同意的通知，视为同意乙方开始运营。乙方应将最终的开始运营日通知甲方。

第5章　项目的运营与维护

第8条　运营与维护

8.1　运营和维护的基本原则

在整个运营期内，乙方应根据本协议的规定，自行承担费用（包括税费）和风险，管理、运营和维护设施。乙方应确保在整个运营期内，始终根据下列规定运营并维护项目设施：_____。

乙方应确保项目设施始终处于良好营运状态并能够达到_____等要求。

8.2　运营范围的排他性

在特许经营期内，乙方应只对甲方规定的_____提供产品或服务。未经甲方事先书面同意，不得接受任何第三方的其他使用产品或服务的需求。

8.3　甲方的主要责任

甲方应确保在整个特许经营期内，_____。在整个特许运营期内，应督促乙方认真执行国家行业标准、行业管理部门和地方政府的相关规定以及本协议规定。

8.4 乙方的主要责任

从开始运营日起,乙方应_____。超过产品或服务设计供应能力时,乙方应提出处理建议,并在_____个工作日内通知甲方,甲方对建议应明确采纳意见。乙方应按适用法律法规和合理的商业标准以及谨慎运行惯例认真而有效地处理其业务与事务,向甲方提交反映其经营情况的财务报表,并保证其真实性。乙方应建立定期检修保养制度,对各项设施的运行资料进行收集、归类和整理,完善公用设施信息化管理系统,保持设施处于良好使用状态,并在甲方的要求下将设施运行情况报告给甲方。乙方在日常经营活动中,应充分考虑环境影响,维护生态环境。乙方应建立、完善安全生产制度和意外事故的应急机制,制定应急预案报甲方备案,并按要求定期进行应急预案演练;乙方应保障生产和服务的稳定和安全,防止事故发生。如出现重大意外事故,乙方应及时通报甲方,并尽最大人力、物力进行抢救,尽快恢复生产与服务;在事故影响期间,乙方应采取各种应急措施进行补救,尽量减少事故对公众的影响。

8.5 维护保函

8.5.1 维护保函的出具:在正式开始运营日之前,乙方应向甲方出具一份维护保函,其格式为甲方可接受的见索即付的银行保函,保函的金额为人民币_____万元。维护保函应至少每两年更新一次,作为其履行本协议项下项目设施维护义务及保证期义务的保证。分期提供保函时,下一期的保函必须在上一期保函结束前一个月提供,以确保保函的继续有效。最后一次保函有效期要持续到特许经营期结束后12个月。

8.5.2 恢复维护保函的数额:如果甲方在特许经营期内兑取维护保函项下的款项,乙方应确保在甲方兑取款项后的_____个月内将维护保函的金额恢复到人民币_____万元,并向甲方提供维护保函已恢复的证据。

8.5.3 维护的责任:甲方行使兑取维护保函项下款项的权利不损害甲方在本协议项下的其他权利,且不应解除乙方不履行维护项目设施的义务。

8.6 运行与维护手册

在开始运营之前,乙方应编制运行与维护手册。该手册应包括生产运行、日常维护、设备设施检修内容、程序和频率等,并在开始运营日之前报送甲方备查。

8.7 产品或服务量的计量

乙方应按_____对提供产品或服务量进行记录,并定期向_____进行上报。

8.8 收费及价格管理

8.8.1 收费的依据和标准:乙方应根据_____,按_____(收费标准)执行,甲方应协助乙方在项目运营收费之前取得_____收费许可。

8.8.2 收费标准的调整:乙方可在项目运营后根据物价上涨等非经营性因素影响提出收费标准调整意见,报市政府价格主管部门审批,未经批准,不得擅自调整收费标准。

8.9 财政补贴、政府购买服务的相关约定

(需要单独增加)

8.10 暂停服务

发生计划内暂停服务,乙方应于每年_____月_____日提交下一年度维护计划,其重大维护和更新内容上报甲方。甲方应在预计的计划内暂停服务开始之前给予书面答复或批准,乙方应尽最大努力使计划内暂停服务的影响降低到最小并通过采取储备供应、外部采购

等措施保证暂停期内的正常服务提供。

若发生计划外暂停服务，乙方应立即通知甲方，解释其原因并尽最大努力在24小时内恢复正常服务。若因乙方原因计划外暂停服务超过_____小时，乙方应按_____支付违约金。

8.11 环境保护

乙方应始终遵守有关公共卫生和安全的适用法律法规及本协议的规定。乙方不应因项目设施的建设、运营和维护而造成土地（包括土壤、地下水或地表水及空气）或周围环境的污染。乙方在项目设施的建设、运营和维护期间应采取一切合理措施来避免或尽量减少对项目设施周围建筑物和居民区的干扰。但乙方对于以下任何一种情形不承担责任：生效日期前已经存在的或潜在的；因第三方的作为或不作为引起的；甲方导致的环境污染及安全隐患。

8.12 未履行维护的处理

如果乙方违反其第8.4条项下项目设施维护的义务，甲方可就该违约向乙方发出通知，限期完成纠正性维护。乙方在接到上述通知后应对项目设施进行必要的纠正性维护。如乙方未在限期内进行纠正性维护，甲方有权依据附件11兑取维护保函项下款项，并可另行组织对项目设施进行纠正性维护，确保项目设施的正常运营。

第9条 项目的经营与开发

9.1 经营开发范围

乙方有权在国家及S市法律法规允许的范围内，对_____等进行商业开发。除乙方自有产权的项目设施及附属设施外，无论采取何种经营方式，只能转让经营权，不得转让项目设施及附属设施产权（如土地使用权），相关合同的期限均不得超过特许经营期。

9.2 经营开发的监管

乙方对_____等进行商业开发应按照行业管理的统一要求，办理相关手续。在经营开发过程中，乙方应服从行业主管部门的统一管理，接受监督检查。

9.3 匹配资源的开发

（需要单独增加）

9.3.1 资源匹配原则

9.3.2 经营开发范围及程序

9.3.3 收益分配原则

第6章 项目设施的移交（BOT、TOT形式适用）

第10条 特许经营期期满时项目设施的移交

10.1 移交委员会

特许经营期结束_____个月前，由甲方和乙方各自派员组成移交委员会，具体负责和办理移交工作，甲乙双方代表人数应当相同。移交委员会主任委员由政府指派有关部门担任，组织必要的会议会谈并商定设施移交的详尽程序，确定移交仪式，最后将移交信息在市级报和市政府公众信息网上刊登，向社会公告。

10.2 移交范围

特许经营期结束当日即移交日，乙方应向甲方无偿移交：

①乙方对项目设施的所有权利和利益，包括：（Ⅰ）项目设施的建筑物和构筑物；

(Ⅱ)与项目设施使用相关的所有机械和设备；(Ⅲ)第10.4条要求的_____等其他动产；(Ⅳ)运营和维护项目设施所要求的所有技术和技术诀窍、知识产权等无形资产（包括以许可方式取得的）。

②在用的各类管理章程和运营手册，包括专有技术、生产档案、技术档案、文秘档案、图书资料、设计图、文件和其他资料，以使项目能平稳正常地继续运营。③土地使用权及与项目场地有关的其他权利。这些资产在向甲方移交时应不存在任何留置权、债权、抵押、担保物权或任何种类的其他请求权。项目场地在移交日应不存在任何环境问题和环境遗留问题。甲乙双方在办理移交工作的同时，应明确特许经营期结束后妥善安置原项目公司雇员的办法。

10.3　最后恢复性大修和性能测试

10.3.1　最后恢复性大修

（1）在移交日之前不早于_____个月，乙方应按照移交委员会商定的最后恢复性大修计划对项目设施进行大修，此大修必须于移交日_____个月之前完成。

（2）通过最后恢复性大修，乙方应确保项目设施设备的整体完好率达到_____%、其他设施设备的整体完好率达到_____%，项目建筑构筑物不存在重大损坏。

（3）如果乙方不能根据上述要求进行最后恢复性大修或达到大修标准，甲方应有权兑取相应维护保函金额自行进行大修。在此情况下，应向乙方提供所发生的支出的详细记录。

10.3.2　性能测试

在移交日之前，移交委员会应进行项目设施的性能测试。乙方有责任使测试所得各项性能参数都符合_____技术规范或标准的要求。如果所测参数仍有差距，甲方有权从维护保函中支取相应费用以修正上述缺陷。保函金额不足使用的，甲方承担费用以后有权向乙方追偿。

10.4　备品备件

10.4.1　在移交日，乙方应向甲方无偿移交按附件4技术规范或标准要求的在_____个月期间项目设施正常运行需要的消耗性备件和事故抢修的零备件，并提交备件的详细清单。

10.4.2　乙方应向甲方提交生产经营项目设施所需全部备品备件的厂商名单。

10.5　保证期

乙方应在移交日后12个月的保证期内，承担全部设备设施质量缺陷的保修责任（因接受移交的单位使用不当造成的损坏除外），乙方在收到该通知后，应尽快自费进行保修。在紧急情况下，或乙方没有及时保修，甲方有权兑取维护保函的相应金额进行保修，但应将支出的清单递交给乙方。

10.6　承包商保证的转让

在移交时，乙方有义务将所有承包商、制造商和供应商提供的尚未期满的担保及保证在可转让的范围内分别无偿转让给甲方，并促成供应商以过去同样的优惠价格供应设备，在移交时，应当通知所有的承包商、制造商和供应商与甲方确认尚未期满的义务的履行，甲方有权选择是否接受合同延续和承担由此发生的一切责任。

10.7　移交效力

除10.5条规定以外，乙方在本协议项下的权利和义务随移交的完成而终止，甲方应接管项目的运营及享有项目的一切权利和义务。

10.8 维护保函的解除

甲方应在移交日起 12 个月后的_____个工作日内解除所有或届时未兑取完的维护保函的余额。

10.9 风险转移

甲方承担移交日后项目的全部或部分损失或损坏的风险，除非损失或损坏由乙方的过错或违约所致。

第 7 章 双方的一般权利和义务

第 11 条 甲方和乙方共同的一般权利和义务

11.1 不可抗力

11.1.1 不可抗力

不可抗力是指在签订本协议时不能合理预见的、不能克服和不能避免的事件或情形。以满足上述条件为前提，不可抗力包括但不限于：

（1）雷电、地震、火山爆发、滑坡、水灾、暴雨、海啸、台风、龙卷风或旱灾。

（2）流行病、瘟疫爆发。

（3）战争行为、入侵、武装冲突或外敌行为、封锁或军事力量的使用、暴乱或恐怖行为。

（4）全国性、地区性、城市性或行业性罢工。

（5）由于不能归因于甲乙方的原因引起的工程供电中断。

11.1.2 积极补救不可抗力的义务

（1）尽快向对方通告事件或情况的发生，对事件或情况的预计持续时间和其在本协议项下履行义务的可能影响做出估计。

（2）做出一切合理努力以继续履行其在本协议项下的义务。

（3）尽快采取行动纠正或补救造成免于履行义务的事件或情况。

（4）做出一切合理努力以减轻或限制对对方造成的损害。

（5）将其根据上述（2）（3）和（4）段采取的行动或行动计划定期通告对方，并在导致它免于履行义务的事件或情况不再存在时立即通知对方。

11.1.3 不可抗力的处理程序

不可抗力事件发生后，双方应本着诚信平等的原则，立即就此等不可抗力事件进行协商。

（1）如果双方在_____日内达成一致意见，继续履行在本协议项下的义务，则甲方应按照附件 12 的规定向乙方进行补偿。

（2）如果双方不能够在上述_____日期限内达成一致意见，则任何一方可送达终止通知。

11.1.4 费用

发生不可抗力事件时，任意一方必须各自承担由于不可抗力事件造成的支出和费用。乙方因不可抗力造成的损失，应由保险获得补偿，甲方可依不可抗力造成的时间损失给予延期并相应延长特许经营期。

11.1.5 不可抗力造成的终止

如果任何不可抗力事件阻止一方履行其义务的时间自该不可抗力发生日起连续超过_____个工作日，双方应协商继续履行本协议的条件和重新履行本协议的时间。如果自不可抗力发生后_____个工作日之内双方不能就继续履行的条件和时间达成一致意见，并且该不可抗力事件如果不能一致解决将会对项目的顺利进行造成实质性影响时，任何一方均可以按16.3条书面通知另一方终止本协议。

11.2 保密

任何一方或其雇员、承包商、顾问或代理人获得的所有资料和文件（不论是财务、技术或其他方面，但不包括与项目进展有关的非敏感信息），如果尚未公布即应保密，未经另一方事先书面同意，在特许经营期期满之后的_____年期间不得向第三方透露或公开，但是法律要求的信息除外。本承诺在本协议终止后仍然有效。

11.3 合作义务，预先警告义务

双方应相互合作以达到本协议的目的，并应善意地行使和履行各自在本协议项下的权利和义务。在此前提下，双方同意：

（1）除本协议另有规定外，当一方要求取得另一方的同意时，被要求方应在10天或其他合理所需的时间内给予同意或批准，而不可以无理拒绝或迟延给予该等同意或批准。

（2）如果任何一方获悉的任何事件或情形属于以下事件或情形，则该方应尽快将该事件或情形通知另一方：

经该方合理预计将对任何一方履行其本协议项下的义务或实施项目的能力造成重大不利影响的事件或情形；合理预计另一方不可能获悉该事件或情形。

第12条 甲方的一般义务

12.1 不干预

甲方不得干预项目内部管理事务，除非本协议条款的执行受到影响。

12.2 不应不当兑取保证金

如果甲方兑取了乙方提交的投标保函、履约保函和维护保函中的款项，之后乙方通过仲裁或其他方式确定甲方无权兑取，甲方应退还兑取的金额，并应补偿乙方因此发生的所有费用和支出，以及支付自兑取之日至退还之日的利息，该利息按当时银行短期贷款利率执行。

第13条 乙方的一般义务

13.1 股权转让的限制

附件7是乙方原始股东的名单及各自在注册资本中所占的份额。乙方应在公司章程中做出规定，确保在协议生效日之后_____年内，未经甲方批准任何股东都不得将股权进行转让或以股权质押、虚假诉讼等形式变相转让。在协议生效_____年后，在符合下列_____情况下，甲方应批准乙方进行股权转让：①_____；②_____；③_____。

13.2 遵守适用法律

乙方履行本协议项下的义务时应始终遵守适用法律规定。

13.3 劳动安全标准

乙方应遵守现行的劳动保护法规，尊重职工的权利和严格执行安全法规及有关标准。

13.4 项目文件的协调

乙方应确保融资文件、股东之间的任何合同、乙方章程、本协议项下的保险单以及由乙方签订的与本项目有关的任何其他合同都能符合本协议的规定和都能够履行本协议。

13.5 税金、关税及收费

乙方应按照适用法律缴纳所有税金、关税及行政性收费。

13.6 对承包商和其雇员及代理人的责任

乙方雇用任何承包商和其雇员及其代理人，不应解除乙方在本协议项下的任何义务。承包商和其雇员及其代理人为本协议目的的所有作为或不作为视同乙方的作为或不作为。

13.7 知识产权的赔偿处理

乙方应对本项目在建设、运营和管理工作中可能发生的侵犯知识产权而引起的诉讼负责应诉和赔偿。

第 14 条 保险

14.1 特许经营期内，乙方必须按照附件 8 的规定自费购买保险。

14.2 如果乙方不购买或维持本协议所要求的保险，则甲方有权购买该保险，并且有权根据本协议从履约保函或维护保函款中兑取需支付的保险费金额。

第 8 章 违约赔偿

第 15 条 违约赔偿

15.1 赔偿

任一方应有权获得因违约方违约而使该方遭受的任何损失、支出和费用的赔偿，该项赔偿由违约方支付。

15.2 减轻损失的措施

由于另一方违约而遭受损失的一方应采取合理行动减轻损失。如果一方未能采取此类措施，违约方可以请求从赔偿金额中扣除应能够减轻或减少的损失金额。受损害的一方应有权从另一方获得为减轻损失而采取行动所发生的合理费用。

15.3 由于受损害方造成的损失的扣除

如果造成损失的部分原因是受损害方的作为或不作为，赔偿的数额应扣除这些因素。

15.4 对间接损失不负责任

除非本协议另有规定，各方均不应对由于或根据本协议产生的或与其相关的任何索赔为对方的任何间接、特殊或附带损失或惩罚性损害赔偿负责。

第 9 章 终止、变更和转让

第 16 条 终止

16.1 甲方的终止

下述每一条款所述事件，如果不是由于甲方的违约或由于不可抗力所致，如果有允许的纠正期限而乙方在该期限内未能纠正，即构成乙方违约事件，甲方有权立即发出终止意向通知，并兑取履约保函或维护保函中的保证金：

（1）乙方未按时实现融资完成。

（2）乙方擅自转让、出租特许经营权。

（3）乙方擅自将所经营的财产进行处置或者抵押。

（4）乙方因管理不善，发生特别重大质量、生产安全事故。

（5）乙方擅自停业、歇业，严重影响到社会公共利益和安全。

（6）根据中国法律乙方进行清算或资不抵债。

（7）乙方在第3.2条中的任何声明被证明在做出时即有严重错误，使乙方履行本协议的能力受到严重的不利影响。

（8）乙方未履行本协议项下的其他义务，构成对本协议的实质性违约，并且在收到甲方说明其违约并要求补救的书面通知_____个工作日内仍未能补救该实质性违约。

（9）乙方擅自转让股权、变相转让股权。

（10）乙方擅自将所经营的财产进行处置或抵押。

16.2　乙方的终止

下述每一条款所述事件，如果不是由于乙方的违约或由于不可抗力所致，如果有允许的纠正期限而在该期限内未能纠正，即构成甲方违约事件，乙方有权立即发出终止意向通知：

（1）甲方在第3.1条中的任何声明被证明在做出时即有严重错误，使甲方履行本协议的能力受到严重的不利影响。

（2）甲方未能按照本协议的约定履行向乙方支付服务费的义务。

（3）甲方未履行其在本协议项下的任何其他义务构成对本协议的实质性违约，并且在收到乙方说明其违约并要求补救的书面通知后的____个工作日内未能补救该实质性违约。

16.3　终止意向通知和终止通知

16.3.1　终止意向通知

按照第16.1或16.2条发出的任何终止意向通知应表述违约事件的详细情况并给出必要的协商期。在终止意向通知发出之后，双方应在协商期内为避免本协议终止采取措施，如果双方就将要采取的措施达成一致意见，并且在相应的协商期内纠正了违约事件，终止意向通知应立即自动失效。

16.3.2　终止通知

在协商期届满之时，除非：

（Ⅰ）双方另外达成一致；或

（Ⅱ）导致发出终止意向通知的违约事件得到纠正，

发出终止意向通知的一方有权发出终止通知。

16.4　终止的一般后果

如果本协议提前终止，则自任何一方发出终止通知起，至双方商定的提前终止日止，双方应继续履行本协议下的权利和义务。

本协议终止后，双方在本协议项下不再有进一步的义务，但根据第16.6条可能到期应付的任何款项，以及本协议到期或终止之前发生的而在本协议到期或终止之日尚未支付的付款义务除外。本协议的终止不影响本协议中争议解决条款和任何在本协议终止后仍然有效的其他条款。

16.5　终止后的补偿

16.5.1　乙方违约事件导致的终止

在生效日期后，如果甲方因乙方违约事件而终止本协议，则甲方应有权收回乙方对该项目的相关权益。甲方在向乙方支付附件12补偿表所列的补偿金额后，乙方对该项目的相关权益将转归甲方所有。补偿金额的确定应从特许年限、已运营年限、乙方在项目中的总投人、乙方的过错程度等方面进行综合考虑和设定。

16.5.2 甲方违约事件导致的终止

在生效日期后,如果乙方因甲方违约事件根据第16.2条终止本协议,则乙方有权要求甲方收回该项目的相关权益。甲方在向乙方支付附件12补偿表中的补偿金额后,乙方在该项目中的相关权益将转归甲方所有。补偿金额的确定应由甲乙双方从特许年限、乙方已运营年限、乙方在项目中的总投资、乙方已获取的收益、该项目的预期收益等方面进行综合考虑。

16.5.3 第11.1条项下不可抗力事件和/或法律变更导致的终止

如果因第11.1条所述的不可抗力事件导致任何一方依据第16条终止本协议,甲方应向乙方支付附件12补偿表中所列的补偿金额。甲方支付该项目的补偿金额后,乙方将该项目中的相关权益转让给甲方。

补偿金额的确定应由甲乙双方从特许年限、乙方已运营年限、乙方在项目中的总投资、乙方已获取的收益、该项目的预期收益以及各方对此等事件承担的能力等方面进行综合考虑。

16.6 终止后的移交

16.6.1 乙方根据16.6.2条向甲方移交参照第10.2条规定的项目所有设施的权利和权益。

16.6.2 乙方应于提前终止日立即向甲方移交项目的占有权和运行权。如因乙方不按期移交并退场、甲方不按期接受移交并维持正常运行,则由违约方承担相应损失。甲方和乙方应于_____日内按照16.5条确定终止补偿金额。甲方应在确定终止补偿金额后_____天内将终止补偿金全部支付。乙方在收到最后一笔终止补偿金当日,将项目设施的所有权和所有权益全部移交给甲方。

第17条 变更和转让

17.1 甲方的变更

由于政府机构改革造成甲方的变更,但新的甲方应:

(1) 具有承担原甲方对项目的所有权利、义务和责任的能力,并重新得到政府的授权。

(2) 接受并完全承担原甲方在本协议项下义务的履行。

17.2 乙方的转让

未经甲方事先书面同意,乙方不得出让、转让、抵押、质押本项目的资产,也不得在上述资产、权利和利益上设置任何留置权或担保权益或者以其他方式处置这些资产、权利或利益。

第10章 解释和争议的解决

第18条 解释规则

18.1 修改

本协议任何修改、补充或变更只有以书面形式并由双方授权代表签字,并加盖公章方可生效并具约束力。

18.2 可分割性

如果本协议任何条款不合法、无效或不能执行,或者被任何有管辖权的仲裁庭或法院宣布为不合法、无效或不能执行，则：

（1）其他条款仍然有效和可执行。

（2）双方应对不合法、无效或不能执行的条款进行修改，使之合法、有效并可执行，并且这些修改应尽可能平衡双方之间的利益。

第19条　争议的解决

19.1　双方友好协商解决

若双方对本协议条款的解释或执行（包括关于其存在、有效或终止的任何问题）产生任何争议、分歧或索赔，则应尽力通过友好协商解决。若在＿＿＿＿个工作日内该争议未能得到解决，则应适用第19.2条的规定。

19.2　仲裁

双方同意本协议引起的或与本协议有关的所有争议，均提交给S市仲裁委员会裁决，仲裁裁决对双方均有约束力。

19.3　争议解决期间的履行

在争议、分歧或索赔做出最终裁决前，各方应继续履行其在本协议项下的所有义务并继续享有其在本协议项下的所有权利，任何一方不得以发生争议为由，停止项目运营服务、停止项目运营支持服务或采取其他影响公共利益的措施，在最终裁决做出后按裁决进行最终调整。

19.4　仲裁结果的执行

甲方和乙方应在＿＿＿＿个工作日内执行仲裁结果，逾期不执行的，视为违约。需终止协议的按16.6条规定执行。

19.5　继续有效

第19条规定的争议解决条款在本协议终止后继续有效。

（注：争议解决方式只能选择仲裁机构和法院诉讼中的一种，选择诉讼的可自行更替条款内容。）

第11章　其他

第20条　其他条款

20.1　通知

本协议项下的通知，通过专人递交、快递、邮寄、传真或电子邮件按下述地址送至或发至对方：

甲方：＿＿＿＿＿＿＿＿＿＿　　地址：＿＿＿＿＿＿＿＿＿＿

邮编：＿＿＿＿＿＿＿＿＿＿　　收件人：＿＿＿＿＿＿＿＿＿＿

传真：＿＿＿＿＿＿＿＿＿＿　　电子邮箱：＿＿＿＿＿＿＿＿＿＿

乙方：＿＿＿＿＿＿＿＿＿＿　　地址：＿＿＿＿＿＿＿＿＿＿

邮编：＿＿＿＿＿＿＿＿＿＿　　收件人：＿＿＿＿＿＿＿＿＿＿

传真：＿＿＿＿＿＿＿＿＿＿　　电子邮箱：＿＿＿＿＿＿＿＿＿＿

一方的收件人地址、传真号码或电子邮箱若有变更，应及时以书面形式通知另一方。下述情况应视为已送达：①如果用信件进行任何通信，则在由专人递交、快递或邮寄方式（挂号、要求回执）发送至上述地址时；②如果用传真或电子邮件形式，则在准确发送至上述传真号码或电子邮箱时。

20.2 附件目录（供参考）

附件1 项目设计能力、标准。

附件2 项目质量指标。

附件3 项目建设和运营的特许范围（或区域图示）。

附件4 技术规范或标准。

附件5 特许经营授予方提供的服务和设施。

附件6 建设、运营（考虑投入运营前的调试及试运行等环节）和维护方案。

附件7 乙方的初始股东名单。

附件8 保险。

附件9 所需的项目和企业相关文件。

附件10 履约保函格式。

附件11 维护保函格式。

附件12 终止补偿金额。

附件13 项目安全处置。

附件14 项目投融资方案。

附件15 不符合服务标准违约金。

20.3 不弃权

任何一方均不被视为放弃本协议中的任何条款，除非一方以书面形式做出放弃。任何一方未坚持严格履行本协议中的任何条款，或未行使其本协议中规定的任何权利，均不应被视为对任何上述条款的放弃或对今后行使任何上述权利的放弃。

20.4 合同文字

本协议以中文订立，正本一式四份，甲方和乙方各执二份。

本协议由双方各自正式授权的代表在其签名下注明的日期签署。双方愿受本协议的法律约束。

20.5 生效日期

（a）双方签字盖章后生效；或

（b）＿＿＿＿＿＿＿＿＿＿＿＿＿＿

（c）＿＿＿＿＿＿＿＿＿＿＿＿＿＿

主管部门（甲方）：＿＿＿＿＿＿ 公司名称（乙方）：＿＿＿＿＿＿

[印章]＿＿＿＿＿＿   [印章]＿＿＿＿＿＿

姓名：＿＿＿＿＿＿   姓名：＿＿＿＿＿＿

职务：＿＿＿＿＿＿   职务：＿＿＿＿＿＿

日期：＿＿＿＿＿＿   日期：＿＿＿＿＿＿

附录D 国务院办公厅关于县域创新驱动发展的若干意见

实施创新驱动发展战略，基础在县域，活力在县域，难点也在县域。新形势下，支持县域开展以科技创新为核心的全面创新，推动大众创业、万众创新，加快实现创新驱动发展，是打造发展新引擎、培育发展新动能的重要举措,对于推动县域经济社会协调发展、确保如期实现全面建成小康社会奋斗目标具有重要意义。经过多年努力,我国县域科技创新取得了长足进步,对县域经济社会发展的支撑作用显著增强,但总体仍然比较薄弱,区域发展不平衡等现象突出。为贯彻落实全国科技创新大会精神,全面实施《国家创新驱动发展战略纲要》,推动实现县域创新驱动发展,现提出以下意见,如附图5所示。

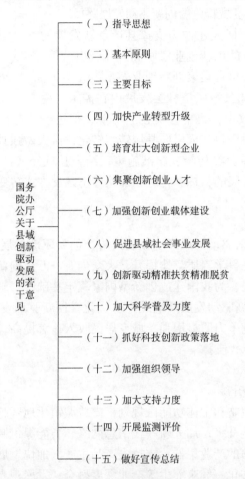

附图5 国务院办公厅关于县域创新驱动发展的若干意见

一、总体要求

(一)指导思想

全面贯彻党的十八大和十八届三中、四中、五中、六中全会精神,深入贯彻习近平总书记系列重要讲话精神和治国理政新理念新思想新战略,按照党中央、国务院决策部署,统筹推进"五位一体"总体布局和协调推进"四个全面"战略布局,牢固树立和贯彻落实新发展理念,发挥科技创新在县域供给侧结构性改革中的支撑引领作用,强化科技与县域经济社会发展有效对接,打通从科技强、产业强到经济社会发展强的通道。以建设创新型县(市)和创新型乡镇为抓手,深入推动大众创业、万众创新,整合优化县域创新创业资源,构建多层次、多元化县域创新创业格局,推动形成县域创新创业新热潮,以创业带动就业,培育新动能、发展新经济,促进实现县域创新驱动发展。

（二）基本原则

基本原则如附图6所示。

（1）创新驱动。坚持创新是引领发展的第一动力，加强创新资源共享，完善创业培育服务，激发全社会创新创业活力，推动大众创业、万众创新向更大范围、更高层次、更深程度发展，加快形成具有县域特色的创新驱动发展路径。

（2）人才为先。坚持把人才作为支撑县域创新发展的第一资源，实施更加积极的创新创业激励和人才吸引政策，优化县域人才环境，加快培育集聚创新创业人才队伍。

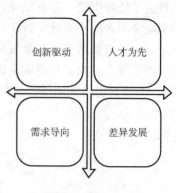

附图6　基本原则

（3）需求导向。紧扣县域经济社会发展内在需求，提高科技创新供给质量和效率，集聚各类创新资源，促进产学研用结合，加快先进适用科技成果向县域转移转化，做大做强县域特色产业。

（4）差异发展。坚持分类指导、精准施策，结合县域经济社会发展水平和定位，因地制宜确定县域创新驱动发展的目标和任务，加快经济发展方式转变和社会转型，推动实现县域差异化、可持续发展。

（三）主要目标

到2020年，县域创新驱动发展环境显著改善，创新驱动发展能力明显增强，全社会科技投入进一步提高，公民科学素质整体提升，大众创业、万众创新的氛围更加浓厚，形成经济社会协调发展的新格局，为我国建成创新型国家奠定基础。

到2030年，县域创新驱动发展环境进一步优化，创新驱动发展能力大幅提升，创新创业活力有效释放，产业竞争力明显增强，城乡居民收入显著提高，生态环境更加友好，为跻身创新型国家前列提供有力支撑。

二、重点任务

（四）加快产业转型升级

落实区域发展总体战略和主体功能区规划，支持城镇化地区整合各类创新资源，推动制造、加工等传统产业改造升级，加大新一代信息网络、智能绿色制造等产业关键技术推广应用，培育具有核心竞争力的产业集群。支持农产品主产区加快发展农业高新技术产业，促进农业与旅游休闲、教育文化、健康养生等产业深度融合，发展观光农业、体验农业、创意农业、电子商务、物流等新业态，推动商业模式创新，走产出高效、产品安全、资源节约、环境友好的现代农业发展道路，带动农民增收致富。实施农业产业竞争力提升科技行动，建设国家现代农业产业科技创新中心。支持重点生态功能区以保护自然生态为前提、以资源承载能力和环境容量为基础，科学有度有序开发，促进人口、经济、资源环境均衡发展。结合地方资源禀赋和发展基础，发展知识产权密集型产业，促进县域特色主导产业绿色化、品牌化、高端化、集群化发展。

（五）培育壮大创新型企业

找准县域创新驱动发展的着力点，加强企业技术创新平台和环境建设，在有条件的县（市）培育一批具有较强自主创新能力和国际竞争力的高新技术企业。加快实施《促进科技成果转移转化行动方案》，指导县域内企业加强与高等学校、科研院所的产学研合作，支持有条件的县（市）加强基础研究成果转化和产业化。引导金融机构支持县域科技创新，提升县域科技资源配置和使用效率。支持符合条件的高成长性科技企业上市，引导企业有效利用主板、中小板、创业板、新三板、区域性股权交易市场等多层次资本市场融资。鼓励有条件的县（市）设立科技成果转化基金、创业投资引导基金等，引导社会资本投资初创期、种子期科技型中小企业。鼓励有条件的县（市）采取科技创新券等科技经费后补助措施，支持小微企业应用新技术、新工艺、新材料，发展新服务、新模式、新业态，培育一批掌握行业"专精特新"技术的科技"小巨人"企业。

（六）集聚创新创业人才

发挥企业家在县域创新驱动发展中的关键作用，营造有利于创新型企业家发展的良好环境，支持企业家整合技术、资金、人才等资源，加快企业创新发展。深入推行科技特派员制度，支持科技领军人才、高技能人才、专业技术人才等到县域开展创业服务，引导高校毕业生到县域就业创业，推进农村大众创业、万众创新。推广"科技镇长团""博士服务团"等模式，发挥乡土人才等农村实用人才作用，提升县域人才集聚和创新管理服务能力。落实《中华人民共和国促进科技成果转化法》《实施〈中华人民共和国促进科技成果转化法〉若干规定》，通过股权期权激励等措施，让创新人才在科技成果转移转化过程中得到合理回报，激发各类人才的创新创业活力。加强农民就业创业培训，培育新型职业农民，推动农村劳动力转移就业。

（七）加强创新创业载体建设

科学编制县城总体规划，支持有条件的县（市）高起点规划、高标准建设高新技术产业开发区、农业科技园区、火炬特色产业基地等创新创业平台，并将相关园区纳入县城总体规划统一管理，引领县域创新驱动发展。推动符合条件的科技园区升级为国家高新技术产业开发区，建设若干国家农业高新技术产业开发区。在有条件的县（市）建设创新型县（市）、创新型乡镇。结合县域需求实际，依托科技园区、高等学校、科研院所等，加快发展"互联网+"创业网络体系，建设一批低成本、便利化、全要素、开放式的众创空间、"星创天地"，降低创业门槛，促进创业与创新、创业与就业、线上与线下相结合。鼓励国家（重点）实验室、国家工程（技术）研究中心、高等学校新农村发展研究院等各类创新平台在县域开展应用示范，实现开放共享，为大众创业、万众创新提供有力支撑。推动县域生产力促进中心建设，提升知识产权代理、交易、咨询、评估等服务水平。

（八）促进县域社会事业发展

加大大气污染防治、土壤治理、水环境保护、资源高效利用等领域核心关键技术转化应用力度，强化重点地区生态保护与修复。围绕重大慢病防控、人口老龄化应对等人口健康重大问题，加强疾病防治技术普及推广，加快临床医学研究中心协同创新网络向县域发展，推进健康中国建设。开展集生产生活、文化娱乐、科技教育、医疗卫生等多种服务功能于一体的社区综合技术集成与应用，推动科技成果更多惠及民生改善。加快实施"雪亮工程"，推进县域公共安全视频监控建设和联网应用，加强县乡村三级综合治理信息化建设，提高县域社会治安综合治理科技化水平，建设平安中国。充分发挥市场主体作用，结合地方特色产业基础和发展潜力，加大对经济发达镇、特色小镇、专业小镇、技术创新专业镇等的支持力度，建设美丽乡村。

（九）创新驱动精准扶贫精准脱贫

实施科技扶贫行动，强化科技创新对精准扶贫、精准脱贫的支撑引领作用，瞄准县域脱贫攻坚中存在的科技和人才短板，动员全社会科技资源投身脱贫攻坚，提升县域发展的内生动力。精准对接贫困地区发展的科技需求，加强先进、成熟、适用技术的应用推广和集成示范，支持发展优势特色产业。推进创业式扶贫，激发贫困地区的创新创业热情，提高农民技能素质，以创业式扶贫带动产业发展，帮助建档立卡贫困户脱贫致富。

（十）加大科学普及力度

把县域科学普及摆在与科技创新同等重要的位置，深入开展农业科技教育培训和农村科普活动，切实提高农民科学素质。以社会主义核心价值观为引领，着重在县域普及科学知识、弘扬科学精神、传播科学思想、倡导科学方法，推动形成讲科学、爱科学、学科学、用科学的良好氛围。充分发挥县级学会、企业科协、农技协开展农村科普的独特优势和科技社团促进科技成果转移转化的纽带作用，面向县域有针对性地开展科学普及和信息服务。提高县域中小学科普教育质量，为青少年提供更多参加科普活动的机会。

（十一）抓好科技创新政策落地

加强国家与地方科技创新政策衔接，加大普惠性科技创新政策落实力度，落实企业研发费用税前加计扣除、高新技术企业所得税优惠等创新政策。加大创新产品和服务采购力度，鼓励采用首购、订购等方式支持县域企业发展。面向县域企业等创新主体加强政策培训解读，建立县域科技创新政策落实督查机制，帮助企业更好地享受优惠政策。

三、保障措施

（十二）加强组织领导

推动部省市县联动，建立适应县域创新驱动发展的组织领导体制和工作推进体系，科学谋划创新发展工作格局。强化县（市）科技管理队伍建设，提高县（市）科技部门管理和服务能力，加强对乡镇科技工作的指导。支持有条件的县（市）制定创新发展规划，在科技管理、知识产权运用和保护、人才吸引等方面探索先行先试改革措施。

（十三）加大支持力度

国务院各有关部门要加强对县域创新驱动发展的政策扶持，通过技术创新引导专项（基金）、人才支持计划等，支持县域开展科技创新创业。各地要积极支持县域开展科技创新活动，确保一定比例的科技创新项目、一定数量的科技创新平台和载体在县域落地。

（十四）开展监测评价

实施国家创新调查制度，开展县（市）创新能力监测，加强县（市）创新驱动发展战略研究，优化区域创新布局。指导有条件的地方参照国家创新调查制度开展各具特色的区域创新调查工作。

（十五）做好宣传总结

在推动县域创新驱动发展中及时发现新典型、总结新模式、探索新机制，按照国家有关规定对先进单位、先进个人进行奖励和表彰。宣传推广各地成功经验和做法，形成全社会支持县域创新驱动发展的良好局面。

附录 E　PPP 模式项目动态集成化风险管理

1. 集成化风险管理

集成，可以理解为两个或两个以上的要素集合成为一个有机整体，这种集成不是要素之间的简单叠加，而是要素之间的有机组合，即按照某一集成规则进行的组合和构造，其目的在于提高系统的整体功能。近年来，随着项目管理方法和技术的发展，项目管理也开始向集成化和一体化方向发展，并以系统论为基础，对项目集成化管理的基础、方法、基本要求和信息系统的建立等方面做了初步的研究。风险管理作为项目管理的重要内容之一，贯穿于项目的全生命周期内，与项目管理在信息的产生、处理等方面属于同一过程，因此也向综合、集成化方向发展。集成化风险管理实质上就是将集成化思想创造性地应用于项目风险管理活动中。集成化风险管理以系统论和全面风险管理的理论为依据，运用风险管理的技术和方法，通过对投入项目风险管理的有限的人力、物力、财力等资源进行有效整合，综合考虑影响项目的各个风险因素，采取合理科学的风险管理措施，使得风险因素对项目的影响最小，实现风险管理成本最小化的目标，为项目的决策提供充分的依据。

2. PPP 风险的核心特点

PPP 融资项目的组织架构、运作模式及其特殊性，决定了 PPP 融资项目风险的差异性，主要体现在以下几方面，如附图 7 所示。

附图 7　PPP 融资项目风险的差异性

（1）风险形式的多样性。PPP 模式中，投资结构的多样性、运作基本项目类型的多样性、政私合作方式的多样性致使每一个单独的 PPP 项目都可能会有不同的组合方式。每一个 PPP 项目都会有其"与众不同"的特点。它不像 BOT、TOT，已经拥有成熟、固定的运作模式和成功、有效的实施案例。不同的 PPP 项目有不同的风险特点。这就决定了针对某一个 PPP 项目进行风险管理时，绝不能拿以前的模式直接搬套，而必定要结合 PPP 模式行业具体项目特点，重新识别、分析、评价、分担，并采取措施及监控。

（2）风险的不确定性。PPP 模式风险形式的多样性决定了在每个 PPP 项目中，风险都有较高的不同的不确定性。因没有固定模式可循，几乎每个 PPP 项目对于风险管理者而言都是一个新的开始。与"有规可循"相比，"摸石过河"具有更高的不确定性。

（3）风险的动态变化性。PPP 项目性质的动态性同样导致其风险的动态变化性，当后期运营时，项目性质由准经营性转为经营性，而早期认定需重点控制和管理的盈利风险已不再重要。反之，当项目性质由经营性或准经营性转为非经营性时，盈利风险又再次被提上议程。因此在 PPP 项目中，同一风险的重要性会不断发生变化，届时也会伴随新风险的出现和已识别风险影响的减弱或消失。

（4）PPP 风险管理的独特性。PPP 融资项目投资规模大，时间跨度长，参与者之间的关系错综复杂，就会存在很大的风险；另外，由于 PPP 项目的具体实施条件各不相同，常常是无先例可循，更增加了项目的风险。所以 PPP 模式项目风险管理的独特性如附图 8 所示。

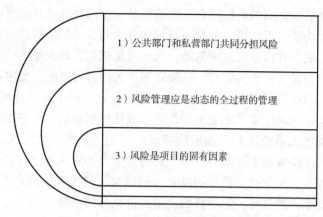

附图8　PPP模式项目风险管理的独特性

1）公共部门和私营部门共同分担风险。以往PPP项目的风险管理中过于强调私营部门的作用，忽略了公共部门应发挥的作用。事实上，公共部门在PPP项目中应该且也承担着风险，公共部门也应该积极和重视项目的风险管理。

2）风险管理应是动态的全过程的管理。随着项目的进行，已分担的风险很有可能发生协议各方意料之外的变化或者出现未曾识别的风险。例如，建设阶段和运营阶段所产生的风险就不同：一些技术设计风险在工程完成后会随之消失；计划风险在完成必要程序后会发生改变。

3）风险是项目的固有因素。风险在项目生命周期不同阶段中表现出不同的形式，因而应在项目生命周期内对风险进行动态的管理；就局部而言，外界环境具有动态变化的特点，它对体系的影响具有极大的不确定性，整个过程的风险管理也应做相应的动态调整。

综上所述，PPP项目的风险管理应该是一个动态、循环反复的过程，如附图9所示。

3. 动态集成化风险管理

基于以上分析的全面风险管理理论的集成化风险管理和全生命周期理论的动态风险管理，结合PPP项目融资的特点，应对PPP项目进行基于全生命周期的

附图9　PPP项目的风险管理动态全过程

动态集成化风险管理。动态集成化风险管理的实质就是在项目的整个生命周期内，考虑时间变化的因素，将集成化思想创造性地应用于项目风险管理活动中。

4. PPP项目动态集成化风险管理模型构建

（1）PPP项目全生命周期的界定。对于一般的大型建设项目，普遍认为其全生命周期包括：包含项目设计、可行性研究的概念设计阶段，包含设计、招标投标的开发阶段，包含施工、竣工验收的实施阶段，包含保修期的试运行阶段，以及项目的运行管理阶段，直至项目结束的全过程。而PPP项目作为公私合营项目，具有过程复杂、投资规模大、时间跨度长、参与者之间的关系错综复杂等特殊性，研究认为PPP项目的全生命周期如附图10所示。整个生命周期可分为准备阶段、融资阶段、建设施工阶段、运营维护阶段、移交后阶段，其中从准备阶段一直到实施阶段结束为止都作为其发展阶段。而且每个阶段延续的时间应该都比一般建设项目要长得多。项目管理内容繁多且复杂，并且从项目立项开始到项目移交之间贯穿着多个利益主体的合作和矛盾。PPP项目动态集成化风险管理模式是观察PPP项

目全生命周期，以时间为自变量，其全生命周期可以是离散的，即可以划分为不同的几个阶段，也可以是连续的，即从理论上讲，其风险管理的各要素均是时间的函数。这种思想体现了 PPP 项目风险管理的动态性和持续性。

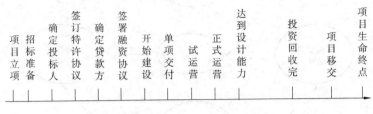

附图 10　PPP 项目全生命周期

（2）PPP 项目动态集成化风险管理模型的构建。PPP 项目风险管理就是对 PPP 项目风险进行识别、分析和应对的系统性过程。它既包括将负面事件的概率和影响结果压缩到最小，还包括把正面事件的概率和影响结果扩展到最大。PPP 项目动态集成化风险管理，应该基于系统思维的角度来认识和分析项目风险，从系统过程的视角来管理项目风险。按照系统论的观点，PPP 项目动态集成化风险管理过程要经由若干主要阶段来实现。因而，结合国内学者针对我国实际情况提出的项目风险管理流程，特别是结合大型高风险项目管理的实践，这里将 PPP 项目集成化风险管理流程体系分为风险管理规划、风险识别、风险评价、风险应对、风险监控、风险管理评审六个阶段，如附图 11（图中单向箭头表示风险管理操作流程，双向箭头表示信息流）所示。由此，构建一个风险管理数据库，各环节组成相应的功能模块，数据库中心从各模块收集信息，进行整合和调整，再发出信息，然后再信息反馈，通过这样一个循环、反复的过程（下文称为子系统 1）来实现风险管理的全面性和持续性。

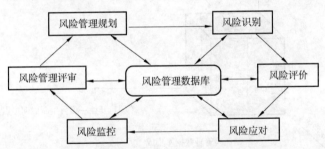

附图 11　PPP 项目动态集成化风险管理流程

以系统工程论为依据，PPP 项目风险管理系统包括目标、组织、方法、信息及文化五大要素的系统性和集成性，构建 PPP 项目风险管理五大要素的集成（附图 12，下文称为子系统 2）：集成风险管理目标、集成风险管理组织、集成风险管理系统方法、集成风险管理信息系统、集成风险管理文化。从几者之间的相互关系来看，组织、方法、信息和文化组成实现目标的环境系统，以实现 PPP 项目全生命周期的总体目标。从全局的角度出发，大型基础设施 PPP 项目全生命周期的总体目标主要包括成本目标、进度目标、质量目标以及不可忽视的社会目标，以及各目标之间的相互作用和影响。

由风险管理流程支撑的风险管理数据库和风险管理要素的集成系统必然存在着密切联系，而且都是为了风险管理而存在并为之服务的。一方面，风险管理数据库既是风险管理流程各环节聚集信息的一个平台，又是反馈信息的平台，子系统 2 则成为一个基础平台，为目

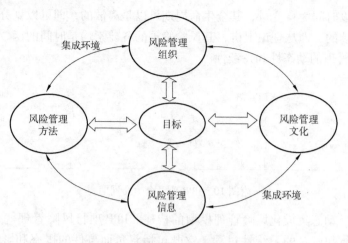

附图12 PPP项目风险管理集成化

标服务，便于五大要素的投入和根据实际情况发挥作用；另一方面，子系统2通过调整处理将成果应用到子系统1上，整合子系统1。这样，就形成相互的联系作用和影响，体现该系统的整合性。考虑到子系统1和子系统2的密切联系和相互作用，以全生命周期理论、系统论和全面风险管理理论为基础，综合全生命周期中科学的风险管理流程和系统中各要素的集成以及各自随时间延续的动态性，提出了基于完整的全生命周期的PPP项目动态集成化风险管理模型的雏形，如附图13所示，用于指导风险管理的全过程。

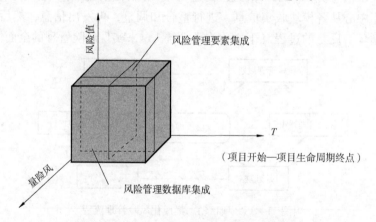

附图13 PPP项目动态集成化风险管理模型

该模型将PPP项目的准备阶段、融资阶段、建设施工阶段、运营维护阶段、移交后阶段这几个阶段组合为一个统一、完整的空间系统；将项目风险的风险管理规划、风险识别、风险评价、风险应对、风险监控、风险管理评审六个阶段集中反映到风险管理数据库，组合成一个科学的风险管理体系；并以风险管理的各要素作为这个体系结构的支撑，从而覆盖整个空间系统，覆盖PPP项目的整个生命周期。最重要的是将PPP项目风险管理的动态性和集成化相结合，既研究了风险管理的集成化，又考虑了在PPP项目整个生命周期很长的特例下风险管理随时间的变化因素，具有现实意义。

5. 结论

结论如附图14所示。

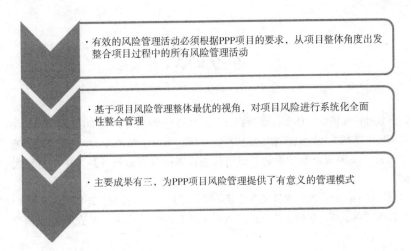

附图14 结论

(1) PPP项目的实施是一个复杂动态开放的系统,有效的风险管理活动必须根据PPP项目的要求,从项目整体角度出发整合项目过程中的所有风险管理活动。

(2) 依据系统工程论和全生命周期理论,以项目各层次的目标为依据,基于项目风险管理整体最优的视角,对项目风险进行系统化全面性整合管理,以优化PPP项目的项目管理。

(3) 主要成果有三:划分了PPP项目风险集成的识别要素;建立了PPP项目动态的集成风险数据平台;构思了PPP项目基于全生命周期的动态的风险集成系统。这为PPP项目风险管理提供了有意义的模式。

针对PPP项目这种新型的特殊的复杂的方式,这里只提出动态集成化风险管理的基本模型,针对具体的PPP项目,需要具体的细化,至于具体的实施还有待进一步的研究和深入。

参考文献

[1] 王秀云. 国外基础设施投融资体制改革研究 [J]. 战略与改革, 2010, 26 (2): 166-169.

[2] 彭文静. 我国城市基础设施建设投融资现状研究 [D]. 长沙: 长沙理工大学经济与管理学院, 2012.

[3] 石亚东, 李传永. 我国城市基础设施投融资体制改革的难点分析 [J]. 中央财经大学学报, 2010 (7): 62-65.

[4] 李菲　庄永国. 价格机制: PPP项目风险控制关键点 [J]. 中国投资, 2015 (9): 104-107.

[5] 袁竞峰, 李启明, 邓小鹏. 基础设施特许经营PPP项目的绩效管理与评估 [M]. 南京: 东南大学出版社, 2013.

[6] 孙浩. PPP项目的绩效评价研究 [M]. 北京: 经济科学出版社, 2010.

[7] 程亮, 王佳宁, 李扬飏, 等. 加强PPP项目绩效评价 [N]. 中国环境报, 2015-06-11.

[8] 朱衍强, 郑方辉. 公共项目绩效管理评价 [M]. 北京: 中国经济出版社, 2009.

[9] 郑昌勇, 张星. PPP项目利益相关者管理探讨 [J]. 项目管理技术, 2009, 7 (12): 39-43.

[10] 张龄兮. 对于发展PPP项目绩效评价的几点思考 [J]. 财经界, 2016 (21): 146.

[11] 赵新博. PPP项目绩效评价研究 [D]. 北京: 清华大学, 2009.

[12] 刘盛愚. 常见的几种定量评价方法初探 [J]. 中国商界, 2009 (2): 238.

[13] 何利辉. PPP模式下特许经营项目定价机制探究 [J]. 中国财政, 2016 (2): 34-35.

[14] 金宇翔. 基于实物期权的PPP项目特许价格决策研究 [D]. 成都: 西南交通大学, 2014.

[15] 杨屹, 扈文秀, 杨乃定. 实物期权定价理论综述及未来研究领域展望 [J]. 数量经济技术经济研究, 2004, 21 (12): 147-151.

[16] 李明顺, 陈涛, 滕敏. 交通基础设施PPP项目实物期权定价及敏感性分析 [J]. 系统工程, 2011 (3): 67-73.

[17] 唐丝丝. 我国PPP项目关键风险的实物期权分析 [D]. 成都: 西南交通大学, 2011.

[18] 刘林, 石世英. 城市基础设施PPP项目政府补贴方式研究 [J]. 项目管理技术, 2016, 14 (4): 7-12.

[19] 胡丽, 张卫国, 叶晓甦. 基于Shapely修正的PPP项目利益分配模型研究 [J]. 管理工程学报, 2011, 25 (2): 149-154.

[20] 夏颖, 刘洪积. 基于博弈方法的PPP模式收益分配研究 [J]. 商场现代化, 2010 (16): 130-131.

[21] 何寿奎, 傅鸿源. 基于风险分摊的PPP项目投资决策与收益分配研究 [J]. 建设投融资, 2006 (10): 9-12.

[22] 武敏霞. 基于Nash谈判模型的PPP项目收益分配研究 [J]. 工程经济, 2016 (8): 78-80.

[23] 刘新平, 王守清. 试论PPP项目的风险分配原则和框架 [J]. 建筑经济, 2006 (2): 59-63.

[24] 陈艳, 安海宁. PPP项目中利益相关者收益分配机制的合作博弈分析 [J]. 经济与管理战略研究, 2014 (1): 36-40.

[25] 杨卫东, 徐赞, 李晓. 基于合作博弈的PPP项目收益分配研究 [J]. 工程经济, 2016 (9): 20-24.

[26] 刘兴旺. 基于博弈论的供应链企业收益分配问题研究 [D]. 长沙: 长沙理工大学, 2007.

[27] 李秉祥, 雒阳. 基于ANP的PPP项目收益分配研究 [J]. 价值工程, 35 (14): 28-31.

[28] 吴丽洋. 论PPP项目中政府补贴金额的合理确定 [J]. 中国工程咨询, 2016 (8): 22-24.

[29] 刘金国, 蒋立山. 新编法理学 [M]. 北京: 中国政法大学出版社, 2006.

[30] 喻文光. PPP 规制中的立法问题研究——基于法政策学的视角 [J]. 当代法学, 2016（2）: 77-91.
[31] 傅宏宇. 美国 PPP 法律问题研究 [J]. 财政研究, 2015（12）: 94-101.
[32] 姚驰. 英国 PFI/PPP 法律制度研究及借鉴 [D]. 北京: 中国政法大学, 2011.
[33] 裴俊巍, 金永祥, 甄雅琪. 韩国 PPP 的立法与模式变迁 [J]. 中国政府采购, 2015（9）: 67-68.

神州长城股份有限公司简介

神州长城股份有限公司成立于1984年，是中国深交所主板上市公司（股票代码：000018），注册资本16.98亿人民币。

公司主要在国内外从事工程投资、医疗投资业务。投资领域涵盖房屋建筑、道路桥梁、能源化工、健康医疗等，是国内领先的建筑工程领域投建一体化企业。具有大型工程PM、EPC、BT、BOT、PPP等领先的综合承包能力。

神州长城股份有限公司总部办公大楼

同时，神州长城还是中国对外承包工程百强企业、一带一路民营企业龙头。公司旗下拥有几十家全资附属公司及海外分支机构，管理团队和各类人才超过2000人，其中外籍员工超过500人。截至目前已签约国内PPP项目超过100亿人民币，已签约海外工程订单超过70亿美金。

公司始终秉承"诚信、敬业、完美、荣誉"的价值观念，公司突出的业绩获得了业界认可。

至目前，完成及在建的国际代表工程有：科威特财政部等八部委办公大楼、科威特国防部军事学院、阿尔及利亚嘉玛大清真寺、阿尔及利亚120医院、阿尔及利亚体育场、科威特石油公司新房建、斯里兰卡阿洪拉加大酒店、柬埔寨国民议会大楼及NAGA2、柬埔寨豪利·世界桥综合体、柬埔寨安达大都会综合体、马来西亚森美兰州芙蓉综合楼工程、卡塔尔新港工程项目、菲律宾马尼拉湾度假酒店、缅甸M-Tower办公大楼等"高、大、难、精"项目。

已签约及在施的国内PPP项目：江西会昌县人民医院、安阳市第二人民医院、河南灵宝市第一人民医院、四川珙县中医院、吴川市中医院、三门峡中心医院、六盘水凉都红桥新区三甲医院、富平高新区泰安路及贺兰大街等市政道路项目等。

一直以来，公司始终秉承"诚信、敬业、完美、荣誉"的价值观念。以敬业的精神聆听客户内心的需求，为客户提供真正需要的服务，为客户创造超越想象的价值。